新编21世纪会计系列教材

政府与非营利组织会计

主编 常 丽 何东平

Accounting for Government and Nonprofit Entities

中国人民大学出版社
·北京·

图书在版编目（CIP）数据

政府与非营利组织会计/常丽，何东平主编．--北京：中国人民大学出版社，2021.8
新编21世纪会计系列教材
ISBN 978-7-300-29655-5

Ⅰ.①政… Ⅱ.①常…②何… Ⅲ.①单位预算会计-教材 Ⅳ.①F810.6

中国版本图书馆CIP数据核字（2021）第140055号

新编21世纪会计系列教材
政府与非营利组织会计
主编　常　丽　何东平
Zhengfu yu Feiyingli Zuzhi Kuaiji

出版发行	中国人民大学出版社		
社　　址	北京中关村大街31号	**邮政编码**	100080
电　　话	010－62511242（总编室）		010－62511770（质管部）
	010－82501766（邮购部）		010－62514148（门市部）
	010－62515195（发行公司）		010－62515275（盗版举报）
网　　址	http://www.crup.com.cn		
经　　销	新华书店		
印　　刷	北京密兴印刷有限公司		
规　　格	185 mm×260 mm　16开本	**版　　次**	2021年8月第1版
印　　张	25 插页1	**印　　次**	2022年8月第2次印刷
字　　数	554 000	**定　　价**	48.00元

内容简介

本书以公共受托责任理论和政府财政预算管理理论为基础，紧密结合我国政府与非营利组织会计改革的最新进展，全面阐释了政府与非营利组织会计的基本理论、主要方法和实务处理。

第1～3章是基础理论和基本方法部分，在廓清相关概念的基础上阐述了政府与非营利组织会计的主要特点、发展演进以及会计要素确认、计量和报告的主要方法。第4～12章是实务部分，以《政府会计准则——基本准则》和相关具体准则、《政府会计制度——行政事业单位会计科目和报表》、《财政总预算会计制度》以及《民间非营利组织会计制度》（包括相关解释）为依据，结合政府与非营利组织的经济业务活动特点，以会计要素为核心，采用丰富的实例详细阐释了政府财政会计、政府单位会计和民间非营利组织会计的业务处理和财务报告编制的基本要求与具体方法。

主编简介

常　丽　东北财经大学会计学院教授，博士生导师，非营利组织会计与财务研究中心主任，财政部全国会计（学术）领军人才。财政部政府会计准则委员会咨询专家、中国会计学会政府及非营利组织会计专业委员会委员、辽宁省财经类专业学位研究生教育指导委员会委员、辽宁省注册会计师协会理事等。从2000年开始，在东北财经大学会计学院讲授“政府与非营利组织会计”课程，通过长期的教学实践形成了丰富的授课和教材编写经验。同时，专注于政府与非营利组织会计领域的理论和实务研究，主持完成2项国家社科基金项目和多项省部级课题，先后在《会计研究》《财政研究》《审计研究》及*Business Strategy and the Environment*等期刊发表学术论文40余篇。

何东平　东北财经大学会计学院教师。多年从事政府会计准则制度、政府财务报告、政府预算管理和国有资产管理方面的研究与教学工作，具有丰富的教学经验。熟悉政府会计实务，承担多个省、市财政系统和行政事业单位的高级会计师、财务负责人的培训工作，获得良好的社会声誉。

前言

政府与非营利组织会计是会计学科体系的重要组成部分，对于构建完整的会计学专业知识体系是不可或缺的。与企业会计相比，政府与非营利组织会计具有突出的特点，课程内容具有财政学、管理学和会计学跨学科融合的特色，与国家治理体系和现代财政制度的建设紧密相关，与社会组织的监督管理和健康发展相互促进。

目前，政府与非营利组织会计已经由一门课程发展成为一个独立的会计学分支，这一发展变化过程体现了我国政府与非营利组织会计改革的成就。

进入21世纪之后，我国政府与非营利组织会计进入了新的发展阶段。2015年10月，财政部颁布《政府会计准则——基本准则》，提出了政府会计改革的基本框架。《政府会计准则——基本准则》共6章62条，自2017年1月1日起实施。《政府会计准则——基本准则》在完善现行政府预算会计功能的同时，强化政府财务会计功能，在政府会计核算中引入权责发生制原则，对资产、负债等会计要素的概念、信息质量特征都进行了重新界定，并且提出了新的要求，从而保证政府资产、负债等信息得以如实记录、完整反映，有利于全面反映政府财务状况，以及进一步加强政府资产管理和控制债务风险。在《政府会计准则——基本准则》发布并实施之后，财政部又发布了一系列政府会计具体准则、应用指南、政府会计准则制度解释以及政府财务报告编制办法，由此我国的政府会计标准体系日臻完善。

为了进一步完善我国民间非营利组织的规范体系，有效适应民间非营利组织快速发展的客观需要，2004年我国发布《民间非营利组织会计制度》，同时发布《民间非营利组织会计制度——会计科目和会计报表》。2020年6月，为进一步明确民间非营利组织有关经济业务或事项的会计处理，提高会计信息质量，根据原有的《民间非营利组织会计制度》，财政部制定了《〈民间非营利组织会计制度〉若干问题的解释》。

伴随着政府会计和民间非营利组织会计的改革发展，政府与非营利组织会计的教材建设也要求与时俱进，根据准则制度的变化不断修订完善。2000年以来，国内许多高校都开设了“政府与非营利组织会计”课程，在教材建设方面也不断精进。经过多年教学经验的积累和政府会计领域的潜心研究，东北财经大学师资团队在政府与非营利组织会计教材建设方面彰显了理论与实践相结合的突出特色，同时高度重视配套教学资源的开发整合。

本教材主要讲授政府与非营利组织会计的基本理论、基本方法和具体业务的核算，注重教材内容的应用性、生动性和拓展性，穿插了大量的例题、图表和小链接。教材整体分为 4 个部分，共 12 章内容。第一部分是政府与非营利组织会计基础，包括第一章、第二章和第三章，由常丽撰写完成。第二部分是政府财政会计，包括第四章、第五章和第六章，其中，第四章由常丽撰写完成，第五章和第六章由何东平撰写完成。第三部分是政府单位会计，包括第七章、第八章、第九章和第十章，由何东平撰写完成。第四部分是非营利组织会计，包括第十一章和第十二章，由常丽撰写完成。

为了完成这本教材，作者查阅了大量的研究文献、准则制度和会议报告等参考资料，并深入行政事业单位、社会组织进行调查研究，结合最新的准则制度对教材内容进行了认真的梳理，对于重要知识点也给出了详细的链接，在写作过程中努力做到准确完整。虽然秉持了敬畏和谨慎的态度，但教材内容依然可能不够完善，希望各位前辈、专家和同行不吝指正。

教材的写作和出版得到了中国人民大学出版社的大力支持和有效指导，衷心感谢李文重社长和各位编辑，他们为了教材的顺利出版付出了大量的时间和精力。

2021 年是我国“十四五”规划开局之年，也是政府会计改革进入实施阶段的关键之年，希望在新时代中国特色社会主义理论的指导下，中国政府会计改革继续砥砺前行，祝愿政府与非营利组织会计的课程发展和教材建设取得新的成就！

常　丽　何东平

目录

第一部分

政府与非营利组织会计基础

第二部分

政府财政会计

第三部分

政府单位会计

第十二章
工会组织会计

PART ONE

| 第一部分 |

1 政府与非营利组织会计基础

第一章

政府与非营利组织会计概述

学习目标和学习重点

本章主要讲授政府与非营利组织会计的概念、特点、组成体系以及历史演进。学习目标是初步了解政府与非营利组织会计的内涵和历史发展，全面理解政府与非营利组织会计的特点。本章的学习重点包括：

1. 理解政府与非营利组织的基本概念和主要分类；
2. 掌握政府与非营利组织会计的概念与特点；
3. 掌握政府与非营利组织会计的组成体系；
4. 了解政府与非营利组织会计的发展演进。

第一节　政府与非营利组织会计的基本概念

政府与非营利组织会计是与营利性组织会计（企业会计）相对的一个会计学分支。政府会计的产生早于企业会计，但是现代意义上的政府与非营利组织会计的改革发展主要集中于20世纪后期。21世纪以来，我国政府与非营利组织会计经过一系列改革，开始进入新的发展阶段，重新认识和掌握政府与非营利组织会计知识具有重要的意义。为了更好地把握政府与非营利组织会计的本质，需要先恰当理解政府与非营利组织的概念和特点。

一、政府与非营利组织的概念

（一）政府组织的概念

每一个社会都是由个人和社会组织构成的。组织就是人们按照一定的目的、任务和形式组建起来的社会群体。社会组织的类型十分繁杂，可以按照不同的标准对组织进行分类。对于一个现代社会来说，社会组织可以分为两大类，即政府组织与非政府组织。政府组织是政府会计的主体，需要进行明确的界定。

1. 政府组织的一般概念

政府有广义和狭义之分。广义的政府是指执掌公共权力的所有国家机构，包括：国家立法机关，即各级人民代表大会及其所属机构；国家行政机关，即从国务院到省、自治区、直辖市以及下属的市、地、县、乡的各级人民政府及其所属机构；国家司法机关，即公安、司法、检察机关。狭义的政府是指多级国家行政管理机关，即按照立法、司法、行政三权分立的原则建立起来的行政机关，包括中央和地方的行政机关。作为政府会计的主体，政府组织是广义的政府概念，是指执掌公共权力的所有国家机构，包括各级立法机关、行政机关和司法机关。

2. 政府组织的层次

从公共受托责任视角看，政府组织可以划分为两个层次：（1）承担广泛受托责任的一级政权的政府，包括中央政府、各省（直辖市、自治区及特别行政区）政府、各地市政府、各县（市、区）政府以及各乡镇政府；（2）履行具体受托责任的政府组成机构，包括管理国家事务、组织经济建设和文化建设、维护社会公共秩序的国家机关及其派出机构，如国家立法机关、行政机关、审判机关、检察机关，以及各党派、人民团体等。作为政府会计的主体，政府组织包括政权政府和政府组成机构两个层次。

（二）非营利组织的概念

1. 非营利组织的一般概念

非营利组织（nonprofit organization，NPO）是指运营目的具有非营利性和公益性的特点，不具有物质产品生产和国家事务管理职能，主要以精神产品或各种服务形式向社会提供服务的各类组织机构。非营利组织不以营利为宗旨和目的，其资源提供者不得获取经济回报，并且不享有该组织的所有权。非营利组织分为公立非营利组织和民间非营利组织两大类。

我国的公立非营利组织由政府出资兴办，通常称为事业单位，其会计核算纳入政府会计的范畴。因此，作为非营利组织会计的主体，我国的非营利组织即民间非营利组织。民间非营利组织是指由民间出资举办，不以营利为目的，从事教育、科技、文化、卫生、宗教等社会公益性活动的社会服务组织，包括社会团体、基金会、民办非企业单位和寺院、宫观、清真寺、教堂。社会团体是指中国公民自愿组成，为实现会员共同意愿，按照其章程开展活动的非营利性社会组织。基金会是指按照民间捐赠人的意愿设立的专门用于捐赠人指定的社会公益性用途的非营利性基金管理组织。民办非企业单位是指企事业单位、社会团体和其他社会力量以及公民个人利用非国有资产举办的、从事非营利性社会服务活动的社会组织，主要包括从事科学、教育、文艺、卫生、体育等科学文化类活动的非企业单位。寺院、宫观、清真寺和教堂是由具有宗教信仰和热心宗教的人在国家支持下兴办的开展宗教活动的场所。

西方国家的公立非营利组织相对较少，且在会计规范方面主要参照政府会计准则，所以西方国家比较注重对民间非营利组织的界定。美国财务会计准则委员会（Financial Accounting Standards Board，FASB）通过与营利性组织的比较来定义非营利组织。它将非营利组织定义为具备如下特征的主体：（1）这些主体接受重要资源提供者的捐赠，这些资源提供者并不期望按照其所提供资源的比例收回资源或获得货币收益；（2）这些主体的运营是为了达到一定的目的，但不是为了营利；（3）与企业不同，这些主体没有所有者权益。营利性组织与非营利组织目标的比较如表 1-1 所示。

表 1-1 营利性组织与非营利组织目标的比较

营利性组织的目标	非营利组织的目标
1. 有最多的股份 2. 收益最大化 3. 最大的边际效益 4. 行为目标 5. 社会责任	1. 稳定 2. 宗旨和责任 3. 行为目标 4. 社会责任

2. 非营利组织的分类

非营利组织在社会经济生活中扮演着重要的角色，所涉及的领域十分广泛。从我国当前的实际情况来看，非营利组织主要活跃在以下领域：（1）科技组织，如研究机构、科协组织等；（2）教育组织，如幼儿园、小学、中学、职业技术学校和高等院校等；（3）文体组织，如公共图书馆、文化站、文艺表演团体和体育团体等；（4）传媒组织，如广播电视台、报社、杂志社等；（5）健康和福利组织，如医院、养老院、孤儿院、福利院、儿童保护组织和红十字会等；（6）宗教组织，如各类寺庙、教堂等；（7）基金会，如以教育、医疗卫生、宗教以及慈善为目的而组织设立的各类基金会，主要包括中国宋庆龄基金会、教育基金会、老年基金会、扶贫救助基金会，以及中国青少年发展基金会等。

美国约翰·霍普金斯大学非营利组织比较研究中心设计了一个非营利组织国际分类体系（The International Classification of Nonprofit Organizations，ICNPO），把非营利组织分成 12 个大类、24 个小类，具体如下：（1）文化与休闲，包括文化与艺术、休闲、服务性俱乐部；（2）教育与科学研究，包括中小学教育、高等教育、其他教育、科学研究；（3）卫生，包括医院与康复、诊断、精神卫生与危机防范、其他保健服务；（4）社会服务，包括社会服务、紧急情况救助、社会救济；（5）环境，包括环境保护、动物保护；（6）发展与住房，包括经济、社会、社区发展，住房，就业与职业培训；（7）法律、推进与政治，包括民权与推进组织、治安与法律服务、政治组织；（8）慈善中介与志愿行为促进；（9）国际性活动；（10）宗教活动和组织；（11）商会、专业协会、工会；（12）其他。

判断一个组织是否属于非营利组织并不完全根据其名称，而是要根据组织的宗旨和运营目的来确定。

3. 非营利组织的重要性

在市场经济环境下，社会公众根据等价交换原则获得各种商品和服务是极为普遍的。但是，并不是所有物品或者服务消费都必须全额付费，免费或者部分付费的产品和服务主要由政府和非营利组织提供。其中，民间非营利组织提供了大量的“准公共产品”，即需要部分付费的产品和服务，比如医疗服务、教育服务以及其他公益性质的产品。这些产品和服务的普及对于社会发展和精神文明建设至关重要，是不可或缺的。但是，这些“准公共产品”并不适用市场法则，否则将会导致这类产品和服务的资源配置短缺。从这个角度看，非营利组织的重要性不言而喻，其发展壮大是社会发展的必然。

二、政府与非营利组织会计的概念

（一）政府会计的概念

政府会计（government accounting）主要用于确认、计量、记录和报告政府和政府部门单位财务收支活动及受托责任的履行情况。政府组织与企业组织的运营目标有显著的差别，政府会计更多地服务于政府预算管理和公共财务管理的需要，所以政府会计的内涵也更为丰富。具体而言，政府会计是按照科学的方法，以货币单位核算、记录、分类、汇总交易和其他有财务特征属性的事件，以便说明、阐释这些交易、事件与结果之间的关系的工具。政府会计的重点在于估计事前测算的资源数量（预算）能否满足公众希望的既定服务水平的要求。政府会计的基本职能是在既定资源和适用法律的约束下，满足政府部门和单位财务管理的需要。

政府会计与企业会计的共同点是基本相同的会计信息系统和会计核算的组织架构。政府部门单位在会计组织过程中采用内部控制制度，有明确的岗位分工和业务授权，设置完整的会计流程、会计记录方法，保存格式化的会计文档，以保证会计系统的稳定运行，并防范会计核算、财务报告编制及信息披露的各种风险。

（二）非营利组织会计的概念

非营利组织会计（nonprofit organization accounting）主要用于确认、计量、记录和报告各类非营利机构财务收支活动及其受托责任的履行情况。非营利组织作为会计主体，从理论上虽然可以包括公立非营利组织和民间非营利组织，但是目前我国非营利组织会计主体是指民间非营利组织。这是因为公立非营利组织主要靠政府拨款运营，视同政府单位，纳入政府会计体系；民间非营利组织的财务收支活动因具有特殊性而自成体系。

非营利组织会计在确认基础和会计要素方面与企业会计都很相近，但是又有本质的区别。民间非营利组织会计直接采用权责发生制的会计确认基础，注重对业务活动成本和期间费用的核算。但是，民间非营利组织并不存在所有者权益，任何个人和单位都不会因向非营利组织捐赠或者出资而拥有所有权，所以民间非营利组织会计的净资产要素没有权益的内涵。

第二节　政府与非营利组织会计的特点

政府与非营利组织运营目标的多元化和资金来源的特殊性，决定了政府与非营利组织的运营活动与企业有本质的区别。同时，政府与非营利组织在相对复杂的经济、社会、法律以及政治环境中开展经济业务。为了适应外部环境和多重制度条件的约束，政府与非营利组织会计形成了不同于企业会计的特点。

一、政府与非营利组织运营活动目标

政府与非营利组织的运营目标与企业是相对的，概括起来就是不以营利为目的，具有公共管理和公共利益的特征。企业的目标比较明确，在营利目标的引导下，企业会计更重视利润核算和企业价值管理。政府与非营利组织受到非营利目标的支配，也就没有获利的动机，在提供产品和服务时，会采用低于成本的定价方式或者无偿的方式。这种运营环境对会计核算取向会产生明显的影响，表现为更重视支出过程的核算。

政府与非营利组织会计的运营目标具有多元化的特点。除了非营利性之外，还重视公共资源使用过程中的公平和效率问题。在部分情况下，政府与非营利组织可能需要坚持公平原则，并不一定效率优先。这种运营目标的混合性也导致了政府与非营利组织业绩评价的模糊性。以慈善基金会为例，民间非营利组织运营活动流程如图 1-1 所示。

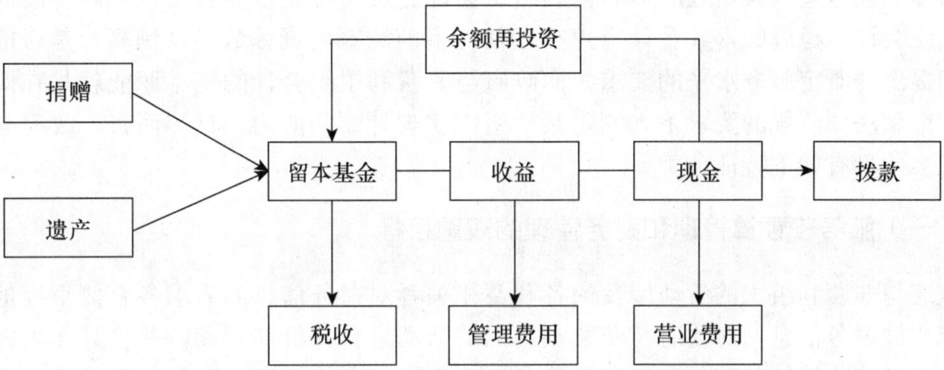

图 1-1 民间非营利组织运营活动流程（以慈善基金会为例）

二、政府与非营利组织会计的外部环境特征

政府与非营利组织会计的外部环境相对复杂，集中体现在无所不在的利益相关者的广泛影响以及法规制度的多重约束。这样的外部环境特点会直接影响政府与非营利组织的会计目标和会计模式。

政府与非营利组织行为的影响无处不在，政府与非营利组织拥有无所不在的利益相关者。从接受政府与非营利组织服务的特定个体到每个履行纳税义务的纳税者，从作为全民代表的立法机构到每一个普通选民，从国债购买者到外债债权人等，都属于利益相关者，也是政府与非营利组织的服务对象。服务对象的广泛性决定了政府与非营利组织的财务信息使用者也是无处不在的，这在一定程度上要求政府与非营利组织会计关注支出的合法性和公平问题。不同层次的财务信息使用者需要政府与非营利组织提供更具有普遍可理解性的财务报告，即政府与非营利组织所提供的财务信息必须清晰明确和易于理解。高透明度意味着财务信息使用者能够通过现象看本质，即政府和非营利组织公开披露的信息应能够使其使用者相对比较容易判断其财务状况、运营业绩和潜在的财务风险。

企业只提供它们认为能够增加其收益的商品和服务，在这方面，企业可以自行决策。通常，不能要求企业提供其不愿提供的商品和服务。同样，企业如果不能适应法律或社会环境，就会自由地退出市场。在融资便利时，只要愿意接受贷款人和投资人的条件，企业就可以举债运营。对于政府与非营利组织，尤其是政府而言，向社会公众提供特定的服务并承担相应的责任是法律法规的要求，或是基于政府的公共责任而产生的期望压力。法律和行政的约束已成为指导政府与非营利组织达到其目标的社会手段。所以，政府与非营利组织在提供公共服务时，一般不能出于成本考虑，或认为公众不应该享受这类服务而拒绝提供。在借款方面，政府与非营利组织也常常受到借款时机和借款数额的限制，而非营利组织尤其要关注其自身的财务风险，注重财务指标分析。

三、政府与非营利组织会计的特点

由于上述这些因素，政府与非营利组织会计更加重视监督和合法性问题。政府与非营利组织会计是稳健的，其会计重点在于估计事前测算的资源数量（预算）是否能够满足人们提出的既定服务水平的要求。而政府与非营利组织会计的基本职能就是在既定资源的约束和法律法规的要求下，测定某个组织实现计划的能力。具体而言，政府与非营利组织会计具有如下特征。

（一）服务于预算管理和财务管理的双重目标

政府与非营利组织的活动涉及的各利益相关者对财务信息的需求各有侧重，他们通过获取相关财务信息，对政府与非营利组织的活动进行评价和预测，并将其作为做出有关评价或经济决策的基础。政府与非营利组织会计信息使用者对财务信息的需求主要包括为预算管理服务和为经济与财务管理服务两个方面，由此形成政府与非营利组织会计的双重目标。

政府与非营利组织的财务资源来源于社会，应纳入财政预算管理。政府与非营利组织会计应当为预算管理服务，编制以收付实现制为基础的年度决算报告，向决算报告使用者提供与预算执行情况有关的信息，反映会计主体预算收支的年度执行结果，为进行预算监督和管理及编制后续年度预算提供参考和依据。

政府与非营利组织利用稀缺资源服务于社会，应当加强单位的经济管理和财务管理，合理配置公共经济资源，进行业绩评价与考核，披露公共受托责任的履行情况。政府与非营利组织会计应当为经济与财务管理服务，编制以权责发生制为基础的财务报告，向会计信息使用者提供与财务状况和运行情况等有关的信息，从而有助于会计信息使用者做出决策或者进行监督和管理。

（二）会计核算对象和核算内容的特殊性

政府与非营利组织的财务资源是有限的，同时要严格执行支出预算，也就是说，资源的使用只能限定于特定的目的或活动。例如，慈善组织因慈善活动而获得捐赠，医院因增加精密仪器而收到拨款，城市因修建污水处理厂而借款，大学可能因科研而获得政府拨款等。这些外部限定产生了重要的会计责任义务，管理部门也可能为某项资源的使用指定特定的目的。在任何情况下，按照资源取得时固有的预算来分配，并对预算执行结果和财务状况进行报告是基本的管理责任。

政府与非营利组织会计的重要特点在于核算内容的特殊性，核算内容主要是公共性资金的收支活动和资产负债状况。我国政府会计以预算会计为基础，以预算收支为主要核算内容。这就要求政府会计的组成体系必须与国家预算的组成体系相适应。凡是成立总预算或单位预算的地区、部门、单位都要设置财政总预算会计、行政单位会计和事业单位会计，并执行国家会计准则和会计制度。政府会计的指标体系、会计科目和会计报表的设置，要同预算收支保持一致，以适应预算管理的需要，全面反映预算的执行情况。只有按照预算收支科目组织预算，才能保证各单位核算口径一致，顺利汇总全国预算收支情况，编制预算执行结果的决算报告，满足国家预算管理的需要。

根据《政府会计准则——基本准则》，政府部门采用双重会计系统。预算会计和财务会计是适度分离又相互协调的。在满足预算管理要求的前提下，政府与非营利组织会计应当兼顾政府经济管理和单位财务管理的需要，反映会计主体的财务状况和业务活动成果。在政府和民间非营利组织的财务会计系统中，注重核算和反映收入和费用的发生导致的资产负债变化。这体现在政府财务会计科目和民间非营利组织会计科目设置方面。政府与非营利组织会计的资产和负债科目相对较多且划分比较明确。

（三）多样化的会计确认基础

多样化的会计确认基础是政府与非营利组织会计很突出的一个特点。由于政府与非营利组织不需要衡量和报告净收益，且以当期财务资源流动作为衡量政府与非营利组织业绩的基准，其会计确认基础与企业有较大差别。在政府会计中，可采用的会计确认基础包括应计制、现金制、修正的应计制和修正的现金制。政府类型基金的确认基础在各个国家都不同。大部分国家的政府或政府单位采用现金制基础和修正的现金制基础，如德国、法国等，这要求政府单位采用现金流动作为基础提供财务报告，同时揭示有关应收账款和应付账款的信息，加拿大、美国州和地方政府等则要求政府单位采用修正的应计制基础。除此之外，有的国家还采用比较激进的完全应计制。目前，这类国家比较少，主要包括新西兰、澳大利亚以及英国等。这些国家的政府与非营利组织会计基本上采用或要求采用应计制基础。

与现金制会计确认基础相比，应计制（权责发生制）是产生相对较晚的会计确认基础。现金制和应计制是两种相对的会计确认基础，代表确认基础的两个极端。在两个极端的会计确认基础之间，就是修正的现金制或修正的应计制。由于在现金制和应计制之间存在很多不同的选择，实质上就会存在不同的修正的会计确认基础。比如，可以选择延期结账（超过预算期末的时间）来形成修正的现金制，也可以选择对固定资产不计提折旧或者不确认养老金负债等来形成修正的应计制。

第三节　政府与非营利组织会计的组成体系

从整体上讲，政府与非营利组织会计可以分为政府会计和非营利组织会计两大部分。由于政府会计和非营利组织会计都是整合的概念，二者性质又具有一定的差别，其具体的构成是不同的。

一、我国政府会计体系

我国政府会计是以预算会计为基础发展起来的，目前正处于改革发展过程中。预算会计是政府预算与政府会计的结合，是通过预算账户记录和报告预算执行情况的控制程序。预算会计是各级政府财政部门和行政事业单位采用一定的技术方法核算、反映、监督国家预算执行情况及结果的一种专业会计。我国现行政府预算会计体系是在 1997 年建立起来的，侧重反映政府年度预算执行情况和结果，为准确反映预算收支情况、加强预算管理和监督发挥了重要作用。随着我国财政预算改革的深入，以及社会对政府综合财务信息需求的日益凸显，现行预算会计体系已经不能满足社会发展的需要。

2014 年 12 月，国务院批转财政部《权责发生制政府综合财务报告制度改革方案》，明确了权责发生制政府综合财务报告制度改革的总体目标、主要内容和实施步骤。权责发生制政府综合财务报告制度改革是基于政府会计规则的重大改革，总体目标是通过构建统一、科学、规范的政府会计准则体系，建立健全政府财务报告编制办法，适度分离政府财务会计与预算会计、政府财务报告与决算报告功能，全面、清晰反映政府财务信息和预算执行信息，为开展政府信用评级、加强资产负债管理、改进政府绩效监督考核、防范财政风险等提供支持，促进政府财务管理水平提高和财政经济可持续发展。

（一）政府预算会计和政府财务会计

根据我国政府会计体系的改革方向，我国政府会计系统包括预算会计和财务会计，两者适度分离又相互衔接。

1. 政府预算会计

政府预算会计是指以收付实现制为基础，对政府预算执行过程中发生的全部收入和全部支出进行会计核算，主要反映和监督预算收支执行情况的会计。政府预算会计编制政府决算报告，向预算会计信息使用者提供与政府预算执行情况有关的信息，综合反映政府预算收支的年度执行结果。

2. 政府财务会计

政府财务会计是指以权责发生制为基础，对政府发生的各项经济业务和事项进行会计核算，反映和监督政府财务状况、运行情况、运行成本和现金流量等信息的会计。政府财务会计编制政府财务报告，提供有助于财务报告使用者做出决策或进行监督和管理的信息。

我国现行的政府会计以政府预算会计为主体，政府财务会计正在建立。根据财政部《权责发生制政府综合财务报告制度改革方案》和《政府会计准则——基本准则》，我国将在今后的几年中，逐步建立政府财务报告制度框架体系。现行的财政总预算会计、行政单位会计、事业单位会计将预算会计和财务会计的功能相融合，在满足预算管理要求的前提下，兼顾了政府宏观经济管理和单位财务管理的需要。

（二）政府财政会计和政府单位会计

政府会计主体是一个可以延展的概念，包括不同的层次，既可以指各级政府，也可以指具体的政府部门单位。具体按照政府会计主体的类型划分，我国政府会计包括政府财政会计和政府单位会计。

1. **政府财政会计**

政府财政会计是各级政府财政部门核算、反映、监督政府财政总预算资金以及其他财政资金活动的专业会计。政府财政会计目前主要是指财政总预算会计。财政总预算会计是按照我国政府的组成体系设置的，即一级政府就有一级财政总预算会计。

2. **政府单位会计**

政府单位会计包括行政单位会计和事业单位会计。行政单位会计是反映和监督各级各类国家机关、政党组织财务状况、预算执行情况及结果的专业会计。事业单位会计是以事业单位实际发生的各项业务活动为对象，记录、反映和监督事业单位财务状况、事业成果、预算执行情况及结果的专业会计。事业单位会计又进一步分为普通事业单位会计和行业事业单位会计。

（三）其他相关会计

预算管理是一个严密的体系，除了财政部门、行政单位和事业单位执行政府预算外，预算资金管理过程还需要其他相关部门参与。比如，预算资金的收纳、入库、划分、留解等，并非由财政部门直接进行，而是分别由国库、税收征管等部门进行。所以，国库会计、税收征解会计都是政府会计的有机组成部分。

二、我国非营利组织会计体系

非营利组织包括公立非营利组织和民间非营利组织。我国的公立非营利组织主要是指事业单位。由于我国将事业单位会计纳入政府单位会计的范畴，我国的非营利组织会计主要是民间非营利组织会计。

根据我国的民间非营利组织会计制度，民间非营利组织会计是以每个民办非营利组织为会计主体，以民间非营利组织的基本业务活动为管理内容的一种专业会计，具体包括社团会计、基金会会计和非企业单位会计等。民间非营利组织会计有助于资源提供者、服务对象、债权人、政府和社会监管部门了解民间非营利组织财务资源的运用情况和业务的运营情况，对于加强民间非营利组织管理具有重要的作用。

第四节　政府与非营利组织会计的发展与演进

一、古代的政府会计制度

文明古国管理建设方面的一个突出的共同点就是建立了财计报告制度。大约公元前4000年，古巴比伦国王对国库的管理已有明确要求，较之稍晚的是古埃及对提交会计报告的要求，但后者的会计报告在制度化要求方面比古巴比伦更进一步。

公元前5世纪，雅典人在进行公共财政管理的过程中，在所立定的法律制度中对财计报告方面的要求又别具一格。(1)由具有法律权威地位的议事会负责举荐会计员与查账员，并在法律中规定这两种职员的责任，会计员负责核算账目与定期提交财政收支报告。查账员如果在审核中发现经济方面的问题，必须向陪审法庭报告账目，并通过对账目的审计，决定解除或追究会计员的责任。如果在审查中发现贪污或受贿的事实，亦上报或通过起诉与判决处理。可见，所提供的账目与财政收支报告在法律上都具有证据作用。(2)雅典在财计方面的权力归公民大会，各项财政收支的额度也由其所制定的法律确定。(3)雅典对财计的公开还采取一种公示制度，甚至把一些重要账目铭刻在石头上，向市民公布，以示接受公众对财政的监督，这一点具有财计制度创新性质，对后世的影响十分深远。

通常，我们习惯将我国奴隶社会和封建社会历代王朝的官府中用于记录国家财政收支活动的会计称为官厅会计。与西方国家的会计发展史不同，会计虽然产生于民间，但由于我国长期处于商品经济不发达的封建社会，会计在我国最先系统应用于代表封建统治机构的官厅。我国官厅会计体系比民间会计的起源早得多，也较为完善。在奴隶社会，由于国家财政与奴隶主贵族的私人财政基本上没有区分，当时的国家财政收支就成为奴隶主贵族私人的财政收支。国王及奴隶主贵族为了保护其财产不受侵犯，通常委托大计群吏掌管和记录其财政收支活动，并建立严格的会计报告制度，对大小官吏管理财产的责任进行考核。例如，西周奴隶制国家就有“岁会”、“月要”和“日成”的规定，要求向国王报送年报、月报和旬报，每逢岁终，天官大宰要向国王呈送一年来的财政经济出入报告。三年大计时，必须呈送三年以来的大计报告。故年终和大计时，大宰就从小宰和司会这两方面着手来抓这项工作。小宰和司会按规定又要求所属及时报送岁会报告，以待统一钩考之后呈送大宰，最后由大宰呈报国王。国王则根据一年来的情况，论其功过，进行赏罚。

这种全面的财计报告制度的建立与应用不仅是我国会计法律制度建设史上光辉的一页，而且当时在世界上处于领先地位。

二、近代的政府会计制度

近代资本主义国家政府会计的发展以英国为代表。英国于1787年建立国库单一账户制度，通过银行实行统收统支，这在财政收支的统一管理方面取得了明显进展。1836年，时任英国财政部长的威廉·皮特又推行了统一支付制度，实现对财政支出的集中控制。当时的英国议会规定，凡各项税收所得现金，当一律存入英格兰和爱尔兰两家银行，纳入国库账。凡银行所收政府各机关解缴的存款，也分别设置账户，作为国库收入账目。这些规定成为国库会计与出纳的法定依据。此外，银行还须遵照收支制度的规定，定期向国库审计长报告，接受定期审计。

到20世纪上半叶，英国的政府会计与银行会计（具有国库作用的银行）在具体会计制度方面形成了统一的规定，如在记账方法方面，统一采用“收、付、余”的计量与记录格局，账户设置与账簿设置相统一，以及实行统一的会计报告制度；在会计决算方面，亦以预算收支制度为依据，每届决算期至，须按时编制决算报告，送达审计部门审计，检查预算收支制度执行情况。审计部门对议会负责，依据审计结果编制的审计报告书必须呈送议会做最终的审查。这样，就在财政、会计、出纳与审计之间形成了相互牵制的关系，这是政府内部控制制度的重要内容。

我国近代的政府会计制度和报告制度以中华民国即南京临时政府时期为代表。1912年初，在南京临时政府财政部制定的《会计法草案》中，最为突出的一点是会计立法目标明确。当时主持制定者认为，如果会计立法不定，则财政整理无从着手；如果会计立法不定，则国家预算无从办理；而如果会计立法不定，则监督之权不能实行。

《会计法草案》共8章36条，其内容已明确显示向西方政府会计立法靠拢，同时明确会计法在规范政府会计行为中的重要地位与作用，在保障国家财政权益方面与临时约法的精神完全保持一致。从整理与统一财政出发，1912年2月，南京临时政府在《财政部咨各部、各省部督查照出入款项造册报告并以后按月造报文》中规定，由会计司拟定“简明报告册”，将临时政府建立以来所有各部局的出入款项造册报部，以便统一查核。同时，南京临时政府又对预算编制制度做出规定，其中1912年3月发布的《财政部呈大总统饬各部办理预算文》强调仿效西方国家科学编制国家预算的必要性，应认真对待国家预算编制。

南京临时政府在政府会计和报告制度建设方面显示出效仿西方的指导思想，其所做出的具有开创意义的工作功在当时，而利在后世。

三、现代政府与非营利组织会计制度的确立与发展

（一）西方国家政府会计制度的改革与发展

随着资本主义经济的发展，资本主义各国的政府会计理论和实践也不断变革发展。在现代资本主义发达国家中，美国的政府会计制度建设走在前列。由美国宪法所确定的联邦体系对美国的公共预算和会计有着深远的影响。联邦政府有自己的财政法律和制度，各州也有自己的财政法律和制度，应用于其管辖范围内的州政府和地方政府。从美国州和地方政府会计的发展来看，1890—1920年的政府会计改革主要由企业界对政府反腐败的要求推动。这一期间内政府第一次接受会计职业界制定的会计准则。会计准则强调统

一的会计规范，以便进行统计和比较。重视政府持续经营能力，注重资产负债表，要求采用权责发生制基础和复式记账。这时的会计模式更接近企业会计模式，并加入基金会计和预算会计的成分。1930—1970 年的政府会计改革主要由支持财务管理的要求推动。1968 年发布的政府会计、审计和财务报告第一次把会计、财务报告、审计以及预算结合在一起，对基金种类进行了调整，并改权责发生制为修正的权责发生制，形成了适用于政府机构的公认会计准则。第三次政府会计改革的大潮于 20 世纪 70 年代掀起，强调政府会计在受托责任方面的功能。这次改革要求编制“金字塔结构”的财务报告，对基金类型进行了重分，要求进行预算比较，并开展概念框架的研究。最新的改革成果体现在美国政府会计准则委员会（GASB）第 34 号公告中，它建立了全新的报告模式，要求列报基金财务报表和政府整体财务报表，还要求管理层讨论和分析，对政府财务活动进行总体说明。对政府整体合并财务报表，要求以经济资源计量为中心，采用完全的权责发生制作为确认基础。

（二）我国预算会计制度的改革与发展

中华人民共和国成立至实行社会主义市场经济体制期间，经济体制基本上属于计划经济的范畴，而从计划程度的差别上看，则又有高度集中的计划经济体制和有计划的商品经济体制之分。财政预算管理体制为了适应这种经济体制，根据各个阶段的政治经济形势和社会发展需要，进行了多次调整和改革。

为配合这种经济体制和预算管理体制的实施，预算会计在制度建设和组织建设方面也有一定的建树。新中国建立初期，财政部围绕统一全国财政经济工作的决定开展会计工作，并建立了从中央到地方各级国家机关的会计工作秩序。同时，财政部又召开了全国预算会计、金库制度会议，颁发了《各级人民政府暂行总预算会计制度》和《各级人民政府暂行单位预算会计制度》。这两项制度第一次为新中国的财政机关和事业行政单位的会计核算工作做出统一规定。1951 年，政务院又正式公布了我国第一项关于预决算的法规《预算决算暂行条例》，以统一财政机关和事业行政单位的预决算编报。60 年代中期，为使预算会计工作进一步适应经济建设的需要，改变当时千篇一律的预算会计制度和烦琐的核算手续，财政部召开了全国预算会计工作会议，研究预算会计制度改革问题，会后印发《关于印发预算会计工作改革要点和各级行政事业单位适用的三本会计制度的通知》，提出了预算会计改革五个方面的内容，并通过颁布相应的会计制度来实施。此后直至 1983 年 10 月和 1988 年 9 月，才根据改革开放以后变化的情况，分别修订颁布了《财政机关总预算会计制度》和《事业行政单位预算会计制度》，并一直沿用至 1997 年底。根据这两项会计制度，财政总预算会计和事业行政单位需要编制的年度财务报表就是（预算）收支表。由于实行统收统支的财政预算管理体制，各级财政机关和事业行政单位的预算会计实际上也只是一种反映国家预算执行情况的收支会计。从这一点上看，这个时期的预算会计还不是现代意义上的会计，只是起到“簿记”的作用。

为了适应社会主义市场经济体制建立和发展，政府管理部门和学术界进行了长时间的探索，财政部于 1997 年最终修订并颁布了《财政总预算会计制度》、《行政单位会计制度》和《事业单位会计制度》等一系列预算会计改革的文件，并于1998年1月1日起全面实行。

这次改革设计了一套较为完整的预算会计体系。这个体系由各级人民政府财政会计、事业单位会计和行政单位会计以及参与执行财政总预算收入的国库会计和各类税收征解会计（包括税收征解会计、农业税收征解会计、海关税收征解会计）组成。

与原来的预算会计体系相比，新体系有两个方面的变化：一是与国家政权结构和预算管理体制的划分相适应，增加了各级人民政府财政会计的层次，即把乡（镇）财政总预算会计正式纳入各级人民政府总预算会计体系；二是根据行政单位与事业单位各自的业务性质和财务收支活动的不同特点和具体管理要求，将原来的事业行政单位会计分为事业单位会计和行政单位会计。

这次预算会计制度改革为了规范会计核算和报告行为，提高会计信息质量，规定了会计核算和报告必须遵循客观性、相关性、可比性、一贯性（或一致性）、及时性、明晰性、收付实现制、专款专用、实际成本（或历史成本）和全面性等十条普遍适用于财政机关、行政单位和事业单位的一般原则。这些会计核算与报告原则在不同类型的会计中规定的形式不同。其中，财政总预算会计和行政单位会计的一般原则分别在《财政总预算会计制度》和《行政单位会计制度》中规定。考虑到事业单位类型较多，财务活动各有特点，需要制定各行业会计制度，事业单位会计与财务报告的一般原则通过专门制定的《事业单位会计制度》予以规定。

（三）我国政府与非营利组织会计制度的创新与发展

进入21世纪之后，我国政府与非营利组织会计进入了新的发展阶段。为了进一步完善我国民间非营利组织的规范体系，有效适应民间非营利组织快速发展的客观需要，2004年，我国发布《民间非营利组织会计制度》，具体划分为8章，共76条，同时发布《民间非营利组织会计制度——会计科目和会计报表》。

《民间非营利组织会计制度》的颁布实施对于规范民间非营利组织的会计行为，提高其会计信息质量和透明度，实现与相关法律法规的协调，促进民间非营利组织的健康发展，以及丰富我国会计理论、完善我国会计标准建设均具有积极意义和重大作用。

该制度与原来民间非营利组织执行的《事业单位会计制度》及其他行业事业单位会计制度相比，在会计核算原则、核算基础、计量属性、会计要素的含义和构成、会计科目的设置、经济业务的处理、会计报表体系的构成等方面发生了巨大的变化，充分参考我国企业会计规范的改革成果，并借鉴国际惯例和西方非营利组织会计制度的最新进展，引入一些新的会计理念和会计表述方式，填补了我国会计规范的一项空白。

从2010年开始，我国政府会计又进入了新一轮的改革创新。这次改革的核心是在政府会计领域持续推进权责发生制改革。2014年12月，国务院批转财政部《权责发生制政府综合财务报告制度改革方案》，指明了我国政府会计与财务报告的未来发展方向。

小链接 1-1

权责发生制政府综合财务报告制度改革方案

为建立权责发生制的政府综合财务报告制度，全面、准确反映各级政府整体财务状况、运行情况和财政中长期可持续性，国务院批转财政部《权责发生制政府综合财务报告制度改革方案》（国发〔2014〕63 号），明确了权责发生制政府综合财务报告制度改革的总体目标、主要内容以及时间表、路线图等。政府会计准则制度是编制政府财务报告的重要依据，是规范政府经济业务和事项的会计确认、计量、记录和报告的标准体系，在权责发生制政府综合财务报告制度改革中具有重要的基础作用。

2015 年 10 月，财政部颁布《政府会计准则——基本准则》，提出了政府会计改革的基本框架。《政府会计准则——基本准则》共 6 章 62 条，自 2017 年 1 月 1 日起实施。《政府会计准则——基本准则》在完善现行政府预算会计功能的同时，强化政府财务会计功能，在政府会计核算中引入权责发生制原则，对资产、负债等会计要素的概念、信息质量特征都进行了重新界定，提出了新的要求，从而保证政府资产、负债等信息得以如实记录、完整反映，有利于全面反映政府财务状况，进一步加强政府资产管理和控制债务风险。

《政府会计准则——基本准则》的重大制度理论创新主要体现在 5 个方面：一是构建了政府预算会计和财务会计适度分离且相互衔接的政府会计核算体系；二是确立了“3＋5 要素”的会计核算模式；三是科学界定了会计要素的定义和确认标准；四是明确了资产和负债的计量属性及其应用原则；五是构建了政府财务报告体系。

在《政府会计准则——基本准则》发布并实施之后，财政部又发布了一系列政府会计具体准则、应用指南、政府会计准则制度解释以及政府部门财务报告编制指南，政府会计准则体系日臻完善。目前，我国政府会计改革正在路上，逐步从传统的预算会计制度走向现代规范化的政府会计制度。

思考题

1. 从会计主体角度应如何界定政府组织？
2. 非营利组织应如何分类？有哪些主要的活动领域？
3. 政府与非营利组织会计的外部环境有哪些特点？
4. 政府与非营利组织会计与企业会计有哪些相同之处？
5. 政府与非营利组织会计有哪些主要特点？
6. 我国政府会计改革经历了哪些发展阶段？

第二章

政府与非营利组织会计规范和会计目标

学习目标和学习重点

本章主要讲授政府与非营利组织会计规范体系、会计目标和会计信息的质量特征。学习目标是掌握政府与非营利组织会计规范体系的内容、会计目标的界定及会计信息质量特征的具体要求。本章的学习重点包括：

1. 理解政府与非营利组织会计规范的概念；
2. 掌握政府与非营利组织会计规范体系的主要内容；
3. 理解政府与非营利组织会计目标；
4. 掌握政府会计的信息质量特征；
5. 了解民间非营利组织财务信息的质量要求。

第一节　政府与非营利组织会计规范

一、政府与非营利组织会计规范的界定

会计规范可以理解为调节社会经济活动中会计与财务关系的法律、行政规章条例、准则和制度的总称。政府受人民（通过各级人民代表大会）委托，代表国家意志，以税收的形式向纳税人无偿、强制地征集公共财政资源，并将其用于满足社会共同需要，如保护国家主权和领土完整、维护社会治安和公共秩序、促进经济繁荣和社会各项事业发展等方面。不论是公共财政资源的征集还是使用，都必须依据国家的法律规章进行，因此，对公共财政活动情况和结果进行反映的会计行为，也必须以相应的法律规章进行规

范。在非营利组织的财务资源中，有向服务对象收取的服务费用，有政府从财政收入中安排的，也有社会各界人士无偿捐赠的，这些财务资源除了要受国家法律规章制度的约束外，还要受捐赠人的财务约定约束。所以，为了使政府与非营利组织财务报告所提供的信息满足使用者的需要，并符合一定的质量要求，必须对会计体系与财务活动行为进行规范。

二、我国政府会计规范体系

我国现行的政府会计规范主要包括会计法律法规、会计准则和会计制度三个部分。

（一）会计法律法规

会计法律法规是政府与非营利组织会计的最高层次规范，由会计法律和会计行政法规组成。

法律制度是一个国家上层建筑的重要组成部分，是国家意志的体现，也是调整社会政治经济活动中法律关系的基本规范。会计法律是调整社会经济活动中财务、会计关系的法律规范的总称。我国现行规范政府与非营利组织会计的法律主要有《中华人民共和国预算法》（以下简称《预算法》）和《中华人民共和国会计法》（以下简称《会计法》）。其中，《预算法》是规范政府与非营利组织财务活动行为的基本法律，各级政府、政府单位及非营利事业单位都必须按照《预算法》的规定组织财务收支活动，并接受立法机构的监督。《会计法》是规范会计活动行为的基本法律，是其他会计法规的“母法”，任何会计规范都必须以《会计法》为准绳，不能与之抵触或相违背。

行政法规是根据管理社会经济活动的需要，以行政规章、条例、制度和规定等形式颁布的一种社会经济行为规范，它既是根据法律制定和颁布的一种规范，也是法律规定的具体化。关于政府与非营利组织会计的行政法规很多，概括起来主要有三类：一是由政府或政府主管部门根据法律规章制定和颁布的法律实施细则，如国务院颁布的《中华人民共和国预算法实施条例》《中华人民共和国政府采购法实施条例》等；二是由政府主管部门根据财务会计法律制定的相关规定、方案、办法等，如《权责发生制政府综合财务报告制度改革方案》《政府财务报告编制办法（试行）》等；三是其他行政规章、财务制度，如《行政事业单位内部控制规范（试行）》《行政单位财务规则》《事业单位财务规则》《高等学校财务制度》《医院财务制度》等。

（二）会计准则

会计准则（accounting standards）是指会计职业界或会计人员在长期的会计实践活动中形成的、被普遍认可和广泛采用的会计惯例或规例，包括会计观念、会计方法、会计程序和会计实务处理规则等，也称为公认会计原则（generally accepted accounting principles，GAAP）。会计准则是财务会计规范的重要组成部分，是财务会计法律的具体化，它具有指导财务会计实务、可操作性强等特点。不论是对于企业还是对于政府与非营利组织，会计准则都是十分重要的规范形式。

会计准则可以由以会计职业组织为主的民间机构负责制定，也可以由政府主管部门负责制定，还可以由政府主管部门和以会计职业组织为主的民间机构联合制定。会计准则制定机构不同，会计准则的性质和作用也不一样。以会计职业组织为主的民间机构制定的会计准则通常称为“规范型”会计准则，属于自律性的会计规范，具有指导性，但不具有法律约束力；由政府主管部门制定的会计准则通常称为“法规型”会计准则，属于他律性的会计规范，具有强制性。由政府主管部门和以会计职业组织为主的民间机构联合制定的会计准则介于“规范型”与“法规型”之间，但在会计实务中通常要求必须严格执行，实际上起到“准法规”的作用。

为了规范政府的会计核算，编制权责发生制的政府财务报告，保证会计信息质量，2015 年 10 月，财政部颁布了《政府会计准则——基本准则》，自 2017 年 1 月 1 日起施行。我国的政府会计准则体系由基本准则、具体准则和应用指南组成。基本准则的定位为整个政府会计准则体系的概念基础和框架，用于规范政府会计目标、政府会计主体、政府会计信息质量要求、政府会计核算基础，以及政府会计要素定义、确认和计量原则、列报要求等原则事项。基本准则指导具体准则的制定，并为政府会计实务问题提供处理原则。具体准则用于规范政府发生的具体经济业务或事项的会计处理，详细规定经济业务或事项引起的会计要素变动的确认、计量、记录和报告。应用指南是对具体准则的实际应用做出的操作性规定。

截至 2021 年 6 月，我国已经发布的 10 项政府会计具体准则包括《政府会计准则第 1 号——存货》《政府会计准则第 2 号——投资》《政府会计准则第 3 号——固定资产》《政府会计准则第 4 号——无形资产》《政府会计准则第 5 号——公共基础设施》《政府会计准则第 6 号——政府储备物资》《政府会计准则第 7 号——会计调整》《政府会计准则第 8 号——负债》《政府会计准则第 9 号——财务报表编制和列报》《政府会计准则第 10 号——政府和社会资本合作项目合同》。其中，第 3 号和第 10 号准则还发布了配套的应用指南。

（三）会计制度

会计制度规范会计主体经济业务或者事项的确认、计量、记录和报告方法，为会计核算的操作提供指引。会计制度的主要内容包括会计核算的总体要求、会计要素的确认和计量方法、会计科目的名称和编号、会计科目的使用说明、会计报表的格式与编制方法等。

目前，我国政府与非营利组织会计采用“准则＋制度”模式。2017 年 10 月，财政部印发《政府会计制度——行政事业单位会计科目和报表》，自 2019 年 1 月 1 日起施行。统一的政府会计制度意味着行政单位和事业单位采用相同的会计科目和财务报告体系，这是一项重要的会计制度改革。同时，为了规范医院、高等学校、科学事业单位特殊经济业务或事项的会计核算，财政部先后印发了国有林场和苗圃、测绘事业单位、地质勘查事业单位、高等学校、中小学校、医院、基层医疗卫生机构、科学事业单位、彩票机构等 9 类行业事业单位执行《政府会计制度——行政事业单位会计科目和报表》的补充规定。

小链接 2-1

政府会计制度——行政事业单位会计科目和报表

《政府会计制度——行政事业单位会计科目和报表》颁布的时间是2017年10月24日，开始执行的时间是2019年1月1日。政府会计制度的主要内容包括五个部分：第一部分是总说明；第二部分是会计科目名称和编号；第三部分是会计科目使用说明；第四部分是报表格式；第五部分是报表编制说明；附录是主要业务和事项账务处理举例。我国统一的政府会计制度改革具有重大意义，为行政事业单位会计规范化的建设和发展开创了新的历史阶段。

三、我国民间非营利组织会计规范

我国民间非营利组织会计问题研究起步相比政府会计较晚，民间非营利组织会计制度受到了企业会计制度改革和政府会计制度改革的双重影响。经过1993年的企业会计制度改革和1997年的预算会计制度改革，2004年财政部发布了《民间非营利组织会计制度》，为我国民间非营利组织会计核算和报告制度规范化建设提供了全面的指导。

十多年的实践证明，我国民间非营利组织会计制度发挥了重要作用，但是在实施过程中也存在一些难点问题。尤其是随着社会经济的发展，民间非营利组织也产生了在既有会计制度中没有包括的特殊经济事项，这些事项成为会计制度进一步完善的焦点问题。2020年6月，财政部发布《〈民间非营利组织会计制度〉若干问题的解释》，进一步明确了民间非营利组织接受非现金资产捐赠、受托代理业务以及长期股权投资等经济事项的会计处理，补充完善了现行会计制度，为民间非营利组织会计的全面核算和报告提供了新的指导。

小链接 2-2

《民间非营利组织会计制度》若干问题的解释

《〈民间非营利组织会计制度〉若干问题的解释》由财政部于2020年6月15日发布，自发布之日起开始执行。主要内容包括十三条：一是关于社会服务机构等非营利组织的会计核算；二是关于接受非现金资产捐赠；三是关于受托代理业务；四是关于长期股权投资；五是关于限定性净资产；六是关于注册资金；七是关于承接政府购买服务取得的收入；八是关于存款利息；九是关于境外非政府组织代表机构的总部拨款收入；十是关于资产减值损失；十一是关于出资设立其他民间非营利组织；十二是关于关联方关系及其交易的披露；十三是关于生效日期。

第二节　政府与非营利组织会计目标

一、政府与非营利组织会计信息的使用者

政府与非营利组织会计信息的潜在使用者应包括政府活动所涉及的所有利益相关者。政府与非营利组织运营过程中所涉及的利益相关者极其广泛，至少应该包括立法机关和政府审计机关、公民、媒体、服务接受者、经济和非经济主体、纳税人、债权人、供应商、项目管理者、雇员、政府和非营利组织自身，以及其他政府和国际性组织等。

（一）立法机关和政府审计机关

人民代表大会是我国最高的权力机构。这就决定了政府在代表人民意志行使管理国家事务的权力时，必然接受各级人民代表大会的监督。人民代表大会需要依据政府相关部门所提供的会计信息来实现监督职能，并对政府使用和支配公共财务资源的效率和效果进行评价，判断政府的工作业绩。

从本质上讲，政府审计也是接受公众委托提供的公共审计服务。所以，审计机关将是代表公众利益的重要的政府财务报告使用者。《中华人民共和国审计法》明确规定，我国各级审计机关依法对国务院各部门和地方各级人民政府及其各部门的财政收支的真实、合法和效益，依法进行审计监督。国务院和县级以上地方人民政府应当每年向本级人民代表大会常务委员会提出审计机关对预算执行和其他财政收支的审计工作报告。

小链接 2-3

2020 年 6 月 18 日，在第十三届全国人民代表大会常务委员会第十九次会议上，财政部部长刘昆受国务院委托，向全国人大常委会提出 2019 年中央决算报告和中央决算草案，并提请审查。

国务院关于 2019 年中央决算的报告

（二）社会公众

这里所指的公众是分散的公民个人和某些利益集团，而媒体正是他们的代言人。人民代表大会就是人民的代表，代表了公众的利益，人民代表大会所提出的政府财务信息需求也代表了公众的心声。对于公众来讲，依法纳税是其应尽的义务，但同时也享有知情权，即有权利知道政府提供公共服务的状况以及政府对社会公众所托付的各种责任和义务的履行情况。

（三）主管部门和内部管理者

目前，我国实行的是“统一领导、分级管理”的财政管理体制。按照《预算法》及其实施条例的有关规定，各级政府应当监督下级政府的预算执行，对下级政府在预算执行过程中违反纪律、行政法规、国家方针政策的行为依法予以制止和纠正。下级政府应

将预算执行结果如实上报，接受上级政府的监督。另外，随着我国公共财政体制的发展创新，尤其是分税制改革等一系列改革措施的推行，各级政府作为独立经济主体的趋势愈加明朗，所以各级政府的内部管理者对相关会计信息的需求也会越来越强烈。

（四）其他利益相关者

（1）投资者和债权人。投资者和债权人需要根据政府与非营利组织的会计信息及相关信息来做出是否同政府与非营利组织继续合作的经济决策。近年来，我国政府每年都要发行一定数量的国债，国债二级市场也日益活跃。政府国债的持有人或潜在的购买者都必然会关注政府财务信息，以帮助他们更好地进行投资决策。

（2）投资评估机构。投资评估机构作为政府与非营利组织会计信息的使用者，符合社会资源最优配置的客观要求，因为无论从政府本身的角度看，还是从投资者和债权人的角度看，投资评估机构对政府与非营利组织财务信用的评价都将有助于其降低融资成本或减少投资风险。

（3）外国政府和国际组织。一般观点认为，外国政府和国际组织并不是政府与非营利组织财务信息的主要使用者。但随着经济发展，我国与外国政府和国际组织之间的往来不断增多，各级政府越来越明显地感受到来自这些使用者信息需求的压力。

二、会计信息使用者的信息需求分析

政府与非营利组织的活动涉及的各利益相关者对会计信息的需求各有侧重，他们会针对其所关注的方面，通过对相关信息的分析，对政府与非营利组织的活动进行评价和预测，并作为其做出有关评价或决策的基础。政府与非营利组织会计信息使用者对财务信息的需求主要包括进行政府财务绩效评价和管理与进行经济决策两个方面。

（一）进行政府财务绩效评价和管理的信息需求

政府与非营利组织使用的是公共财务资源，应纳入相应的预算管理并加强资源使用效果的评价和管理。政府财务资源的提供者和利益相关者是极为广泛的，其财务信息使用者既包括内部使用者，也包括外部使用者。这两类使用者都需要政府财务信息，外部使用者更加关注绩效评价，内部使用者则需要财务信息来加强内部财务管理和预算管理。

（二）进行经济决策的信息需求

政府与非营利组织众多的财务信息使用者中包括债权人、供应商、国际组织等需要进行经济决策的利益相关者。他们的信息需求不仅局限于评价政府与非营利组织的财务绩效，还需要根据政府与非营利组织的财务状况进行相应的经济决策。这些决策包括是否购买政府发行的债券，是否向非营利组织提供捐赠，以及是否和政府与非营利组织进行交易等。为此，政府与非营利组织需要编制以权责发生制为基础的财务报告，向会计信息使用者提供与财务状况和运行情况等有关的信息，以满足会计信息使用者做出经济决策的需要。

三、政府与非营利组织会计目标

从理论层面分析政府与非营利组织财务信息使用者及其信息需求，可以推断政府与非营利组织会计的总体目标是全面反映受托责任，并为信息使用者提供有助于经济决策的信息。政府与非营利组织会计目标是重要的理论问题，也是政府会计准则中的核心概念，在准则中有明确的规定。

（一）政府会计目标

我国已经颁布的政府会计准则制度对会计目标有明确的阐释。《财政总预算会计制度》（2015 年）第六条规定，总会计的核算目标是向会计信息使用者提供政府财政预算执行情况、财务状况等会计信息，反映政府财政受托责任履行情况。《行政单位会计制度》（2013 年）第三条规定，行政单位会计核算目标是向会计信息使用者提供与行政单位财务状况、预算执行情况等有关的会计信息，反映行政单位受托责任的履行情况，有助于会计信息使用者进行管理、监督和决策。《事业单位会计准则》（2012 年）第四条规定，事业单位会计核算的目标是向会计信息使用者提供与事业单位财务状况、事业成果、预算执行等有关的会计信息，反映事业单位受托责任的履行情况，有助于会计信息使用者进行社会管理、做出经济决策。上述制度或准则在关于会计和财务报告目标方面的规范不尽相同，但仍然集中反映了我国政府会计的改革理念和改革趋势。

现行政府会计目标的特点是，在侧重为预算管理服务的基础上，兼顾经济管理、财务管理等其他方面的需要，反映政府单位受托责任履行情况，提供有助于做出经济决策的信息。

我国将实现政府预算会计和政府财务会计“双功能”，政府会计正处于改革中，政府会计目标应当是“双目标”。政府预算会计侧重为预算管理服务，通过编制决算报告提供预算收支执行情况的会计信息。政府财务会计侧重为政府经济与财务管理服务，通过编制财务报告反映政府的受托责任履行情况，提供有助于做出经济决策的会计信息。《政府会计准则——基本准则》对政府预算会计的决算报告目标和政府财务会计的财务报告目标做出了具体规定。

1. 我国政府预算会计（决算报告）目标

决算报告的目标是向决算报告使用者提供与政府预算执行情况有关的信息，综合反映政府会计主体预算收支的年度执行结果，有助于决算报告使用者进行监督和管理，并为编制后续年度预算提供参考和依据。政府决算报告使用者包括各级人民代表大会及其常务委员会、各级政府及其有关部门、政府会计主体自身、社会公众和其他利益相关者。

2. 我国政府财务会计（财务报告）目标

财务报告的目标是向财务报告使用者提供与政府的财务状况、运行情况（含运行成本，下同）和现金流量等有关信息，反映政府会计主体公共受托责任履行情况，有助于财务报告使用者做出决策或者进行监督和管理。政府财务报告使用者包括各级人民代表大会常务委员会、债权人、各级政府及其有关部门、政府会计主体自身和其他利益相关者。

（二）非营利组织会计目标

我国《民间非营利组织会计制度》（2004 年）第八条规定，会计核算所提供的信息应当能够满足会计信息使用者（如捐赠人、会员、监管者等）的需要。民间非营利组织会计属于财务会计的范畴，是对外报告会计，侧重为捐赠人、会员、监管者等外部会计信息使用者服务。民间非营利组织会计的目标是向会计信息使用者提供有用的会计信息，反映其受托责任履行情况，满足会计信息使用者经济决策和监督管理的需要。

民间非营利组织具有典型的公益性特征，其资金来源渠道较多，且以无偿性为主要特征。因此，民间非营利组织需要规范财务信息披露，向信息使用者和资源提供者呈报更多有助于进行经济决策的财务信息。

第三节　政府与非营利组织会计信息的质量特征

一、政府会计信息的质量特征

根据现行的政府与非营利组织会计准则制度，政府会计报告不仅要遵循统一的形式，还要满足相应的质量要求，具体包括以下七个方面。

（一）可靠性

政府会计主体应当以实际发生的经济业务或者事项为依据进行会计核算，如实反映各项会计要素的情况和结果，保证会计信息真实可靠。

（二）全面性

政府会计主体应当将发生的各项经济业务或者事项统一纳入会计核算，确保会计信息能够全面反映政府会计主体预算执行情况和财务状况、运行情况、现金流量等。

（三）相关性

政府会计主体提供的会计信息应当与反映政府会计主体公共受托责任履行情况以及报告使用者决策或者监督、管理的需要相关，有助于报告使用者对政府会计主体过去、现在或者未来的情况做出评价或者预测。

（四）及时性

政府会计主体对已经发生的经济业务或者事项，应当及时进行会计核算，不得提前或者延后。

（五）可比性

政府会计主体提供的会计信息应当具有可比性。同一政府会计主体不同时期发生的相同或者相似的经济业务或者事项，应当采用一致的会计政策，不得随意变更。确需变更的，应当将变更的内容、理由及影响在附注中予以说明。不同政府会计主体发生的相同或者相似的经济业务或者事项，应当采用一致的会计政策，确保政府会计信息口径一致，相互可比。

（六）明晰性

政府会计主体提供的会计信息应当清晰明了，便于报告使用者理解和使用。

（七）实质重于形式

政府会计主体应当按照经济业务或者事项的经济实质进行会计核算，不限于以经济业务或者事项的法律形式为依据。

二、民间非营利组织会计信息质量要求

《民间非营利组织会计制度》(2004 年）没有单独规范民间非营利组织财务信息的质量特征，但是从具体的制度条款中，依然可以总结出其对民间非营利组织财务信息质量的部分要求。

《民间非营利组织会计制度》(2004 年）第六十七条规定，民间非营利组织在编制中期财务会计报告时，应当采用与年度会计报表相一致的确认与计量原则。中期财务会计报告的内容相对于年度财务会计报告而言可以适当简化，但是，它仍然应当保证包括了与理解中期期末财务状况和中期业务活动情况及其现金流量相关的重要财务信息。这条规定强调的是民间非营利组织财务信息的全面性。第六十八条规定，民间非营利组织采用的会计政策前后各期应当保持一致，不得随意变更。这条规定体现的是民间非营利组织财务信息的可比性和一致性。第七十一条规定，会计报表附注的内容应包括有助于理解和分析会计报表需要说明的其他事项。这条规定突出了对民间非营利组织财务信息可理解性的质量要求。第七十四条规定，民间非营利组织的年度财务会计报告至少应当于年度终了后 4 个月内对外提供。如果民间非营利组织被要求对外提供中期财务会计报告的，应当在规定的时间内对外提供。这条规定体现了对民间非营利组织财务信息及时性的具体要求。

三、提升政府与非营利组织会计信息质量的重要意义

在政府会计和财务报告理论依据中，最重要的就是公共受托责任理论。自 Patton（1992）提出基于报告观的公共受托责任理论，公共受托责任理论对政府财务报告理论和实践的发展产生了深远的影响。政府经济受托责任包含合规性受托责任和绩效

性受托责任的双重含义，而政府财务报告是政府经济受托责任的直接反映。受托责任的内涵很多，报告和反映的受托责任是其中的一个重要方面，而高质量的财务信息是政府全面履行受托责任的必然要求。

基于公共受托责任的报告观，从受托人的角度研究公共受托责任，向委托人提供履约信息的义务是受托责任的核心要素。

（1）政府负有公共受托责任的对象。按与政府的“利害关系”，政府财务信息的使用者可以分为以下几类：1）立法机关和其他统治团体；2）公众；3）投资者和债权人；4）其他政府、国际机构和其他资源的提供者；5）经济和财务分析师；6）内部管理者。政府财务报告的使用者是广泛的，不同的使用者有不同的财务信息需求和信息来源渠道，他们需要政府披露不同的财务信息，以明确公共受托责任并据此做出相应的决策。

（2）对政府会计信息进一步的解释和说明是公共受托责任的必然要求。受托人仅需要对交易和事项进行报告，还是需要对政府财务报告做进一步的解释说明？有一种观点认为，政府财务报告应该简洁，而不应包括解释或判断信息。但西方学者的研究表明，当报告主体被期望对他们的行为提供解释和证明时，其决策和信息处理过程是会受到影响的。当报告主体预先不清楚委托人的需求情况时，其反映的对受托责任的解释和证明是正常的。这意味着政府财务报告应提供更多的解释和说明。

（3）政府会计报告对委托人和受托人关系的影响。委托人和受托人之间关系的性质会直接影响信息的需求和传递。对于管理型受托责任，雇主有权要求雇员直接或间接地提供有关信息，但雇主无法保证雇员所提供信息的真实性，除非两者之间事先存在完备的合约。从本质上讲，政府履行其公共受托责任主要是向外部使用者提供信息，而不仅是向政府内部的各级管理者提供信息。因此，财务报告的信息对外部使用者，尤其是那些缺少信息来源的外部使用者，会产生重要的影响。

（4）公共受托责任隐含的激励约束机制。受托责任的存在是因受托人的履约行为及其结果会受到处罚或奖励。如果激励和处罚与公共受托责任报告有直接的关系，则会计信息的激励效应将直接影响报告人的行为。若受托人不是被动的信息提供者，经济或政治奖励和处罚就会影响其报告的“客观数据”。

在受托责任下，政府会计信息披露要求集中体现为政府会计报告制度。政府会计报告是社会公众可以获取的关于公共财产保管责任的唯一综合性报告。信息被称为“受托责任生命的血液”，如果缺乏关于政府绩效的准确信息，现实中的受托责任机制就不能正常发挥作用。从信息经济学角度看，受托责任一经产生，必然在委托方与代理方之间存在信息不对称，通常受托责任的承担方拥有信息优势，而受托责任的授予方则为信息劣势方。正是基于信息不对称的客观存在，作为信息劣势方的委托人就要求拥有信息优势的受托责任方提供有关受托责任履行情况的信息，会计报告机制由此产生。

不同性质的信息适用于不同类型的受托责任，承担不同的受托责任可能导致报告人对信息披露产生不同的偏好。政府财务报告模式与信息披露的程度和方式反映了政府受托责任和政治制度的模式。在行政体系中，上级要求下级承担责任，并要求下级提供业绩信息。行政部门往往必须执行立法部门批准的预算，并披露预算执行情况的信息。此外，政府主动披露信息，以增加其说服诸如债权人等潜在投资者为其提供财务资源的力度。潜在的投资者需要会计信息来预测政府履行合约的能力，会计信息用于监督合约的履行。

综合上述分析，提升政府会计信息的质量会产生广泛而深远的影响，尽快明确民间非营利组织会计信息质量特征是十分有意义的改进。

《思考题》

1. 什么是政府与非营利组织会计规范?
2. 我国政府与非营利组织会计规范体系有哪些特点?
3. 我国政府与非营利组织会计的目标是什么?
4. 我国政府会计的信息质量特征有哪些?
5. 现行会计制度对民间非营利组织会计信息质量有哪些要求?

第三章

政府与非营利组织会计要素的确认、计量与报告

学习目标和学习重点

本章主要讲授政府与非营利组织会计要素和核算方法。学习目标是掌握政府与非营利组织会计系统中涉及的会计要素确认和计量以及会计核算和会计报告等具体方法。本章的学习重点包括：

1. 掌握政府会计和民间非营利组织会计的要素；
2. 掌握政府与非营利组织会计可选择的确认基础；
3. 掌握政府与非营利组织会计资产和负债的主要计量方法；
4. 掌握政府与非营利组织会计报告的主要内容；
5. 理解政府与非营利组织会计的流程和主要核算方法。

第一节　政府与非营利组织会计要素

政府会计是一个综合的范畴，包括政府财务会计、政府预算会计；非营利组织会计则是指民间非营利组织会计。政府部门单位和民间非营利组织的经济事项有明显的差异，二者的会计要素也不完全相同。

一、政府会计要素

（一）政府财务会计要素

政府财务会计要素是对政府财务会计对象的基本分类。根据《政府会计准则——基

本准则》，政府财务会计要素包括资产、负债、净资产、收入和费用。

1. **资产**

资产是指政府会计主体过去的经济业务或者事项形成的，由政府会计主体控制的，预期能够产生服务潜力或者带来经济利益流入的经济资源。服务潜力是指政府会计主体利用资产提供公共产品和服务以履行政府职能的潜在能力。经济利益流入表现为现金及现金等价物的流入，或者现金及现金等价物流出的减少。政府会计主体的资产按照流动性，分为流动资产和非流动资产。符合资产定义的经济资源，在同时满足以下条件时，确认为资产：(1) 与该经济资源相关的服务潜力很可能实现或者经济利益很可能流入政府会计主体；(2) 该经济资源的成本或者价值能够可靠地计量。

2. **负债**

负债是指政府会计主体过去的经济业务或者事项形成的，预期会导致经济资源流出政府会计主体的现时义务。现时义务是指政府会计主体在现行条件下已承担的义务。未来发生的经济业务或者事项形成的义务不属于现时义务，不应当确认为负债。政府会计主体的负债按照流动性，分为流动负债和非流动负债。符合负债定义的义务，在同时满足以下条件时，确认为负债：(1) 履行该义务很可能导致含有服务潜力或者经济利益的经济资源流出政府会计主体；(2) 该义务的金额能够可靠地计量。

与负债相关的一个具体概念是或有负债。或有负债是指因过去的交易或事项可能导致未来发生的事件而产生的潜在负债，这种潜在负债能否转化为显性负债并在报表中披露，主要考虑或有负债发生的可能性以及负债金额是否能够合理估计。表 3-1 提供了政府或有负债确认和披露的一般标准。

表 3-1 政府或有负债的确认和披露标准

未来资源流出或损失的可能性	损失数额可以合理估计	损失范围可以合理估计	损失数额或范围不能合理估计
可能性很大（发生的可能性远远大于不发生的可能性）	在资产负债表内予以反映（确认为预计负债）	在附注中披露或有负债的性质和损失范围	在附注中披露或有负债的性质并说明不能合理估计的原因
应该会发生（合理判断）	在附注中披露或有负债的性质和估计的损失数额	在附注中披露或有负债的性质和估计的损失范围	在附注中披露或有负债的性质并说明不能合理估计的原因
可能性较小	不披露	不披露	不披露

3. **净资产**

净资产是指政府会计主体资产扣除负债后的净额。净资产金额取决于资产和负债的计量。

在政府资产负债表中，净资产表现为资产减去负债后的余额。在政府财务报表中确认的资产和负债，都是同时满足其定义和确认标准的资产和负债。但是，政府还可能存在某些较为重要的资产和负债，由于这些资产和负债不满足确认的标准，因此没有纳入政府财务报表。由此可以认为，在政府财务报表中反映的净资产或权益的数字，并不是对预期未来资金流动完整的计量。要解决这一问题，可以在财务报表附注中对净资产金额进行补充和披露，这样依然可以增加净资产数值的决策有用性。

4. **收入**

收入是指报告期内导致政府会计主体净资产增加的，含有服务潜力或者经济利益的经济资源的流入。收入的确认应当同时满足以下条件：（1）与收入相关的含有服务潜力或者经济利益的经济资源很可能流入政府会计主体；（2）含有服务潜力或者经济利益的经济资源流入会导致政府会计主体资产增加或者负债减少；（3）流入金额能够可靠地计量。

5. **费用**

费用是指报告期内导致政府会计主体净资产减少的，含有服务潜力或者经济利益的经济资源的流出。费用的确认应当同时满足以下条件：（1）与费用相关的含有服务潜力或者经济利益的经济资源很可能流出政府会计主体；（2）含有服务潜力或者经济利益的经济资源流出会导致政府会计主体资产减少或者负债增加；（3）流出金额能够可靠地计量。

（二）政府预算会计要素

政府预算会计和财务会计不同，财务会计致力于反映政府或政府单位的整体财务状况，并提供一定程度的前瞻性的财务信息，预算会计则服务于政府预算管理，主要反映总预算单位和分预算单位的预算执行情况及结果。根据《政府会计准则——基本准则》，政府预算会计的要素包括预算收入、预算支出和预算结余。

1. **预算收入**

预算收入是指政府会计主体在预算年度内依法取得并纳入预算管理的现金流入。预算收入一般在实际收到时予以确认，以实际收到的金额计量。

2. **预算支出**

预算支出是指政府会计主体在预算年度内依法发生并纳入预算管理的现金流出。预算支出一般在实际支付时予以确认，以实际支付的金额计量。

3. **预算结余**

预算结余是指政府会计主体预算年度内预算收入扣除预算支出后的资金余额，以及历年滚存的资金余额。预算结余包括结余资金和结转资金。结余资金是指年度预算执行终了，预算收入实际完成数扣除预算支出和结转资金后剩余的资金。结转资金是指预算安排项目的支出年终尚未执行完毕或者因故未执行，且下年需要按原用途继续使用的资金。

小链接 3-1

预算结转和预算结余的区别：2012 年颁布的《行政单位财务规则》（财政部令第 71 号）第二十五条规定，结转资金，是指当年预算已执行但未完成，或者因故未执行，下一年度需要按照原用途继续使用的资金。第二十六条规定，结余资金，是指当年预算工作目标已完成，或者因故终止，当年剩余的资金。结转资金在规定使用年限未使用或者未使用完的，视为结余资金。第二十七条规定，财政拨款结转和结余的管

行政单位财务规则

理，应当按照同级财政部门的规定执行。

二、民间非营利组织会计要素

根据 2004 年发布的《民间非营利组织会计制度》，民间非营利组织会计的要素包括资产、负债、净资产、收入和费用。

1. 资产

资产是过去的交易或事项形成并由民间非营利组织拥有或者控制的资源，该资源预期会给民间非营利组织带来经济利益或者服务潜力。资产应当按其流动性分为流动资产、长期投资、固定资产、无形资产和受托代理资产等。

2. 负债

负债是民间非营利组织过去的交易或者事项形成的现时义务，履行该义务预期会导致含有经济利益或者服务潜力的资源流出民间非营利组织。负债应当按其流动性分为流动负债、长期负债和受托代理负债等。

与负债相关的另一个概念是民间非营利组织的或有负债。或有事项是指过去的交易或者事项形成的一种状况，其结果须通过未来不确定事项的发生或不发生予以证实。如果与或有事项相关的义务同时符合以下条件，应当将其确认为负债，以清偿该负债所需支出的最佳估计数予以计量，并在资产负债表中单列项目予以反映：（1）该义务是民间非营利组织承担的现时义务；（2）该义务的履行很可能导致含有经济利益或者服务潜力的资源流出民间非营利组织；（3）该义务的金额能够可靠地计量。

3. 净资产

净资产是民间非营利组织的资产减去负债后的余额。净资产应当按照其是否受到限制，分为限定性净资产和非限定性净资产等。

4. 收入

收入是民间非营利组织开展业务活动取得的，导致本期净资产增加的经济利益或者服务潜力的流入。收入应当按照其来源分为捐赠收入、会费收入、提供服务收入、政府补助收入、投资收益、商品销售收入等主要业务活动收入和其他收入等。

5. 费用

费用是民间非营利组织为开展业务活动所发生的，导致本期净资产减少的经济利益或者服务潜力的流出。费用应当按照其功能分为业务活动成本、管理费用、筹资费用和其他费用等。

第二节　政府与非营利组织会计的确认基础和计量方法

一、政府与非营利组织会计的确认基础

会计确认基础是指因编报财务报告的目的而决定在何时确认交易或事项的影响。例

如，交易或事项可以按应计制基础确认，即在交易或事项发生时确认，或按现金制基础确认，即在收到或付出现金时确认。现金制基础和应计制基础是两种最基本的会计确认基础。但就政府与非营利组织财务报告的编制而言，并不局限于纯正的现金制基础和应计制基础，还可以有其他选择。进一步讲，不同会计确认基础下的计量重点也不尽相同。

（一）政府与非营利组织会计可选择的确认基础

事实上，在会计上存在着一个会计确认基础区间，这个区间的范围是从现金制基础这一极端到完全应计制基础另一极端。在这两个极端中间，有很多变化。这些变化实际上或者是对现金制基础的修正，或者是对完全应计制基础的修正。概括起来，政府与非营利组织会计可以使用四种具体的会计确认基础，即现金制、修正的现金制、修正的应计制和应计制。

1. 现金制

现金制（cash basis）也称为收付实现制，是一种较为原始的会计确认基础。在这种基础下，交易或事项只在收到现金或付出现金时予以确认，计量某一会计期间收入现金和付出现金差额的财务成果，向使用者提供关于报告期间现金取得的来源、运用和报告期末现金结余的信息，而不报告非现金资产存量的价值、负债或提供服务成本（评价效率时是必需的）信息。在现金制基础下，通常编制现金收支表，以揭示关于报告期内现金流动以及报告期末现金结余的信息。中央政府以及从政府一般收入中取得资金的政府主体或单位通常使用现金制基础。

2. 应计制

应计制（accrual basis）也称为权责发生制，在这种基础下，收入和支出（费用）在交易或事项发生时确认，而不考虑何时收到或付出现金。据此，收入反映本会计期间已实现的数额，不管款项是否在本期收到；支出反映本会计期间已经消耗的货物或服务的数额，不管款项是否在本期支付。应计制基础要求对所有为取得资本性资产而发生的支出全部予以资本化，并要求在这些资本性资产的服务潜力消耗时对其计提折旧。政府性企业、公司，以及有些国家类似的非营利主体，通常使用这种会计确认基础。

3. 修正的现金制和修正的应计制

修正的现金制（modified cash basis）或修正的应计制（modified accrual basis）是对现金制或应计制的某种修正或偏离。国际会计师联合会认为，修正的应计制是从财务报表中去掉长期性项目，使财务报表主要报告货币性资产和货币性负债，以反映主体未来对资金的需求。修正的现金制是在财务报表中包括有关主体在会计年度结束后的短时期内会导致现金收入或现金付出的交易或事项的信息，使财务报表主要报告主体在报告期内流动或短期的财务资源及变动情况。地方政府、一些国家的中央和州或省政府以及其他公立单位主体通常使用修正的现金制基础或修正的应计制基础。

（二）不同确认基础的计量重点

在政府与非营利组织会计中，计量重点是指在财务报告中到底要反映什么。例如，政府财务报告可以用来反映经济资源的变动、总财务资源的变动或当期财务资源的变动。

某项特定计量重点的完成不仅需要考虑计量什么资源，而且需要考虑发生的与这些资源相关的交易或事项在何时确认，即使用何种会计确认基础。会计确认基础是计量重点的重要组成部分，因为某项计量重点的完成必须有一个特定的交易或事项的确认时间。

一般而言，现金制的侧重点在于反映现金结余（及其变动），该基础下的政府财务报告可以提供报告期内现金产生来源、资金的用途以及报告日现金余额的信息。修正的现金制的侧重点在于反映当期财务资源（及其变动），该基础下的政府财务报告可以提供报告期内现金的变动、从报告日起在短期内必须予以偿还的负债、当期现金的结余以及可以用来偿还负债的应收款项信息。修正的应计制的侧重点在于反映总财务资源（及其变动），该基础下的政府财务报告可以提供负债、可用于偿还负债的金融资产以及报告期内收入和支出的金额和来源的信息。应计制的侧重点在于反映经济资源（及其变动），该基础下的政府财务报告可以提供关于资产、负债、收入、费用和净资产的全面信息。

（三）政府与非营利组织会计现行的确认基础

1. 政府会计的确认基础

我国现行政府会计制度融合了政府预算会计和政府财务会计的功能，采用“双基础”的核算方法，在收付实现制的基础上，适当引入权责发生制确认基础。《财政总预算会计制度》规定，财政总预算的会计核算一般采用收付实现制，部分经济业务或者事项应当按照规定采用权责发生制核算。《行政单位会计制度》规定，行政单位会计核算一般采用收付实现制，特殊经济业务和事项采用权责发生制核算。《事业单位会计准则》规定，事业单位会计核算一般采用收付实现制，部分经济业务或者事项采用权责发生制核算。

根据《政府会计准则——基本准则》，政府预算会计和政府财务会计适度分离并相互衔接，采用不同的确认基础核算。

（1）政府预算会计。政府预算会计与财务会计适度分离后，政府预算会计将以收付实现制为确认基础。收付实现制以款项的实际收付为标志来确定本期收入和支出。凡在当期实际发生的现金收入或支出，均应作为当期应计的收入和支出；凡是不在当期实际发生的现金收入或支出，均不应当作为当期的收入和支出。

（2）政府财务会计。政府预算会计与财务会计适度分离后，政府财务会计应当采用权责发生制确认基础，以满足政府加强财务管理、绩效考核、成本核算、债务风险防范等财务会计信息需求。权责发生制以取得收到款项的权利或支付款项的责任为标志来确定本期收入和费用。凡是当期已经实现的收入和已经发生或应当负担的费用，不论款项是否收付，都应当作为当期的收入和费用；凡是不属于当期的收入和费用，即使款项已在当期收付，也不应当作为当期的收入和费用。

2. 民间非营利组织会计的确认基础

民间非营利组织会计是对外报告会计，需要提供反映其受托责任履行情况和有助于做出经济决策的会计信息。因此，《民间非营利组织会计制度》规定，民间非营利组织会计核算应当以权责发生制为基础。

（四）政府与非营利组织会计确认基础的持续改革

以收付实现制为基础进行政府公共资产的会计核算和预算编制，是各国的传统做法。

但是，伴随新公共管理理念的传播，各国纷纷开始对政府预算编制和会计核算制度进行改革，努力构建能够真实公允地反映政府公共资产运营绩效的预算编制和会计核算制度。改革的核心是将会计确认和计量的基础转向权责发生制，将权责发生制基础作为政府收支确认的标准；同时相应变革预算管理制度，以部门所提供的公共产品及其最终实现的社会成果（社会对部门服务的满意程度）为中心，全面反映有关公共产品的成本信息，以此作为预算编制的基本前提。

各主要国家政府会计制度改革的实践表明，在政府会计核算和预算编制中，更为系统、全面、深入地引入权责发生制的改革趋势已经不可逆转。实施这一改革的必要性在于：传统的收付实现制会计确认基础的弊端使得社会公众、监督机关、国有投资者、政府债券购买者、评级机构和政府自身对于政府公共资产会计信息的需求无法得到有效满足。相比之下，权责发生制通过对政府公共资产管理行为的可靠计量，对于改进管理行为、提升管理水平、落实管理目标具有重要的促进作用。

政府财务信息从形式到实质都与政府会计确认基础密切相关。能否全面反映政府受托责任和政府财务状况，不仅取决于政府财务报告的形式，也取决于信息产品的实质，即财务信息的深度和广度。而与收付实现制相比，权责发生制确认基础对于扩大政府财务信息范围和提升政府财务信息质量具有明显优势，这在全球性的政府会计权责发生制改革浪潮中已得到验证。一般而言，企业采用权责发生制会计确认基础是无可争议的。但政府提供公共物品和公共服务的运营活动主要依靠税收来维持，单纯改良其收入支出表（比如变为运营业绩表）没有实质上的说服力。因此，权责发生制基础的应用主要将对政府资产负债的信息披露乃至政府财务状况和财务前景的反映产生深远的影响。权责发生制改革是国际政府会计和财务报告改革的核心与主线，也是我国拓展政府财务信息披露深度和广度最为重要的技术支撑。

二、政府与非营利组织会计的计量方法

在当期财务资源流动的观念下，政府会计主要反映当期财务资源收支的交易和事项，即反映当期实际收到或付出的财务资源数额。所以，政府会计一般采用历史成本计量方法。但是，随着会计计量理论发展和政府与非营利组织面临的外部环境日益复杂，许多交易或事项也涉及计量属性的选择问题，如养老金、对外投资、非现金捐赠等。因此，各国政府与非营利组织会计近年来都比较关注计量方法，尤其是历史成本以外的计量属性，并发布相关准则予以规范。

根据我国《政府会计准则——基本准则》，政府财务会计资产的计量方法主要有历史成本、重置成本、现值、公允价值和名义金额；负债的计量方法主要有历史成本、现值和公允价值。

（一）资产的计量方法

（1）历史成本。历史成本计量是指资产按照取得时支付的现金或者现金等价物的金额，或者按照取得时所付出的非货币性资产的评估价值，或支付对价的公允价值计量。

（2）重置成本。重置成本计量是指资产按照现在购买相同或相似资产所需要支付的现金或者现金等价物的金额计量。

（3）现值。现值计量是指资产按照从其使用到最终处置过程中所产生的未来净现金流量的折现金额计量。

（4）公允价值。公允价值计量是指资产按照市场参与者在计量日发生的有序交易中出售资产所能收到的价格计量。

（5）名义金额。无法采用上述计量属性的，采用名义金额（即人民币 1 元）计量。

政府会计主体在对资产进行计量时，一般应采用历史成本，如果采用重置成本、现值以及公允价值的计量方法，应当保证所确定的资产金额能够持续取得并可靠计量，即可以实现连续稳定计量。

小链接 3-2

按照名义金额计量的资产：从财政部 2012 年印发《事业单位会计制度》开始，政府会计中就出现了用名义金额计量的方法。随后的一系列政府会计准则制度都明确规定，可以采用名义金额作为资产的计量方法。对于按照名义金额计量的资产的理解可参考：https://www.sohu.com/a/285437472_780972。

（二）负债的计量方法

（1）历史成本。历史成本计量是指负债按照因承担现时义务而实际收到的款项或者资产的金额，或者承担现时义务的合同金额，或者日常活动中偿还负债预期需要支付的现金或现金等价物的金额计量。

（2）现值。现值计量是指负债按照预计期限内需要偿还的未来现金流出量的折现金额计量。

（3）公允价值。公允价值计量是指负债按照市场参与者在计量日发生的有序交易中转移负债所需支付的价格计量。

政府会计主体在对负债进行计量时，一般应采用历史成本。采用现值、公允价值计量的，应当保证所确定的负债金额能够持续、可靠计量。

第三节　政府与非营利组织会计的记录与报告

一、政府与非营利组织会计的记录

政府与非营利组织会计系统与企业会计系统具有相似性，主要体现为会计系统、会计流程和会计核算方法具有相同点。

（一）会计流程与会计记录

政府与非营利组织会计的系统体现为通过分工和授权形成的相互配合又相互制约的

会计组织体系，这个组织体系又划分为不同的具体的会计系统，比如预算会计、财务会计以及管理会计等。会计流程是指从经济业务发生到会计账务处理直至财务报告编制和披露的完整过程。在这个过程中，需要采用规范化的会计核算方法进行会计记录并形成财务报告。会计记录是指对经过会计确认、会计计量的经济业务或事项，采用一定方法予以记录的过程。会计记录是会计确认与计量的结果，也是编制会计报表的基础。

（二）会计记录方法

1. 会计记录的一般方法

为了实现政府会计核算与报告的统一性，财政部印发了《政府会计制度——行政事业单位会计科目和报表》。根据这份文件，政府部门单位将采用统一的会计科目和会计核算方法，未来的会计核算也会更加趋于一致。

政府与非营利组织会计的记录方法也经过多次改革，重要的改革措施是改变收付实现制的记账方法，从 1997 年开始采用借贷记账法。除记账方法之外，还有记账方式的问题。近年来，随着信息化和智能化的发展，较多的政府与非营利组织采用会计软件进行会计核算，自动实现根据原始凭证制作记账凭证并登记账簿的过程。在智能化的背景下，越来越需要对会计记录进行复核，关注会计软件可能无法实现的记录环节和可能出现的会计科目匹配错误等问题。

2. 政府会计记录的专门方法

政府财政会计为兼顾预算管理与财务管理的需要，对部分与预算收支相关的资产和负债采用了“双分录”的核算方法，对发生的某项业务或事项同时进行两项记录，一项侧重确认所形成的资产或负债，另一项侧重确认所发生的预算收入和支出。

政府单位会计具有预算管理与财务管理的“双功能”，由预算会计和财务会计组成，二者既适度分离又相互衔接，采用“平行记账”的核算方法。对于纳入部门预算管理的现金收支业务，应当同时进行预算会计核算和财务会计核算。

根据相关的制度规定，政府部门或公立非营利组织的专项资金需要单独进行核算。根据专项资金的来源和使用情况，运用相关的会计科目进行连续的记录，期末根据预算执行情况确定专项资金的结余或结转，并编制单独的收支报告。

3. 民间非营利组织会计核算的基本原则

根据我国《民间非营利组织会计制度》（2004 年），民间非营利组织会计核算要遵循以下基本原则：

（1）会计核算应当以实际发生的交易或者事项为依据，如实反映民间非营利组织的财务状况、业务活动情况和现金流量等信息。

（2）会计核算所提供的信息应当能够满足会计信息使用者（如捐赠人、会员、监管者）等的需要。

（3）会计核算应当按照交易或者事项的实质进行，而不应当仅仅按照它们的法律形式作为其依据。

（4）会计政策前后各期应当保持一致，不得随意变更。如有必要变更，应当在会计报表附注中披露变更的内容和理由、变更的累积影响数，以及累积影响数不能合理确定的理由等。

(5) 会计核算应当按照规定的会计处理方法进行，会计信息应当口径一致、相互可比。

(6) 会计核算应当及时进行，不得提前或延后。

(7) 会计核算和编制的财务会计报告应当清晰明了，便于理解和使用。

(8) 在会计核算中，所发生的费用应当与其相关的收入相配比，同一会计期间内的各项收入和与其相关的费用，应当在该会计期间内确认。

(9) 资产在取得时应当按照实际成本计量，但本制度有特别规定的，按照特别规定的计量基础进行计量。其后，资产账面价值的调整，应当按照本制度的规定执行；除法律、行政法规和国家统一的会计制度另有规定的外，民间非营利组织一律不得自行调整资产账面价值。

(10) 会计核算应当遵循谨慎性原则。

(11) 会计核算应当合理划分应当计入当期费用的支出和应当予以资本化的支出。

(12) 会计核算应当遵循重要性原则，对资产、负债、净资产、收入、费用等有较大影响，并进而影响财务会计报告使用者据以做出合理判断的重要会计事项，必须按照规定的会计方法和程序进行处理，并在财务会计报告中予以充分披露；对于非重要的会计事项，在不影响会计信息真实性和不至于误导会计信息使用者做出正确判断的前提下，可适当简化处理。

二、政府与非营利组织会计的报告

会计报告通常由会计报表、报表附注和财务情况分析说明等组成。会计报表是政府与非营利组织根据会计账簿数据编制的、以表格形式概括反映会计主体的财务状况和收支情况等的书面文件。政府与非营利组织会计应当根据会计制度规定的内容和格式，编制真实、准确、完整的会计报告。

（一）政府会计（财务）报告

李建发教授在其专著《政府会计论》中界定了政府财务报告的概念，政府财务报告是政府会计的产成品，它是按照政府会计与财务报告目标的要求，在完成财务报表要素确认、计量和记录等一系列程序后编制而成的书面文件，是反映和报告政府业绩和受托责任完成情况的载体，也是立法机关、社会公众审核并批准解除其受托责任的依据。赵建勇教授（2002）将政府财务报告界定为：为满足信息使用者的需求而编制的以财务信息为主要内容、以财务报表为主要形式、全面系统地反映政府财务受托责任的综合报告。该报告是信息使用者进行经济和社会决策的依据，也是政府解除财务受托责任的有效凭证。

从应用层面看，各级政府会计报告由政府本级和政府部门、单位会计报告构成。现行的政府会计报告主体包括各级政府、政府部门、行政单位以及事业单位，对应的专业会计分别是财政总预算会计、行政单位会计和事业单位会计，分别编制总预算会计报告、行政单位会计报告和事业单位会计报告。

根据新颁布的《政府会计准则——基本准则》，政府会计主体采用“双报告”模式，同时编写政府决算报告与政府财务报告。政府决算报告是以收付实现制为基础编制的、反映政府年度预算收支执行结果的报告（具体见表3-2和表3-3）。政府财务报告是以权责发生制为基础编制的、反映政府财务状况和运行情况的报告。政府财务报告包括政府综合财务报告和政府部门财务报告，政府综合财务报告由政府财政部门负责编制，政府部门财务报告由政府部门负责编制。

表3-2 部门决算报表体系及结构

第一类：综合反映部门收入和支出的决算报表 财决01表 收入支出决算总表（自动生成） 财决02表 收入支出决算表 财决03表 收入决算表 财决04表 支出决算表 财决05表 支出决算明细表（自动生成） 财决05-1表 基本支出决算明细表 财决05-2表 项目支出决算明细表 财决06表 项目收入支出决算表（自动生成） 财决06-1表 行政事业类项目收入支出决算表 财决06-2表 基本建设类项目收入支出决算表 第二类：一般公共预算财政拨款收入、支出决算表 财决07表 一般公共预算财政拨款收入支出决算表 财决08表 一般公共预算财政拨款支出决算明细表（自动生成） 财决08-1表 一般公共预算财政拨款基本支出决算明细表 财决08-2表 一般公共预算财政拨款项目支出决算明细表 第三类：政府性基金预算财政拨款收入、支出决算表 财决09表 政府性基金预算财政拨款收入支出决算表 财决10表 政府性基金预算财政拨款支出决算明细表（自动生成） 财决10-1表 政府性基金预算财政拨款基本支出决算明细表 财决10-2表 政府性基金预算财政拨款项目支出决算明细表 第四类：财政专户管理资金收入支出决算表 财决11表 财政专户管理资金收入支出决算表 第五类：资产负债表 财决12表 资产负债简表
财政决算附表
财决附01表 财政性资金国库集中支付预算执行情况表 财决附02表 事业单位事业基金增减变动情况表 财决附03表 事业单位专用基金增减变动情况表 财决附04表 资产情况表 财决附05表 国有资产收益情况表 财决附06表 基本数字表 财决附07表 机构人员情况表 财决附08表 学生学员统计表 财决附09表 非税收入征缴情况表（自动生成） 财决附09-1表 非税收入征缴情况明细表

表 3-3 部门支出决算明细表

科目编码			科目名称	支出总计	工资福利支出	商品和服务支出	对个人和家庭的补助	基本建设支出	其他资本性支出	其他支出
类	款	项								
204	02		公安							
		01	行政运行							
		02	一般行政管理事务							
		03	机关服务							
		04	治安管理							
		05	国内安全保卫							
		06	刑事侦查							
		07	经济犯罪侦查							
		08	出入境管理							
		09	行动技术管理							
		10	防范和处理邪教犯罪							
		11	禁毒管理							
		12	道路交通管理							
		13	网络侦控管理							
		14	反恐怖							
		15	居民身份证管理							
		16	网络运行及维护							
		17	拘押收教场所管理							
		18	警犬繁育及训养							
		19	信息化建设							
		50	事业运行							
		99	其他公安支出							
			合计							

（二）政府综合财务报告

编制政府综合财务报告是政府会计现阶段改革的目标。综合年度财务报告是政府在财政年度内对各项财务活动和结果进行全面、综合和系统总结的一种书面报告。综合年度财务报告是对外报告，与会计报告相比，它不仅内容更全面，而且形式多种多样，除了报告政府的财务收支活动外，还应当报告与政府职能相关、反映政府受托业绩和受托责任的其他方面的活动状况。政府综合财务报告具体是由政府基础财务信息产品、绩效信息产品和统计信息产品及一系列引导性和分析性说明等文字报告所构成的量化信息和非量化信息相融合的有机报告系统。与政府公共绩效管理相呼应，政府综合财务报告不仅要反映政府经济行为的合规性，还要反映政府的理财能力，提供政府运营效率和效果的信息，描绘出政府整体的综合财务境况。

从一般意义上讲，政府综合财务报告也可以按照不同的标准进行分类，最基本的分类包括内部财务报告和外部财务报告，以及一般目的的财务报告和特定目的的财务报告。内部财务报告是为了满足政府内部决策者或管理层的需要而编制的会计报告。内部财务报告和外部财务报告虽然可能源自同一会计系统，但前者通常并不要求统一规范的格式，可以根据信息内容和特定要求灵活掌握，同外部财务报告在报告分类和信息的详略程度方面会有明显的差异。特定目的的财务报告是为了满足特定的信息使用者或某一类信息使用者的需求而专门编制的财务报告，这些报告的信息内容主要根据特定使用者的需求而进行取舍，通常会有比较详细的信息，报告格式和信息范围与外部财务报告的差距较大。

本教材关于政府财务报告的内容主要集中于一般目的的外部财务报告。如果没有特别说明，则均指政府一般目的的年度财务报告。

（三）民间非营利组织的会计报告

2004 年发布的《民间非营利组织会计制度》规定，民间非营利组织的会计报告由会计报表、会计报表附注和财务情况说明书三部分组成。

（1）会计报表是以表格形式概括反映民间非营利组织财务状况、业务活动情况和现金流量的书面文件，主要包括资产负债表、业务活动表和现金流量表及附表。

（2）会计报表附注是对会计报表内容所做的补充说明与详细解释，目的是便于会计报表使用者理解会计报表的内容。

（3）财务情况说明书是对一定会计期间民间非营利组织的财务状况和业务情况进行总结的书面报告。

民间非营利组织的会计报告着重反映财务状况，要有助于信息使用者进行经济决策。在社会监督日益强化的时代背景下，为了提高财务信息的透明度，许多民间非营利组织非常重视年报的文字说明和相关佐证信息，以向信息使用者提供更多的辅助性信息。目前，比较方便公开查阅的是慈善基金会和其他各类慈善组织的年度财务报告，可以通过慈善组织的网页直接查询。这些财务报告的内容通常比较完整，而且具有图文并茂的特点，突出财务信息的可信度和可读性。

小链接 3-3

慈善中国网站发布的中国慈善组织年报包括财务报告。民政部慈善事业促进和社会工作司专门开发了全国慈善信息公开平台，在这个平台上，可以查阅并下载各类慈善组织的年报（从 2016 年开始）（http://cszg. mca. gov. cn/biz/ma/csmh/d/csmhdindex. html）。中国慈善组织年报的内容非常广泛，财务报告及财务情况说明是核心的组成部分。

思考题

1. 政府财务会计和预算会计分别有哪些要素？
2. 民间非营利组织的会计要素与企业的会计要素有什么区别？
3. 政府与非营利组织会计可选择的会计确认基础有哪些？
4. 政府与非营利组织会计资产和负债的主要计量方法有哪些？
5. 什么是政府会计的“双报告”模式？
6. 民间非营利组织的会计报表包括哪些内容？

PART TWO

2

第二部分

政府财政会计

第四章

财政总预算会计概述

学习目标和学习重点

本章主要讲授政府财政总预算会计的概念框架。学习目标是了解财政总预算会计的含义与范围，理解财政总预算会计的基本理论，掌握财政总预算会计核算的基本方法，熟悉政府财政预算管理制度，为学习财政总预算会计核算实务奠定基础。本章的学习重点包括：

1. 理解财政总预算会计的含义，明确财政总预算会计的范围；
2. 熟悉政府会计准则与财政总预算会计制度的内容；
3. 掌握财政总预算会计要素的确认与计量方法；
4. 了解政府财政预算管理制度，熟悉财政预算管理的规定。

第一节　财政总预算会计的含义及目标

政府会计包括财政总预算会计、政府单位会计和其他相关会计，财政总预算会计是政府会计的重要组成部分。本节介绍财政总预算会计的含义、范围与准则制度，明确财政总预算会计的核算对象与会计目标。

一、财政总预算会计的含义与范围

（一）财政总预算会计的含义

财政总预算会计简称财政会计或总会计，是各级政府财政部门核算、反映、监督政府财政总预算资金以及其他财政资金活动的专业会计。财政总预算会计提供政府财政预算执行情况和财务状况等会计信息，反映政府财政受托责任履行情况，为政府的管理活动服务。财政总预算会计以各级人民政府为会计主体，由各级政府财政部门负责组织。

财政总预算会计的工作任务是：办理政府财政各项收支、资产负债的会计核算工作，反映政府财政预算执行情况和财务状况；严格财政资金收付调度管理，组织办理财政资金的收付、调拨，在确保资金安全性、规范性、流动性的前提下，合理调度管理资金，提高资金使用效益；规范账户管理，加强对国库单一账户、财政专户、零余额账户和预算单位银行账户等的管理；实行会计监督，参与预算管理，通过会计核算和反映，进行预算执行情况分析，并对总预算、部门预算和单位预算的执行实行会计监督；协调预算收入征收部门、国家金库、国库集中收付代理银行、财政专户开户银行和其他有关部门之间的业务关系；组织本地区财政总决算、部门决算编审和汇总工作；组织和指导下级政府总会计工作。

（二）财政总预算会计的范围

财政部门是政府的理财机构，负责管理政府财政资金，组织财政资金的会计核算。财政总预算会计体系与政府预算管理体系一致，一级政府设立一级财政预算，设立一级财政总预算会计。中央，省、自治区、直辖市，设区的市、自治州，县、自治县、不设区的市、市辖区，乡、民族乡、镇等各级政府财政部门均设立财政总预算会计，组织本级政府财政资金的会计核算。

（1）中央政府财政总预算会计设在国家财政部，负责核算中央政府财政预算收支情况。

（2）省（直辖市、自治区）财政总预算会计设在各省、直辖市、自治区财政厅（局），负责核算省级政府财政预算收支情况。

（3）市（地区、自治州）财政总预算会计设在各市、地区、自治州财政局，负责核算市级政府财政预算收支情况。

（4）县（县级市）财政总预算会计设在各县、市财政局，负责核算县级政府财政预算收支情况。

（5）乡（镇）财政总预算会计设在各乡、镇财政所，负责核算乡镇级政府财政预算收支情况。

此处应注意，设立在税务部门的税收征解会计、设立在人民银行的国库会计和设立在财政部门的支付执行机构会计，反映财政总预算资金的税收、收纳和支拨的过程，属于广义的财政总预算会计。社会保险基金、土地储备资金、物资储备资金等资金主体的会计核算，执行单独的会计制度，不属于财政总预算会计。

各级政府财政部门应当根据工作需要，设置与其工作任务相适应的总预算会计机构，配备一定数量的专职总预算会计人员，负责组织与管理预算会计工作。财政总预算会计通常设置在各级政府财政部门的国库管理机构，如中央财政的国库司、地方财政的国库处、国库科等。

二、财政总预算会计准则制度

（一）政府会计准则

财政总预算会计属于政府会计，应当遵循财政部制定的政府会计准则体系。政府会计准则包括基本准则、具体准则及应用指南。

基本准则是对政府会计行为进行的原则性规范，建立政府会计体系的概念框架，明确政府会计信息的总体要求，内容包括政府会计目标、会计信息质量要求、会计要素的定义及确认计量原则与列报要求等。财政总预算会计核算应当遵循基本准则的规定。

具体准则及应用指南规范政府发生的具体经济业务或事项的会计处理，指引政府会计的实务操作。政府会计具体准则正在制定、颁布的过程中，截至 2021 年 6 月，财政部已经颁布存货、投资、固定资产、无形资产、公共基础设施、政府储备物资、会计调整、负债、财务报表编制和列报、政府和社会资本合作项目合同等 10 项具体准则，以及固定资产、政府和社会资本合作项目合同两项应用指南。具体准则及应用指南的内容主要是关于政府单位的财务会计核算，部分业务涉及财政总预算会计。

小链接 4-1

《政府会计准则——基本准则》（财政部令第 78 号）统驭政府会计具体准则和会计制度的制定，并为政府会计实务问题提供处理原则，为编制政府财务报告提供基础标准。

政府会计准则——基本准则

（二）财政总预算会计制度

政府会计采用“准则＋制度”的会计规范模式，财政总预算会计有单独的会计制度。会计制度是操作层面的会计规范，内容包括会计科目及其使用说明、报表格式及其编制说明等，便于会计人员进行日常核算。2015 年 10 月，财政部修订发布《财政总预算会计制度》，自 2016 年 1 月 1 日起实施。

为确保政府会计准则制度有效实施，财政部定期制定并发布政府会计准则制度解释，对政府会计准则制度的内容进行补充和完善。财政总预算会计应当按照政府会计准则制度的规定，组织会计核算，编制会计报表与报告。

小链接 4-2

《财政总预算会计制度》（财库〔2015〕192 号）包括 13 章 63 条内容，明确了财政总预算会计核算的总体要求和会计要素的定义及确认条件，规定了会计科目名称和会计报表格式。

财政总预算会计制度

三、财政总预算会计的对象与目标

（一）财政总预算会计对象

财政总预算会计以政府财政资金为核算对象，反映一级政府占有或控制的财政资金运动。政府财政资金包括财政预算资金和其他财政资金。

财政预算资金是纳入财政总预算管理的资金，由一般公共预算资金、政府性基金预算资金、国有资本经营预算资金和社会保险基金预算资金四项预算组成。其中，社会保险基金预算资金的会计核算执行《社会保险基金会计制度》，未纳入财政总预算会计的核算范围。因此，财政总预算会计核算的预算资金包括一般公共预算资金、政府性基金预算资金和国有资本经营预算资金。

其他财政资金是由财政部门管理的总预算资金以外的财政资金，主要包括财政专户管理资金、专用基金和代管资金等。这部分资产未纳入财政总预算管理，由各级政府财政部门安排使用。

（二）财政总预算会计目标

《财政总预算会计制度》规定，财政总预算会计的核算目标是向会计信息使用者提供政府财政预算执行情况、财务状况等会计信息，反映政府财政受托责任履行情况。财政总预算会计不仅要反映预算执行情况，也要反映资产负债等财务状况。财政总预算会计的目标定位是在准确、完整、及时地反映财政预算收支情况，满足预算管理要求的前提下，全面反映政府的资产、负债状况，兼顾政府经济决策与管理的需要。财政总预算会计的会计信息使用者包括人民代表大会、政府及其有关部门、政府财政部门自身和其他会计信息使用者。会计信息的使用者不同，对会计信息的需要也就不同，由此决定了财政总预算会计的具体目标。

财政总预算会计为“双目标”：一方面，要为财政预算管理服务，向决算报告使用者提供与政府预算执行情况有关的信息；另一方面，要为政府宏观经济管理服务，向财务报告使用者提供与政府的财务状况、运行情况有关的信息，反映政府受托责任的履行情况。根据《政府会计准则——基本准则》的规定，政府会计应当由政府预算会计和政府财务会计“双功能”构成，政府预算会计和政府财务会计应当适度分离并相互衔接。政府预算会计为财政预算管理服务，提供与政府预算执行情况有关的信息；政府财务会计为政府宏观经济管理服务，提供与政府的财务状况、运行情况有关的信息。

财政总预算会计正在改革，目前并未建立政府财政预算会计和政府财政财务会计适度分离并相互衔接的会计体系。目前的财政总预算会计是将预算功能与财务功能相融合，既核算反映政府预算收支执行情况，也核算反映政府资产负债情况。财政总预算会计以财政预算资金为主要核算对象，其会计核算侧重为预算管理服务，在此基础上兼顾其他方面的需要。财政总预算会计提供的会计信息应当与政府财政受托责任履行情况的反映，会计信息使用者的监督、决策和管理需要相关，有助于会计信息使用者对政府财政过去、现在或者未来的情况做出评价或者预测。

第二节　财政总预算会计要素及确认计量方法

财政总预算会计应当按会计要素组织会计核算，编制会计报表。本节介绍财政总预算会计要素与会计科目，讲解会计要素的确认与计量方法。

一、财政总预算会计要素与会计科目

（一）财政总预算会计要素

会计要素是对会计核算和监督内容的分类，也是会计报表的构成要素，是确认、计量、记录和报告的基础。《政府会计准则——基本准则》规定，政府预算会计和政府财务会计分离后，将实行八要素会计模式。政府预算会计设置预算收入、预算支出和预算结余三个会计要素；政府财务会计设置资产、负债、净资产、收入和费用五个会计要素。

《财政总预算会计制度》规定，财政总预算会计设置资产、负债、净资产、收入和支出五个会计要素。目前，财政总预算会计的预算管理功能和财务管理功能并没有适度分离，财政总预算会计融合了预算会计要素和财务会计要素。财政总预算会计应当以实际发生的经济业务或者事项为依据进行会计核算，如实反映各项会计要素的情况和结果，保证会计信息真实可靠，全面反映政府财政的预算执行情况和财务状况等。

（二）财政总预算会计科目

根据现行《财政总预算会计制度》，财政总预算会计共设置会计科目 59 个。其中，资产类 15 个，负债类 11 个，净资产类 9 个，收入类 12 个，支出类 12 个。各级财政总预算会计应当根据会计制度的规定设置和使用会计科目。在不影响会计处理和编报会计报表的前提下，可以根据实际情况自行增设、减少或合并制度规定的明细科目。财政总预算会计科目如表 4－1 所示。

表 4－1　财政总预算会计科目表

序号	编号	科目名称	序号	编号	科目名称
一、资产类			9	1022	应收股利
1	1001	国库存款	10	1031	与下级往来
2	1003	国库现金管理存款	11	1036	其他应收款
3	1004	其他财政存款	12	1041	应收地方政府债券转贷款
4	1005	财政零余额账户存款	13	1045	应收主权外债转贷款
5	1006	有价证券	14	1071	股权投资
6	1007	在途款	15	1081	待发国债
7	1011	预拨经费	二、负债类		
8	1021	借出款项	16	2001	应付短期政府债券

续表

序号	编号	科目名称	序号	编号	科目名称
17	2011	应付国库集中支付结余	38	4003	国有资本经营预算本级收入
18	2012	与上级往来	39	4005	财政专户管理资金收入
19	2015	其他应付款	40	4007	专用基金收入
20	2017	应付代管资金	41	4011	补助收入
21	2021	应付长期政府债券	42	4012	上解收入
22	2022	借入款项	43	4013	地区间援助收入
23	2026	应付地方政府债券转贷款	44	4021	调入资金
24	2027	应付主权外债转贷款	45	4031	动用预算稳定调节基金
25	2045	其他负债	46	4041	债务收入
26	2091	已结报支出	47	4042	债务转贷收入
三、净资产类			五、支出类		
27	3001	一般公共预算结转结余	48	5001	一般公共预算本级支出
28	3002	政府性基金预算结转结余	49	5002	政府性基金预算本级支出
29	3003	国有资本经营预算结转结余	50	5003	国有资本经营预算本级支出
30	3005	财政专户管理资金结余	51	5005	财政专户管理资金支出
31	3007	专用基金结余	52	5007	专用基金支出
32	3031	预算稳定调节基金	53	5011	补助支出
33	3033	预算周转金	54	5012	上解支出
34	3081	资产基金	55	5013	地区间援助支出
35	3082	待偿债净资产	56	5021	调出资金
四、收入类			57	5031	安排预算稳定调节基金
36	4001	一般公共预算本级收入	58	5041	债务还本支出
37	4002	政府性基金预算本级收入	59	5042	债务转贷支出

二、财政总预算会计的确认、计量与报告

（一）财政总预算会计的确认方法

现行《财政总预算会计制度》规定，财政总预算会计的会计核算一般采用收付实现制，部分经济业务或者事项应当按照规定采用权责发生制核算。因此，财政总预算会计采用收付实现制和权责发生制“双基础”核算。财政总预算会计以收付实现制为主要确认基础，适当引入权责发生制确认基础，兼顾了预算管理与经济管理的需要。

收付实现制是指以现金的实际收付为标志来确定本期收入和支出的会计核算基础。收付实现制基础与预算编制的基础相匹配，可以反映实际已经收到的收入和实际已经支付的各项支出，如实地提供一定期间收入、支出及结余情况等会计信息，准确地反映预算执行情况。财政总预算会计应当如实地反映预算收支情况，为预算管理提供信息支持，各项收入、支出除财政总预算会计制度有特殊规定的以外，均应以收付实现制基础确认。

权责发生制是指以收取款项的权利或支付款项的义务为基础确认收入和费用的会计核算基础，可以全面核算政府财政占有或控制的经济资源和承担的债务，合理确认发生的收入和支出，客观反映政府运行成本，科学评价政府的运营绩效。财政总预算会计还

应当反映政府的财务状况，兼顾政府经济决策与管理的需要。因此，财政总预算会计在一定程度上引入权责发生制基础，合理确认属于当期的收入和支出。对于采用权责发生制核算的经济业务或者事项，《财政总预算会计制度》进行了具体规定，主要包括：(1) 预算已经安排，由于政策性因素当年未能实现的支出，或者由于用款进度的原因当年未能实现的支出。例如，年末国库集中支付结余形成的一般公共预算本级支出、政府性基金预算本级支出和国有资本经营预算本级支出，可以按权责发生制基础确认支出。(2) 根据财政体制安排，在各级政府财政之间进行资金调拨发生的转移性收支。例如，年终上下级政府财政因体制结算而形成的补助收支、上解收支，可以按权责发生制基础确认收入或支出。(3) 为平衡预算需要，当年未能实现的支出。例如，动用和安排预算稳定调节基金，可以按权责发生制基础确认收入或支出。权责发生制列支的各项预算收支通常只限于年末事项，平时一般不得采用。

根据《政府会计准则——基本准则》的规定，政府会计的预算管理功能与经济管理功能分离后，政府预算会计实行收付实现制，政府财务会计实行权责发生制。财政总预算会计在预算会计基本职能的基础上，适当增加了财务会计的功能，既核算反映政府预算收支执行情况，也核算反映政府资产负债情况和运行情况。

（二）财政总预算会计的计量方法

《财政总预算会计制度》规定，财政总预算会计核算的资产，应当按照取得或发生时的实际金额进行计量；财政总预算会计核算的负债，应当按照承担的相关合同金额或实际发生金额进行计量。除国家另有规定外，一般不得自行调整各项资产、负债的账面价值。财政总预算会计的资产、负债以历史成本为主要计量属性，并适当引入其他计量属性。会计计量主要是资产和负债的计量，包括初始计量和后续计量两个环节。

符合资产定义并确认的资产项目，应当在取得对其相关的权利时，按照取得或发生时的实际金额进行初始计量，对特定资产项目按规定进行后续计量。例如，股权投资一般采用权益法进行核算，取得股权投资时以投资成本计量，在投资持有期间需要根据享有被投资单位权益份额的变动进行后续计量，对股权投资的账面价值进行相应的调整。

符合负债定义并确认的负债项目，应当在对其承担偿还责任时，按照承担的相关合同金额或实际发生金额进行初始计量，对特定负债项目按规定进行后续计量。例如，政府债券在发行时应当按照偿还债券本金金额计量，在债券发行期间需要根据本期应付利息的金额进行后续计量，对应付政府债券的账面价值进行相应的调整。

根据《政府会计准则——基本准则》的规定，政府会计的计量属性包括历史成本、重置成本、现值、公允价值和名义金额等。随着政府会计改革不断深入，财政总预算会计的计量方法将逐步丰富。

（三）财政总预算会计的报告方法

会计报告包括会计信息的记录、列报和披露。为兼顾政府预算管理与经济管理的需要，目前，财政总预算会计采用“双分录”的核算方法，对与预算收支相关的资产、负债项目的业务或事项同时进行两项记录，在反映预算收支的同时，也反映与预算收支变动密切相关的资产负债情况。

“双分录”核算方法是在同一会计系统中，用两个会计分录记录同一笔经济业务或会计事项，一个分录记录所形成的预算收支，另一个分录记录所形成的资产负债，两项记录相互影响。并非所有的经济业务或会计事项均需要“双分录”核算，财政总预算会计只是对与预算收支相关的资产、负债项目采用“双分录”核算。其中，资产项目包括应收地方政府债券转贷款、应收主权外债转贷款、股权投资和应收股利，负债项目包括应付短期政府债券、应付长期政府债券、借入款项、应付地方政府债券转贷款、应付主权外债转贷款和其他负债。为实现“双分录”核算方法，避免重复记账，在净资产中设置了资产基金和待偿债净资产，分别反映资产、负债的增减变动对净资产产生的影响。政府预算会计和财务会计适度分离后，将采用“平行记账”的方法，对于涉及财务会计和预算会计的业务或事项，同时进行平行记录。

财政总预算会计应当按照会计制度的要求，依据会计核算账簿数据编制各会计报表。资产、负债和净资产应当列入资产负债表，收入、费用应列入收入支出表。政府还应当撰写政府综合财务报告和政府决算报告，披露政府的财务信息和预算信息。政府综合财务报告和政府决算报告既有联系又有区别，各有侧重、互为补充、有机衔接。

第三节　政府预算管理制度

实施预算管理是政府财政管理制度的重要内容。本节介绍政府财政预算管理的相关规定，包括政府预算管理制度、政府预算收支分类和财政国库管理制度。

一、政府预算管理及内容

（一）政府预算管理的含义

政府预算也称国家预算，是由政府编制、立法机构批准的一个国家或政府在一定期间财政资金收支活动的计划。政府预算一般由各级政府财政部门汇总编制，经过人民代表大会批准后执行。政府预算是财政分配和宏观调控的主要手段，是以计划为基础进行宏观调控的重要杠杆，可以综合反映和监督经济运行状态，对社会经济发展具有重要作用。

政府预算管理是各级政府为实现预算目标，对政府预算的编制、审批、执行、决算、监督和绩效评价等过程的管理活动。预算管理制度是国家财政制度的基础，是国家治理体系的重要内容。《预算法》规定，各级政府应当加强对预算的管理和监督，建立健全全面规范、公开透明的预算制度，保障经济社会的健康发展。加强政府预算管理，对于优化资源配置、提高资金的使用效益、促进经济社会持续健康发展有着重要作用。

小链接 4-3

《预算法》于1994年3月颁布，之后经过多次修订。目前实施的是2018年12月29日第十三届全国人民代表大会常务委员会第七次会议通过颁布的《预算法》。

中华人民共和国预算法

（二）政府预算管理体系

预算管理体系是根据国家政权结构、行政区域划分和财政管理体制要求确定的国家预算组织结构。根据《预算法》的规定，国家实行一级政府一级预算，按照预算的级次分类，政府预算可分为中央政府预算和地方政府预算，设立中央，省、自治区、直辖市，设区的市、自治州，县、自治县、不设区的市、市辖区，乡、民族乡、镇五级预算。全国预算由中央预算和地方预算组成，地方预算由各省、自治区、直辖市总预算组成。

政府预算分为财政总预算和部门预算两个层次。各级政府财政应当编制财政总预算，规划本级政府一定期间的财政资金总体收支活动。各级政府单位应当编制部门预算，反映本级政府单位一定期间的预算资金收支情况。在政府会计组成体系中，财政总预算会计以财政总预算资金为对象，政府单位会计以部门预算资金为对象。

（三）政府预算管理体制

预算管理体制是中央政府与地方政府以及地方各级政府之间规定预算收支范围和预算管理职权的一项制度。预算管理体制的实质是财政资金分配的集权与分权问题。国家的各项职能是由各级政府共同完成的，为了保证各级政府完成本级承担的政治和经济任务，必须在中央政府和地方政府以及地方各级政府之间，明确划分各自的财政收支范围、财政资金支配权和财政管理权，各级政府的事权应与财权相适应。《预算法》规定，国家实行中央和地方分税制，实行财政转移支付制度。

1. 分税制

中央和地方分税制是指在划分中央与地方事权的基础上，确定中央与地方财政支出范围，并按税种划分中央与地方预算收入的财政管理体制。在分税制预算管理体制下，收入被划分为中央固定收入、中央与地方共享收入和地方固定收入三类：（1）中央固定收入包括进口环节增值税和消费税、关税、国内消费税、车辆购置税、船舶吨税、海洋石油资源税、证券交易印花税等；（2）中央与地方共享收入包括国内增值税、企业所得税、个人所得税；（3）地方固定收入包括环境保护税、房产税、城镇土地使用税、城市维护建设税、土地增值税、资源税、印花税、车船税、耕地占用税、契税、烟叶税、教育费附加等。在收入划分的基础上，明确中央与地方财政事权和支出责任划分，除国防、外交、重大基本建设外，主要按照隶属关系确定支出范围。

2. 转移支付制度

转移支付是以各级政府之间所存在的财政能力差异为基础，以实现各地公共服务水平的均等化为主旨实行的一种财政资金转移或财政平衡制度。财政转移支付应当规范、公平、公开，以推进地区间基本公共服务均等化为主要目标，包括中央对地方的转移支付和地方上级政府对下级政府的转移支付。转移支付包括三种形式：（1）一般性转移支付是上级政府为了均衡地区间财力配置，保障地方日常运转和加快区域协调发展，给予下级政府的由下级政府统筹安排使用的预算资金，如均衡性转移支付、老少边穷地区转移支付、重点生态功能区转移支付、资源枯竭城市转移支付、县级基本财力保障机制奖补资金等；（2）专项转移支付是指上级政府为了实现特定的经济和社会发展目标，给予下级政府用于办理特定事项，并由下级政府按照上级政府规定的用途安排使用的预算资金；（3）共同财政事权转移支付是上级政府依据财政事权和支出责任划分，为履行共同财政事权的支出责任给予下级政府的预算资金，如城乡义务教育补助经费、学生资助补助经费、就业补助资金、困难群众救助补助资金、基本公共卫生服务补助资金、城镇保障性安居工程资金等。

（四）政府预算的内容

预算由预算收入和预算支出组成，政府的全部收入和支出都应当纳入预算。预算包括一般公共预算、政府性基金预算、国有资本经营预算和社会保险基金预算。各项预算应当保持完整、独立，政府性基金预算、国有资本经营预算、社会保险基金预算应当与一般公共预算相衔接。

1. 一般公共预算

一般公共预算简称一般预算，是对以税收为主体的财政收入，安排用于保障和改善民生、推动经济社会发展、维护国家安全、维持国家机构正常运转等方面的收支预算。一般公共预算是政府在年度中正常收支的预算，包括一般公共预算收入和一般公共预算支出。中央一般公共预算包括中央各部门（含直属单位）的预算和中央对地方的税收返还、转移支付预算。地方各级一般公共预算包括本级各部门的预算和税收返还、转移支付预算。

2. 政府性基金预算

政府性基金预算简称基金预算，是对依照法律、行政法规的规定在一定期限内向特定对象征收、收取或者以其他方式筹集的资金，专项用于特定公共事业发展的收支预算。政府性基金预算由政府性基金收入预算和政府性基金支出预算组成。政府性基金预算收入包括政府性基金各项目的收入和转移性收入，政府性基金预算支出包括与政府性基金预算收入相对应的各项目支出和转移性支出。政府性基金预算应当根据基金项目收入情况和实际支出需要，按基金项目编制，做到以收定支。

3. 国有资本经营预算

国有资本经营预算是对国有资本收益做出支出安排的收支预算，是政府以所有者身份依法取得国有资本收益，并对所得收益进行分配而发生的各项收支预算。国有资本经营预算由国有资本经营收入预算和国有资本经营支出预算组成。国有资本经营预算收入包括依照法律、行政法规和国务院规定应当纳入国有资本经营预算的国有独资企业和国有独资公司按照规定上缴国家的利润收入、从国有资本控股和参股公司获得的股息红利收入、国有产权转让收入、清算收入和其他收入。国有资本经营预算支出包括资本性支出、费用性支出、向一般公共预算调出资金等转移性支出和其他支出。国有资本经营预算应当按照收支平衡的原则编制，不列赤字，并安排资金调入一般公共预算。

4. **社会保险基金预算**

社会保险基金预算简称社保基金预算，是对社会保险缴款、一般公共预算安排和其他方式筹集的资金，专项用于社会保险的收支预算。社会保险基金预算由社会保险基金收入预算和社会保险基金支出预算组成。社会保险基金预算收入包括各项社会保险费收入、利息收入、投资收益、一般公共预算补助收入、集体补助收入、转移收入、上级补助收入、下级上解收入和其他收入。社会保险基金预算支出包括各项社会保险待遇支出、转移支出、补助下级支出、上解上级支出和其他支出。社会保险基金预算应当按照统筹层次和社会保险项目分别编制，做到收支平衡。

（五）政府预算管理流程

政府预算管理包括预算编制与审批、预算执行与调整、年度决算与批复、预算监督与法律责任等过程。

1. **政府预算编制与审批**

各级政府预算应当根据年度经济社会发展目标、国家宏观调控总体要求和跨年度预算平衡的需要，参考上一年预算执行情况、有关支出绩效评价结果和本年度收支预测，按照规定程序征求各方面意见后进行编制。各级预算收入的编制应当与经济社会发展水平相适应，与财政政策相衔接。

中央预算由全国人民代表大会审查和批准，地方各级预算由本级人民代表大会审查和批准。各级预算经本级人民代表大会批准后，本级政府财政部门应当在20日内向本级各部门批复预算。经本级人民代表大会批准的预算，应当在批准后20日内由本级政府财政部门向社会公开。

2. **政府预算执行与调整**

预算经本级人民代表大会批准后，按照批准的预算执行。各级预算由本级政府组织执行，具体工作由本级政府财政部门负责。预算收入征收部门和单位必须依照法律、行政法规的规定，及时、足额征收应征的预算收入。不得违反法律、行政法规规定，多征、提前征收或者减征、免征、缓征应征的预算收入，不得截留、占用或者挪用预算收入。政府的全部收入应当上缴国库，任何部门、单位和个人不得截留、占用、挪用或者拖欠。各级政府财政部门必须依照法律、行政法规和国务院财政部门的规定，及时、足额地拨付预算支出资金，加强对预算支出的管理和监督。各级政府财政部门应当加强对预算资金拨付的管理，不得办理无预算、无用款计划、超预算或者超计划的资金拨付，不得擅自改变支出用途。各级预算的收入和支出实行收付实现制，特定事项按照国务院的规定实行权责发生制的有关情况，应当向本级人民代表大会常务委员会报告。

经各级人民代表大会批准的各级预算，在执行中出现需要增加或者减少预算总支出等情况，应当进行预算调整。在预算执行中，各级政府对于必须进行的预算调整，应当编制预算调整方案，送交人民代表大会常务委员会审查。经批准的预算调整方案，各级政府应当严格执行。

3. **政府年度决算与批复**

各级政府应当在每一预算年度终了后，按照规定的时间编制决算草案。决算草案是指各级政府、各部门、各单位编制的未经法定程序审查和批准的预算收支和结余的年度执行结果。编制决算草案必须符合法律、行政法规，做到收支真实、数额准确、内容完整、报送及时。决算草案应当与预算相对应，按预算数、调整预算数、决算数分别列出。财政部应当在每年第四季度部署编制决算草案的原则、要求、方法和报送期限，制发中央各部门决算、地方决算以及其他有关决算的报表格式。地方各级政府按照国务院的要求和财政部的部署，结合本地区的具体情况，提出本行政区域编制决算草案的要求。各级政府财政部门应当根据本级预算、预算会计核算数据等相关资料编制本级决算草案。

国务院财政部门编制中央决算草案，经国务院审计部门审计后，报国务院审定，由国务院提请全国人民代表大会常务委员会审查和批准。县级以上地方各级政府财政部门编制本级决算草案，经本级政府审计部门审计后，报本级政府审定，由本级政府提请本级人民代表大会常务委员会审查和批准。经本级人民代表大会常务委员会批准的决算，应当在批准后 20 日内由本级政府财政部门向社会公开。

4. **政府预算监督与法律责任**

全国人民代表大会及其常务委员会对中央和地方预算、决算进行监督。县级以上地方各级人民代表大会及其常务委员会对本级和下级预算、决算进行监督。各级人民代表大会和县级以上各级人民代表大会常务委员会有权就预算、决算中的重大事项或者特定问题组织调查，有关政府、部门、单位和个人应当如实反映情况和提供必要的材料。各级政府监督下级政府的预算执行，下级政府应当定期向上一级政府报告预算执行情况。公民、法人或者其他组织发现有违反《预算法》的行为，可以向有关国家机关进行检举、控告。

各级政府及有关部门如有违反《预算法》的行为，应当责令改正，并根据具体情形，对负有直接责任的主管人员和其他直接责任人员追究行政责任，或依法给予降级、撤职、开除的处分。

小链接 4-4

2020 年 8 月 3 日，国务院总理李克强签署国务院令，公布修订后的《中华人民共和国预算法实施条例》（国务院令第 729 号），细化《预算法》有关规定。

中华人民共和国
预算法实施条例

二、政府预算收支分类

政府预算收支分类是对政府财政预算收入与预算支出进行类别与层次的划分，是政府预算管理的重要内容。政府预算收支分类将政府预算收支按一定标志划分为若干种类，每一类别下又进一步划分为若干款、项、目等不同层次，并按分类结果设置预算收支分类科目。政府预算收支分类科目是政府预算、决算编制的基础，也是政府会计核算的重要依据。政府预算收支分类建立了包括收入分类、支出功能分类和支出经济分类在内的完整规范的政府收支分类体系。

（一）政府预算收入分类科目

收入分类主要反映收入的性质和来源。根据现行《政府收支分类科目》，政府预算收入分类科目按照一般公共预算、政府性基金预算、国有资本经营预算、社会保险基金预算分别设置预算科目，可分为类、款、项、目四级。其中，类、款两级科目设置情况如下（括号内为预算科目编码，下同）。

1. **税收收入**（101）

税收收入全部纳入一般公共预算管理，款项包括：增值税、消费税、企业所得税、企业所得税退税、个人所得税、资源税、城市维护建设税、房产税、印花税、城镇土地使用税、土地增值税、车船税、船舶吨税、车辆购置税、关税、耕地占用税、契税、烟叶税、环境保护税和其他税收收入。

2. **非税收入**（103）

非税收入分别纳入一般公共预算管理、政府性基金预算管理和国有资本经营预算管理。纳入一般公共预算管理的款项包括：专项收入、行政事业性收费收入、罚没收入、国有资本经营收入、国有资源（资产）有偿使用收入、捐赠收入、政府住房基金收入、其他收入。纳入政府性基金预算管理的款项包括：政府性基金收入、专项债券对应项目专项收入。纳入国有资本经营预算管理的款项包括国有资本经营收入。

3. **债务收入**（105）

债务收入分别纳入一般公共预算管理和政府性基金预算管理。纳入一般公共预算管理的款项包括：中央政府债务收入、地方政府债务收入。纳入政府性基金预算管理的款项包括地方政府债务收入。

4. **转移性收入**（110）

转移性收入分别纳入一般公共预算管理、政府性基金预算管理、国有资本经营预算管理和社会保险基金预算管理。纳入一般公共预算管理的款项包括：返还性收入、一般性转移支付收入、专项转移支付收入、上解收入、上年结余收入、调入资金、债务转贷收入、接受其他地区援助收入、动用预算稳定调节基金。纳入政府性基金预算管理的款项包括：政府性基金转移支付收入、上解收入、上年结余收入、调入资金、债务转贷收入。纳入国有资本经营预算管理的款项包括：国有资本经营预算转移支付收入、上解收入。纳入社会保险基金预算管理的款项包括：上年结余收入、调入资金、社会保险基金转移收入、社会保险基金上级补助收入、社会保险基金下级上解收入。

5. **社会保险基金收入**（102）

社会保险基金收入全部纳入社会保险基金预算管理，款项包括：企业职工基本养老保险基金收入、失业保险基金收入、职工基本医疗保险基金收入、工伤保险基金收入、城乡居民基本养老保险基金收入、机关事业单位基本养老保险基金收入、城乡居民基本医疗保险基金收入、国库待划转社会保险费利息收入、其他社会保险基金收入。

（二）政府预算支出功能分类科目

支出功能分类主要是根据政府职能对支出进行分类，反映政府活动的不同功能和政策目标。根据现行《政府收支分类科目》，支出功能分类需要按照一般公共预算、政府性基金预算、国有资本经营预算、社会保险基金预算分别设置预算科目。支出按功能可分为类、款、项三级。其中，纳入一般公共预算管理的支出类、款两级科目设置情况如下。

1. **一般公共服务支出**（201）

纳入一般公共预算管理的款项包括：人大事务、政协事务、政府办公厅（室）及相关机构事务、发展与改革事务、统计信息事务、财政事务、税收事务、审计事务、海关事务、纪检监察事务、商贸事务、知识产权事务、民族事务、港澳台事务、档案事务、民主党派及工商联事务、群众团体事务、党委办公厅（室）及相关机构事务、组织事务、宣传事务、统战事务、对外联络事务、其他共产党事务支出、网信事务、市场监督管理事务、其他一般公共服务支出。

2. **外交支出**（202）

纳入一般公共预算管理的款项包括：外交管理事务、驻外机构、对外援助、国际组织、对外合作与交流、对外宣传、边界勘界联检、国际发展合作、其他外交支出。

3. **国防支出**（203）

纳入一般公共预算管理的款项包括：现役部队、国防科研事业、专项工程、国防动员、其他国防支出。

4. **公共安全支出**（204）

纳入一般公共预算管理的款项包括：武装警察部队、公安、国家安全、检察、法院、司法、监狱、强制隔离戒毒、国家保密、缉私警察、其他公共安全支出。

5. **教育支出**（205）

纳入一般公共预算管理的款项包括：教育管理事务、普通教育、职业教育、成人教育、广播电视教育、留学教育、特殊教育、进修及培训、教育费附加安排的支出、其他教育支出。

6. **科学技术支出**（206）

纳入一般公共预算管理的款项包括：科学技术管理事务、基础研究、应用研究、技术研究与开发、科技条件与服务、社会科学、科学技术普及、科技交流与合作、科技重大项目、其他科学技术支出。

7. **文化旅游体育与传媒支出**（207）

纳入一般公共预算管理的款项包括：文化和旅游、文物、体育、新闻出版电影、广播电视、其他文化旅游体育与传媒支出。

8. **社会保障和就业支出**（208）

纳入一般公共预算管理的款项包括：人力资源和社会保障管理事务、民政管理事务、补充全国社会保障基金、行政事业单位养老支出、企业改革补助、就业补助、抚恤、退役安置、社会福利、残疾人事业、红十字事业、最低生活保障、临时救助、特困人员救助供养、补充道路交通事故社会救助基金、其他生活救助、财政对基本养老保险基金的补助、财政对其他社会保险基金的补助、退役军人管理事务、财政代缴社会保险费支出、其他社会保障和就业支出。

9. **卫生健康支出**（210）

纳入一般公共预算管理的款项包括：卫生健康管理事务、公立医院、基层医疗卫生机构、公共卫生、中医药、计划生育事务、行政事业单位医疗、财政对基本医疗保险基金的补助、医疗救助、优抚对象医疗、医疗保障管理事务、老龄卫生健康事务、其他卫生健康支出。

10. 节能环保支出（211）

纳入一般公共预算管理的款项包括：环境保护管理事务、环境监测与监察、污染防治、自然生态保护、天然林保护、退耕还林还草、风沙荒漠治理、退牧还草、已垦草原退耕还草、能源节约利用、污染减排、可再生能源、循环经济、能源管理事务、其他节能环保支出。

11. 城乡社区支出（212）

纳入一般公共预算管理的款项包括：城乡社区管理事务、城乡社区规划与管理、城乡社区公共设施、城乡社区环境卫生、建设市场管理与监督、其他城乡社区支出。

12. 农林水支出（213）

纳入一般公共预算管理的款项包括：农业农村、林业和草原、水利、扶贫、农村综合改革、普惠金融发展支出、目标价格补贴、其他农林水支出。

13. 交通运输支出（214）

纳入一般公共预算管理的款项包括：公路水路运输、铁路运输、民用航空运输、成品油价格改革对交通运输的补贴、邮政业支出、车辆购置税支出、其他交通运输支出。

14. 资源勘探工业信息等支出（215）

纳入一般公共预算管理的款项包括：资源勘探开发、制造业、建筑业、工业和信息产业监管、国有资产监管、支持中小企业发展和管理支出、其他资源勘探工业信息等支出。

15. 商业服务业等支出（216）

纳入一般公共预算管理的款项包括：商业流通事务、涉外发展服务支出、其他商业服务业等支出。

16. 金融支出（217）

纳入一般公共预算管理的款项包括：金融部门行政支出、金融部门监管支出、金融发展支出、金融调控支出、其他金融支出。

17. 援助其他地区支出（219）

纳入一般公共预算管理的款项包括：一般公共服务、教育、文化体育与传媒、医疗卫生、节能环保、农业、交通运输、住房保障、其他支出。

18. 自然资源海洋气象等支出（220）

纳入一般公共预算管理的款项包括：自然资源事务、气象事务、其他自然资源海洋气象等支出。

19. 住房保障支出（221）

纳入一般公共预算管理的款项包括：保障性安居工程支出、住房改革支出、城乡社区住宅。

20. 粮油物资储备支出（222）

纳入一般公共预算管理的款项包括：粮油物资事务、能源储备、粮油储备、重要商品储备。

21. 灾害防治及应急管理支出（224）

纳入一般公共预算管理的款项包括：应急事务管理、消防事务、森林消防事务、煤矿安全、地震事务、自然灾害防治、自然灾害救灾及恢复重建支出、其他灾害防治及应急管理支出。

22. 预备费（227）

无款项。

23. 其他支出（229）

纳入一般公共预算管理的款项包括：年初预留、其他支出。

24. 转移性支出（230）

纳入一般公共预算管理的款项包括：返还性支出、一般性转移支付、专项转移支付、上解支出、调出资金、年终结余、债务转贷支出、援助其他地区支出、安排预算稳定调节基金、补充预算周转金。

25. 债务还本支出（231）

纳入一般公共预算管理的款项包括：中央政府国内债务还本支出、中央政府国外债务还本支出、地方政府一般债务还本支出。

26. 债务付息支出（232）

纳入一般公共预算管理的款项包括：中央政府国内债务付息支出、中央政府国外债务付息支出、地方政府一般债务付息支出。

27. 债务发行费用支出（233）

纳入一般公共预算管理的款项包括：中央政府国内债务发行费用支出、中央政府国外债务发行费用支出、地方政府一般债务发行费用支出。

以上仅列出了一般公共预算支出功能分类科目。政府性基金预算、国有资本经营预算和社会保险基金预算也相应设置了支出功能分类科目。

（三）政府预算支出经济分类科目

支出经济分类主要反映政府支出的经济性质和具体用途。支出经济分类科目区分政府财政和政府部门或单位，分设政府预算支出经济分类和部门预算支出经济分类两套科目。政府预算支出经济分类科目体现了政府财政预算的管理要求，主要用于政府财政预算的编制、执行、决算、公开和财政总预算会计核算。部门预算支出经济分类科目体现了部门预算管理要求，主要用于部门预算的编制、执行、决算、公开和政府单位会计核算。两套经济分类科目之间保持严格的对应关系，以便政府预算和部门预算保持衔接。此处介绍政府预算支出经济分类科目，部门预算支出经济分类科目将在后续的章节讲解。

各级政府财政部门按政府预算支出经济分类的要求设置经济分类科目。根据现行《政府收支分类科目》，政府预算支出经济分类设置类、款两级科目，具体科目设置情况如下。

1. 机关工资福利支出（501）

机关工资福利支出反映机关和参照公务员法管理事业单位（简称参公事业单位）在

职职工和编制外长期聘用人员的各类劳动报酬，以及为上述人员缴纳的各项社会保险费等。款项包括：工资奖金津补贴、社会保障缴费、住房公积金、其他工资福利支出。

2. 机关商品和服务支出（502）

机关商品和服务支出反映机关和参公事业单位购买商品和服务的各类支出。款项包括：办公经费、会议费、培训费、专用材料购置费、委托业务费、公务接待费、因公出国（境）费用、公务用车运行维护费、维修（护）费、其他商品和服务支出。

3. 机关资本性支出（一）（503）

机关资本性支出（一）反映机关和参公事业单位的资本性支出，不包括由发展改革部门安排的基本建设支出。款项包括：房屋建筑物购建、基础设施建设、公务用车购置、土地征迁补偿和安置支出、设备购置、大型修缮、其他资本性支出。

4. 机关资本性支出（二）（504）

机关资本性支出（二）反映由发展改革部门安排的基本建设支出中机关和参公事业单位的资本性支出。款项包括：房屋建筑物购建、基础设施建设、公务用车购置、设备购置、大型修缮、其他资本性支出。

5. 对事业单位经常性补助（505）

对事业单位经常性补助反映对事业单位（不含参公事业单位）的经常性补助支出。款项包括：工资福利支出、商品和服务支出、其他对事业单位补助。

6. 对事业单位资本性补助（506）

对事业单位资本性补助反映对事业单位（不含参公事业单位）的资本性补助支出。款项包括：资本性支出（一）、资本性支出（二）。

7. 对企业补助（507）

对企业补助反映政府对各类企业的补助支出。款项包括：费用补贴、利息补贴、其他对企业补助。

8. 对企业资本性支出（508）

对企业资本性支出反映由发展改革部门安排的基本建设支出中对企业的资本性支出。款项包括：对企业资本性支出（一）、对企业资本性支出（二）。

9. 对个人和家庭的补助（509）

对个人和家庭的补助反映政府对个人和家庭的补助支出。款项包括：社会福利和救助、助学金、个人农业生产补贴、离退休费、其他对个人和家庭的补助。

10. 对社会保障基金补助（510）

对社会保障基金补助反映政府对社会保险基金的补助以及补充全国社会保障基金的支出。款项包括：对社会保险基金补助、补充全国社会保障基金、对机关事业单位职业年金的补助。

11. 债务利息及费用支出（511）

债务利息及费用支出反映政府债务利息及费用支出。款项包括：国内债务付息、国外债务付息、国内债务发行费用、国外债务发行费用。

12. 债务还本支出（512）

债务还本支出反映政府债务还本支出。款项包括：国内债务还本、国外债务还本。

13. 转移性支出（513）

转移性支出反映政府间和不同性质预算间的转移性支出。款项包括：上下级政府间转移性支出、援助其他地区支出、债务转贷、调出资金、安排预算稳定调节基金、补充预算周转金。

14. 预备费及预留（514）

预备费及预留反映政府预备费及预留。款项包括：预备费、预留。

15. 其他支出（599）

其他支出反映不能划分到上述经济科目的其他支出。款项包括：赠与、国家赔偿费用支出、对民间非营利组织和群众性自治组织补贴、其他支出。

小链接 4-5

2021年政府收支分类科目

政府收支分类科目包括一般公共预算收支科目、政府性基金预算收支科目、国有资本经营预算收支科目、社会保险基金预算收支科目和支出经济分类科目。为适应预算管理改革的需要，财政部每年都会印发新的《政府收支分类科目》。

三、财政国库管理制度

（一）国库的职能

国库是国家金库的简称，负责保管、管理国家的财政资金。政府财政收入的收纳和支出款项的拨出，并不是由财政自身来完成的，而是委托一个单独的机构即国库来执行。《预算法》规定，国库业务由中国人民银行经理。国家的全部预算收入必须按规定期限缴入国库，国家的一切预算支出必须按规定通过国库拨付。国库是财政收支的出纳机构，是财政预算管理的重要部门，在财政资金收付结算中发挥重要的作用。

我国实行的是委托国库制，委托中国人民银行总行及其分行、支行经理国库业务。为与财政国库管理机构相区分，设立在中国人民银行的国库简称为央行国库。国库分为中央国库和地方国库。中央国库业务由中国人民银行经理，地方国库业务由中国人民银行分支机构经理。未设中国人民银行分支机构的地区，由上级中国人民银行分支机构商有关地方政府财政部门后，委托有关银行业金融机构办理。国库机构按照国家财政管理体制设立，原则上一级财政设立一级国库。中央设立总库；省、自治区、直辖市设立分库；省辖市、自治州设立中心支库；县和相当于县的市、区设立支库。支库以下经收处的业务，由专业银行的基层机构代理。

国库负责办理国家预算资金的收入和支出。国库的基本职责是：办理国家预算收入的收纳、划分和留解；办理国家预算支出的拨付；向上级国库和同级财政机关反映预算收支执行情况；协助财政、税务机关督促企业和其他有经济收入的单位及时向国家缴纳应缴款项，对于屡催不缴的，应依照税法协助扣收入库；组织管理和检查指导下级国库的工作；办理国家交办的同国库有关的其他工作。

（二）财政国库管理机构

预算收入由专门的征收机构负责征收，由国库负责收纳、划分、留解、退付和支拨，由财政部门设立专门的机构来管理。各级国库库款的支配权，按照国家财政体制的规定，分别属于同级财政机关，由财政部门负责管理。各级政府财政部门应当加强对本级国库的管理和监督，负责协调本级预算收入征收部门和单位与国库的业务工作。

财政国库管理机构设置在各级财政部门，在财政部层面称为国库司，在地方财政层面称为国库处、国库科等，负责本级财政预算资金的调度、账户管理与会计核算。为适应财政国库管理制度改革的需要，各级财政国库管理机构应当设置专门的国库支付执行机构。国库支付执行机构也称为国库支付中心或国库支付局，其职责是审核、监督财政资金，按规定办理财政资金的拨付，向财政国库管理机构报告财政资金的支付情况，与央行国库、代理银行进行资金清算。

各级政府财政部门、预算收入征收部门和单位、国库应当建立健全相互之间的预算收入对账制度，在预算执行中按月、按年核对预算收入的收纳以及库款拨付情况，保证预算收入的征收入库、库款拨付和库存金额准确无误。

（三）国库集中收付制度

实行国库集中收付制度是我国财政资金收付制度的一项重大变革。在此之前，我国实施的是多重账户制度，在这种制度下，财政性资金缴库和拨付方式是通过征收机关和预算单位设立多重账户分散进行的。财政资金的征收机构设立过渡账户，将征缴的各项财政收入通过征收机构的账户集中，再将资金汇缴国库。各预算单位均在商业银行开设银行账户，用于资金收付，财政机构将预算拨款通过国库拨入其银行账户，预算单位的各项支出也通过该账户进行结算。多重账户制度下，账户设置重复、分散，导致财政资金分散，使用效率低下，资金入库和支用时间延滞，信息不能得到及时、充分的反馈，财政部门也难以对财政资金实施有效的监控。因此，必须对现行财政国库管理制度进行改革，逐步建立和完善以国库单一账户体系为基础、资金缴拨以国库集中收付为主要形式的财政国库管理制度。各级财政部门应当按照国库集中收付制度的规定，建立科学规范的财政资金收付管理流程。

国库集中收付制度又称国库单一账户制度，是指政府在国库或国库指定的代理银行开设账户，集中收纳和支付财政性资金的一种结算制度。《预算法》规定，国家实行国库集中收缴和集中支付制度，对政府全部收入和支出实行国库集中收付管理。在这种制度下，财政性资金缴库和拨付是通过建立单一账户体系进行的，取消了各征收机构的过渡账户和各预算单位在银行开设的账户。财政收入直接缴入国库或国库指定账户，财政支出通过国库或国库指定账户直接拨付到商品和劳务提供者的账户，不再通过各个中间环节。国库集中收付制度对于提高财政资金的使用效率、加强预算资金的监督管理有重要意义。

国库集中收付制度是以国库单一账户体系为基础、资金缴拨以国库集中收付为主要形式的财政资金管理制度。国库单一账户体系是一系列账户的集合，统一由国库监督与管理。国库单一账户体系由以下账户构成。

1. **国库单一账户**

各级财政部门在中国人民银行及分支机构开设国库单一账户，用于记录、核算和反映纳入预算管理的财政收入和支出活动，并用于与财政部门在商业银行开设的财政零余额账户和单位零余额账户进行清算，实现财政资金的支付。

2. **财政零余额账户**

各级财政部门在银行业金融机构开设财政零余额账户，用于财政资金的直接支付，并与国库单一账户清算。开设财政零余额账户的商业银行称为财政零余额代理银行，接受财政部门的委托办理财政直接支付的资金结算业务。财政零余额账户由财政部门的支付执行机构负责管理，可以办理转账业务。

3. **单位零余额账户**

各级财政部门为预算单位在银行业金融机构开设单位零余额账户，用于财政资金的授权支付，并与国库单一账户清算。开设单位零余额账户的商业银行也称为单位零余额代理银行，接受预算单位的委托办理财政授权支付的资金结算业务。单位零余额账户由预算单位负责管理，可以在预算额度内办理转账、提取现金等业务。

4. **财政专户**

各级财政部门在银行业金融机构开设财政专户，用于财政专户管理资金的收付业务。财政专户管理资金包括待缴国库的非税收入、教育收费、代管预算单位资金等。

5. **特设账户**

经国务院和省级人民政府批准或授权，财政部门开设特殊过渡性专户（简称特设专户），用于记录、核算和反映预算单位的特殊专项支出活动，并用于与国库单一账户清算。

（四）收入的收缴方式

为保证预算收入的顺利实现，我国设立了专门的征收机构来负责预算收入的执收和管理工作。国家税务部门负责征收工商企业税收及个人税收，包括增值税、消费税、所得税等。海关负责征收进出口关税及由海关代征的进口产品增值税、消费税及海关罚没等。财政部门负责征收部分非税收入及个别税种，主要包括国有资产经营收益、行政规费收入等。除上述机构外，行政单位、事业单位收取的各项费用也构成政府的预算收入。

各级政府财政部门和税务、海关等预算收入征收部门和单位必须依法组织预算收入，并按照财政管理体制、征收管理制度和国库集中收缴制度的规定征收，除依法缴入财政专户的社会保险基金等预算收入外，应当及时将预算收入缴入国库。在国库集中收付制度下，收入的收缴需要通过单一账户体系进行，主要包括直接缴库和集中汇缴两种方式，以直接缴库为主要方式，以集中汇缴为补充方式。

1. **直接缴库**

直接缴库是指缴款单位或缴款人按有关法律法规规定，不通过执收单位的过渡账户，直接将应缴收入缴入国库账户或财政专户。直接缴库的税收收入由纳税人或税务代理人申报，经征收机关审核无误后，开具缴款书，送交纳税人开户银行，纳税人的开户银行将税款缴入国库单一账户，再由国库向财政部门和征收机关出具缴款报告。直接缴库的非税收入由行政事业单位向缴款义务人下达收款通知，然后由缴款人将款项缴入财政委托的代理银行，代理银行将款项划转财政专户，或与国库单一账户进行清算，再由国库向财政部门和行政事业机关报告缴款情况。

2. 集中汇缴

集中汇缴是指缴款单位或缴款人按有关法律法规规定，通过执收单位的过渡账户集中后，再将应缴收入缴入国库账户或财政专户。集中汇缴方式主要适用于小额零散税收、现金缴款和其他不宜采用直接缴库方式的收入。集中汇缴方式的各项收入应当及时缴入国库单一账户体系。

（五）支出的拨付方式

预算支出的拨付是财政部门根据批准的预算，将款项拨付给预算单位的过程。在国库集中收付制度下，支出的拨付需要通过国库单一账户体系进行，主要包括财政直接支付和财政授权支付两种方式。

1. 财政直接支付

财政直接支付是指由财政部门开具支付令，通过国库单一账户体系，直接将财政资金支付到收款人（即商品和劳务供应者）或用款单位账户。实行财政直接支付的支出包括工资支出、购买支出以及中央对地方的转移支付等。财政直接支付程序是预算单位按照批复的部门预算和资金使用计划，向财政国库支付执行机构提出支付申请，财政国库支付执行机构根据批复的部门预算和资金使用计划及相关要求对支付申请审核无误后，向代理银行发出支付令，并通知中国人民银行国库部门，通过代理银行进入全国银行清算系统实时清算，财政资金从国库单一账户划拨到收款人的银行账户。财政直接支付主要通过转账方式进行。

2. 财政授权支付

财政授权支付是指预算单位根据财政授权，自行开具支付令，通过国库单一账户体系将资金支付到收款人账户。实行财政授权支付的支出包括未实行财政直接支付的购买支出和零星支出。财政授权支付程序是预算单位按照批复的部门预算和资金使用计划，向财政国库支付执行机构申请授权支付的月度用款限额，财政国库支付执行机构将批准后的限额通知代理银行和预算单位，并通知中国人民银行国库部门。预算单位在月度用款限额内，自行开具支付令，通过财政国库支付执行机构转由代理银行向收款人付款，并与国库单一账户清算。

（六）国库的业务流程

各级国库应当依照有关法律、行政法规的有关规定，加强对国库业务的管理，及时准确地办理预算收入的收纳、划分、留解、退付和预算支出的支拨。

1. 预算收入的收纳

预算收入的收纳是财政收入收缴入库的过程。预算收入由征收机构负责征收，需要缴入国库进行管理。为加强对预算收入的管理，保证各项预算收入及时、足额地收纳入库，各缴款单位应按规定的缴库方法和统一的缴款凭证，办理预算收入缴库。有预算收入上缴义务的部门和单位，必须将应当上缴的预算收入，按照规定的预算级次、政府收支分类科目、缴库方式和期限缴入国库，任何部门、单位和个人不得截留、占用、挪用或者拖欠。

2. 预算收入的划分

各级国库收纳的预算收入需要按财政体制的要求在中央和地方财政之间分配，这项工作是由国库来完成的。预算收入的划分是将收纳的预算收入划分为中央预算收入和地方预算收入，以及将地方预算收入在上下级财政之间分配。我国实行“分税制”预算管理体制，按照“统一领导、分级管理”的原则，把预算收入分为中央固定收入、地方固定收入和中央与地方共享收入。中央固定收入全部划归中央财政，地方固定收入全部划归地方，中央与地方共享收入按照一定的比例在中央和地方政府之间进行分配。地方各级政府财政预算收入的划分，是在中央与地方财政划分预算收入的基础上，根据本地的具体情况制定有关的预算管理体制，划分本级与下级之间的预算收入。

3. 预算收入的留解

预算收入的留解是在预算收入划分的基础上，分别将库款留存到本级国库和计入上级财政在国库的账户，并编制预算收入日报表，报告同级财政部门和上级财政部门。对于中央与地方共享收入，国库应根据上级财政部门规定的分享比例办理分成、留解。将参与分享的预算科目和收入总额填入共享收入计算日报表，对确定上解的收入，国库应将划款报单随同共享收入计算日报表一同上报。各级国库应当及时向本级政府财政部门编报预算收入入库、解库、库款拨付以及库款余额情况的日报、旬报、月报和年报。

4. 预算收入的退付

预算收入的退付是指预算收入的减少，按规定将已经缴库的预算收入退还给相关单位，主要包括政策性退库和差错性退库。已经缴入国库的资金依照法律、行政法规的规定或者国务院的决定需要退付的，各级政府财政部门或者其授权的机构应当及时办理退付。各级预算收入退库的审批权属于本级政府财政部门，由各级政府财政部门或者其授权的机构批准。办理预算收入退库，应当直接退给申请单位或者申请个人，按照国家规定用途使用。任何部门、单位和个人不得截留、挪用退库款项。

5. 预算支出的支拨

预算支出的支拨是财政部门根据批准的预算，将款项拨付给预算单位的过程。各级财政在支拨库款时应使用财政部统一制定的预算拨款凭证或划汇凭证办理。各级国库在办理库款支拨时，应严格审查拨款凭证上的各项内容，认真核对拨款凭证上的印鉴是否与预留印鉴相符。各级国库支拨库款只办理转账，不支付现金。预算支出的支拨主要包括财政直接支付和财政授权支付两种方式，特定情况下也可以采用实拨资金的方式，将预算安排的财政资金划拨到各预算单位开设的银行账户。各级国库必须凭本级政府财政部门签发的拨款凭证或者支付清算指令于当日办理资金拨付，并及时将款项转入收款单位的账户或者清算资金。各级国库和有关银行业金融机构不得占压财政部门拨付的预算资金。

思考题

1. 什么是财政总预算会计？其范围是什么？
2. 财政总预算会计需要遵循哪些会计准则制度？
3. 财政总预算会计的对象与目标是什么？
4. 财政总预算会计设置了哪些会计要素？
5. 财政总预算会计采用的确认基础是什么？
6. 什么是“双分录”核算方法？
7. 什么是政府预算？政府预算体系包括哪些层次？
8. 政府预算管理体制的内容是什么？
9. 政府预算包括哪些内容？
10. 政府预算管理流程包括哪些环节？
11. 什么是政府预算收支分类？政府预算收支分类包括哪些内容？
12. 根据现行《政府收支分类科目》，政府的收入包括哪些种类？
13. 什么是国库集中收付制度？国库单一账户体系的内容是什么？
14. 国库集中收付制度下，收入的收缴方式是什么？
15. 国库集中收付制度下，支出的拨付方式是什么？
16. 国库的业务流程包括哪些环节？

第五章

财政总预算会计核算

学习目标和学习重点

本章主要讲授政府财政总预算会计核算的实务。学习目标是明确财政总预算会计收入、支出、资产、负债和净资产的内容，熟悉政府财政主要业务的实务操作，为财政总预算会计报表和综合财务报告的编制奠定基础。本章的学习重点包括：

1. 明确财政总预算会计收入、支出的内容，熟练掌握收入、支出业务的会计核算方法；

2. 了解财政总预算会计资产、负债的内容，掌握主要资产、负债业务的会计核算方法；

3. 掌握财政总预算会计净资产的内容，熟悉预算结余的年末处理流程。

第一节　收入的核算

政府为实现其社会与经济管理职能，必须取得一定的收入作为保障。本节介绍财政总预算会计收入的内容，讲解各项收入的会计核算方法。

一、收入的确认与内容

（一）收入的确认

财政总预算会计的收入是指政府财政为实现政府职能，根据法律法规等所筹集的资金。收入表现为政府财政的经济利益或者服务潜力的流入，会导致政府财政的本期净资产增加。国家为了维持自身的存在和发挥职能，必须凭借自身拥有的政治权力，以法律法规等形式强制性地征收一部分社会产品，对社会产品进行再分配。财政总预算收入是政府收入的重要组成部分，是实现国家职能的财力保证。

财政总预算会计的收入一般采用收付实现制确认，在款项已经缴入国库或财政专户时予以确认。财政总预算会计收入中的个别事项可以采用权责发生制基础确认，例如上下级财政年终结算所形成的补助收入、上解收入等。

（二）收入的内容

财政总预算会计的收入可以划分为不同的类别。

（1）按照收入的来源划分，财政总预算会计的收入分为本级预算收入、转移性收入和债务性收入。其中，本级预算收入是指由本级政府财政筹集的纳入预算管理的各项收入；转移性收入是指在各级政府财政之间进行资金调拨和调剂所形成的收入；债务性收入是指政府财政根据法律法规等规定，通过举借债务的方式筹集资金所取得的收入。

（2）按照收入的资金性质划分，财政总预算会计的收入分为一般公共预算收入、政府性基金预算收入、国有资本经营预算收入和其他财政资金收入。其中，一般公共预算收入是指政府财政取得的纳入一般公共预算管理的收入；政府性基金预算收入是指政府财政取得的纳入政府性基金预算管理的收入；国有资本经营预算收入是指政府财政取得的纳入国有资本经营预算管理的收入；其他财政资金收入是指政府财政取得的纳入财政专户管理的收入。

（3）按照收入的预算科目划分，财政总预算会计的收入分为税收收入、非税收入、债务收入、转移性收入等。其中，税收收入是指政府以征税方式取得的收入；非税收入是指政府以征税以外的方式取得的收入；债务收入是指政府以承担债务方式取得的收入；转移性收入是指通过政府间转移支付和资金调拨方式取得的收入。

二、本级预算收入

本级预算收入是指由本级政府财政筹集的纳入预算管理的各项收入。本级预算收入是预算收入的重要组成部分，由本级政府财政根据法律法规通过一定方式取得，归本级政府财政安排支用。财政总预算会计核算的本级预算收入包括一般公共预算本级收入、政府性基金预算本级收入和国有资本经营预算本级收入。

（一）一般公共预算本级收入的核算

一般公共预算本级收入是指政府财政筹集的纳入本级一般公共预算管理的收入。一般公共预算是对以税收为主体的财政收入，安排用于保障和改善民生、推动经济社会发展、维护国家安全、维持国家机构正常运转等方面的收支预算。根据现行《政府收支分类科目》，一般公共预算本级收入包括纳入本级一般公共预算管理的税收收入和非税收入。

（1）税收收入是政府以征税方式取得的收入，主要包括增值税、消费税、企业所得税、企业所得税退税、个人所得税、资源税、城市维护建设税、房产税、印花税、城镇土地使用税、土地增值税、车船税、船舶吨税、车辆购置税、关税、耕地占用税、契税、烟叶税、环境保护税和其他税收收入。

（2）非税收入是政府以征税以外的方式取得的收入，包括以收费、罚没、专项征收等方式取得的收入。并非所有的非税收入均属于一般公共预算收入，纳入一般公共预算管理的非税收入主要包括专项收入、行政事业收费收入、罚没收入、国有资本经营收入、国有资源（资产）有偿使用收入、捐赠收入、政府住房基金收入和其他收入等。

财政总预算会计设置“一般公共预算本级收入”科目，核算政府财政筹集的纳入本级一般公共预算管理的税收收入和非税收入。本科目应当根据现行《政府收支分类科目》中“一般公共预算收入科目”的规定进行明细核算。

一般公共预算本级收入以收付实现制为基础，在收到时按照实际缴入国库的数额入账。国库每日均向财政部门提交预算收入日报表，反映当日本级预算收入的数额及明细情况。收到款项时，根据当日预算收入日报表所列的一般公共预算本级收入数，借记“国库存款”等科目，贷记“一般公共预算本级收入”科目。对于已缴入国库收入的退库事项，应当冲减当期收入，以红字记账（采用计算机记账的，用负数反映）。

【例 5-1】 某政府财政收到国库报送的预算收入日报表，列示纳入一般公共预算本级收入的国有企业增值税收入为 300 000 元。

借：国库存款　　300 000

　贷：一般公共预算本级收入——税收收入　　300 000

【例 5-2】 某政府财政收到国库报送的预算收入日报表，列示纳入一般公共预算本级收入的行政收费收入为 160 000 元。

借：国库存款　　160 000

　贷：一般公共预算本级收入——非税收入　　160 000

【例 5-3】 某政府财政收到国库报送的预算收入日报表，本日由于发生退库，纳入一般公共预算本级收入的企业所得税收入减少 1 000 000 元。

借：国库存款　　1 000 000（红字）

　贷：一般公共预算本级收入——税收收入　　1 000 000（红字）

（二）政府性基金预算本级收入的核算

政府性基金预算本级收入是指政府财政筹集的纳入本级政府性基金预算管理的收入。政府性基金预算是对依照法律、行政法规的规定在一定期限内向特定对象征收、收取或者以其他方式筹集的资金，专项用于特定公共事业发展的收支预算。政府设立基金项目，目的是保证特定项目的财政资金来源。政府性基金预算本级收入要求专项核算，按规定用途使用，是一种限定性的财务资源。

根据现行《政府收支分类科目》，政府性基金预算本级收入主要是纳入本级政府性基金预算管理的非税收入，包括铁路建设基金收入、民航发展基金收入、旅游发展基金收入、港口建设费收入、国有土地收益基金收入等几十项内容。

小链接 5－1

各级政府财政设立的政府性基金项目较多，一般通过财政部的网站向社会公布收费目录清单（http://szs.mof.gov.cn/zt/mlqd_8464/）。

财政总预算会计设置“政府性基金预算本级收入”科目，核算政府财政筹集的纳入本级政府性基金预算管理的非税收入。本科目应当根据现行《政府收支分类科目》中“政府性基金预算收入科目”的规定进行明细核算。

政府性基金预算本级收入以收付实现制为基础，在收到时按照实际缴入国库的数额入账。收到款项时，根据当日预算收入日报表所列的政府性基金预算本级收入数，借记“国库存款”等科目，贷记“政府性基金预算本级收入”科目。

【例 5－4】 某政府财政收到国库报送的预算收入日报表，列示纳入政府性基金预算本级收入的民航发展基金收入为 1 000 000 元。

借：国库存款	1 000 000	
贷：政府性基金预算本级收入——民航发展基金收入		1 000 000

【例 5－5】 某政府财政收到国库报送的预算收入日报表，列示纳入政府性基金预算本级收入的国有土地收益基金收入为 1 200 000 元。

借：国库存款	1 200 000	
贷：政府性基金预算本级收入——国有土地收益基金收入		1 200 000

（三）国有资本经营预算本级收入的核算

国有资本经营预算本级收入是指政府财政筹集的纳入本级国有资本经营预算管理的收入。国有资本经营预算是政府以所有者身份依法取得国有资本收益，并对所得收益进行分配而发生的各项收支预算。

根据现行《政府收支分类科目》，国有资本经营预算本级收入主要是纳入本级国有资本经营预算管理的非税收入，内容如下：（1）利润收入是指国有企业、国有独资公司依法上缴的税后净利润形成的收入；（2）股利、股息收入是指国有控股、参股企业国有股权分配的股利、股息收入；（3）产权转让收入是指转让或出售国有资产股权形成的收入；（4）清算收入是指通过国有独资企业或国有控股、参股企业清算取得的清算净收入；（5）其他国有资本经营预算收入是指通过除以上内容之外的其他事项取得的国有资本经营预算收入。

财政总预算会计设置“国有资本经营预算本级收入”科目，核算政府财政筹集的纳入本级国有资本经营预算管理的非税收入。本科目应当根据现行《政府收支分类科目》中“国有资本经营预算收入科目”的规定进行明细核算。

国有资本经营预算本级收入以收付实现制为基础，在收到时按照实际缴入国库的数额入账。收到款项时，根据当日预算收入日报表所列的国有资本经营预算本级收入数，借记“国库存款”等科目，贷记“国有资本经营预算本级收入”科目。

【例 5－6】 某政府财政收到国库报送的预算收入日报表，列示纳入国有资本经营预算本级收入的款项共计 600 000 元。其中，国有企业上缴利润为 450 000 元，国有参股企业分配的股利收入为 150 000 元。

借：国库存款　　600 000
　贷：国有资本经营预算本级收入——利润收入　　450 000
　　　　　　　　　　　　　　　——股利、股息收入　　150 000

三、转移性收入

转移性收入是指在各级政府财政之间进行资金调拨以及在本级政府财政不同类型资金之间调剂所形成的收入。与本级预算收入不同，转移性收入并非由政府财政直接从社会筹集，而是来源于上级政府财政的补助、下级政府财政的上解、地区间政府财政的援助，以及本级政府财政不同类型资金的调剂。财政总预算会计核算的转移性收入包括补助收入、上解收入、地区间援助收入、调入资金和动用预算稳定调节基金。

（一）补助收入的核算

补助收入是指本级政府财政收到的上级政府财政按照财政体制规定或因专项需要拨入的款项，包括上级税收返还、转移支付等。税收返还是指根据财政体制的安排，上级政府财政将收到的部分税收收入按规定的比例返还给下级政府财政，如增值税税收返还、所得税税收返还、消费税税收返还等。转移支付是指为解决政府之间的财力失衡问题，上级政府财政通过一定的形式和途径向下级政府财政转移财政资金，包括一般转移支付和专项转移支付。

财政总预算会计设置“补助收入”科目，核算上级政府财政按照财政体制规定或因专项需要补助给本级政府财政的款项。本科目应当按照不同的资金性质设置“一般公共预算补助收入”“政府性基金预算补助收入”等明细科目。

根据会计制度的要求，补助收入应当按照财政体制的规定或实际发生的金额入账，分别采用收付实现制和权责发生制基础确认。日常收到上级政府财政拨入的税收返还等形式的预算补助款时，以收付实现制为基础，按照实际收到的金额借记“国库存款”等科目，贷记“补助收入”科目。

【例 5-7】 某市政府财政收到国库报送的预算收入日报表，列示上级省政府财政拨来预算补助款 1 500 000 元。其中，一般公共预算补助收入为 500 000 元，政府性基金预算补助收入为 1 000 000 元。

借：国库存款　　1 500 000
　贷：补助收入——一般公共预算补助收入　　500 000
　　　　　　　——政府性基金预算补助收入　　1 000 000

当补助收入的数额能够可靠估计时，补助收入应当以权责发生制为基础在发生时确认，按照应当收到的数额计量，主要包括两种情况：一是年终与上级政府财政结算时，应当根据预算文件，按照尚未收到的补助款金额确认补助收入；二是实行特设专户管理的专项转移支付，应当根据上级政府财政下达的预算文件的数额确认补助收入。此业务事项将在“与上级往来”科目中讲解。

（二）上解收入的核算

上解收入是指本级政府财政收到的所属下级政府财政按照财政体制规定上交的款项，包括体制上解款和专项上解款。体制上解款是指按财政体制规定由下级政府财政上交本级政府财政的一般公共预算资金，专项上解款是指下级政府财政上交本级政府财政的政府性基金预算资金或其他一次性、临时性的专项资金。

财政总预算会计设置“上解收入”科目，核算按照体制规定由下级政府财政上交本级政府财政的款项。本科目应当按照不同资金性质，设置“一般公共预算上解收入”“政府性基金预算上解收入”等明细科目。同时，还应当按照上解地区进行明细核算。

根据会计制度的要求，上解收入应当按照财政体制的规定或实际发生的金额入账，分别采用收付实现制和权责发生制基础确认。日常收到下级政府财政的体制上解款时，以收付实现制为基础，按照实际收到的金额借记“国库存款”等科目，贷记“上解收入”科目。

【例 5-8】 某市政府财政收到国库报送的预算收入日报表，列示所属区政府财政按照财政体制的安排上解一般公共预算款 1 000 000 元。

借：国库存款	1 000 000	
贷：上解收入——一般公共预算上解收入——××区财政		1 000 000

年终与下级政府财政结算，上解收入的数额能够可靠估计时，上解收入应当以权责发生制为基础在发生时确认，按照应当收到的数额计量。此业务事项将在“与下级往来”科目中讲解。

（三）地区间援助收入的核算

地区间援助收入是指受援方政府财政收到援助方政府财政转来的可统筹使用的各类援助、捐赠等资金收入。我国建立了地方政府间援助机制，经济发达地区的地方政府向经济落后地区的地方政府提供资金，支持其社会与经济发展。受援方政府与援助方政府并非同一地区的上下级政府，而是跨地区（省、市、县）之间的政府。

财政总预算会计设置“地区间援助收入”科目，核算受援方政府财政收到援助方政府财政转来的可统筹使用的各类收入。本科目应当按照援助地区及管理需要进行相应的明细核算。

地区间援助收入在收到时按照实际收到的数额确认。收到援助方政府财政转来的资金时，借记“国库存款”科目，贷记“地区间援助收入”科目。

【例 5-9】 某政府财政收到国库报送的预算收入日报表，列示援助方政府财政转来款项 700 000 元，对本级政府财政予以经济援助。

借：国库存款	700 000	
贷：地区间援助收入——××政府财政		700 000

（四）调入资金的核算

调入资金是指政府财政为平衡某类预算收支，从其他类型预算资金及其他渠道调入的资金。财政预算资金包括一般公共预算资金、政府性基金预算资金、国有资本经营预算资金，如果某类预算资金收支失衡，可以从其他类型预算资金调入，也可以从其他渠道调入。例如，如果一般公共预算资金收支失衡，可以从政府性基金预算、国有资本经营预算调出资金，弥补一般公共预算资金的不足。

财政总预算会计设置“调入资金”科目，核算政府财政从其他类型预算资金及其他渠道调入的资金。本科目应当按照不同资金性质设置“一般公共预算调入资金”“政府性基金预算调入资金”等明细科目。

调入资金在调入时按照实际调入的数额确认。从其他类型预算资金调入时，借记“调出资金”科目，贷记“调入资金”科目。从其他渠道资金调入时，借记“国库存款”科目，贷记“调入资金”科目。

【例 5-10】 某政府财政为了平衡一般公共预算，从政府性基金预算中的国有土地收益基金结余中调入 2 000 000 元。

借：调出资金——政府性基金预算调出资金　　2 000 000
　贷：调入资金——一般公共预算调入资金　　2 000 000

（五）动用预算稳定调节基金的核算

动用预算稳定调节基金是指政府财政为弥补本年度预算资金的不足调用的预算稳定调节基金。预算稳定调节基金是政府财政设置的用于弥补以后年度预算资金不足的储备资金，如果本年度预算收支失衡，可以调用预算稳定调节基金来弥补。

财政总预算会计设置“动用预算稳定调节基金”科目，核算政府财政调用的预算稳定调节基金。本科目无规定的明细科目。

预算稳定调节基金在调用时按照实际调用的数额确认。调用预算稳定调节基金时，借记“预算稳定调节基金”科目，贷记“动用预算稳定调节基金”科目。

【例 5-11】 某政府财政为弥补本年度预算资金的不足，经批准调用预算稳定调节基金 900 000 元。

借：预算稳定调节基金　　900 000
　贷：动用预算稳定调节基金　　900 000

四、债务性收入

债务性收入是指政府财政根据法律法规等规定，通过举借债务的方式筹集资金所取得的收入。政府财政举借债务的方式包括发行债券、向外国政府和国际金融组织借款等。根据《预算法》的规定，中央政府、省级政府（包括自治区、直辖市）和省级以下（包括市、区县、乡镇）政府举借债务的形式与内容有所不同。中央政府可以通过发行国债、从外国政府和国际金融组织借款等方式筹集预算资金；省级政府可以通过发行地方政府债券筹集建设投资资金；省级以下政府不允许直接举借债务，但可以通过上级政府财政转贷的形式取得债务资金。财政总预算会计核算的债务性收入包括债务收入和债务转贷收入。

（一）债务收入的核算

债务收入是中央政府、省级政府财政根据法律法规等规定，通过发行债券、向外国政府和国际金融组织借款等方式筹集的纳入预算管理的资金收入。中央政府的债务收入通过发行国债、向外国政府借款、向国际金融组织借款等方式筹集，纳入中央财政一般公共预算管理。省级政府的债务收入只能通过发行地方政府债券的方式筹集，发行的地方政府一般债券纳入省级财政的一般公共预算管理，发行的地方政府专项债券纳入政府性基金预算管理。

财政总预算会计设置“债务收入”科目，核算政府财政按照国家法律、国务院规定以发行债券等方式取得的，以及向外国政府、国际金融组织等机构借款取得的纳入预算管理的债务收入。本科目应当按照现行《政府收支分类科目》中“债务收入”科目的规定进行明细核算，并区分一般债务收入和专项债务收入。省级以上（含省级）政府通常设置本科目。

债务收入应当采用“双分录”的核算方法。“双分录”核算是为兼顾预算管理与财务管理的需要，对发生的某一业务或事项同时进行两项记录，一项侧重确认所发生的预算支出，另一项侧重确认所形成的资产或负债。在财政总预算会计中，与预算收支相关的资产、负债项目应当采用“双分录”核算方法。政府财政举借债务涉及收入和负债两个事项，应当同时确认举借债务所取得的收入和承担的债务。

债务收入应当按照实际发行额或借入的金额入账。政府财政发行债券、向外国政府或国际金融组织借款时，应当同时做两项记录：一是按照实际收到的发行收入或借入的金额借记“国库存款”等科目，按照政府债券实际发行额或借入的金额贷记“债务收入”科目，按照发行收入与发行额的差额借记或贷记“一般公共预算本级支出”等有关支出科目；二是按照到期应付的政府债券本金金额或实际承担的债务金额，借记“待偿债净资产”科目，贷记“应付短期政府债券”“应付长期政府债券”“借入款项”等科目。

【例 5-12】 中央政府财政向社会公开发行 201519 期记账式附息国债，国债面值为 100 亿元，票面年利率为 3.14%，5 年期，按年付息。国债经招标发行，发行额与面值相同，发行费用为发行额的 0.5%，发行收入 99.5 亿元已经缴入国库。

借：国库存款	9 950 000 000	
一般公共预算本级支出	50 000 000	
贷：债务收入——国内债务收入——一般债务收入		10 000 000 000

同时：

借：待偿债净资产——应付长期政府债券	10 000 000 000	
贷：应付长期政府债券——应付国债		10 000 000 000

（二）债务转贷收入的核算

债务转贷收入是政府财政收到上级政府财政转贷的债务收入，包括地方政府债券转贷收入和主权外债转贷收入。根据《预算法》的规定，省级以下政府财政不得以发行地方政府债券等方式举借债务，只能通过省级或省级以上政府财政代理发行债券，以转贷的形式举借债务，包括一般债务转贷收入和专项债务转贷收入。地方政府一般债务转贷收入纳入一般公共预算管理，地方政府专项债务转贷收入纳入政府性基金预算管理。

财政总预算会计设置“债务转贷收入”科目，核算政府财政收到上级政府财政转贷的债务收入。本科目下应当设置“地方政府一般债务转贷收入”“地方政府专项债务转贷收入”明细科目。省级以下政府财政通常需要设置本科目。

与债务收入类似，债务转贷收入也应当采用“双分录”的核算方法，同时确认转贷所取得的收入和承担的债务。债务转贷收入应当按照实际收到的转贷金额入账。收到地方政府债券转贷收入时，应当同时做两项记录：一是按照实际收到的金额，借记“国库存款”科目，贷记“债务转贷收入”科目；二是按照到期应偿还的转贷款本金金额，借记“待偿债净资产”科目，贷记“应付地方政府债券转贷款”科目。

【例 5-13】 某市政府财政收到上级省政府财政转来的地方政府一般债务转贷收入 5 亿元，款项已经存入同级国库。

借：国库存款	500 000 000	
贷：债务转贷收入——地方政府一般债务转贷收入		500 000 000
同时：		
借：待偿债净资产——应付地方政府债券转贷款	500 000 000	
贷：应付地方政府债券转贷款——应付地方政府一般债券转贷款		500 000 000

五、其他财政资金收入

其他财政资金收入是指在财政预算资金以外，由政府财政部门管理的其他财政性资金所取得的收入。根据职能安排，部分财政资金由各级政府财政部门设置和使用，纳入财政专项或专户管理。财政总预算会计核算的其他财政资金收入包括财政专户管理资金收入和专用基金收入。

（一）财政专户管理资金收入的核算

财政专户管理资金收入是指政府财政纳入专户管理资金所取得的收入。财政专户管理资金是行政事业单位或其他单位为履行或代行政府职能，依国家法律法规而收取、提取和安排使用的纳入财政专户管理的财政性资金。按照“收支两条线、财政专户管理”的方式，这部分资金应当由财政部门建立统一的财政专户进行管理。行政事业单位收取的各项收费必须按一定方式上缴财政专户，使用资金必须经过财政部门审批，由财政专户核拨。目前，纳入财政专户管理的资金主要是教育收费。

财政总预算会计设置“财政专户管理资金收入”科目，核算政府财政纳入财政专户管理的教育收费等资金收入。本科目应当按照现行《政府收支分类科目》中收入分类科目的规定进行明细核算。同时根据管理的需要，按部门（单位）等进行明细核算。

财政专户管理资金收入在收到时按照实际收到的数额确认。收到财政专户管理资金时，借记“其他财政存款”科目，贷记“财政专户管理资金收入”科目。

【例 5-14】 某政府财政设置的财政专户收到某高等学校缴来的本年度学生学费

285 000 元，款项已经缴入财政专户。

借：其他财政存款 285 000

　贷：财政专户管理资金收入——教育行政事业收费收入 285 000

（二）专用基金收入的核算

专用基金收入是指政府财政管理的各项专用基金所取得的收入。专用基金是政府财政部门按规定设置或取得并单独管理的资金。专用基金实行专户管理，用于保证重点项目的资金需要。目前，政府财政管理的专用基金主要是粮食风险基金。国家为保证粮食生产的稳定性，维护粮食正常流通秩序，平抑粮食的市场价格，每年从财政预算中划出一定数额的资金，专门用于粮农直接补贴、粮油储备费用补贴等。

财政总预算会计设置“专用基金收入”科目，核算政府财政按照法律法规和国务院、财政部规定设置或取得的粮食风险基金等专用基金收入。本科目应当按照专用基金的种类进行明细核算。

专用基金收入应当按照实际收到的金额入账。通过预算支出安排取得的专用基金收入转入财政专户时，借记“其他财政存款”科目，贷记“专用基金收入”科目；同时，借记“一般公共预算本级支出”等科目，贷记“国库存款”等科目。

【例 5-15】 某政府财政通过预算支出安排粮食风险基金，从国库拨出款项 3 000 000 元存入农业发展银行财政粮食风险基金专户。

借：其他财政存款 3 000 000

　贷：专用基金收入——粮食风险基金 3 000 000

同时：

借：一般公共预算本级支出 3 000 000

　贷：国库存款 3 000 000

第二节　支出的核算

政府为实现其社会与经济管理职能，必然会发生一定的资金耗费。本节介绍财政总预算会计支出的内容，讲解各项支出的会计核算方法。

一、支出的确认与内容

（一）支出的确认

财政总预算会计的支出是指政府财政为实现政府职能，对财政资金的分配和使用。支出表现为政府财政的经济利益或者服务潜力的流出，会导致政府财政的本期净资产减少。财政部门根据预算安排，对政府集中的财政资金进行分配，用于社会各项事业的发展。财政支出主要是通过财政拨款方式实现的，包括财政直接支付和财政授权支付。财政部门将款项拨给用款的预算单位，预算单位收到后再实际使用。

财政总预算会计的支出一般采用收付实现制确认，在款项已经支付时予以确认。财政总预算会计支出中的个别事项可以采用权责发生制基础确认，例如上下级财政年终结算所形成的补助支出、上解支出，以及年末尚未使用的国库集中支付结余资金等。

（二）支出的内容

财政总预算会计的支出可以划分为不同的类别。

(1) 按照支出的层次和内容划分，财政总预算会计的支出分为本级预算支出、转移性支出和债务性支出。其中，本级预算支出是指由本级政府使用的纳入预算管理的各项支出；转移性支出是指在各级政府财政之间进行资金调拨和调剂所形成的支出；债务性支出是指政府财政偿还债务本金和转贷债务资金形成的支出。

(2) 按照支出资金性质划分，财政总预算会计的支出分为一般公共预算支出、政府性基金预算支出、国有资本经营预算支出和其他财政资金支出。其中，一般公共预算支出是指用一般公共预算资金安排的支出；政府性基金预算支出是指用政府性基金预算资金安排的支出；国有资本经营预算支出是指用国有资本经营预算资金安排的支出；其他财政资金支出是指用财政管理的专户资金安排的支出。

(3) 按照支出的功能分类科目划分，财政总预算会计的支出分为一般公共服务支出、外交支出、国防支出、公共安全支出、教育支出、科学技术支出、文化旅游体育与传媒支出、社会保障和就业支出、卫生健康支出、节能环保支出、城乡社区支出、农林水支出、交通运输支出、资源勘探工业信息等支出、商业服务业等支出、金融支出、援助其他地区支出、自然资源海洋气象等支出、住房保障支出、粮油物资储备支出、灾害防治及应急管理支出、预备费、其他支出、转移性支出、债务还本支出、债务付息支出、债务发行费用支出等。

(4) 按照支出的经济分类科目划分，财政总预算会计的支出分为机关工资福利支出、机关商品和服务支出、机关资本性支出、对事业单位经常性补助、对事业单位资本性补助、对企业补助、对企业资本性补助、对个人和家庭的补助、对社会保障基金补助、债务利息及费用支出、债务还本支出、转移性支出、预备费及预留和其他支出等。

二、本级预算支出

本级预算支出是指政府财政管理的由本级政府使用的纳入预算管理的各项支出。本级预算支出是预算支出的重要组成部分，用于本级政府的社会发展与经济建设。财政总预算会计核算的本级预算支出包括一般公共预算本级支出、政府性基金预算本级支出和国有资本经营预算本级支出。

（一）一般公共预算本级支出的核算

一般公共预算本级支出是指政府财政管理的由本级政府使用的列入一般公共预算的支出。一般公共预算支出是用于保障和改善民生、推动经济社会发展、维护国家安全、维持国家机构正常运转等方面的支出。根据现行《政府收支分类科目》，一般公共预算本级支出需要进行功能分类与经济分类。一般公共预算本级支出是通过财政拨款方式实现的。在国库集中收付制度下，一般公共预算本级支出的拨付需要通过国库单一账户体系进行，主要包括财政直接支付和财政授权支付两种方式。对于没有实行国库集中收付制度改革的单位和地区，也可采用实拨资金等其他拨款方式。各级财政部门设立国库支付执行机构，负责财政资金的支拨与结算工作。

财政总预算会计设置“一般公共预算本级支出”科目，核算政府财政管理的由本级政府使用的列入一般公共预算的支出。本科目应当根据现行《政府收支分类科目》中的支出功能分类科目设置明细科目。同时，根据管理需要，按照政府预算支出经济分类科目、部门等进行明细核算。

根据会计制度的要求，一般公共预算本级支出应当分别采用收付实现制和权责发生制基础确认。日常的一般公共预算本级支出应当以收付实现制为基础，在支付时按照实际支付的数额入账。实际发生一般公共预算本级支出时，借记“一般公共预算本级支出”科目，贷记“国库存款”“其他财政存款”等科目。

【例 5-16】 某政府财政开出一般公共预算拨款凭证，以财政直接支付方式为某科研部门采购研究仪器一套，实际支付款项 800 000 元。财政总预算会计已经收到国库支付执行机构报送的预算支出结算清单，款项已经通过财政零余额账户支付给设备供应商。

借：一般公共预算本级支出——科学技术支出　　800 000

　贷：国库存款　　800 000

【例 5-17】 某政府财政开出一般公共预算拨款凭证，以财政授权支付方式拨付公安部门本月基本经费 2 000 000 元。财政总预算会计已经收到国库支付执行机构报送的预算支出结算清单，款项已经支付。

借：一般公共预算本级支出——公共安全支出　　2 000 000

　贷：国库存款　　2 000 000

【例 5-18】 某政府财政开出一般公共预算拨款凭证，通过国库以实拨资金的方式拨付教育部门本月行政运行费 1 000 000 元，款项已经从国库转入教育部门的银行账户。

借：一般公共预算本级支出——教育支出　　1 000 000

　贷：国库存款　　1 000 000

年末，对当年形成的一般公共预算国库集中支付结余，可按照权责发生制基础确认一般公共预算本级支出。此业务事项将在“应付国库集中支付结余”科目中讲解。

（二）政府性基金预算本级支出的核算

政府性基金预算本级支出是指政府财政管理的由本级政府使用的列入政府性基金预算的支出。政府性基金预算支出是用于特定公共事业发展的支出，应当根据基金项目收入情况和实际需要安排支出，做到以收定支。根据现行《政府收支分类科目》，政府性基金预算本级支出需要进行功能分类与经济分类。

根据会计制度的要求，政府性基金预算本级支出应当分别采用收付实现制和权责发生制基础确认。日常的政府性基金预算本级支出应当以收付实现制为基础，在支付时按照实际支付的数额入账。实际发生政府性基金预算本级支出时，借记“政府性基金预算本级支出”科目，贷记“国库存款”科目。

【例5-19】 某政府财政开出政府性基金预算拨款凭证，拨付农村学校地方教育附加100 000元，扶持地方教育事业发展。

借：政府性基金预算本级支出——教育支出　　100 000

　贷：国库存款　　100 000

【例5-20】 某政府财政开出政府性基金预算拨款凭证，拨付城市建设管理部门政府住房基金200 000元，支持其廉租房建设。

借：政府性基金预算本级支出——城乡社区支出　　200 000

　贷：国库存款　　200 000

年末，对当年形成的政府性基金预算国库集中支付结余，可按照权责发生制基础确认政府性基金预算本级支出。此业务事项将在“应付国库集中支付结余”科目中讲解。

（三）国有资本经营预算本级支出的核算

国有资本经营预算本级支出是指政府财政管理的由本级政府使用的列入国有资本经营预算的支出。我国建立了国有资本经营预算制度，将国有资本经营预算纳入财政预算管理。财政部门可以通过国有资本经营、转让、清算等方式取得国有资本经营预算收入，并运用到国有企业（包括国有独资企业、国有控股企业、国有参股企业）的发展以及其他社会事务中。根据现行《政府收支分类科目》，国有资本经营预算本级支出需要进行功能分类与经济分类。

财政总预算会计设置“国有资本经营预算本级支出”科目，核算政府财政管理的由本级政府使用的列入国有资本经营预算的支出。本科目应当按照现行《政府收支分类科目》中的支出功能分类科目设置明细科目。同时，根据管理需要，按照支出经济分类科目、部门等进行明细核算。

根据会计制度的要求，国有资本经营预算本级支出应当分别采用收付实现制和权责发生制基础确认。日常的国有资本经营预算本级支出应当以收付实现制为基础，在支付时按照实际支付的数额入账。实际发生国有资本经营预算本级支出时，借记“国有资本经营预算本级支出”科目，贷记“国库存款”科目。

【例5-21】 某政府财政根据国有资本经营预算安排，向某国有商品流通企业拨付国有资本经营预算资金800 000元，以平抑食品零售价格。

借：国有资本经营预算本级支出——商业服务业等支出　　800 000

　贷：国库存款　　800 000

年末，对当年形成的国有资本经营预算国库集中支付结余，可按照权责发生制基础确认国有资本经营预算本级支出。此业务事项将在“应付国库集中支付结余”科目中讲解。

三、转移性支出

转移性支出是指在各级政府财政之间进行资金调拨以及在本级政府财政不同类型资

金之间调剂所形成的支出。与本级预算支出不同，转移性支出并非由本级政府直接使用，而是用于对下级政府财政的补助、对上级政府财政的上解、对其他地区政府财政的援助，以及本级政府财政不同类型资金的调剂。财政总预算会计核算的转移性支出包括补助支出、上解支出、地区间援助支出、调出资金和安排预算稳定调节基金。

（一）补助支出的核算

补助支出是指本级政府财政按财政体制规定或因专项需要补助给下级政府财政的款项，包括对下级的税收返还、转移支付等。本级政府财政的补助支出与下级政府财政的补助收入相对应，是本级政府财政给予下级政府财政的补助款项。

财政总预算会计设置“补助支出”科目，核算本级政府财政按财政体制规定或因专项需要补助给下级政府财政的款项。本科目应当按照不同资金性质设置“一般公共预算补助支出”“政府性基金预算补助支出”等明细科目，同时还应当按照补助地区进行明细核算。

根据会计制度的要求，补助支出应当按照财政体制的规定或实际发生的金额入账，分别采用收付实现制和权责发生制基础确认。日常以税收返还等形式补助款项给下级政府财政时，以收付实现制为基础，按照实际支付的金额借记“补助支出”科目，贷记“国库存款”“其他财政存款”等科目。

【例 5－22】 某市政府财政根据财政体制规定，通过国库向所属区政府财政拨付税收返还款 1 500 000 元。

借：补助支出——一般公共预算补助支出——××区财政	1 500 000	
贷：国库存款		1 500 000

当补助支出的数额能够可靠估计时，补助支出应当以权责发生制为基础在发生时确认，按照应当支付的数额计量，主要包括两种情况：一是年终与下级政府财政结算时，应当按照尚未拨付的补助金额确认补助支出；二是实行特设专户管理的专项转移支付，应当根据本级政府财政下达的预算文件确认补助支出。此业务事项将在“与下级往来”科目中讲解。

（二）上解支出的核算

上解支出是指按照财政体制规定由本级政府财政上交上级政府财政的款项。本级政府财政向上级政府财政上交的款项主要包括体制上解款和专项上解款。体制上解款是按财政体制的规定，将本级政府财政收入的一部分上交上级政府财政的款项。专项上解款是本级政府财政按政策规定专项上交上级政府财政的款项和临时上交上级政府财政的款项。

财政总预算会计设置“上解支出”科目，核算本级政府财政按照财政体制规定上交上级政府财政的款项。本科目应当按照不同资金性质设置“一般公共预算上解支出”“政府性基金预算上解支出”等明细科目。

根据会计制度的要求，上解支出应当按照财政体制的规定或实际发生的金额入账，分别采用收付实现制和权责发生制基础确认。日常上交的体制上解款以收付实现制为基础，按照实际上交的金额借记“上解支出”科目，贷记“国库存款”等科目。

【例 5-23】 某市政府财政根据财政体制规定，通过国库上解省政府财政一般公共预算款 1 000 000 元。

借：上解支出——一般公共预算上解支出　　1 000 000

　贷：国库存款　　1 000 000

年终与上级政府财政结算时，若上解支出的数额能够可靠估计，上解支出应当以权责发生制为基础在发生时确认，按照应当支付的数额计量。此业务事项将在“与上级往来”科目中讲解。

（三）地区间援助支出的核算

地区间援助支出是指援助方政府财政安排用于受援方政府财政统筹使用的各类援助、捐赠等资金支出。根据政府间的援助机制，经济发达地区的地方政府财政有义务向经济落后地区的地方政府提供资金，支持其社会与经济发展。

财政总预算会计设置“地区间援助支出”科目，核算援助方政府财政安排用于受援方政府财政统筹使用的各类支出。本科目应当按照受援地区及管理需要进行相应明细核算。

地区间援助支出在支付时按照实际支付的数额确认。支付地区间援助款时，借记“地区间援助支出”科目，贷记“国库存款”科目。

【例 5-24】 某政府财政根据政府间的援助安排，向对口援助方政府财政支付援助资金 700 000 元。

借：地区间援助支出——××政府财政　　700 000

　贷：国库存款　　700 000

（四）调出资金的核算

调出资金是指政府财政为平衡预算收支，从某类资金向其他类型预算调出的资金。调出资金与调入资金相对应，调入资金是某类预算资金的增加，调出资金是某类预算资金或其他资金的减少。

财政总预算会计设置“调出资金”科目，核算政府财政为平衡预算收支从某类资金向其他类型预算调出的资金。本科目下应当设置“一般公共预算调出资金”“政府性基金预算调出资金”“国有资本经营预算调出资金”等明细科目。

调出资金在调出时按照实际调出的数额确认，同时确认调入资金。从某类资金向其他类型预算调出资金时，按照调出的金额，借记“调出资金”科目，贷记“调入资金”科目。

【例 5-25】 某政府财政为了平衡一般公共预算，从国有资本经营预算结余中调出资金 500 000 元。

借：调出资金——国有资本经营预算调出资金　　500 000

　贷：调入资金——一般公共预算调入资金　　500 000

（五）安排预算稳定调节基金的核算

安排预算稳定调节基金是指政府财政按照有关规定安排的预算稳定调节基金。根据《预算法》，各级政府财政一般公共预算可以设置预算稳定调节基金，用于弥补以后年度预算资金的不足。超收收入或一般公共预算结余的补充，是预算稳定调节基金的重要来源。

财政总预算会计设置“安排预算稳定调节基金”科目，核算政府财政按照有关规定安排的预算稳定调节基金。本科目无规定的明细科目。

安排预算稳定调节基金在安排时按照实际补充的数额确认。使用超收收入或一般公共预算结余补充预算稳定调节基金时，借记“安排预算稳定调节基金”科目，贷记“预算稳定调节基金”科目。

【例 5-26】 某政府财政根据预算执行情况，决定使用超收收入补充预算稳定调节基金 1 200 000 元。

借：安排预算稳定调节基金	1 200 000	
贷：预算稳定调节基金		1 200 000

四、债务性支出

债务性支出是指政府财政偿还本级政府承担的债务本金，以及向下级政府财政转贷形成的支出。财政总预算会计核算的债务性支出包括债务还本支出和债务转贷支出。

（一）债务还本支出的核算

债务还本支出是指政府财政偿还本级政府承担的债务本金支出。债务还本支出只核算政府偿还债务本金的支出，支付债务利息的支出记入“一般公共预算本级支出”等科目。政府财政承担的债务纳入本级政府财政的预算管理，包括中央政府财政发行的国债、向外国政府和国际金融组织的借款、省级政府财政发行的地方政府债券，以及省级以下（包括市、区县、乡镇）政府取得的转贷债务。政府财政承担的债务应当按期偿还。

财政总预算会计设置“债务还本支出”科目，核算政府财政偿还本级政府财政承担的纳入预算管理的债务本金支出。本科目应当根据现行《政府收支分类科目》中“债务还本支出”的有关规定设置明细科目，并区分一般债务还本支出和专项债务还本支出。

政府财政偿还债务涉及支出和负债两个事项，为兼顾预算管理与债务管理的需要，应当采用“双分录”的核算方法，同时确认偿还债务所发生的支出和减少的债务。债务还本支出应当按照实际偿还的金额入账。偿还本级政府财政承担的债务本金时，应当同时做两项记录：一是按照实际偿还的金额，借记“债务还本支出”科目，贷记“国库存款”“其他财政存款”等科目；二是按照实际偿还的本金金额，借记“应付短期政府债券”“应付长期政府债券”“借入款项”“应付地方政府债券转贷款”“应付主权外债转贷款”等负债科目，贷记“待偿债净资产”科目。

【例 5-27】 某省政府财政发行的 201512 期 5 年期地方政府一般债券到期，通过国库拨付资金偿还债券本金12亿元。

借：债务还本支出——地方政府债券还本——一般债务还本支出　1 200 000 000

　贷：国库存款　1 200 000 000

同时：

借：应付长期政府债券——应付地方政府一般债券　1 200 000 000

　贷：待偿债净资产——应付长期政府债券　1 200 000 000

（二）债务转贷支出的核算

债务转贷支出是指本级政府财政向下级政府财政转贷形成的债务支出。省级以下（不含省级）政府财政不得以发行债券等方式举借债务，但可以通过省级政府财政发行债券，省级政府财政以转贷的形式向下级政府财政支付债务资金。

财政总预算会计设置“债务转贷支出”科目，核算本级政府财政向下级政府财政转贷的债务支出。本科目下应当设置“地方政府一般债务转贷支出”“地方政府专项债务转贷支出”明细科目，同时还应当按照转贷地区进行明细核算。省级以上（包括省级）政府财政通常设置本科目。

债务转贷涉及支出和债权两个事项，为兼顾预算管理与资产管理的需要，应当采用“双分录”的核算方法，同时确认转贷所发生的支出和增加的债权。债务转贷支出应当按照实际转贷的金额入账。本级政府财政向下级政府财政转贷地方政府债券或主权外债资金时，应当同时做两项记录：一是按照实际转贷的金额，借记“债务转贷支出”科目，贷记“国库存款”科目；二是按照到期应收回的转贷款本金金额，借记“应收地方政府债券转贷款”“应收主权外债转贷款”等科目，贷记“资产基金”科目。

【例5-28】 某省政府财政拟发行地方政府一般债券筹集资金，现通过国库向所属某市政府财政转贷地方政府债券款6.5亿元。

借：债务转贷支出——地方政府一般债务转贷支出——××市政府财政

650 000 000

　贷：国库存款　650 000 000

同时：

借：应收地方政府债券转贷款——应收地方政府一般债券转贷款　650 000 000

　贷：资产基金——应收地方政府债券转贷款　650 000 000

五、其他财政资金支出

其他财政资金支出是指在政府财政预算资金以外，用财政部门管理的其他财政性资金安排的支出。这部分财政资金由各级政府财政部门使用，纳入财政专项或专户管理。财政总预算会计核算的其他财政资金支出包括财政专户管理资金支出和专用基金支出。

（一）财政专户管理资金支出的核算

财政专户管理资金支出是指政府财政运用纳入财政专户管理的资金安排的支出。目前，纳入财政专户管理的资金主要是教育收费等。按照“收支两条线、财政专户管理”的要求，教育收费应当缴入财政专户统一管理，支用时通过财政专户核拨。

财政总预算会计设置“财政专户管理资金支出”科目，核算政府财政运用纳入财政专户管理的教育收费等资金安排的支出。本科目应当按照现行《政府收支分类科目》中的支出功能分类科目设置相应的明细科目。同时，根据管理需要，按照支出经济分类科目、部门（单位）等进行明细核算。

财政专户管理资金支出应当在支付时按照实际支付的数额确认。发生财政专户管理资金支出时，借记“财政专户管理资金支出”科目，贷记“其他财政存款”等有关科目。

【例 5-29】 某政府财政运用财政专户管理的资金，通过在商业银行开设的专户，向某学校核拨教育经费 1 200 000 元。

借：财政专户管理资金支出——教育支出	1 200 000	
贷：其他财政存款		1 200 000

（二）专用基金支出的核算

专用基金支出是指政府财政运用专用基金收入安排的支出。目前，政府财政管理的专用基金主要是粮食风险基金。财政部门通常在农业发展银行设置财政粮食风险基金专户，专门用于粮农直接补贴、粮油储备费用补贴等，维护粮食市场正常的流通秩序。

财政总预算会计设置“专用基金支出”科目，核算政府财政运用专用基金收入安排的支出。本科目应当根据专用基金的种类设置明细科目。同时，根据管理需要，按部门等进行明细核算。

专用基金支出应当在支付时按照实际支付的数额确认。发生专用基金支出时，借记“专用基金支出”科目，贷记“其他财政存款”等有关科目。

【例 5-30】 某政府财政运用粮食风险基金，通过在农业发展银行开设的专户，向某粮食储备部门拨付粮油储备费用补贴款 600 000 元。

借：专用基金支出——粮食风险基金	600 000	
贷：其他财政存款		600 000

支出类会计科目平时的借方余额反映各项支出的累计数。年终转账时，应按照各项支出的资金性质，将各支出类会计科目的借方余额分别转入其对应的结转结余科目。转账后各支出类会计科目应无余额。

第三节　资产的核算

资产是政府履行职能的重要物质基础。本节介绍财政总预算会计资产的内容，讲解主要资产项目的会计核算方法。

一、资产的确认与内容

（一）资产的确认

财政总预算会计的资产是指政府财政占有或控制的，能以货币计量的经济资源。资产作为一项经济资源，是由过去的交易或事项形成的，由政府财政部门代表政府占有或控制，预期会给政府财政带来经济利益或者服务潜力。资产是政府开展业务活动的物质基础，主要用于社会各项事业及经济建设。

政府财政将一项经济资源确认为资产，应当符合资产的定义，在取得对其相关的权利，并且能够可靠地进行货币计量时确认，按照取得或发生时的实际金额进行计量。

（二）资产的内容

财政总预算会计的资产按照流动性，分为流动资产和非流动资产。

（1）流动资产是指预计在 1 年内（含 1 年）变现的资产，包括财政存款、应收及暂付款、预拨经费与在途款、有价证券等。

（2）非流动资产是指流动资产以外的资产，包括应收转贷款、股权投资等。

二、财政存款

财政存款是指政府财政部门代表政府管理的、存放在国库或商业银行的财政资金。财政存款的支配权属于同级政府财政部门，由财政总预算会计负责管理，统一在国库或选定的银行开立存款账户，统一收付，不得透支，不得提取现金。财政存款属于流动资产。财政总预算会计核算的财政存款包括国库存款、国库现金管理存款、其他财政存款和财政零余额账户存款。

（一）国库存款的核算

国库存款是指政府财政存放在国库单一账户的预算资金。实行国库集中收付制度后，政府财政资金纳入国库单一账户体系统一管理。国库单一账户体系主要包括国库单一账户、财政零余额账户、单位零余额账户等。政府财政的预算资金一般在同级国库开立账户，通过国库单一账户统一收付。国库存款是存放在国库的预算资金，包括一般预算存款、基金预算存款和国有资本经营预算存款。国库存款对应本级预算收支、转移性收支、债务收支等事项。

财政总预算会计设置“国库存款”科目，核算政府财政存放在国库单一账户的款项。本科目无规定的明细科目。国库存款的主要账务处理如下：（1）国库存款增加时，按照实际收到的金额，借记“国库存款”科目，贷记有关预算收入科目；（2）国库存款减少时，按照实际支付的金额，借记有关科目，贷记“国库存款”科目。本科目期末借方余额反映政府财政国库存款的结存数。

【例 5-31】 某政府财政收到国库报送的预算收入日报表，列示本日一般公共预算本级收入为 500 000 元，政府性基金预算本级收入为 300 000 元，国有资本经营预算本级收入为 150 000 元，上级政府财政补助收入为 200 000 元，下级政府财政上解收入为 100 000 元。

借：国库存款 1 250 000

贷：一般公共预算本级收入 500 000

政府性基金预算本级收入 300 000

国有资本经营预算本级收入 150 000

补助收入 200 000

上解收入 100 000

（二）国库现金管理存款的核算

国库现金管理存款是指政府财政实行国库现金管理业务存放在商业银行的预算资金。国库现金管理是在确保财政国库支付需要的前提下，以实现国库现金余额最小化和投资收益最大化为目标的一系列财政管理活动。国库现金管理的操作方式包括商业银行定期存款、买回国债等。其中，商业银行定期存款是指将国库现金存放在商业银行，商业银行以国债为质押获得存款并向财政部门支付利息的交易行为。

财政总预算会计设置“国库现金管理存款”科目，核算政府财政实行国库现金管理业务存放在商业银行的款项。国库现金管理存款的主要账务处理如下：（1）按照国库现金管理有关规定，将库款转存商业银行时，按照存入商业银行的金额，借记“国库现金管理存款”科目，贷记“国库存款”科目。（2）将国库现金管理存款收回国库时，按照实际收回的金额，借记“国库存款”科目，按照原存入商业银行的存款本金金额，贷记“国库现金管理存款”科目，按照两者的差额，贷记“一般公共预算本级收入”科目。本科目期末借方余额反映政府财政实行国库现金管理业务持有的存款。

【例 5-32】 某政府财政实行国库现金管理业务，本期存款量为 50 000 000 元，存款期限为 9 个月。某商业银行通过定期存款业务招投标系统中标，中标年利率为 4.65%。

（1）开具划款凭证，将款项转入商业银行账户。

借：国库现金管理存款 50 000 000

贷：国库存款 50 000 000

（2）实行国库现金管理的存款到期收回本金，并收到支付的利息 1 743 750 元。

借：国库存款 51 743 750

贷：国库现金管理存款 50 000 000

一般公共预算本级收入 1 743 750

（三）其他财政存款的核算

其他财政存款是指在国库存款和国库现金管理存款以外，政府财政存放在商业银行财政专户的财政资金。根据职能安排和收支结算的需要，政府财政需要在商业银行开设账户，收纳和支付部分财政资金。其他财政存款主要对应其他财政资金的收支，如财政专户管理资金收支、专用基金收支等。财政预算资金的收支主要通过国库存款核算，而有些预算资金收支业务，如专项转移支付、主权外债转贷、未设国库乡（镇）的预算收支，需要通过其他财政存款核算。

财政总预算会计设置“其他财政存款”科目，核算政府财政未列入“国库存款”“国库现金管理存款”科目反映的各项存款。本科目应当按照资金性质和存款银行等进行明细核算。其他财政存款的主要账务处理如下：（1）财政专户收到款项时，按照实际收到的金额，借记“其他财政存款”科目，贷记有关科目。（2）其他财政存款减少时，按照实际支付的金额，借记有关科目，贷记“其他财政存款”科目。本科目期末借方余额反映政府财政持有的其他财政存款。

【例5-33】 某政府财政在工商银行××支行开设专户，统一管理教育收费收入。根据教育行政部门开出的非税收入一般缴款书和开户银行的入账凭证，学生学费共计1 800 000元已经缴入专户。

借：其他财政存款——财政专户管理资金——工商银行××支行	1 800 000	
贷：财政专户管理资金收入		1 800 000

除国库存款、国库现金管理存款、其他财政存款外，财政总预算会计核算的财政存款还包括财政零余额账户存款。财政零余额账户存款是财政国库支付执行机构设置的会计科目，核算其在代理银行办理财政直接支付的业务。

三、应收及暂付款

应收及暂付款是指政府财政在业务活动中形成的债权资产，如借给预算单位的款项、与下级政府财政的待结算款项、应当收取的投资收益和其他应收及暂付款项。应收及暂付款属于流动资产。财政总预算会计核算的应收及暂付款包括借出款项、与下级往来、应收股利和其他应收款。债务转贷形成的应收款项将在后续的内容中讲解。

（一）借出款项的核算

借出款项是指政府财政按照对外借款管理相关规定借给预算单位临时急需，并需按期收回的款项。预算单位在预算执行过程中，如果产生季节性的收支不平衡，或者临时需要款项，按规定可以向政府财政借款。借出款项是政府财政借给所属预算单位的款项，不包括上下级政府财政之间的往来借贷关系。借出款项是需要按期收回的借款，不包括政府财政向所属预算单位预拨的款项。

财政总预算会计设置“借出款项”科目，核算政府财政借给预算单位的款项。本科目应当按照借款单位等进行明细核算。借出款项的主要账务处理如下：（1）将款项借出时，按照实际支付的金额，借记“借出款项”科目，贷记“国库存款”等科目。（2）收回借款时，按照实际收到的金额，借记“国库存款”等科目，贷记“借出款项”科目。本科目期末借方余额反映政府财政借给预算单位尚未收回的款项。

【例5-34】 某政府财政根据借款管理的有关规定，借给所属教育局临时用款170 000元，作为学校安全设施改造用款。

（1）借出款项时：

借：借出款项——教育局　170 000

　贷：国库存款　170 000

（2）收回借款时：

借：国库存款　170 000

　贷：借出款项——教育局　170 000

（二）与下级往来的核算

与下级往来是指本级政府财政与下级政府财政的待结算往来款项。与下级往来反映本级政府财政与下级政府财政之间的债权债务关系，既核算本级政府财政与下级政府财政之间的债权，也核算本级政府财政与下级政府财政之间的债务。上下级政府财政之间的债权债务关系主要有两种情况：一是上下级政府财政之间的资金借贷关系。下级政府财政如果在一定期间出现收支不平衡，可以向上级政府财政申请短期借款；上级政府财政也可以向有结余的下级政府财政借入款项。二是上下级政府财政由于体制补助、上解产生的结算关系。根据财政体制的安排，下级政府财政取得的税收收入需要按一定比例上缴上级政府财政；上级政府财政需要对下级政府财政进行税收返还，或对下级政府财政进行专项补助。

财政总预算会计设置“与下级往来”科目，核算本级政府财政与下级政府财政的待结算往来款项。本科目应当按照下级政府财政、资金性质等进行明细核算。与下级往来属于双重性质账户，借方记录债权的增加或债务的减少，贷方记录债权的减少或债务的增加。期末借方余额反映下级政府财政欠本级政府财政的款项（债权），期末贷方余额反映本级政府财政欠下级政府财政的款项（债务）。由于在实际工作中，多为下级政府财政欠本级政府财政款项而形成债权，因此本科目多为资产而列示在资产负债表的左侧（资产一列），如果存在贷方余额，则以负数列示。与下级往来的主要账务处理如下。

1. 借给下级政府财政款项

借给下级政府财政款项时，借记“与下级往来”科目，贷记“国库存款”科目。收回借款时，借记“国库存款”科目，贷记“与下级往来”科目。借款转作补助时，借记“补助支出”科目，贷记“与下级往来”科目。

【例 5－35】 政府财政与下级政府财政发生资金借贷关系。本级政府财政的会计核算如下：

（1）借给下级政府财政一般公共预算资金 600 000 元。

借：与下级往来——××政府财政——一般公共预算资金借款　600 000

　贷：国库存款　600 000

（2）下级政府财政归还所借入的一般公共预算资金 400 000 元。

借：国库存款　400 000

　贷：与下级往来——××政府财政——一般公共预算资金借款　400 000

（3）经批准，将下级政府财政的借款余额 200 000 元转为对其的一般公共预算补助。

借：补助支出——一般公共预算补助支出　200 000

贷：与下级往来——××政府财政——一般公共预算资金借款　　200 000

2. **年终体制结算**

年终与下级政府财政进行体制结算时，政府财政应当以权责发生制为基础确认补助支出和上解收入。按照计算出来的尚未拨付的补助金额确认补助支出时，借记“补助支出”科目，贷记“与下级往来”科目。按照计算出来的尚未收到的上解金额确认上解收入时，借记“与下级往来”科目，贷记“上解收入”科目。

【例 5-36】 年终，政府财政与下级政府财政进行体制结算。本级政府财政的会计核算如下：

（1）按照财政体制的规定计算，本级政府财政尚未拨付下级政府财政的一般公共预算补助款的金额为 500 000 元。

借：补助支出——一般公共预算补助支出　　500 000

贷：与下级往来——××政府财政——一般公共预算资金结算　　500 000

（2）按照财政体制的规定计算，本级政府财政尚未收到下级政府财政的一般公共预算上解款的金额为 700 000 元。

借：与下级往来——××政府财政——一般公共预算资金结算　　700 000

贷：上解收入——一般公共预算上解收入　　700 000

（3）经过年终体制结算，“与下级往来——××政府财政”科目存在借方余额（债权）。收到下级政府财政上解的一般公共预算结算款项 200 000 元。

借：国库存款　　200 000

贷：与下级往来——××政府财政——一般公共预算资金结算　　200 000

（三）应收股利的核算

应收股利是指政府因持有股权投资而应当收取的现金股利或利润。股权投资是政府持有的各类股权投资资产，一般采用权益法进行核算。持有股权投资期间，如果被投资主体宣告现金股利或利润的分配方案，政府财政享有取得现金股利或利润的权利。

财政总预算会计设置“应收股利”科目，核算政府因持有股权投资而应当收取的现金股利或利润。本科目应当按照被投资主体进行明细核算。本科目期末借方余额反映政府财政尚未收回的现金股利或利润。

应收股利应当采用“双分录”的核算方法，其主要账务处理如下。（1）被投资主体宣告发放现金股利或利润时，应当同时做两项记录：一是按应上缴政府财政的部分，借记“应收股利”科目，贷记“资产基金——应收股利”科目；二是按照相同的金额，借记“资产基金——股权投资”科目，贷记“股权投资——损益调整”科目。（2）实际收到现金股利或利润时，也应当同时做两项记录：一是按照收到的金额，借记“国库存款”等科目，贷记“一般公共预算本级收入”等收入科目；二是按照相同的金额，借记“资产基金——应收股利”科目，贷记“应收股利”科目。

【例 5-37】 某政府财政持有 GW 投资基金的股权。

（1）GW 投资基金宣告发放现金股利，归于投资主体政府财政的部分为 3 600 000 元。

借：应收股利——GW 投资基金　　3 600 000

贷：资产基金——应收股利　3 600 000

同时：

借：资产基金——股权投资　3 600 000

贷：股权投资——投资基金股权投资——损益调整　3 600 000

（2）收到 GW 投资基金发放的现金股利 3 600 000 元。

借：国库存款　3 600 000

贷：一般公共预算本级收入——非税收入——国有资本收益　3 600 000

同时：

借：资产基金——应收股利　3 600 000

贷：应收股利——GW 投资基金　3 600 000

（四）其他应收款的核算

其他应收款是指政府财政业务活动中临时发生的应收及暂付款项，主要包括应收款项、暂付款项和垫付款项，以及政府财政履行担保责任，为项目单位代偿的外国政府和国际金融组织贷款的本息费。不同于借出款项，其他应收款并非对外借款，既可以收回债权，也可以将债权转作预算支出。

财政总预算会计设置“其他应收款”科目，核算政府财政临时发生的其他应收及暂付款项，以及政府因履行担保责任而承担的代偿款项。本科目应当按照资金性质、债务单位等进行明细核算。其他应收款的主要账务处理如下：（1）发生其他应收款项时，借记“其他应收款”科目，贷记“国库存款”“其他财政存款”等科目。（2）收回或转作预算支出时，借记“国库存款”“其他财政存款”或有关支出科目，贷记“其他应收款”科目。

【例 5－38】 某政府财政为 M 项目单位的国际金融组织贷款承担担保责任。

（1）M 项目单位拖欠国际金融组织贷款，本级政府财政履行担保责任，通过国库账户支付贷款本息费共计 2 500 000 元。

借：其他应收款——M 项目单位　2 500 000

贷：国库存款　2 500 000

（2）政府财政行使追索权，收回 M 项目单位贷款本息费 2 000 000 元，最终未收回的款项 500 000 元经核准列支。

借：国库存款　2 000 000

一般公共预算本级支出　500 000

贷：其他应收款——M 项目单位　2 500 000

四、预拨经费与在途款

预拨经费与在途款是财政总预算会计设置的两项调整类资产，反映年度预算执行中预拨的需要调整为以后期间支出的款项，以及决算清理期内发生的需要调整为上年度收支的款项。预拨经费与在途款属于流动资产。

（一）预拨经费的核算

预拨经费是指政府财政预拨给预算单位尚未列为预算支出的款项，包括在年度预算执行中预拨出的应在以后各月列支的预算资金，以及会计年度终了前预拨给用款单位的下年度预算资金。预拨经费主要针对两种情况：一是处于偏远地区的预算单位的经费需要提前拨出，以保证款项及时到账；二是需要提前准备的项目，需要预拨经费以便项目顺利展开。除预拨下年度经费外，预拨经费应在年终前转列支出或清理收回。

财政总预算会计设置"预拨经费"科目，核算政府财政预拨给预算单位尚未列为预算支出的款项。本科目应当按照预拨经费种类、预算单位等进行明细核算。预拨经费的主要账务处理如下：（1）拨出款项时，借记"预拨经费"科目，贷记"国库存款"科目。（2）转列支出或收回预拨款项时，借记"一般公共预算本级支出""政府性基金预算本级支出""国库存款"等科目，贷记"预拨经费"科目。本科目借方余额反映政府财政年末尚未转列支出或尚待收回的预拨经费数。

【例5-39】 某政府财政根据资金使用计划，向××预算单位预拨下月一般公共预算经费200 000元。

（1）拨出款项时：

借：预拨经费——××预算单位　　200 000

　贷：国库存款　　200 000

（2）下月转列支出时：

借：一般公共预算本级支出　　200 000

　贷：预拨经费——××预算单位　　200 000

（二）在途款的核算

在途款是指在决算清理期和库款报解整理期内发生的需要过渡处理的属于上年度收入、支出等业务的资金数。预算收入由国库负责收纳、划分和留解，年终可能会出现国库已经收纳，但尚未报解的情况，包括在新年度收到属于上一年度的收入，或收回属于上一年度的拨款或支出，致使财政资金的收付期间（新年度）与预算收支所属期间（上年度）不一致。为准确核算与反映预算收入，需要在年初设置一个过渡期处理涉及上年收入的事项。政府财政设置的过渡期为决算清理期，国库设置的过渡期为库款报解整理期，这一期间通常在10天左右。在决算清理期和库款报解整理期内收到属于上年度的预算收入，或收回属于上年度的拨款和支出，视为在途款，应当列入上一财政年度的决算。财政总预算会计对年终决算清理期内发生的会计事项，应当划清会计年度。属于清理上年度的会计事项，记入上年度会计账；属于新年度的会计事项，记入新年度会计账。

财政总预算会计设置"在途款"科目，核算决算清理期和库款报解整理期内发生的需要通过本科目过渡处理的属于上年度收入、支出等业务的资金数。在这一期间，上年度和本年度的账务同时开放。在途款的主要账务处理如下：（1）收到属于上年度的收入或收回属于上年度的支出或拨款时，在上年度账务中，借记"在途款"科目，贷记有关收入、支出或"预拨经费"科目；（2）冲转在途款时，在本年度账务中，借记"国库存款”科目，贷记“在途款”科目。本科目期末借方余额反映政府财政持有的在途款。

【例5-40】 某政府财政在决算清理期和库款报解整理期内收到国库报送的预算收入日报表，列示收到属于上一年度的一般公共预算本级收入100 000元。

（1）上年账：

借：在途款	100 000	
贷：一般公共预算本级收入		100 000

（2）本年账：

借：国库存款	100 000	
贷：在途款		100 000

五、有价证券与股权投资

有价证券与股权投资是财政总预算会计设置的两项投资类资产。投资是政府为了实现其职能，获取投资收益，利用政府财政资金进行的投资活动。有价证券属于流动资产，股权投资属于非流动资产。

（一）有价证券的核算

有价证券是指政府财政按照有关规定取得并持有的政府债券。各级政府财政资金如果有结余，可以按规定购买政府发行的债券。

财政总预算会计设置“有价证券”科目，核算政府财政按照有关规定取得并持有的有价证券。本科目应当按照有价证券种类和资金性质进行明细核算。有价证券的主要账务处理如下：（1）购入有价证券时，按照实际支付的金额，借记“有价证券”科目，贷记“国库存款”“其他财政存款”等科目。（2）转让或到期兑付有价证券时，按照实际收到的金额，借记“国库存款”“其他财政存款”等科目，按照该有价证券的账面余额，贷记“有价证券”科目，按其差额，贷记“一般公共预算本级收入”等科目。本科目期末借方余额反映政府财政持有的有价证券金额。

【例5-41】 某政府财政用一般公共预算结余资金购买中央政府发行的202106期记账式国债，该国债票面年利率为3.5%，1年期，到期一次还本付息。

（1）支付购买国债款项2 000 000元。

借：有价证券——202106期国债——一般公共预算	2 000 000	
贷：国库存款		2 000 000

（2）到期兑付国债，收到国债面值和利息共计2 070 000元。

借：国库存款	2 070 000	
贷：有价证券——202106期国债——一般公共预算		2 000 000
一般公共预算本级收入		70 000

（二）股权投资的核算

股权投资是政府进行的权益性投资活动。政府通过取得被投资单位的股权，实施对被投资单位的控制，获取现金股利或利润。政府股权投资主要包括国际金融组织股权投资、政府投资基金股权投资、国有企业股权投资等。其中，政府投资基金是指由各级政府通过预算安排，以单独出资或与社会资本共同出资设立，采用股权投资等市场化方式，引导社会各类资本投资经济社会发展的重点领域和薄弱环节，支持相关产业和领域发展的资金。

小链接 5-2

为了提高财政资金使用效益，发挥财政资金的杠杆作用，规范政府投资基金管理，促进政府投资基金持续健康运行，财政部印发了《政府投资基金暂行管理办法》（财预〔2015〕210 号），明确了政府投资基金设立、运作和风险控制、终止和退出、监督管理的要求。

政府投资基金暂行管理办法

财政总预算会计设置“股权投资”科目，核算政府持有的各类股权投资。本科目应当按照“国际金融组织股权投资”“投资基金股权投资”“企业股权投资”设置一级明细科目，在一级明细科目下，可根据管理需要，按照被投资主体进行明细核算。对每一被投资主体还可按“投资成本”“收益转增投资”“损益调整”“其他权益变动”进行明细核算。本科目期末借方余额反映政府财政持有的各种股权投资金额。

股权投资一般采用权益法进行核算，取得股权投资时以投资成本计量，在投资持有期间需要根据享有被投资单位权益份额的变动，对股权投资的账面价值进行相应的调整。股权投资应当采用“双分录”的核算方法，其主要账务处理如下：

（1）政府财政进行股权投资时，按照实际支付的金额，借记“一般公共预算本级支出”等科目，贷记“国库存款”等科目；同时，按照实际支付的金额，借记“股权投资——投资成本”科目，按照确定的在被投资单位中占有的权益金额，贷记“资产基金——股权投资”科目，如果在被投资单位中占有的权益金额与实际支付的金额有差异，按照两者的差额借记或贷记“股权投资——其他权益变动”科目。

（2）年末，根据政府财政在被投资单位当期净利润或净亏损中占有的份额，借记或贷记“股权投资——损益调整”科目，贷记或借记“资产基金——股权投资”科目。

（3）被投资单位宣告或发放现金股利或利润的账务处理，参见“应收股利”科目中的讲解。

（4）因期满、清算等收回投资时，按照实际收回的资金，借记“国库存款”等科目，按照收回的原实际出资部分，贷记“一般公共预算本级支出”等科目，按照超出原实际出资的部分，贷记“一般公共预算本级收入”等科目；同时，按照因收回股权投资而减少在被投资基金中占有的权益金额，借记“资产基金——股权投资”科目，贷记“股权投资——投资成本”科目。

【例 5-42】 某政府财政对 SIF 投资基金进行股权投资。

（1）运用一般公共预算向 SIF 投资基金支付 7 000 000 元，取得等额的投资权益。

借：一般公共预算本级支出	7 000 000	
贷：国库存款		7 000 000

同时：

借：股权投资——投资基金股权投资——投资成本 7 000 000

贷：资产基金——股权投资 7 000 000

（2）年末，根据SIF投资基金的当期净利润及投资所占有的份额计算，应调增股权投资600 000元。

借：股权投资——投资基金股权投资——损益调整 600 000

贷：资产基金——股权投资 600 000

六、应收转贷款

应收转贷款是指政府财政将借入的资金转贷给下级政府财政形成的应收款项。根据《预算法》的规定，中央政府财政、省级政府财政可以举借债务筹措资金，省级以下政府财政不允许直接举借债务，但可以通过上级政府财政转贷的形式取得债务资金。应收转贷款是本级政府财政向下级政府财政转贷形成的债权，包括应收地方政府债券转贷款和应收主权外债转贷款。应收转贷款通常属于非流动资产。

（一）应收地方政府债券转贷款的核算

应收地方政府债券转贷款是指本级政府财政将通过发行地方政府债券筹措的资金转贷给下级政府财政而形成的应收款项，包括转贷的地方政府债券本金和利息。由于转贷的是地方政府债券，转贷方通常为省级政府财政，被转贷方为省级以下政府财政。

财政总预算会计设置“应收地方政府债券转贷款”科目，核算本级政府财政转贷给下级政府财政的地方政府债券资金的本金及利息。本科目下应当设置“应收地方政府一般债券转贷款”和“应收地方政府专项债券转贷款”明细科目，其下分别设置“应收本金”和“应收利息”两个明细科目，并按照转贷对象进行明细核算。本科目期末借方余额反映政府财政应收未收的地方政府债券转贷款本金和利息。

应收地方政府债券转贷款应当采用“双分录”的核算方法，同时确认转贷所形成的支出和债权，其主要账务处理如下：（1）向下级政府财政转贷地方政府债券资金时，按照转贷的金额，借记“债务转贷支出”科目，贷记“国库存款”科目；根据债务管理部门转来的相关资料，按照到期应收回的转贷本金金额，借记“应收地方政府债券转贷款”科目，贷记“资产基金——应收地方政府债券转贷款”科目。（2）期末确认地方政府债券转贷款的应收利息时，根据债务管理部门计算出的转贷款本期应收未收利息金额，借记“应收地方政府债券转贷款”科目，贷记“资产基金——应收地方政府债券转贷款”科目。（3）收回下级政府财政偿还的转贷款本息时，按照收回的金额，借记“国库存款”等科目，贷记“其他应付款”（或“其他应收款”）科目；根据债务管理部门转来的相关资料，按照收回的转贷款本金及已确认的应收利息金额，借记“资产基金——应收地方政府债券转贷款”科目，贷记“应收地方政府债券转贷款”科目。

【例5-43】 某省级政府财政向所属市政府财政转贷其发行地方政府一般债券所筹措的资金。省级政府财政的会计核算如下：

（1）某年7月1日向市政府财政转贷地方政府债券资金10 000 000元，期限为1年，年利率为4.5%。

借：债务转贷支出——地方政府一般债务转贷支出　10 000 000

贷：国库存款　10 000 000

同时：

借：应收地方政府债券转贷款——应收地方政府一般债券转贷款——应收本金　10 000 000

贷：资产基金——应收地方政府债券转贷款　10 000 000

(2) 12月31日，确认地方政府债券转贷款的应收利息225 000元。

借：应收地方政府债券转贷款——应收地方政府一般债券转贷款——应收利息　225 000

贷：资产基金——应收地方政府债券转贷款　225 000

(3) 次年6月30日，收到市政府财政偿还的转贷款的本金10 000 000元和利息450 000元。

借：国库存款　10 450 000

贷：其他应付款——应付下级政府财政承担的地方政府债券本息　10 450 000

同时：

借：资产基金——应收地方政府债券转贷款　10 225 000

贷：应收地方政府债券转贷款——应收地方政府一般债券转贷款——应收本金　10 000 000

——应收利息　225 000

（二）应收主权外债转贷款的核算

应收主权外债转贷款是指本级政府财政将取得的外国政府和国际金融组织贷款等主权外债转贷给下级政府财政而形成的应收款项，包括转贷的主权外债本金和利息。由于转贷的是主权外债，因此转贷方通常为中央政府财政，被转贷方为省级或省级以下政府财政。

财政总预算会计设置“应收主权外债转贷款”科目，核算本级政府财政转贷给下级政府财政的外国政府和国际金融组织贷款等主权外债资金的本金及利息。本科目下应当设置“应收本金”和“应收利息”两个明细科目，并按照转贷对象进行明细核算。本科目期末借方余额反映政府财政应收未收的主权外债转贷款本金和利息。与应收地方政府债券转贷款类似，应收主权外债转贷款也应当采用“双分录”的核算方法。

【例5-44】 中央政府财政通过财政专户，转贷给某省级政府财政国际货币基金组织贷款资金18 000 000元，用于应对气候变化项目的实施。

借：债务转贷支出　18 000 000

贷：其他财政存款　18 000 000

同时：

借：应收主权外债转贷款——国际货币基金组织贷款——应收本金　18 000 000

贷：资产基金——应收主权外债转贷款 18 000 000

除上述资产类会计科目外，中央政府财政总预算会计还设置“待发国债”科目，核算为弥补中央财政预算收支差额，中央财政预计发行国债与实际发行国债之间的差额。待发国债属于非流动资产。

第四节 负债的核算

政府财政应当加强债务管理，防范政府债务风险。本节介绍负债的内容与分类，讲解主要负债项目的账务处理方法。

一、负债的确认与内容

（一）负债的确认

财政总预算会计的负债是指政府财政承担的能以货币计量、需以资产偿付的债务。负债是政府财政过去的经济业务或者事项形成的，预期会导致经济资源流出政府会计主体的现时义务。准确反映政府负债信息有助于政府会计信息使用者全面了解政府的负债情况、债务风险和偿债压力，评价政府偿债能力，有助于政府相关部门加强政府债务风险管理。

政府财政将一项现时义务确认为负债，应当符合负债的定义，确信履行该义务很可能导致含有服务潜力或者经济利益的经济资源流出政府财政，且该义务的金额能够可靠地计量。财政总预算会计的负债应当在对其承担偿还责任时，按照承担的相关合同金额或实际发生金额计量。

（二）负债的内容

财政总预算会计核算的负债按照流动性，分为流动负债和非流动负债。

（1）流动负债是指预计在 1 年内（含 1 年）偿还的负债，内容包括应付国库集中支付结余、与上级往来、其他应付款、应付代管资金等应付及暂收款项，以及应付短期政府债券。

（2）非流动负债是指流动负债以外的负债，内容包括应付长期政府债券、借入款项、应付转贷款、其他负债等。

根据《财政总预算会计制度》的规定，政府财政承担或有负债，不列入资产负债表，但应当在报表附注中披露。或有负债是偿债责任需要通过未来不确定事项的发生或不发生予以证实的负债。

二、应付及暂收款

应付及暂收款是指政府财政在业务活动中形成的债务，如各种应付款项、暂收款项、待结算款项和代管款项等。应付及暂收款属于流动负债。财政总预算会计核算的应付及暂收款包括应付国库集中支付结余、与上级往来、其他应付款和应付代管资金。

（一）应付国库集中支付结余的核算

应付国库集中支付结余是指国库集中支付中，预算单位当年未支付而需结转下一年度支付的款项采用权责发生制列支后形成的债务。实行国库集中收付制度后，预算单位的经费通过国库单一账户统一拨付。年初，政府财政根据部门预算的安排下达各预算单位用款额度。年终，如果预算单位有未使用的用款额度，需要对其进行注销，并在下年初予以恢复。根据《财政总预算会计制度》的要求，当年形成的国库集中支付结余可按照权责发生制基础确认预算支出，与其同时确认的应付款项即为应付国库集中支付结余。

财政总预算会计设置“应付国库集中支付结余”科目，核算政府财政采用权责发生制列支，预算单位尚未使用的国库集中支付结余资金。本科目应当根据管理需要，按照现行《政府收支分类科目》等规定进行相应的明细核算。应付国库集中支付结余的主要账务处理如下：（1）年末，对当年形成的国库集中支付结余采用权责发生制列支时，借记有关支出科目，贷记“应付国库集中支付结余”科目。（2）以后年度实际支付国库集中支付结余资金时，按原结转预算科目支出的数额，借记“应付国库集中支付结余”科目，贷记“国库存款”科目。

【例 5-45】 某政府财政所属预算单位当年一般公共预算用款额度为 3 800 000 元，当年通过国库集中支付的数额为 3 750 000 元。

（1）年末，政府财政需要采用权责发生制列支的数额为 50 000 元。

借：一般公共预算本级支出	50 000	
贷：应付国库集中支付结余		50 000

（2）下年初，运用恢复的预算额度为预算单位支付相关费用 50 000 元。

借：应付国库集中支付结余	50 000	
贷：国库存款		50 000

（二）与上级往来的核算

与上级往来是指本级政府财政与上级政府财政的待结算往来款项。与上级往来反映本级政府财政与上级政府财政之间的债权债务关系，既核算本级政府财政与上级政府财政之间的债务，也核算本级政府财政与上级政府财政之间的债权。本级政府财政的“与上级往来”和上级政府财政的“与下级往来”相对应，主要有两种情况：一是上下级政府财政之间的资金借贷关系；二是上下级政府财政由补助、上解产生的体制结算关系。

财政总预算会计设置“与上级往来”科目，核算本级政府财政与上级政府财政的待结算往来款项。本科目应当按照往来款项的类别和项目等进行明细核算。与上级往来属于双重性质账户，借方记录债权的增加或债务的减少，贷方记录债权的减少或债务的增加。本科目期末贷方余额反映本级政府财政欠上级政府财政的款项（债务），期末借方余额反映上级政府财政欠本级政府财政的款项（债权）。由于在实际工作中，多为本级政府财政欠上级政府财政款项而形成债务，因此本科目多为负债而列示在资产负债表的右侧（负债一列），如果存在借方余额，则以负数列示。与上级往来的主要账务处理如下。

1. 从上级政府财政借款

本级政府财政从上级政府财政借入款项时，借记“国库存款”科目，贷记“与上级往来”科目。归还借款时，借记“与上级往来”科目，贷记“国库存款”科目。

【例 5-46】 某政府财政与上级政府财政发生资金借贷关系。本级政府财政的会计核算如下：

（1）从上级政府财政借入一般公共预算资金 600 000 元。

借：国库存款　600 000

　贷：与上级往来——一般公共预算资金借款　600 000

（2）归还从上级政府财政借入的一般公共预算资金 400 000 元。

借：与上级往来——一般公共预算资金借款　400 000

　贷：国库存款　400 000

（3）经上级政府财政同意，将借款余额 200 000 元转为对本级政府财政的一般公共预算补助。

借：与上级往来——一般公共预算资金借款　200 000

　贷：补助收入——一般公共预算补助收入　200 000

2. 年终体制结算

按照会计制度规定，年终与上级政府财政进行体制结算时，应当以权责发生制为基础确认上解支出和补助收入。按照计算出来的尚未支付的上解数额，借记“上解支出”科目，贷记“与上级往来”科目；按照计算出来的尚未收到的补助数额，借记“与上级往来”科目，贷记“补助收入”科目。

【例 5-47】 年终，某政府财政与上级政府财政进行体制结算。本级政府财政的会计核算如下：

（1）按照财政体制的规定计算，本级政府财政尚未支付的一般公共预算上解款的金额为 700 000 元。

借：上解支出——一般公共预算上解支出　700 000

　贷：与上级往来——一般公共预算资金结算　700 000

（2）按照财政体制的规定计算，本级政府财政尚未收到的一般公共预算补助款的金额为 500 000 元。

借：与上级往来——一般公共预算资金结算　500 000

　贷：补助收入——一般公共预算补助收入　500 000

（3）经过年终体制结算，“与上级往来——一般公共预算资金结算”科目存在贷方余额（债务）。本级政府财政支付上级政府财政一般公共预算结算款 200 000 元。

借：与上级往来——一般公共预算资金结算　200 000

　贷：国库存款　200 000

（三）其他应付款的核算

其他应付款是指政府财政业务活动中临时发生的暂收及应付款项，包括收到的不明性质款项、代征入库的社会保险费，以及收到的由项目单位使用并承担还款责任的外国政府和国际金融组织贷款。

财政总预算会计设置“其他应付款”科目，核算政府财政临时发生的暂收、应付款项。本科目应当按照债权单位或资金来源等进行明细核算。其他应付款的主要账务处理如下：(1) 收到暂收、应付等款项时，借记“国库存款”“其他财政存款”等科目，贷记“其他应付款”科目。(2) 处置暂收款项、支付应付款项时，借记“其他应付款”科目，贷记“国库存款”“其他财政存款”或有关收入科目。本科目期末贷方余额反映政府财政尚未结清的其他应付款项。

【例 5-48】 某政府财政收到国库报送的预算收入日报表，列示的款项中预算科目与代码不正确、款项性质不明的数额为 950 000 元，作为暂收款处理。

借：国库存款　　950 000

　贷：其他应付款——性质不明款项　　950 000

（四）应付代管资金的核算

应付代管资金是指政府财政代为管理的使用权属于被代管主体的资金。代管资金是政府财政根据职能安排代其他单位管理的款项，应当按照委托单位的要求使用。

财政总预算会计设置“应付代管资金”科目，核算政府财政代为管理的资金。本科目应当根据管理需要进行相关明细核算。应付代管资金的主要账务处理如下：(1) 收到代管资金时，借记“其他财政存款”等科目，贷记“应付代管资金”科目。(2) 支付代管资金时，借记“应付代管资金”科目，贷记“其他财政存款”等科目。本科目期末贷方余额反映政府财政尚未支付的代管资金。

【例 5-49】 某政府财政代管一项社会公益基金，收到社会捐赠款项 25 000 元，存入财政专户。

借：其他财政存款　　25 000

　贷：应付代管资金——代管公益基金　　25 000

三、举借债务

举借债务是指政府财政通过融资活动借入的债务，包括政府发行的政府债券，向外国政府、国际经济组织等借入的款项。根据《预算法》，中央一般公共预算中必需的部分资金，可以通过举借国内和国外债务等方式筹措。经国务院批准，省（包括自治区、直辖市）的预算中必需的建设投资的部分资金，可以通过发行地方政府债券举借债务的方式筹措。举借债务包括应付短期政府债券、应付长期政府债券和借入款项。应付短期政府债券属于流动负债，应付长期政府债券和借入款项属于非流动负债。

（一）应付短期政府债券的核算

应付短期政府债券是指政府财政部门以政府名义发行的期限不超过 1 年（含 1 年）的债券，包括中央政府财政发行的短期国债和省级地方政府发行的短期地方政府债券。

应付短期政府债券的数额包括应付债券的本金和应付债券的利息。

财政总预算会计设置“应付短期政府债券”科目，核算政府财政部门以政府名义发行的短期国债和短期地方政府债券的应付本金和利息。本科目下应当设置“应付国债”“应付地方政府一般债券”“应付地方政府专项债券”等一级明细科目，在一级明细科目下，再分别设置“应付本金”“应付利息”明细科目，分别核算政府债券的应付本金和利息。债务管理部门应当设置相应的辅助账，详细记录每期政府债券的金额、种类、期限、发行日、到期日、票面利率、偿还本金及付息情况等。本科目期末贷方余额反映政府财政尚未偿还的短期政府债券本金和利息。

政府财政发行短期债券，应当采用“双分录”的核算方法，同时确认举借债务所取得的收入和承担的债务。应付短期政府债券的主要账务处理如下：(1) 发行短期债券时，按照实际收到的金额，借记“国库存款”科目，按照短期政府债券实际发行额，贷记“债务收入”科目，按照发行收入与发行额的差额，借记或贷记有关支出科目；同时，按照到期应付的短期政府债券本金金额，借记“待偿债净资产——应付短期政府债券”科目，贷记“应付短期政府债券”科目。(2) 期末确认短期政府债券的应付利息时，按照计算出的本期应付未付利息金额，借记“待偿债净资产——应付短期政府债券”科目，贷记“应付短期政府债券”科目。(3) 实际支付短期政府债券利息时，借记“一般公共预算本级支出”或“政府性基金预算本级支出”科目，贷记“国库存款”等科目；实际支付利息金额中属于已确认的应付利息部分，还应借记“应付短期政府债券”科目，贷记“待偿债净资产——应付短期政府债券”科目。(4) 偿还短期政府债券本金时，借记“债务还本支出”科目，贷记“国库存款”等科目；同时，借记“应付短期政府债券”科目，贷记“待偿债净资产——应付短期政府债券”科目。

【例 5-50】 某地方政府财政发行短期专项债券筹措资金，债券发行额为 20 000 000 元，期限为 30 天，是凭证式附息债券，票面年利率为 1.8%。

(1) 债券经招标发行，发行收入与发行额相同，款项 20 000 000 元已经缴入国库。

借：国库存款　20 000 000

　贷：债务收入——国内债务收入——专项债务收入　20 000 000

同时：

借：待偿债净资产——应付短期政府债券　20 000 000

　贷：应付短期政府债券——应付地方政府专项债券——应付本金　20 000 000

(2) 债券到期，偿还本金 20 000 000 元，支付利息 30 000 元。

借：债务还本支出——地方政府债券还本——专项债务还本支出　20 000 000

　　一般公共预算本级支出——国内债务付息　30 000

　贷：国库存款　20 030 000

同时：

借：应付短期政府债券——应付地方政府专项债券——应付本金　20 000 000

　贷：待偿债净资产——应付短期政府债券　20 000 000

(二) 应付长期政府债券的核算

应付长期政府债券是指政府财政部门以政府名义发行的期限超过 1 年的债券，包括中央政府财政发行的长期国债和省级地方政府发行的长期地方政府债券。应付长期政府债券的数额包括应付长期政府债券的本金和利息。

财政总预算会计设置“应付长期政府债券”科目，核算政府财政部门以政府名义发行的长期国债和长期地方政府债券的应付本金和利息。“应付长期政府债券”科目的明细科目设置、主要账务处理与“应付短期政府债券”科目基本相同。应付长期政府债券同样采用“双分录”的核算方法，但其期限较长，在发行期间每期期末均需要确认应付利息。

【例5-51】 某政府财政发行地方政府一般债券筹措资金，债券发行额为1.2亿元，期限为3年，为记账式附息债券，票面年利率为3%，到期一次还本付息。

（1）地方政府债券经招标发行，发行收入与面值相同，款项120 000 000元已经缴入国库。

借：国库存款 120 000 000

　贷：债务收入——国内债务收入——一般债务收入 120 000 000

同时：

借：待偿债净资产——应付长期政府债券 120 000 000

　贷：应付长期政府债券——应付地方政府一般债券——应付本金 120 000 000

（2）在债券发行期间，每期期末均需要确认应付利息，每月应付利息300 000元，共36个月，合计10 800 000元。每月月末的会计分录为：

借：待偿债净资产——应付长期政府债券 300 000

　贷：应付长期政府债券——应付地方政府一般债券——应付利息 300 000

（3）债券到期，偿还本金120 000 000元，支付利息10 800 000元。

借：债务还本支出——地方政府债券还本——一般债务还本支出 120 000 000

　　一般公共预算本级支出——国内债务付息 10 800 000

　贷：国库存款 130 800 000

同时：

借：应付长期政府债券——应付地方政府一般债券——应付本金 120 000 000

　　　　　　　　　　　　　　　　　　　　　——应付利息 10 800 000

　贷：待偿债净资产——应付长期政府债券 130 800 000

小链接5-3

为规范地方政府债券发行管理工作，防范地方政府财政风险，财政部印发了《地方政府债券发行管理办法》（财库〔2020〕43号）。

地方政府债券
发行管理办法

（三）借入款项的核算

借入款项是指政府财政部门以政府名义向外国政府、国际金融组织等借入的款项，以及通过经国务院批准的其他方式借款形成的负债，包括借款的本金和利息。根据《预算法》的规定，中央一般公共预算中必需的部分资金，可以通过举借国内和国外债务等方式筹措。借入款项的内容主要是主权债务，即政府以国家信用为担保从其他国家政府或国际金融组织取得的贷款。

财政总预算会计设置“借入款项”科目，核算政府财政部门以政府名义借入的款项。本科目下应当设置“应付本金”“应付利息”明细科目，分别对借入款项的应付本金和利息进行明细核算，还应当按照债权人进行明细核算。债务管理部门应当设置相应的辅助账，详细记录每笔借入款项的期限、借入日期、偿还及付息情况等。本科目期末贷方余额反映本级政府财政尚未偿还的借入款项本金和利息。

政府财政借入主权外债，应当采用“双分录”的核算方法，同时确认举借债务所取得的收入和承担的债务。借入款项需要根据承担还款责任的主体、实际用款单位的不同进行相应的账务处理。

【例 5-52】 中央政府财政从国际货币基金组织（IMF）借入 80 000 000 美元，款项已经转入财政专户，按照当日中国人民银行公布的美元汇率中间价 6.482 1 计算，折算为人民币的金额为 518 568 000 元。

借：其他财政存款	518 568 000	
贷：债务收入——国外债务收入		518 568 000

同时：

借：待偿债净资产——借入款项	518 568 000	
贷：借入款项——应付本金——IMF		518 568 000

四、应付转贷款

应付转贷款是指地方政府财政向上级政府财政借入转贷资金而形成的负债。省级以下政府财政不允许直接举借债务，但可以通过上级政府财政转贷的形式取得债务资金。应付转贷款通常属于非流动负债。财政总预算会计核算的应付转贷款包括应付地方政府债券转贷款和应付主权外债转贷款等。

（一）应付地方政府债券转贷款的核算

应付地方政府债券转贷款是指本级政府财政因借入上级政府财政发行的地方政府债券转贷资金而形成的应付款项，包括转贷的地方政府债券贷款本金和利息。本级政府财政作为地方政府债券的被转贷方，通常为省级以下政府财政。转贷方通常为省级政府财政。

财政总预算会计设置“应付地方政府债券转贷款”科目，核算地方政府财政从上级政府财政借入的地方政府债券转贷款的本金和利息。本科目下应当设置“应付地方政府一般债券转贷款”和“应付地方政府专项债券转贷款”两个一级明细科目，在一级明细科目下再分别设置“应付本金”和“应付利息”两个二级明细科目，分别对应付本金和利息进行明细核算。本科目期末贷方余额反映本级政府财政尚未偿还的地方政府债券转贷款的本金和利息。

应付地方政府债券转贷款应当采用“双分录”的核算方法，同时确认转贷所形成的收入和债务。本级政府财政的“应付地方政府债券转贷款”科目与上级政府财政的“应收地方政府债券转贷款”科目相对应，其核算流程也基本一致。

【例 5-53】 某省级政府财政向所属市政府财政转贷其发行地方政府一般债券所筹措的资金。市政府财政的会计核算如下：

(1) 7 月 1 日，市政府财政收到转贷地方政府债券资金 10 000 000 元，期限为 1 年，年利率为 4.5%。

借：国库存款 10 000 000

贷：债务转贷收入——地方政府一般债务转贷收入 10 000 000

同时：

借：待偿债净资产——应付地方政府债券转贷款 10 000 000

贷：应付地方政府债券转贷款——应付地方政府一般债券转贷款——应付本金 10 000 000

(2) 12 月 31 日，确认地方政府债券转贷款的应付利息 225 000 元。

借：待偿债净资产——应付地方政府债券转贷款 225 000

贷：应付地方政府债券转贷款——应付地方政府一般债券转贷款——应付利息 225 000

(3) 次年 6 月 30 日，偿还省级政府财政转贷款的本金 10 000 000 元和利息 450 000 元。

借：债务还本支出——地方政府债券还本 10 000 000

一般公共预算本级支出 450 000

贷：国库存款 10 450 000

同时：

借：应付地方政府债券转贷款——应付地方政府一般债券转贷款——应付本金 10 000 000

——应付利息 225 000

贷：待偿债净资产——应付地方政府债券转贷款 10 225 000

（二）应付主权外债转贷款的核算

应付主权外债转贷款是指因借入上级政府财政的主权外债转贷资金而形成的应付款项，包括转贷的主权外债贷款本金和利息。本级政府财政作为主权外债的被转贷方，通常为省级及省级以下政府财政，转贷方通常为中央政府财政。

财政总预算会计设置“应付主权外债转贷款”科目，核算本级政府财政从上级政府财政借入的主权外债转贷款的本金和利息。本科目下应当设置“应付本金”和“应付利息”两个明细科目，分别对应付本金和利息进行明细核算。本科目期末贷方余额反映本级政府财政尚未偿还的主权外债转贷款本金和利息。与应付地方政府债券转贷款类似，应付主权外债转贷款也应当采用“双分录”的核算方法。

【例 5-54】 某市级政府财政收到中央政府财政转贷的外国政府贷款资金 15 000 000 元，款项已经存入财政专户。

借：其他财政存款 15 000 000

贷：债务转贷收入　15 000 000

同时：

借：待偿债净资产——应付主权外债转贷款　15 000 000

贷：应付主权外债转贷款——应付外国政府贷款——应付本金　15 000 000

除上述负债类会计科目外，财政总预算会计还应当设置"其他负债"科目，核算政府财政因有关政策明确要求其承担支出责任的事项而形成的应付未付款项。其他负债属于非流动负债。对于未单设国库支付执行机构的地区，可以设置"已结报支出"科目，核算政府财政国库支付执行机构已清算的国库集中支付支出数额。

第五节　净资产的核算

净资产是政府财政所掌握的资产的净值。本节介绍净资产的内容与分类，讲解各项净资产的账务处理方法。

一、净资产的确认与内容

（一）净资产的确认

财政总预算会计的净资产是一级政府所掌握的资产的净值，是某一时点资产减去负债的余额。政府财政的净资产没有权益属性，归于社会公众，由政府财政部门管理，是政府财力的重要保障。净资产的确认依赖资产、负债两个会计要素的确认，净资产金额取决于资产和负债的计量结果。基本关系式如下：

净资产＝资产－负债

（二）净资产的内容

财政总预算会计核算的净资产包括资产基金与待偿债净资产、预算稳定调节基金与预算周转金、结转结余。

1. 资产基金与待偿债净资产

资产基金与待偿债净资产是财政总预算会计设置的两项调整类净资产，分别反映与预算资金收支相关的资产、负债的变动对净资产的影响。财政总预算会计将政府预算会计和财务会计的功能相融合，既核算反映政府预算收支执行情况，也核算反映政府资产负债情况。为此，财政总预算会计对与预算资金收支相关的资产和负债采用"双分录"会计核算方法，在净资产中设置了资产基金和待偿债净资产两个项目。"双分录"核算方法涉及的资产项目所对应的净资产为资产基金，是政府财政净资产的增加项目；"双分录"核算方法涉及的负债项目所对应的净资产为待偿债净资产，是政府财政净资产的减少项目。

2. 预算稳定调节基金与预算周转金

预算稳定调节基金与预算周转金是财政总预算会计设置的两项基金类净资产，分别用于弥补以后年度预算资金的不足和调剂预算年度内季节性收支的差额。设置这两项基金类净资产的目的是维持预算收入与预算支出的平衡。当年度预算资金充裕时，可以将超收的资金调入预算稳定调节基金与预算周转金。当年度预算资金不足时，可以用预算稳定调节基金安排预算收入，或者动用预算周转金，以保证政府财政平稳运行。

3. **结转结余**

结转结余是指预算年度内财政性资金收入与支出相抵后的余额及历年滚存的资金余额。按结转结余资金的性质划分，结转结余分为预算资金结转结余和其他财政资金结余。其中，预算资金结转结余是预算资金收支相抵后形成的资金余额，内容包括一般公共预算结转结余、政府性基金预算结转结余、国有资本经营预算结转结余；其他财政资金结余是财政管理的资金收支相抵后形成的资金余额，内容包括财政专户管理资金结余和专用基金结余。财政总预算会计核算的各项结转结余应每年结算一次，其与各收入、支出类科目的对应关系如表5-1所示。

表5-1 结转结余分类表

资金性质	结转结余账户	收入类账户	支出类账户
预算资金	一般公共预算结转结余	一般公共预算本级收入	一般公共预算本级支出
		补助收入——一般公共预算补助收入	补助支出——一般公共预算补助支出
		上解收入——一般公共预算上解收入	上解支出——一般公共预算上解支出
		地区间援助收入	地区间援助支出
		调入资金——一般公共预算调入资金	调出资金——一般公共预算调出资金
		债务收入——一般债务收入	债务还本支出——一般债务还本支出
		债务转贷收入——地方政府一般债务转贷收入	债务转贷支出——地方政府一般债务转贷支出
		动用预算稳定调节基金	安排预算稳定调节基金
	政府性基金预算结转结余	政府性基金预算本级收入	政府性基金预算本级支出
		补助收入——政府性基金预算补助收入	补助支出——政府性基金预算补助支出
		上解收入——政府性基金预算上解收入	上解支出——政府性基金预算上解支出
		调入资金——政府性基金预算调入资金	调出资金——政府性基金预算调出资金
		债务收入——专项债务收入	债务还本支出——专项债务还本支出
		债务转贷收入——地方政府专项债务转贷收入	债务转贷支出——地方政府专项债务转贷支出
	国有资本经营预算结转结余	国有资本经营预算本级收入	国有资本经营预算本级支出
			调出资金——国有资本经营预算调出资金
其他财政资金	财政专户管理资金结余	财政专户管理资金收入	财政专户管理资金支出
	专用基金结余	专用基金收入	专用基金支出

为加强财政资金管理，优化财政资源配置，提高财政资金使用效益，财政预算收支相抵后的余额应当分为结转资金和结余资金。结转资金是指当年预算已执行但未完成，或者因故未执行，下一年度需要按照原用途继续使用的资金；结余资金是指当年预算工作目标已完成，或者因故终止，当年剩余的资金。

二、资产基金与待偿债净资产

（一）资产基金的核算

资产基金是指政府财政持有的与纳入预算管理资金收支相关的资产在净资产中占用的金额。为兼顾反映预算收支与政府占有资产的情况，财政总预算会计对“应收地方政府债券转贷款”“应收主权外债转贷款”“股权投资”“应收股利”四个资产类科目采用“双分录”核算方法。上述债权或股权投资与预算资金收支密切相关，在确认该项资产时，应当同时记录其在净资产中对应的资产基金。取得上述债权或取得股权投资时，增加其所对应的资产基金；收到债权款项或收回股权投资时，冲减其所对应的资产基金。资产基金是一种待冲基金，在其对应的债权或股权收回后方能冲减。

财政总预算会计设置“资产基金”科目，核算政府财政持有的债权和股权投资等资产（与其相关的资金收支纳入预算管理）在净资产中占用的金额。本科目应当设置“应收地方政府债券转贷款”“应收主权外债转贷款”“股权投资”“应收股利”等明细科目，进行明细核算。本科目期末贷方余额反映政府持有的与纳入预算管理资金收支相关的资产在净资产中占用的金额。

【例5-55】 某政府财政经批准与社会资本共同出资设立一项投资基金，支持高新技术产业的发展。政府财政按出资份额，享有该投资基金的股权。

(1) 政府财政支付一般公共预算资金6 000 000元，投入该投资资金。

借：一般公共预算本级支出	6 000 000	
贷：国库存款		6 000 000

同时：

借：股权投资——投资基金股权投资——投资成本	6 000 000	
贷：资产基金——股权投资		6 000 000

(2) 该投资基金存续期满后终止，政府财政收回投资6 500 000元。

借：国库存款	6 500 000	
贷：一般公共预算本级支出		6 000 000
一般公共预算本级收入		500 000

同时：

借：资产基金——股权投资	6 000 000	
贷：股权投资——投资基金股权投资——投资成本		6 000 000

（二）待偿债净资产的核算

待偿债净资产是指政府财政因承担与纳入预算管理资金收支相关的负债而相应需在

净资产中冲减的金额。为兼顾反映预算收支与政府承担负债的情况，财政总预算会计对“应付短期政府债券”“应付长期政府债券”“借入款项”“应付地方政府债券转贷款”“应付主权外债转贷款”“其他负债”六个负债类科目采用“双分录”核算方法。上述债务与预算资金收支密切相关，在确认该项负债时，应当同时记录其在净资产中对应的待偿债净资产。发生上述债务时，冲减其所对应的待偿债净资产；偿还上述债务时，转回其所对应的待偿债净资产。待偿债净资产是一项待补基金，在其对应的债务偿付后方能补回。在资产负债表中，待偿债净资产项目应当根据其科目的期末借方余额以“－”号填列，或作为净资产的减项。

财政总预算会计设置“待偿债净资产”科目，核算政府财政因发生负债（与其相关的资金收支纳入预算管理）而相应需在净资产中冲减的金额。本科目应当设置“应付短期政府债券”“应付长期政府债券”“借入款项”“应付地方政府债券转贷款”“应付主权外债转贷款”“其他负债”等明细科目，进行明细核算。本科目期末借方余额反映政府财政因承担与纳入预算管理资金收支相关的负债而相应需在净资产中冲减的金额。

【例 5-56】 中央政府财政发行记账式国债。本期国债发行金额为100亿元，期限为2年，以低于票面面值贴现发行，按面值金额偿还。

（1）经招标确定了承销商与发行价格，国债发行收入93.6亿元已经缴入国库指定账户。

借：国库存款	9 360 000 000	
一般公共预算本级支出——国内债务付息	640 000 000	
贷：债务收入——国内债务收入		10 000 000 000
同时：		
借：待偿债净资产——应付长期政府债券	10 000 000 000	
贷：应付长期政府债券——应付国债——应付本金		10 000 000 000

（2）国债到期兑付，偿还本金100亿元。

借：债务还本支出——国内债务还本	10 000 000 000	
贷：国库存款		10 000 000 000
同时：		
借：应付长期政府债券——应付国债——应付本金	10 000 000 000	
贷：待偿债净资产——应付长期政府债券		10 000 000 000

三、预算稳定调节基金与预算周转金

（一）预算稳定调节基金的核算

预算稳定调节基金是指政府财政安排用于弥补以后年度预算资金不足的储备资金。预算稳定调节基金有两个来源渠道：一是用超预算收入的资金安排；二是从预算周转金中调入。预算稳定调节基金是具有储备性质的基金，用于弥补短收年份预算执行的收支缺口，视预算的平衡情况安排使用。

财政总预算会计设置“预算稳定调节基金”科目，核算政府财政设置的用于弥补以后年度预算资金不足的储备资金。本科目没有规定的明细科目。预算稳定调节基金的主要账务处理如下：（1）使用超收收入或一般公共预算结余补充预算稳定调节基金时，借记“安排预算稳定调节基金”科目，贷记“预算稳定调节基金”科目。（2）将预算周转金调入预算稳定调节基金时，借记“预算周转金”科目，贷记“预算稳定调节基金”科目。（3）调用预算稳定调节基金时，借记“预算稳定调节基金”科目，贷记“动用预算稳定调节基金”科目。本科目期末贷方余额反映预算稳定调节基金的规模。

【例 5－57】 某政府财政根据预算执行情况，决定使用超收收入补充预算稳定调节基金 5 000 000 元。

借：安排预算稳定调节基金　　5 000 000

　贷：预算稳定调节基金　　5 000 000

小链接 5－4

为建立全面规范透明、标准科学、约束有力的预算制度，实施跨年度预算平衡机制，进一步规范预算稳定调节基金的设立和使用，财政部制定了《预算稳定调节基金管理暂行办法》（财预〔2018〕35 号）。

预算稳定调节基金管理暂行办法

（二）预算周转金的核算

预算周转金是指政府财政为调剂预算年度内季节性收支差额，保证及时用款而设置的周转资金。预算周转金应根据《预算法》的要求设置，不得随意减少。预算周转金来源于一般公共预算结转结余，其数额要与年度预算收支的数额相适应，保持一个相对稳定的额度。预算周转金只能用于平衡预算，不能用于安排其他财政支出。

财政总预算会计设置“预算周转金”科目，核算政府财政设置的用于调剂预算年度内季节性收支差额周转使用的资金。本科目没有规定的明细科目。预算周转金的主要账务处理如下：（1）设置和补充预算周转金时，借记“一般公共预算结转结余”科目，贷记“预算周转金”科目。（2）将预算周转金调入预算稳定调节基金时，借记“预算周转金”科目，贷记“预算稳定调节基金”科目。本科目期末贷方余额反映预算周转金的规模。

【例 5－58】 某政府财政根据《预算法》的规定，通过一般公共预算结转结余补充预算周转金 2 000 000 元。

借：一般公共预算结转结余　　2 000 000

　贷：预算周转金　　2 000 000

四、结转结余

（一）一般公共预算结转结余的核算

一般公共预算结转结余是指政府财政纳入一般公共预算管理的收入与支出相抵后形

成的资金余额，反映一般公共预算收支的执行结果。纳入一般公共预算管理的收支包括本级一般公共预算收支、转移性一般公共预算收支和债务性一般公共预算收支。

财政总预算会计设置“一般公共预算结转结余”科目，核算政府财政纳入一般公共预算管理的收支相抵后形成的结转结余。本科目无规定的明细科目。一般公共预算结转结余的主要账务处理如下：（1）年终转账时，将一般公共预算有关收入科目的贷方余额转入本科目的贷方，将一般公共预算有关支出科目的借方余额转入本科目的借方。（2）设置和补充预算周转金时，借记“一般公共预算结转结余”科目，贷记“预算周转金”科目。本科目年终贷方余额反映一般公共预算收支相抵后的滚存结转结余。

（二）政府性基金预算结转结余的核算

政府性基金预算结转结余是指政府财政纳入政府性基金预算管理的收入与支出相抵后形成的资金余额，反映政府性基金预算收支的执行结果。纳入政府性基金预算管理的收支包括本级基金预算收支、转移性基金预算收支和债务性基金预算收支。

财政总预算会计设置“政府性基金预算结转结余”科目，核算政府财政纳入政府性基金预算管理的收支相抵后形成的结转结余。本科目应当根据管理需要，按照政府性基金的种类进行明细核算。年终转账时，将政府性基金预算有关收入科目的贷方余额按照政府性基金种类分别转入本科目下相应明细科目的贷方，将政府性基金预算有关支出科目的借方余额按照政府性基金种类分别转入本科目下相应明细科目的借方。本科目年终贷方余额反映政府性基金预算收支相抵后的滚存结转结余。

（三）国有资本经营预算结转结余的核算

国有资本经营预算结转结余是指政府财政纳入国有资本经营预算管理的收入与支出相抵后形成的资金余额，反映国有资本经营预算收支的执行结果。纳入国有资本经营预算管理的收入主要是国有资本经营预算本级收入，纳入国有资本经营预算管理的支出包括国有资本经营预算本级支出和国有资本经营预算调出资金。

财政总预算会计设置“国有资本经营预算结转结余”科目，核算政府财政纳入国有资本经营预算管理的收支相抵后形成的结转结余。本科目无规定的明细科目。年终转账时，将国有资本经营预算有关收入科目的贷方余额转入本科目贷方，将国有资本经营预算有关支出科目的借方余额转入本科目借方。本科目年终贷方余额反映国有资本经营预算收支相抵后的滚存结转结余。

（四）财政专户管理资金结余的核算

财政专户管理资金结余是指政府财政纳入专户管理的收入与支出相抵后形成的资金余额，反映纳入财政专户管理的教育收费等资金收支的执行结果。

财政总预算会计设置“财政专户管理资金结余”科目，核算政府财政纳入财政专户管理的教育收费等资金收支相抵后形成的结余。本科目应当根据管理需要，按照部门（单位）等进行明细核算。年终转账时，将“财政专户管理资金收入”科目的贷方余额转入本科目贷方，将“财政专户管理资金支出”科目的借方余额转入本科目借方。本科目年终贷方余额反映政府财政纳入财政专户管理的资金收支相抵后的滚存结余。

（五）专用基金结余的核算

专用基金结余是指政府财政管理的专用基金的收入与支出相抵后形成的资金余额，反映专用基金收支的执行结果。

财政总预算会计设置“专用基金结余”科目，核算政府财政管理的专用基金收支相抵后形成的结余。本科目应当根据专用基金的种类进行明细核算。年终转账时，将“专用基金收入”科目的贷方余额转入本科目贷方，将“专用基金支出”科目的借方余额转入本科目借方。本科目年终贷方余额反映政府财政管理的专用基金收支相抵后的滚存结余。

【例 5-59】 某政府财政 20×1 年末转账前各收入、支出账户的余额如表 5-2 所示。

表 5-2　年末转账前收支类账户余额表　　单位：万元

支出类账户	借方余额	收入类账户	贷方余额
一般公共预算本级支出	42 500	一般公共预算本级收入	47 200
政府性基金预算本级支出	14 700	政府性基金预算本级收入	15 800
国有资本经营预算本级支出	4 080	国有资本经营预算本级收入	4 140
补助支出	3 000	补助收入	4 500
其中：一般公共预算补助支出	1 800	其中：一般公共预算补助收入	3 000
政府性基金预算补助支出	1 200	政府性基金预算补助收入	1 500
上解支出	7 500	上解收入	2 800
其中：一般公共预算上解支出	7 500	其中：一般公共预算上解收入	2 800
政府性基金预算上解支出	0	政府性基金预算上解收入	0
地区间援助支出	800	地区间援助收入	0
调出资金	1 000	调入资金	1 000
其中：一般公共预算调出资金	0	其中：一般公共预算调入资金	1 000
政府性基金预算调出资金	1 000	政府性基金预算调入资金	0
国有资本经营预算调出资金	0		
债务还本支出	1 700	债务收入	3 200
其中：一般债务还本支出	1 000	其中：一般债务收入	2 000
专项债务还本支出	700	专项债务收入	1 200
债务转贷支出	1 300	债务转贷收入	0
其中：地方政府一般债务转贷支出	900	其中：地方政府一般债务转贷收入	0
地方政府专项债务转贷支出	400	地方政府专项债务转贷收入	0
安排预算稳定调节基金	500	动用预算稳定调节基金	0
财政专户管理资金支出	1 760	财政专户管理资金收入	1 810
专用基金支出	1 160	专用基金收入	1 250
合计	80 000	合计	81 700

（1）一般公共预算结转结余。

借：一般公共预算本级收入　　472 000 000
　　补助收入——一般公共预算补助收入　　30 000 000
　　上解收入——一般公共预算上解收入　　28 000 000

调入资金——一般公共预算调入资金 10 000 000

债务收入——一般债务收入 20 000 000

贷：一般公共预算本级支出 425 000 000

补助支出——一般公共预算补助支出 18 000 000

上解支出——一般公共预算上解支出 75 000 000

地区间援助支出 8 000 000

债务还本支出——一般债务还本支出 10 000 000

债务转贷支出——地方政府一般债务转贷支出 9 000 000

安排预算稳定调节基金 5 000 000

一般公共预算结转结余 10 000 000

（2）政府性基金预算结转结余。

借：政府性基金预算本级收入 158 000 000

补助收入——政府性基金预算补助收入 15 000 000

债务收入——专项债务收入 12 000 000

贷：政府性基金预算本级支出 147 000 000

补助支出——政府性基金预算补助支出 12 000 000

调出资金——政府性基金预算调出资金 10 000 000

债务还本支出——专项债务还本支出 7 000 000

债务转贷支出——地方政府专项债务转贷支出 4 000 000

政府性基金预算结转结余 5 000 000

（3）国有资本经营预算结转结余。

借：国有资本经营预算本级收入 41 400 000

贷：国有资本经营预算本级支出 40 800 000

国有资本经营预算结转结余 600 000

（4）财政专户管理资金结余。

借：财政专户管理资金收入 18 100 000

贷：财政专户管理资金支出 17 600 000

财政专户管理资金结余 500 000

（5）专用基金结余。

借：专用基金收入 12 500 000

贷：专用基金支出 11 600 000

专用基金结余 900 000

政府财政部门办理年终结账前，应当进行年终清理结算。年终清理结算的主要事项包括核对年度预算、清理本年预算收支、组织征收部门和国家金库进行年度对账、清理核对当年拨款支出、核实股权债权与债务、清理往来款项和进行年终财政体制结算。经过年终清理结算，把各项结算收支入账后，即可办理年终结账。年终结账工作一般分为年终转账、结清旧账和记入新账。

思考题

1. 什么是财政总预算会计的收入？如何进行确认？
2. 财政总预算会计的收入包括哪些种类？
3. 什么是本级预算收入？其包括哪些内容？
4. 什么是债务性收入？其包括哪些内容？
5. “双分录”的会计核算方法是什么？
6. 什么是财政总预算会计的支出？如何进行确认？
7. 财政总预算会计的支出包括哪些种类？
8. 什么是转移性支出？其包括哪些内容？
9. 什么是债务转贷支出？如何进行账务处理？
10. 财政总预算会计的收入支出事项中，采用权责发生制核算的有哪些？
11. 什么是财政总预算会计的资产？其包括哪些内容？
12. 什么是股权投资？如何进行账务处理？
13. 什么是财政总预算会计的负债？其包括哪些内容？
14. 政府举借债务包括哪些方式？
15. 应付政府债券的账务处理包括哪些环节？
16. 什么是财政总预算会计的净资产？其包括哪些内容？
17. 财政总预算会计中的资产基金对应的资产项目有哪些？
18. 财政总预算会计中的待偿债净资产对应的负债项目有哪些？
19. 财政总预算会计的结转结余包括哪些内容？

第六章

财政总预算会计报表与报告

学习目标和学习重点

财政总预算会计应当在编制会计报表的基础上，撰写政府综合财务报告和政府决算报告。本章主要讲授政府财政会计报表与会计报告的编制。学习目标是了解政府财政会计报告的内容，掌握会计报表、政府综合财务报告和政府决算报告的编制方法。本章的学习重点包括：

1. 了解财政总预算会计报表的内容，掌握各会计报表与编制方法；
2. 熟悉政府财务报告制度，掌握政府综合财务报告的编制方法；
3. 了解政府决算报告的内容，熟悉政府决算报告的编制要求。

第一节　会计报表

财政总预算会计应当按规定编制会计报表，反映政府财政预算执行结果和财务状况。本节介绍财政总预算会计报表的内容，讲解各财政总预算会计报表的结构与编制方法。

一、会计报表的含义与内容

（一）会计报表的含义

财政总预算会计报表是根据财政总预算会计账簿数据编制的，以表格形式概括反映政府财政预算执行情况和财务状况的书面文件。财政总预算会计兼具政府预算会计和财务会计的功能，需要向会计报表使用者提供与政府预算执行情况和运行情况有关的信息，反映政府预算收支的年度执行结果和财务状况，披露政府公共受托责任履行情况，为制定相关宏观政策提供依据。

财政总预算会计报表以财政总预算会计核算数据为依据，是编制政府决算报告和政府综合财务报告的重要基础。各级财政总预算会计报表要做到数字正确、内容完整、账表一致、报送及时。

（二）会计报表的内容

财政总预算会计报表由会计报表主表、会计报表附表和报表附注组成，会计报表及附注构成政府财政财务报表。具体内容如下。

1. 会计报表主表

财政总预算会计报表主表包括资产负债表、收入支出表，分别反映政府财政的财务状况和收入支出情况。

2. 会计报表附表

财政总预算会计报表附表包括一般公共预算执行情况表、政府性基金预算执行情况表、国有资本经营预算执行情况表、财政专户管理资金收支情况表、专用基金收支情况表等。

3. 报表附注

报表附注是对会计报表列示项目进行的说明，以及对未能在会计报表中列示的项目的说明或补充。

二、资产负债表的编制

（一）资产负债表的结构

资产负债表是反映政府财政在某一特定日期财务状况的报表。资产负债表是财政总预算会计报表的重要组成部分，可以提供期末政府控制的资产、承担的债务和拥有的净资产情况的会计信息。

资产负债表由表首标题、编报项目、栏目及金额组成。

1. 表首标题

资产负债表的表首标题包括报表名称、编号（会财政 01 表）、编制单位、编表时间和金额单位等内容。资产负债表反映政府财政在某一时点的财务状况，属于静态报表，需要注明是某年某月某日的报表。按编报时间的不同，资产负债表分为月度资产负债表和年度资产负债表，财政总预算会计应当至少按照年度编制资产负债表。

2. 编报项目

资产负债表按照资产、负债和净资产分类、分项列示，按资产等于负债加净资产平衡。资产项目按流动资产、非流动资产排列；负债项目按流动负债、非流动负债排列；净资产项目按各结转结余、基金排列。

3. 栏目及金额

资产负债表包括“年初余额”和“期末余额”两栏数字。其中，“年初余额”栏反映各项资产、负债和净资产的年初余额，“期末余额”栏反映各项资产、负债和净资产的月末或年末余额。

财政总预算会计资产负债表的格式如表 6－1 所示。

表 6－1 资产负债表

会财政 01 表

编制单位：　　　　　　　　____年____月____日　　　　　　　　单位：元

资产	年初余额	期末余额	负债和净资产	年初余额	期末余额
流动资产：			流动负债：		
国库存款			应付短期政府债券		
国库现金管理存款			应付利息		
其他财政存款			应付国库集中支付结余		
有价证券			与上级往来		
在途款			其他应付款		
预拨经费			应付代管资金		
借出款项			一年内到期的非流动负债		
应收股利			流动负债合计		
应收利息			非流动负债：		
与下级往来			应付长期政府债券		
其他应收款			借入款项		
流动资产合计			应付地方政府债券转贷款		
非流动资产：			应付主权外债转贷款		
应收地方政府债券转贷款			其他负债		
应收主权外债转贷款			非流动负债合计		
股权投资			负债合计		
待发国债			一般公共预算结转结余		
非流动资产合计			政府性基金预算结转结余		
			国有资本经营预算结转结余		
			财政专户管理资金结余		
			专用基金结余		
			预算稳定调节基金		
			预算周转金		
			资产基金		
			减：待偿债净资产		
			净资产合计		
资产总计			负债和净资产总计		

（二）资产负债表的编制方法

资产负债表的编制包括“年初余额”和“期末余额”的填列。

(1)“年初余额”栏内各项数字应当根据上年末资产负债表“期末余额”栏内数字填

列。如果本年度资产负债表规定的各个项目的名称和内容与上年度不相一致，应对上年末资产负债表各项目的名称和数字按照本年度的规定进行调整，填入本表“年初余额”栏内。

(2)“期末余额”栏内各项数字应当根据核对无误的财政总预算会计账簿数据填列。1) 资产类项目主要依据其所对应的会计科目的期末借方余额填列。其中，“与下级往来”科目如为贷方余额，则以“—”号填列。“应收利息”“应收地方政府债券转贷款”等项目，应当依据相关明细科目的期末余额，经过汇总、分析、计算后填列。2) 负债类项目主要依据其所对应的会计科目的期末贷方余额填列。其中，“与上级往来”科目如为借方余额，则以“—”号填列。“应付利息”“一年内到期的非流动负债”“应付长期政府债券”等项目，应当依据相关明细科目的期末余额分析后填列。3) 净资产类项目主要依据其所对应的会计科目的期末贷方余额填列。其中，“待偿债净资产”科目的期末借方余额以“—”号填列。

三、收入支出表的编制

(一) 收入支出表的结构

收入支出表是反映政府财政在某一会计期间各类财政资金收入、支出和结转结余情况的报表。收入支出表是财政总预算会计报表的重要组成部分，可以提供一定时期财政收入、支出和结转结余情况的会计信息，反映预算执行的最终结果。

收入支出表由表首标题、编报项目、栏目及金额组成。

1. 表首标题

收入支出表的表首标题包括报表名称、编号（会财政 02 表）、编制单位、编表时期和金额单位等内容。收入支出表反映特定会计期间的收入、支出情况，属于动态报表，需要注明报表所属的期间，如××××年××月或××××年度。按编报时间的不同，收入支出表分为月度收入支出表和年度收入支出表。

2. 编报项目

收入支出表根据资金性质按照收入、支出、结转结余的构成分类、分项列示。按“年初结转结余+收入合计−支出合计−结余转出=年末结转结余”平衡。

3. 栏目及金额

月度收入支出表由“本月数”和“本年累计数”两栏组成。其中，“本月数”栏反映各项目的本月实际发生数，“本年累计数”栏反映各项目自年初起至报告期末止的累计实际发生数。

年度收入支出表由“上年数”和“本年数”两栏组成。其中，“上年数”栏反映上年度各项目的实际发生数，“本年数”栏反映本年度各项目的实际发生数。

财政总预算会计月度收入支出表的格式如表 6-2 所示。编制年度收入支出表时，应将“本月数”栏改为“上年数”，将“本年累计数”栏改为“本年数”。表中有“—”的部分不必填列。

表 6-2 收入支出表

会财政 02 表

编制单位： ______年______月 单位：元

项目	一般公共预算		政府性基金预算		国有资本经营预算		财政专户管理资金		专用基金	
	本月数	本年累计数	本月数	本年累计数	本月数	本年累计数	本月数	本年累计数	本月数	本年累计数
年初结转结余										
收入合计										
本级收入										
其中：来自预算安排的收入	—	—	—	—	—	—	—	—		
补助收入					—	—	—	—	—	—
上解收入					—	—	—	—	—	—
地区间援助收入			—	—	—	—	—	—	—	—
债务收入					—	—	—	—	—	—
债务转贷收入					—	—	—	—	—	—
动用预算稳定调节基金			—	—	—	—	—	—	—	—
调入资金					—	—	—	—	—	—
支出合计										
本级支出										
其中：权责发生制列支							—	—	—	—
预算安排专用基金的支出			—	—	—	—	—	—	—	—
补助支出					—	—	—	—	—	—
上解支出					—	—	—	—	—	—
地区间援助支出			—	—	—	—	—	—	—	—
债务还本支出					—	—	—	—	—	—
债务转贷支出					—	—	—	—	—	—
安排预算稳定调节基金			—	—	—	—	—	—	—	—
调出资金							—	—	—	—
结余转出			—	—	—	—	—	—	—	—
其中：增设预算周转金			—	—	—	—	—	—	—	—
年末结转结余										

（二）收入支出表的编制方法

收入支出表的编制包括“本月数”和“本年累计数”的填列（月度），以及“上年数”和“本年数”（年度）的填列。

（1）“本月数”栏反映各项目的本月实际发生数，其中，“年初结转结余”“年末结转结余”项目栏内各项数字应根据各结转结余科目及所属明细科目年初或年末的余额分别按资金性质填列。收入项目、支出项目栏内各项数字应根据该项目所对应的会计科目及所属明细科目的本期发生额分别按资金性质填列。

(2)“本年累计数”反映各项目自年初起至报告期末止的累计实际发生数，应当以本年度截至报告期月份的收入支出表中“本月数”的合计数填列。

(3)“上年数”反映上年度各项目的实际发生数，应当根据上年度收入支出表的“本年数”栏内数字填列。如果本年度收入支出表规定的各个项目的名称和内容与上年度不一致，应对上年度收入支出表各项目的名称和数字按照本年度的规定进行调整，填入本年度收入支出表的“上年数”栏。

(4)“本年数”栏反映本年度各项目的实际发生数，应当根据本年度各月收入支出表的“本月数”栏内数字合计填列。

四、会计报表附表的编制

(一)一般公共预算执行情况表

一般公共预算执行情况表是反映政府财政在某一会计期间一般公共预算收支执行结果的报表，按照现行《政府收支分类科目》中的“一般公共预算收支科目”列示。一般公共预算执行情况表应当按旬、月度和年度编制。

一般公共预算执行情况表的格式如表 6-3 所示。

表 6-3 一般公共预算执行情况表

会财政 03-1 表

编制单位：　　　　　　　　　　_____年_____月_____旬　　　　　　　　　　单位：元

项目	本月（旬）数	本年（月）累计数
一般公共预算本级收入		
101 税收收入		
10101 增值税		
1010101 国内增值税		
…		
一般公共预算本级支出		
201 一般公共服务支出		
20101 人大事务		
2010101 行政运行		
…		

(二)政府性基金预算执行情况表

政府性基金预算执行情况表是反映政府财政在某一会计期间政府性基金预算收支执行结果的报表，按照现行《政府收支分类科目》中的“政府性基金预算收支科目”列示。政府性基金预算执行情况表应当按旬、月度和年度编制。

政府性基金预算执行情况表的格式如表 6-4 所示。

表 6-4　政府性基金预算执行情况表

会财政 03-2 表
编制单位：　　　　　　　　　　　　______年______月______旬　　　　　　　　　　　　单位：元

项目	本月（旬）数	本年（月）累计数
政府性基金预算本级收入		
10301 政府性基金收入		
1030102 农网还贷资金收入		
103010201 中央农网还贷资金收入		
…		
政府性基金预算本级支出		
206 科学技术支出		
20610 核电站乏燃料处理处置基金支出		
2061001 乏燃料运输		
…		

（三）国有资本经营预算执行情况表

国有资本经营预算执行情况表是反映政府财政在某一会计期间国有资本经营预算收支执行结果的报表，按照现行《政府收支分类科目》中的“国有资本经营预算收支科目”列示。国有资本经营预算执行情况表应当按旬、月度和年度编制。

国有资本经营预算执行情况表的格式如表 6-5 所示。

表 6-5　国有资本经营预算执行情况表

会财政 03-3 表
编制单位：　　　　　　　　　　　　______年______月______旬　　　　　　　　　　　　单位：元

项目	本月（旬）数	本年（月）累计数
国有资本经营预算本级收入		
10306 国有资本经营收入		
1030601 利润收入		
103060103 烟草企业利润收入		
…		
国有资本经营预算本级支出		
208 社会保障和就业支出		
20804 补充全国社会保障基金		
2080451 国有资本经营预算补充社保基金支出		
…		

（四）财政专户管理资金收支情况表

财政专户管理资金收支情况表是反映政府财政在某一会计期间纳入财政专户管理的财政专户管理资金全部收支情况的报表，按照相关政府收支分类科目列示。财政专户管理资金收支情况表应当按月度和年度编制。

财政专户管理资金收支情况表的格式如表 6-6 所示。

表 6-6　财政专户管理资金收支情况表

会财政 04 表

编制单位：　　　　　　　　　　　　＿＿＿年＿＿＿月　　　　　　　　　　　　单位：元

项目	本月数	本年累计数
财政专户管理资金收入		
财政专户管理资金支出		

（五）专用基金收支情况表

专用基金收支情况表是反映政府财政在某一会计期间专用基金全部收支情况的报表，按照不同类型的专用基金分别列示。专用基金收支情况表应当按月度和年度编制。

专用基金收支情况表的格式如表 6-7 所示。

表 6-7　专用基金收支情况表

会财政 05 表

编制单位：　　　　　　　　　　　　＿＿＿年＿＿＿月　　　　　　　　　　　　单位：元

项目	本月数	本年累计数
专用基金收入		
粮食风险基金		
…		
专用基金支出		
粮食风险基金		
…		

五、报表附注

会计报表附注是指对在会计报表中列示项目的文字描述或明细资料，以及对未能在会计报表中列示项目的说明。根据《财政总预算会计制度》的规定，财政总预算会计报表附注应当至少披露下列内容：

（1）遵循《财政总预算会计制度》的声明；

（2）本级政府财政预算执行情况和财务状况的说明；

（3）会计报表中列示的重要项目的进一步说明，包括其主要构成、增减变动情况等；

（4）或有负债情况的说明；

（5）有助于理解和分析会计报表的其他需要说明的事项。

第二节　政府综合财务报告

各级政府财政应当编制政府综合财务报告，反映政府的财务状况和运行情况。本节介绍政府财务报告制度的内容，讲解本级政府综合财务报告和地方政府综合财务报告的编制要求。

一、政府财务报告制度

（一）政府财务报告的含义

政府财务报告是以权责发生制为基础，以政府财务信息为主要内容，以财务报表为主要形式，全面系统地反映政府财务状况、运行情况和受托责任履行情况的综合性报告。编制权责发生制政府综合财务报告，可以完整地反映各级政府资产负债和成本费用等财务状况和运行情况，为强化政府资产管理、降低行政成本、提升运行效率、防范财政风险、促进财政可持续发展等提供信息支持。

编制权责发生制政府财务报告，是党中央、国务院的决策部署，是《预算法》的规定。2014 年 12 月，国务院批转财政部《权责发生制政府综合财务报告制度改革方案》(国发〔2014〕63 号)，明确了权责发生制政府综合财务报告制度改革的总体目标、主要内容和实施步骤。2018 年 12 月修正的《预算法》规定，各级政府财政部门应当按年度编制以权责发生制为基础的政府综合财务报告，报告政府整体财务状况、运行情况和财政中长期可持续性，报本级人民代表大会常务委员会备案。

权责发生制政府综合财务报告制度改革是基于政府会计规则的重大改革，总体目标是通过构建统一、科学、规范的政府会计准则体系，建立健全政府财务报告编制办法，适度分离政府财务会计与预算会计、政府财务报告与决算报告功能，全面、清晰反映政府财务信息和预算执行信息，为开展政府信用评级、加强资产负债管理、改进政府绩效监督考核、防范财政风险等提供支持，促进政府财务管理水平提高和财政经济可持续发展。我国政府综合财务报告制度正在逐步建立完善，试点编制范围不断扩大。

政府财务报告制度是一种规范政府财务信息披露的制度，对政府财务报告编制提出要求，指导政府财务报告的编报。为进一步推进权责发生制政府综合财务报告制度改革，2019 年 12 月财政部修订印发《政府财务报告编制办法（试行)》(财库〔2019〕56 号)、《政府部门财务报告编制操作指南（试行)》(财库〔2019〕57 号)、《政府综合财务报告编制操作指南（试行)》(财库〔2019〕58 号）等三项制度，明确了政府综合财务报告的编制要求、编报主体、主要内容、编制方法、操作步骤和报送程序。

小链接 6-1

《政府财务报告编制办法（试行)》(财库〔2019〕56 号）明确了政府综合财务报告和政府部门财务报告的内容与编制方法，内容包括总则、政府财务报告主要内容、政府财务报告编制、政府财务报告报送、政府财务报告数据质量审核、政府财务报告数据资料管理、职责分工、罚则、附则9章，共45条。

政府财务报告编制办法（试行）

（二）政府财务报告的框架体系

根据国家政权结构，我国政府分为中央政府和地方政府，地方政府包括省、自治区、直辖市，设区的市、自治州，县、自治县、不设区的市、市辖区，乡、民族乡、镇级别的政府，各级政府由本级政府和所属部门、单位组成。政府综合财务报告分为多个层次，应当逐级编制。各级政府、各部门、各单位应当分层次编制政府财务报告，根据财务管理关系，按规定内容和时限采取自下而上的方式逐级报送财务报告。政府财务报告包括政府综合财务报告和政府部门财务报告。

1. 政府综合财务报告

政府综合财务报告由各级政府财政部门编制，反映政府整体财务状况、运行情况和财政中长期可持续性。按照编报范围的不同，政府综合财务报告包括本级政府综合财务报告和本行政区政府综合财务报告。本级政府综合财务报告反映本级政府整体的财务信息，编报范围包括本级政府及所属部门，如中央政府本级综合财务报告，省、市、县（区）政府本级综合财务报告等。本行政区政府综合财务报告反映本行政区政府整体的财务信息，是本级政府综合财务报告和所辖下级政府综合财务报告的合并。中央政府编制的行政区政府综合财务报告为国家综合财务报告，省、市、县（区）政府编制的本行政区政府综合财务报告为地方政府财务报告。

2. 政府部门财务报告

政府部门财务报告由政府部门、单位编制，主要反映本部门、单位财务状况、运行情况等。按照编报层次的不同，政府部门财务报告包括单位层面的财务报告和部门合并财务报告。单位层面的财务报告反映政府单位本级的财务信息，以单位财务会计核算数据为基础编制。部门合并财务报告反映部门整体的财务信息，是部门本级与所属单位财务报告的合并。政府部门隶属不同级次的政府，如中央政府部门，省、市、县（区）政府部门，政府部门财务报告是政府综合财务报告的基础 。

政府财务报告的框架体系如图6-1所示。

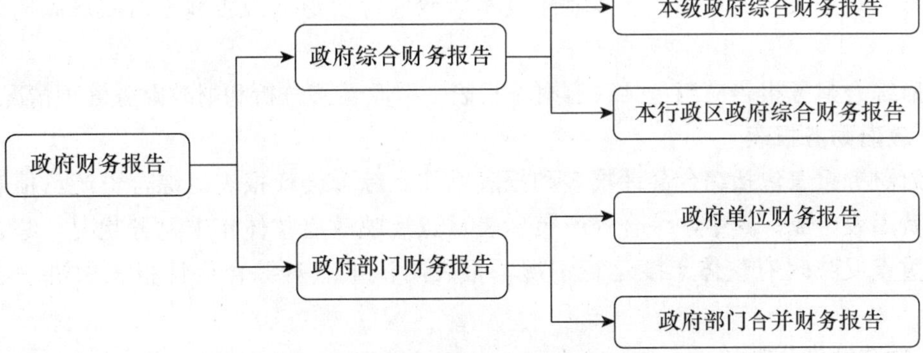

图6-1　政府财务报告的框架体系

本章讲解政府综合财务报告的内容与编制要求，政府部门财务报告的编制将在“政府单位会计”部分讲解。

（三）政府财务报告的报送、审核与数据管理

政府各单位应当按照财务管理关系，按规定内容和时限采取自下而上的方式逐级报送财务报告。政府部门财务报告应当按规定内容和时限报送同级政府财政部门。县级以上地方政府财政部门应当按规定内容和时限，将本级政府综合财务报告以及本行政区政府综合财务报告报送上级政府财政部门。

各级政府财政、各部门、各单位应当对财务报告的真实性、准确性、完整性、规范性进行初审并负责，政府财政部门应当对部门财务报告进行复审，上级财政部门应当对下级政府财务报告进行复审。应当认真做好财务报告审核工作，凡发现报告编制不符合规定，存在漏报、重报、虚报、瞒报、错报以及相关数据不衔接等错误和问题，应当要求有关单位立即纠正，并限期重新报送。政府财务报告的审核包括自行审核、集中会审、委托审核等多种形式。

各级政府财政、各部门、各单位应当按照会计档案管理相关规定对政府财务报告数据资料进行归类整理、建档建库，并从计算机中传出备份保存。政府财务报告数据资料包括以各种介质存放的政府财务报告及相关工作底稿等。

二、政府综合财务报告的内容与报表项目

（一）政府综合财务报告的内容

政府综合财务报告是指由政府财政部门编制的，综合反映政府整体财务状况、运行情况和财政中长期可持续性的报告。政府综合财务报告可作为考核地方政府绩效、开展地方政府信用评级、评估预警地方政府债务风险、编制全国和地方资产负债表以及制定财政中长期规划和其他相关规划的重要依据。政府综合财务报告包括本级政府综合财务报告和本行政区政府综合财务报告。各级财政部门应按照《财政部关于修订印发〈政府综合财务报告编制操作指南（试行）〉的通知》（财库〔2019〕58号）的规定，在组织编制政府部门财务报告的基础上，编制年度本级政府综合财务报告和本行政区政府综合财务报告。

政府综合财务报告应当包括政府财务报表、财政经济分析和财政财务管理情况等。

1. 政府财务报表

政府财务报表包括综合会计报表和报表附注。综合会计报表由综合资产负债表和综合收入费用表组成。其中，综合资产负债表重点反映政府整体年末财务状况，综合收入费用表重点反映政府整体年度运行情况，报表附注重点对综合会计报表做进一步解释说明。

2. 财政经济分析

政府财政经济分析以财务报表为依据，结合国民经济形势，对政府财务状况、运行

情况，以及财政中长期可持续性等内容进行分析。

3. **财政财务管理情况**

政府财政财务管理情况主要反映政府财政财务管理的政策要求、主要措施和取得成效等。

（二）政府综合会计报表项目

政府综合会计报表是政府综合财务报告的重要组成部分，包括综合资产负债表和综合收入费用表。

1. **综合资产负债表**

综合资产负债表反映政府整体年末财务状况，按照资产、负债和净资产分类分项列示。其中，资产应当按照流动性分类分项列示，包括流动资产、非流动资产等；负债应当按照流动性分类分项列示，包括流动负债、非流动负债等。综合资产负债表的报表项目涵盖了财政总预算会计、政府单位会计等会计主体编制的会计报表项目的内容。部门会计报表项目将在后续的章节中讲解。

综合资产负债表采用上下式结构，其编报项目、栏目和格式如表 6－8 所示。

表 6－8　综合资产负债表

编制单位：　　　　年　　　月　　　日　　　　单位：万元

项目	附注	年末数	年初数
流动资产			
货币资金	附表 1		
短期投资			
应收及预付款项	附表 2		
应收股利			
应收利息			
存货			
一年内到期的非流动资产	附表 3		
其他流动资产			
非流动资产			
长期投资	附表 4		
应收转贷款	附表 5		
固定资产净值	附表 6		
在建工程	附表 7		
无形资产净值	附表 8		
研发支出			
公共基础设施净值	附表 9		
政府储备物资	附表 10		
文物文化资产			
保障性住房净值	附表 11		
其他非流动资产			
受托代理资产			
资产合计			

续表

项目	附注	年末数	年初数
流动负债			
应付短期政府债券			
短期借款			
应付职工薪酬			
应付及预收款项	附表 12		
应付政府补贴款			
应付利息			
一年内到期的非流动负债	附表 13		
其他流动负债			
非流动负债			
应付长期政府债券	附表 14		
应付转贷款	附表 15		
长期借款	附表 16		
长期应付款			
其他非流动负债			
受托代理负债			
负债合计			
净资产			
负债及净资产合计			

2. 综合收入费用表

综合收入费用表反映政府整体年度运行情况，按照收入、费用和盈余分类分项列示。其中，收入按来源分项列示，费用按经济性质分项列示，盈余为本年收入与费用的差额。综合收入费用表的报表项目涵盖了财政总预算会计、政府单位会计等会计主体编制的会计报表项目的内容。

综合收入费用表采用步进式结构，其编报项目、栏目和格式如表 6-9 所示。

表 6-9 综合收入费用表

编制单位： 年 单位：万元

项目	附注	本年数	上年数
税收收入			
非税收入			
事业收入			
经营收入			
投资收益			
政府间转移性收入	附表 17		
其他收入			
收入合计			
工资福利费用			
商品和服务费用			
对个人和家庭的补助			

续表

项目	附注	本年数	上年数
对企业补助费用			
对社会保障基金补助费用			
政府间转移性支出	附表 18		
固定资产折旧费用			
无形资产摊销费用			
公共基础设施折旧（摊销）费用			
保障性住房折旧费用			
资产处置费用			
财务费用			
其他费用			
费用合计			
本年盈余			

三、政府综合会计报表的编制

（一）本级政府综合会计报表的编制

本级政府综合会计报表是政府财政按照财务报告制度的要求编制的，反映本级政府整体财务状况、运行情况的会计报表，包括本级综合资产负债表和本级综合收入费用表。政府整体财务状况、运行情况，是指将政府财政、各部门和其他被合并主体的财务报表进行合并，以合并结果反映的财务状况和运行情况。本级政府综合会计报表属于合并会计报表，是在汇总本级政府各部门财务报表、财政总预算会计报表、土地储备资金财务报表、物资储备资金会计报表等被合并主体报表的基础上，采用抵销、调整等方法合并编制形成。政府综合会计报表编制采用填制汇总工作表的方法。汇总工作表是编制政府综合会计报表的工作底表，包括原有金额合计、被合并主体报表项目、调整分录、抵销分录和抵销调整后合计等栏目。本级政府综合会计报表的编制步骤如下。

1. 汇总会计报表

将政府部门财务报表、财政总预算会计报表、土地储备资金财务报表、物资储备资金会计报表中的年末资产、年末负债、年末净资产、本年收入、本年费用（支出）项目数据按照对应的报表项目分项填入汇总工作表对应栏中。其中，能够直接对应到政府综合会计报表项目的，直接填入对应栏；不能直接对应的，分析填列至相应栏或填入“待抵销调整项目”。被合并主体报表对应项目栏金额加总后，即可得到“原有金额合计”的金额。

2. 编制抵销分录

为避免政府综合会计报表项目金额重复列示，应将属于政府内部各主体之间的经济业务事项进行抵销，涉及的抵销事项主要有三类：（1）抵销政府部门之间的经济业务或事项，包括政府部门之间的债权债务事项、政府部门之间的收入费用事项；（2）抵销财政与部门之间发生的经济业务或事项，包括财政总预算会计报表中的“应付国库集中支付结余”与政府部门财务报表中的“财政应返还额度”、财政总预算会计报表中的“一般公共预算本级支出”等财政预算支出项目与政府部门财务报表中的“财政拨款收入”、财政总预算会计报表中的“借出款项”“预拨经费”与政府部门财务报表中的“其他应付款”等；（3）抵销财政内部之间发生的经济业务或事项，包括财政总预算会计报表的“专用基金收入”中来自一般公共预算安排的部分与“一般公共预算本级支出”、财政总预算会计报表中不同预算类型资金之间的“调入资金”和“调出资金”等。抵销处理采用编制抵销分录的方法，通过借贷记账法对冲重复的报表项目，并填入汇总工作表的“抵销分录”栏。按照重要性原则，设定10万元抵销阈值。不同部门的单位之间债权债务事项，年末余额不超过10万元的，可以不进行抵销。不同部门的单位之间收入费用事项，本年累计发生额不超过10万元的，可以不进行抵销。具备条件的须应抵尽抵，不受阈值限制。

3. 编制调整分录

政府财务报告以权责发生制为编制基础，而财政总预算会计核算一般采用收付实现制。调整是指按照权责发生制原则，将财政总预算会计报表中的预算收入和预算支出调整为应归属于当期的收入和费用。政府综合会计报表编制涉及的调整事项可分为四类：（1）收入调整类事项。将按照权责发生制原则应确认为当期收入，但目前未计入当期收入的事项予以调增；将不应确认为当期收入，但已计为当期收入的事项予以调减。例如，财政总预算会计报表中的“债务收入”“债务转贷收入”不属于政府综合会计报表中的收入项目，应调减收入总额。（2）费用调整类事项。将按照权责发生制原则不属于当期费用，但已计入当期支出的事项予以调减。例如，财政总预算会计报表中属于财政部门直接发生的形成政府资产的资本性支出不属于政府综合会计报表中的费用项目，应调减费用总额。（3）资产负债调整类事项。将目前财政总预算会计尚未核算，但按照权责发生制原则应确认的资产负债项目予以调增。例如，应根据政府持有股权的国有企业财务会计决算报表中资产负债表的所有者权益和国家资本占比调增长期投资。（4）净资产调整事项。收入和费用的调整最终会影响净资产总额，因此应当按照收入调整总额与费用调整总额的差额调整净资产。对应按权责发生制调整的事项，根据调整事项的内容编制调整分录，填入汇总工作表的“调整分录”栏。

4. 计算出抵销调整后的金额

根据汇总工作表各项目对应的原始数据栏、抵销分录栏、调整分录栏中的数据，分别计算出抵销调整后的金额。计算方法如下：

抵销调整后的金额＝原有金额合计±抵销金额±调整金额

分别将资产、负债、净资产、收入和费用各项目加总后，计算出各项目的合计金额，并根据本年收入和本年费用的合计金额，计算本年盈余项目的金额。

5. 生成政府综合会计报表

试算平衡后，将汇总工作表包括抵销调整后合计栏中的数据对应填入政府综合会计报表中的资产负债表各项目的“年末数”栏，以及收入费用表各项目的“本年数”栏，生成政府综合会计报表。

小链接 6－2

《政府综合财务报告编制操作指南（试行）》（财库〔2019〕58 号）是政府综合财务报告编制的操作性文件，包括总则、政府综合会计报表项目、政府综合会计报表编制、会计报表附注编制、政府财政经济分析、政府财政财务管理情况和附则共 7 章内容，并附以政府综合财务报告样式、汇总工作表、被合并主体报表项目与政府综合会计报表项目对照表、抵销调整事项清单。

政府综合财务报告编制操作指南（试行）

（二）本行政区政府综合会计报表的编制

本行政区政府综合会计报表是政府财政按照财务报告制度的要求编制的，反映本行政区政府整体财务状况、运行情况的会计报表，包括本行政区综合资产负债表和本行政区综合收入费用表。本行政区政府整体财务状况、运行情况是指将本级政府和所辖各级政府的会计报表进行合并，以合并结果反映的财务状况和运行情况。《地方政府综合财务报告合并编制操作指南（试行）》（财库〔2018〕66 号）对地方行政区政府综合财务报告的编制进行了规范，县级以上（含县级）政府财政部门负责合并编制本地方政府综合财务报告。

本行政区政府综合会计报表在汇总本级和所辖下级政府综合会计报表的基础上，采用抵销方法合并编制。本行政区政府综合会计报表采用汇总工作表方式编制，包括汇总会计报表、编制抵销分录、计算出抵销调整后的金额和生成本行政区政府综合会计报表四个步骤。本行政区政府综合会计报表以被合并政府会计报表为数据来源，不需要按照权责发生制原则进行调整。

合并本行政区政府综合会计报表时，应抵销下列事项：(1) 不同政府财政之间发生的经济业务或事项，主要包括上下级政府财政之间发生的往来事项、上下级政府财政之间发生的地方政府债券转贷款和主权外债转贷款本金、上下级政府财政之间发生的地方政府债券转贷款和主权外债转贷款利息、上下级政府财政之间发生的补助收支和上解收支、不同政府财政之间发生的援助收支等。(2) 政府部门与非同级政府财政之间发生的经济业务或事项，例如，政府部门的非同级财政拨款收入和其他收入中来自非同级政府财政的拨款，与对方政府财政的相关费用之间存在抵销关系，应经确认后抵销。(3) 非同级政府部门之间发生的经济业务或事项，主要包括非同级政府部门之间的债权债务事项、非同级政府部门之间的收入费用事项等。

（三）综合会计报表附注的编制

报表附注重点对会计报表做进一步解释说明，包括会计报表的基础信息、对会计报表中列示的项目的明细信息披露，以及对未能在会计报表中列示项目进行的补充。报表附注是会计报表的重要组成部分，有助于财务报告使用者理解会计报表的内容。综合会计报表附注依据被合并主体的报表附注编制，并抵销内部各主体之间经济业务事项的影响。根据《政府财务报告编制办法（试行）》的规定，报表附注一般应当按照下列顺序披露：

（1）会计报表编制基础。政府综合财务报告中的会计报表以权责发生制为基础编制。

（2）遵循相关制度规定的声明。政府财政部门应当声明编制的会计报表符合政府会计准则、相关会计制度和财务报告编制规定的要求，如实反映政府整体的财务状况、运行情况等有关信息。

（3）会计报表包含的主体范围。政府综合财务报告中的会计报表包含的主体包括机构主体和资金主体，应当列出名称、本年变动情况。

（4）重要会计政策与会计估计变更情况。对本年发生的重要会计政策和会计估计变更，应说明变更的内容和原因、受其重要影响的报表项目名称和金额，以及重要会计政策和会计估计变更开始适用的时点。

（5）会计报表重要项目明细信息及说明。采用数字和文字描述相结合的方式披露重要项目的明细信息。报表重要项目明细信息由一系列明细表组成，具体内容见表 6-8、表 6-9 附注一栏。

（6）需要说明的其他事项。包括社保基金情况、资产负债表日后重大事项、公共基础设施等重要资产的种类和实物量信息、或有事项和其他需要说明的事项。

四、政府财政经济分析与财政财务管理情况

（一）政府财政经济分析

政府财政经济分析以政府综合会计报表为依据，结合宏观经济形势，分析政府财务状况、运行情况，以及财政中长期可持续性等。分析政府财政经济状况时，可采取比率分析法、比较分析法、结构分析法和趋势分析法等方法。

1. 政府财务状况分析

政府财务状况分析包括资产分析、负债分析和资产负债综合分析。资产方面，重点分析政府资产的构成及分布，对于货币资金、应收及预付款项、长期投资、固定资产、在建工程、公共基础设施、政府储备物资、保障性住房等重要项目，分析各项目比重、变化趋势以及对于政府偿债能力和公共服务能力的影响。负债方面，重点分析政府负债规模及结构，分析各项目比重以及变化趋势。通过政府资产负债率（负债总额/资产总额）、现金比率（货币资金/流动负债）、流动比率（流动资产/流动负债）、金融资产负债率（(流动资产总额－存货＋长期投资＋应收转贷款)/负债总额）、总负债变动率（(负债总额年末数－负债总额年初数)/负债总额年初数）、主要负债占比（主要负债项目/负债总额）、单位负债占比（单位负债总额/负债总额）、流动负债占比（流动负债/负债总额）、净资产变动率（(净资产总额年末数－净资产总额年初数)/净资产总额年初数）等指标，分析政府财务风险及可控程度、需要采取的措施等。

2. 政府运行情况分析

政府运行情况分析包括收入分析、费用分析和收入费用综合分析。收入方面，重点

分析政府收入规模、结构及来源分布、重点收入项目的比重及变化趋势，特别是宏观经济运行、相关行业发展、税收政策、非税收入政策等对政府收入变动的影响。费用方面，重点按照经济分类分析政府费用规模及构成，特别是政府投融资情况对政府费用变动的影响。运用政府收入费用率（年度总费用/年度总收入）、政府自给率（(收入总额－政府间转移性收入)/(支出总额－政府间转移性支出)）、税收收入比重（年度税收收入/年度收入总额）、税收依存度（年度税收收入/年度一般公共预算收入）、利息保障倍数（(本年盈余＋利息支出)/利息支出）、人均工资福利费用（工资福利费用/政府年末实有人数）等指标，分析政府财政财务运行质量和效率。

3. 财政中长期可持续性分析

基于当前政府财政财务状况和运行情况，结合本地区经济形势、重点产业发展趋势、财政体制、财税政策、社会保障政策、通货膨胀率等，全面分析政府未来中长期收入支出变化趋势，预测财政收支缺口等。分析指标有债务率（债务总额/本地区国内生产总值）、税收收入弹性（年度税收收入增长率/本地区国内生产总值增长率），以及固定资产、公共基础设施、保障性住房的成新率（账面净值/账面原值）等。

（二）政府财政财务管理情况

政府财政财务管理情况主要反映政府财政财务管理的政策要求、主要措施和取得成效等，包括三个方面的内容：一是政府预算管理情况，主要反映政府预算编制管理、预算执行管理、财政监督管理、绩效管理等方面的政策要求、主要措施和取得的成效；二是政府资产负债管理情况，主要反映政府资产管理、负债管理等方面的政策要求、主要措施和取得的成效；三是政府收支管理情况，主要反映政府收入管理、支出管理等方面的政策要求、主要措施和取得的成效。

第三节　政府决算报告

各级政府财政应当编制政府决算报告，反映政府预算执行结果。本节介绍政府决算报告的内容，讲解政府决算报告的编制要求。

一、政府决算报告的含义

财政决算是年度财政预算收支执行结果的反映。全国财政决算由中央财政决算和地方财政决算组成，包括收入和支出两方面。各级政府财政部门应当按年度编制以收付实现制为基础的政府决算报告。

政府决算报告是指由政府财政部门编制的、综合反映政府会计主体年度预算收支执行结果的报告。政府决算报告使用者包括各级人民代表大会及其常务委员会、各级政府及其有关部门、政府会计主体自身、社会公众和其他利益相关者。政府编制决算报告的目的是向决算报告使用者提供与政府预算执行情况有关的信息，综合反映政府会计主体预算收支的年度执行结果，有助于决算报告使用者进行监督和管理，并为编制后续年度预算提供参考和依据。

二、政府决算报告的内容

政府决算报告的具体内容应当依据《预算法》和同级财政部门的规定，包括决算报表和其他应当在决算报告中反映的相关信息和资料，通常由决算报表和决算说明与分析组成。

（一）政府决算报表

政府决算报表是以表格形式反映的关于政府年度预算执行情况的信息，包括一般公共预算收入决算表、政府性基金预算收入决算表、国有资本经营预算收入决算表，以及一般公共预算支出决算表、政府性基金预算支出决算表、国有资本经营预算支出决算表、债务收支决算表等。决算报表应当与预算相对应，按预算数、调整预算数、决算数分别列出。各项预算收支项目应当按照现行《政府收支分类科目》的要求，按其功能分类编列到项，按其经济性质分类编列到款。

（二）政府决算说明与分析

决算说明是以文字形式对决算报表数据所做的说明和解释，包括一般公共预算收支决算情况说明、政府性基金收支决算情况说明、国有资本经营收支决算情况说明、债务收支决算情况说明等。决算分析报告总结年度财政预算管理工作所取得的成绩，进行预算绩效评价，分析预算执行过程中存在的问题，提出下一年度财政预算管理工作的计划。

三、政府决算报告的编报

（一）政府决算报告的编制

各级政府财政部门应当根据本级预算、预算会计核算数据等相关资料编制本级决算草案。决算草案是指各级政府编制的未经法定程序审查和批准的预算收支和结余的年度执行结果。决算各项数据应当以经核实的各级政府、各部门、各单位会计数据为准。各级政府财政部门在每一预算年度终了时，应当清理核实全年预算收入、支出数据和往来款项，做好决算数据对账工作。

政府决算以收付实现制会计核算为基础，与预算的编制基础一致。决算报表中的决算数应当以预算会计核算生成的数据为基础，并按决算报表要求进行适当调整。上级政府财政应当根据本级政府决算报表和所属下级政府决算报表，编制汇总决算报表，反映一级政府财政的总体情况。在编制汇总决算报表时，绝大多数的报表项目可以直接将本级财政决算报表的数字与所属下级财政决算报表的数字相加，填列到汇总决算报表的相应项目中。但上下级财政之间发生的收入和支出，以及发生的债权、债务关系，应当予以冲销，不填列在汇总决算报表中，以避免重复列报。

（二）政府决算报告的报送

各级政府财政负责组织决算草案编审工作，制定决算草案编审办法，设计本行政区域政府财政总决算统一表格，指导、布置下级政府财政决算草案编审工作，审核、汇总所属财政部门总决算草案，向上级政府财政部门报送本辖区汇总的财政总决算草案，编制决算说明和决算分析报告，向上级政府财政汇报决算编审工作情况。各级政府财政应将汇总编制的本级决算草案及时报本级政府审定，并提请人民代表大会审查和批准。经本级人民代表大会常务委员会批准的政府决算报告，应当在批准后 20 日内由本级政府财政部门向社会公开。

小链接 6-3

经过人民代表大会常务委员会批复的政府决算报告应当向社会公开，接受社会的监督。各级政府财政部门建立了预决算公开平台，通过政府网站发布年度决算报告（http://www.mof.gov.cn/zyyjsgkpt/zyzfyjs/zyys_8128/ndysbg/）。

思考题

1. 财政总预算会计需要编制哪些会计报表？
2. 什么是资产负债表？其报表结构是怎样的？
3. 什么是收入支出表？其报表结构是怎样的？
4. 什么是政府财务报告和政府财务报告制度？
5. 政府财务报告的框架体系包括哪些内容？
6. 政府综合财务报告包括哪些内容？
7. 本级政府综合会计报表的编制有哪些步骤？
8. 报表附注包括哪些内容？
9. 政府财政经济分析的内容有哪些？
10. 什么是政府决算报告？其内容有哪些？

PART THREE

3

| 第三部分 |

政府单位会计

第七章

政府单位会计概述

学习目标和学习重点

本章主要讲授政府单位会计的概念框架，阐述政府单位会计的基本理论和基本方法。学习目标是了解政府单位会计的含义与范围，明确政府单位会计的目标，掌握政府单位会计的核算模式，熟悉部门预算管理制度，为学习政府单位会计的实务操作奠定基础。本章的学习重点包括：

1. 明确政府单位会计主体范围，理解政府单位会计的目标；
2. 熟悉政府单位会计准则制度，掌握政府单位会计的组成体系；
3. 掌握政府单位会计的核算模式，熟悉政府单位会计的核算方法；
4. 了解部门预算管理的相关规定，熟悉政府单位的业务要求。

第一节　政府单位会计的含义及目标

政府单位会计是政府会计的重要组成部分。本节在界定政府单位会计主体的基础上，介绍政府单位会计的含义，明确政府单位会计的目标。

一、政府单位会计主体的界定

作为会计主体，政府单位是行政事业单位的统称，由行政单位和事业单位组成。事业单位又可以进一步划分为普通事业单位和行业事业单位。学习政府单位会计应当对政府单位进行界定，明确政府单位会计的范围。

（一）行政单位的界定

行政单位是行使国家权力、管理国家事务的各级政府机构，其主要职能是进行国家行政管理、组织经济建设和文化建设、维护社会公共秩序。行政单位依法设立，工作人员一般列入国家行政编制，运行经费由国家财政供给。作为会计主体，行政单位有其特定的范围，是各级各类国家机关、政党组织的统称。

（1）国家机关是指依宪法和有关组织法的规定设置的，行使国家行政职权，负责对国家各项行政事务进行组织、管理、监督和指挥的机关。我国的国家机关主要包括：各级人民代表大会及其常务委员会机关、各级人民政府及其所属工作机构、中国人民政治协商会议各级委员会机关、各级监察机关、各级审判机关、各级检察机关等。其中，各级人民代表大会及其常务委员会是国家权力机关；各级人民政府及其所属工作机构是行政机关；中国人民政治协商会议是中国共产党领导的多党合作和政治协商机构；监察机关包括各级监察委员会，是行使国家监督职能的专门机关；审判机关是人民法院，包括最高人民法院、地方各级人民法院和专门人民法院；检察机关是人民检察院，包括最高人民检察院、地方各级人民检察院和专门人民检察院。

（2）政党组织包括中国共产党各级机关、各民主党派和工商联的各级机关。其中，中国共产党为执政党，由党的中央组织、地方组织和基层组织组成。民主党派是指除执政党中国共产党以外的参政党的统称，包括中国国民党革命委员会、中国民主同盟、中国民主建国会、中国民主促进会、中国农工民主党、中国致公党、九三学社、台湾民主自治同盟。工商联是中华全国工商业联合会的简称，是面向工商界、以非公有制企业和非公有制经济人士为主体的人民团体和商会组织。

（二）事业单位的界定

事业单位是国家为了社会公益目的，由国家机关举办或者其他组织利用国有资产举办的，从事教育、科技、文化、卫生等活动的社会服务组织。事业单位有两个属性，一是具有国有性质，二是具有社会公益性质。首先，事业单位具有国有性质，事业单位必须是国家出资设立的或者由社会其他组织利用国有资产举办的。社会其他组织和个人利用非国有资产举办的公益性组织不属于事业单位。其次，事业单位具有社会公益性质，以社会公益活动为目的。事业单位是提供各种社会服务的公益性组织，不以营利为目的，注重社会效益，满足人们对物质文化生活的需要。

事业单位实行登记管理制度。根据《事业单位登记管理暂行条例》的规定，事业单位经县级以上各级人民政府及其有关主管部门批准成立后，应当依照规定登记或者备案。事业单位的活动领域较为广泛，主要集中在教育、科研、文化、卫生、体育、新闻出版、广播电视、社会福利、救助减灾、统计调查、技术推广与实验、公用设施管理、物资仓储、监测、勘探与勘察、测绘、检验检测与鉴定、法律服务、资源管理事务、质量技术监督事务、经济监督事务、知识产权事务、公证与认证、信息与咨询、人才交流、就业服务、机关后勤服务等。

按社会功能的不同，事业单位可以划分为行政支持类、社会公益类、经营开发服务类三种。

● 行政支持类事业单位是指依据法律、法规授权，完全从事具体行政执法、监督检查的事业单位。行政支持类事业单位是为政府行政行为的执行提供必要支持和保障的单位，此类事业单位只允许政府举办，经费来源完全靠政府财政拨款，其管理体制和运行机制可适当参照国家机关，主要包括政策研究机构、数据统计机构、经济监督机构等。

● 社会公益类事业单位是指为实现社会公共利益和国家长远利益举办的、面向社会提供公益产品和公共服务的事业单位。根据职责任务、服务对象和资源配置方式等情况，将从事公益服务的事业单位细分为两类：承担义务教育、基础性科研、公共文化、公共卫生及基层的基本医疗服务等基本公益服务，不能或不宜由市场配置资源的，划入公益一类；承担高等教育、非营利医疗等公益服务，可部分由市场配置资源的，划入公益二类。

● 经营开发服务类事业单位是指从事生产经营、技术开发和中介服务等活动的事业单位，可以通过市场配置资源，如技术开发应用型科研机构、出版发行机构、工程勘察设计机构、培训中心后勤服务机构等。这类事业单位要逐步向企业过渡。

根据我国关于分类推进事业单位改革的要求，将全面推进承担行政职能的事业单位改革，理顺政事关系，实现政事分开，不再设立承担行政职能的事业单位。加大从事经营活动的事业单位改革力度，推进事企分开。事业单位将主要包括政府服务类事业单位和社会服务类事业单位。

事业单位分布在不同的领域，有些事业单位的行业特征显著，对会计核算有特殊的要求。按照事业单位从事的专业业务是否具有特殊性，事业单位分为普通事业单位和行业事业单位。

● 普通事业单位是不具有行业特点的事业单位，其专业业务活动的公益性较强，不能或不宜由市场配置资源，以财政拨款为主要收入来源，主要包括行政支持类事业单位、社会公益类事业单位和其他没有行业特征的事业单位。

● 行业事业单位是具有行业特点的事业单位，有不同于普通事业单位的业务活动，需要通过市场配置资源，主要通过专业业务活动获取收入，主要包括医院、基层医疗卫生机构、高等学校、中小学校、科学事业单位、彩票机构、地勘单位、测绘单位、林业（苗圃）等事业单位。

（三）政府单位的层级

按照政府单位的财政管理层次，政府单位分为中央财政单位和各级地方财政单位。中央财政单位由中央财政拨款，包括党中央各部门、全国人民代表大会机构、中央人民政府机构、中国人民政治协商会议全国委员会、国家监察委员会、最高人民法院、最高人民检察院机构、各民主党派和工商联中央机关、国务院所属事业单位等。地方财政单位由各级地方财政拨款，是国家机关、政党组织的地方分支机构以及地方政府设立的事业单位，包括省（自治区、直辖市）、市（设区的市、自治州）、县（自治县、不设区的市、市辖区）和乡（镇）四个层次。

按照政府单位的预算管理级次，政府单位分一级预算单位、二级预算单位和基层预算单位。向同级财政部门编报预算并审核批复下一级预算单位预算，或向同级财政部门领报经费并对下一级预算单位核拨经费的单位，为一级预算单位；向上一级预算单位编报预算并审核批复下一级预算单位预算，或向上一级预算单位领报经费并对下一级预算单位核拨经费的单位，为二级预算单位；向上一级预算单位申报预算，且没有下级预算单位的政府单位，为基层预算单位。一级预算单位有下级预算单位的，为主管预算单位。

二、政府单位会计的含义与对象

（一）政府单位会计的含义

政府单位会计是反映和监督各级政府单位财务状况、运行情况和预算执行情况及结果的专业会计。各级政府单位应当加强单位的财务管理，建立健全财务管理制度，加强资产负债管理，合理配置和有效利用资产，防范财务风险。各级政府单位应当加强单位的预算管理，科学、合理编制预算，严格执行预算。政府单位提供的会计信息对于加强单位的财务管理、预算管理具有重要的意义。

政府单位会计的主体是政府单位，包括行政单位和事业单位。行政单位会计和事业单位会计同属政府单位会计，执行统一的政府单位会计制度，按照会计制度的规定进行通用或共性业务的会计处理，以提高政府会计信息的可比性。但是，行政单位的职责是履行行政职责，事业单位的任务是开展公益性专业服务，两者的会计核算也存在一定的差异。行业事业单位会计具有明显的行业特征，其核算方法有特别的规定。对于行业事业单位的特殊业务，行业事业单位会计应当在遵循会计核算基本原则的基础上，按照主管部门颁布的补充规定的要求进行会计处理。

（二）政府单位会计的对象

会计的对象是指会计所核算和监督的内容，是政府单位会计的客体。作为专业会计，政府单位会计的对象是政府单位的资金运动。但是，政府会计对象有其特殊性，包括业务资金和预算资金两个维度。

政府财务会计以单位的业务资金为核算对象，以权责发生制为基础反映单位的财务状况、运行情况，为单位的资产管理、风险管理和绩效评价提供有用信息。

政府预算会计以单位的预算资金为核算对象，以收付实现制为基础反映单位的预算执行情况和结果，为监督和管理单位的预算执行提供有用信息。

三、政府单位会计的目标

政府单位会计应当为单位的财务管理与预算管理服务，向会计信息使用者提供与单位财务状况、运行情况和预算执行情况有关的会计信息，反映单位受托责任的履行情况，为会计信息使用者进行经济管理、监督和决策提供支撑。政府单位会计的目标为“双目标”，包括财务会计目标和预算会计目标。

（一）政府单位财务会计目标

政府单位财务会计应当提供与单位的财务状况、运行情况和现金流量等有关的信息，反映政府单位公共受托责任履行情况，有助于会计信息使用者做出经济决策或者进行监督和管理。政府单位财务会计信息使用者包括各级人民代表大会常务委员会、债权人、各级政府及其有关部门、政府单位自身和其他利益相关者。

（二）政府单位预算会计目标

政府单位预算会计应当提供与单位的预算执行情况有关的信息，综合反映政府单位预算收支的年度执行结果，有助于会计信息使用者进行预算监督和管理，并为编制后续年度预算提供参考和依据。政府单位预算会计信息使用者包括各级人民代表大会及其常务委员会、各级政府及其有关部门、政府单位自身、社会公众和其他利益相关者。

第二节 政府单位会计的组成体系、标准体系与核算模式

本节阐述政府单位会计的组成体系，介绍政府单位会计核算应当遵循的会计准则与会计制度，讲解政府单位会计核算的模式。

一、政府单位会计的组成体系

（一）政府单位财务会计和预算会计

政府单位会计核算应当具备财务会计与预算会计双重功能，全面、清晰反映单位财务信息和预算执行信息。按照功能分类，政府单位会计由政府单位财务会计和政府单位预算会计构成。

政府单位财务会计以权责发生制为基础，对政府单位发生的各项经济业务或事项进行核算，反映和监督政府单位的财务状况、运行情况、运行成本和现金流量等。政府单位财务会计编制部门财务报告，提供有助于财务报告使用者做出决策或进行监督和管理的信息。

政府单位预算会计以收付实现制为基础，对政府单位预算执行过程中发生的收入和支出进行核算，反映和监督预算收支执行情况。政府单位预算会计编制部门决算报告，向决算报告使用者提供与政府预算执行情况有关的信息，综合反映政府预算收支的年度执行结果。

政府单位财务会计与预算会计的关系是既适度分离又相互衔接。一是适度分离政府财务会计和预算会计的功能，分别反映政府单位的财务信息和预算执行信息，以财务会计核算形成的账簿数据为基础编制财务报告，以预算会计核算形成的账簿数据为基础编制决算报告。二是将政府预算会计和财务会计置于同一会计核算系统中，政府预算会计

要素和相关财务会计要素相互协调、相互补充，通过平行记账方法记录单位发生的经济业务或事项，共同反映政府单位的财务信息和预算执行信息。

（二）政府单位成本会计和管理会计

随着政府会计改革的不断深入，政府单位还应当设立政府单位成本会计和政府单位管理会计，进一步完善政府会计体系。

政府单位成本会计是指单位对实现其职能目标过程中实际发生的各种耗费按照确定的成本核算对象和成本项目进行归集、分配，计算确定各成本核算对象的总成本、单位成本等，并向有关使用者提供成本信息的活动。加强事业单位成本核算，对于节约公共资源、提高公共服务或产品定价的准确性、完善单位的绩效评价有重要的意义。财政部制定发布《事业单位成本核算基本指引》（财会〔2019〕25 号），明确了成本核算的基本原则和基本方法，为事业单位开展成本核算工作提供基本遵循依据。事业单位开展成本核算工作，还需要具体的操作指引。为规范公立医院成本核算工作，国家卫生健康委员会、国家中医药管理局印发《公立医院成本核算规范》（国卫财务发〔2021〕4 号），明确了公立医院开展成本核算的会计基础及原则、组织机构设置及职责、成本核算的分类及方法、成本项目及成本的分类、成本核算单元的设置和成本核算报表体系。

小链接 7-1

《事业单位成本核算基本指引》是事业单位成本核算的基本遵循，包括总则、成本核算对象、成本项目和范围、成本归集和分配、附则共5章。

事业单位成本核算基本指引

根据我国会计改革与发展规划纲要，我国将在政府单位中加强管理会计体系建设，推动管理会计有效应用。为促进行政事业单位加强管理会计工作，提升单位内部管理，提高管理绩效和公共管理服务水平，财政部印发了《管理会计应用指引第 803 号——行政事业单位》（财会〔2018〕38 号）。行政事业单位在进行规划、决策、控制、评价活动中，可以结合实际情况，参照企业相关管理会计应用指引，在战略管理、预算管理、成本管理、绩效管理、风险管理等方面，综合应用管理会计工具方法，推动行政任务完成和事业发展规划实现。

二、政府单位会计的标准体系

我国的政府会计标准体系由政府会计准则和政府会计制度组成。其中政府会计准则包括基本准则、具体准则及应用指南。政府单位应当根据政府会计准则规定的原则和会计制度的要求，对各项经济业务或事项进行会计核算。

（一）政府会计基本准则

基本准则是政府会计准则体系的概念基础和框架，指导具体准则的制定，并为政府会计实务问题提供处理原则。基本准则的内容包括政府会计目标、会计信息质量要求、会计要素的定义及确认计量原则与列报要求等。

2015 年 10 月，财政部颁布了《政府会计准则——基本准则》（财政部令第 78 号），自 2017 年 1 月 1 日起施行。政府单位的会计核算应当遵循基本准则的总体要求，会计要素的确认、计量和报告应当符合基本准则的规定。

（二）政府会计具体准则及应用指南

具体准则用于规范政府发生的具体经济业务或事项的会计处理，详细规定经济业务或事项引起的会计要素变动的确认、计量、记录和报告。政府会计具体准则正在制定、颁布，截至 2021 年 6 月，已经颁布并实施的具体准则包括《政府会计准则第 1 号——存货》《政府会计准则第 2 号——投资》《政府会计准则第 3 号——固定资产》《政府会计准则第 4 号——无形资产》《政府会计准则第 5 号——公共基础设施》《政府会计准则第 6 号——政府储备物资》《政府会计准则第 7 号——会计调整》《政府会计准则第 8 号——负债》《政府会计准则第 9 号——财务报表编制和列报》《政府会计准则第 10 号——政府和社会资本合作项目合同》。

应用指南是对具体准则的实际应用做出的操作性规定。每项具体准则对应一项应用指南，对具体准则中的条款进行操作指引。截至 2021 年 6 月，已经颁布并实施的应用指南包括《〈政府会计准则第 3 号——固定资产〉应用指南》和《〈政府会计准则第 10 号——政府和社会资本合作项目合同〉应用指南》。

（三）政府会计制度及补充规定

政府会计制度主要规范政府会计科目及其使用说明、报表格式及其编制说明等，便于会计人员进行日常核算。2017 年 10 月，财政部印发了《政府会计制度——行政事业单位会计科目和报表》（财会〔2017〕25 号），自 2019 年 1 月 1 日起施行。政府会计制度是操作层面的会计规范，由正文和附录组成。正文包括五部分内容：总说明、会计科目名称和编号、会计科目使用说明、报表格式、报表编制说明。附录为主要业务和事项账务处理举例。

为了规范行业事业单位特殊经济业务或事项的会计核算，结合行业事业单位实际情况，财政部颁布了高等学校、中小学校、医院、基层医疗卫生机构、科学事业单位、国有林场和苗圃、彩票机构等行业事业单位执行《政府会计制度——行政事业单位会计科目和报表》的补充规定。补充规定细化了特殊行业事业单位的会计科目、报表项目，规范了特殊行业事业单位的典型业务或事项的账务处理方法。

为了进一步健全和完善政府会计准则制度，确保政府会计准则制度有效实施，财政部定期制定并发布政府会计准则制度解释，目前已经发布了《政府会计准则制度解释第 1 号》（财会〔2019〕13 号）、《政府会计准则制度解释第 2 号》（财会〔2019〕24 号）和《政府会计准则制度解释第 3 号》（财会〔2020〕15 号），后续还会有新的政府会计准则制度解释发布。政府会计准则制度解释对政府会计准则制度相关内容做进一步的解释说明，补充和完善政府会计准则制度中的相关规定，解决政府会计准则制度实施中的问题。

小链接 7-2

政府单位会计的标准体系正在逐步完善，财政部将陆续制定、发布新的政府会计具体准则、应用指南和准则制度解释。了解最新的政府会计准则制度，请关注财政部会计司网站的“政策发布”频道（http://kjs.mof.gov.cn/zhengcefabu/）。

社会保险基金、住房公积金、土地储备资金、国家物资储备资金的管理机构属于事业单位，作为机构会计主体，其单位的会计核算应当遵循政府会计准则制度。作为资金会计主体，其资金的会计核算分别执行《社会保险基金会计制度》《住房公积金会计核算办法》《土地储备资金会计核算办法》《国家物资储备资金会计制度》。

三、政府单位会计核算模式

政府单位会计构建了财务会计和预算会计适度分离且相互衔接的会计核算模式，在同一会计核算系统中分别进行财务会计核算和预算会计核算，全面反映政府单位的财务信息和预算执行信息。政府单位会计“双功能”的会计核算模式主要表现在以下几个方面。

（一）“5+3=8 要素”会计核算模式

政府单位财务会计与预算会计具有不同的核算内容，应当分别设置会计要素，在同一会计核算系统中实现财务会计和预算会计双重功能。财务会计反映政府单位的财务状况、运行情况，应当设置资产、负债、净资产、收入、费用 5 个会计要素；预算会计反映政府单位的预算执行情况和结果，应当设置预算收入、预算支出和预算结余 3 个会计要素。根据《政府会计制度——行政事业单位会计科目和报表》的规定，政府单位会计实行“5+3=8 要素”的会计核算模式，财务会计要素和预算会计要素既相对独立又相互协调。

（二）“双基础”会计核算模式

政府单位财务会计与预算会计对会计信息有不同的核算要求，应当采用不同的确认基础。财务会计的确认基础应当有利于完整地反映政府单位的财务状况和运行情况，进行业绩考核与评价，因此应当按照权责发生制原则确认。预算会计的确认基础应当与预算管理编制的口径保持一致，准确反映政府单位的预算执行情况与结果，因此应当按照收付实现制原则确认。根据《政府会计制度——行政事业单位会计科目和报表》的规定，政府单位会计采用权责发生制与收付实现制“双基础”的会计核算模式。

（三）“平行记账”会计核算模式

政府单位会计分为财务会计与预算会计两个子系统，应当进行平行记账。对于单位所发生的业务或事项，如果仅影响财务会计要素的变动，则只需要在财务会计中进行核算；如果仅影响预算会计要素的变动，则只需要在预算会计中进行核算；如果单位所发生的业务或事项既涉及财务会计要素又涉及预算会计要素，则需要同时进行财务会计和预算会计核算。根据《政府会计制度——行政事业单位会计科目和报表》的规定，政府单位会计实行“平行记账”的会计核算模式。

（四）“双报告”会计核算模式

政府单位财务会计与预算会计有不同的报告目标，应当编制不同的会计报告。财务会计为单位的财务管理服务，提供与单位的财务状况、运行情况等有关的信息，应当编制财务报表，提供年度部门财务报告。预算会计为单位的预算管理服务，提供与单位预算执行情况有关的信息，应当编制决算报表，提供年度部门决算报告。根据《政府会计制度——行政事业单位会计科目和报表》的规定，政府单位会计实行财务报告与决算报告“双报告”的会计核算模式。

第三节 部门预算管理制度

本节介绍政府单位预算管理的相关规定，包括部门预算管理制度、部门预算收支分类、国库集中收付制度和政府采购制度。

一、部门预算管理及内容

（一）部门预算管理的含义

部门预算是政府部门编制的、财政部门批复的部门年度收支计划。部门预算是反映政府部门全部收支状况的预算，由本部门及其所属各单位预算组成。部门是指与本级政府财政部门直接发生预算缴拨款关系的政府预算单位，包括国家机关、军队、政党组织、事业单位、社会团体和其他单位。

部门预算管理是为实现部门收支计划而进行的预算编制、审批、执行、决算、监督和绩效评价等一系列活动的过程。政府部门应当建立健全预算管理制度，加强部门预算管理。加强部门预算管理，对于规范政府单位的收支行为、优化政府资源的配置、节约财政资金的使用、提高财政资金的使用效益有着重要的意义。

在国家预算管理体系中，部门预算是各级政府财政预算的重要组成部分。《预算法》规定，各级政府应当加强对预算的管理和监督，建立健全全面规范、公开透明的预算制度。各政府单位应当按规定编制本单位预算，向上一级预算单位申报预算，并接受国家有关部门的监督。与财政部门直接发生缴拨款关系的一级预算单位在按规定编制本单位预算的基础上，还应当编制本部门预算，组织和监督本部门预算的执行，定期向本级政府财政部门报告预算的执行情况。

（二）部门预算的内容

部门预算由预算收入和预算支出组成，政府单位的全部收入和支出都应当纳入预算。

各部门预算应当反映一般公共预算、政府性基金预算、国有资本经营预算安排给本部门及其所属各单位的所有预算资金。

1. **预算收入**

部门预算收入包括本级财政安排给本部门及其所属各单位的预算拨款收入和其他各项收入，具体包括财政拨款预算收入、业务活动预算收入、经营活动预算收入、转移性预算收入、债务预算收入和其他活动预算收入。政府单位应当将各项收入全部纳入单位预算，加强收入的预算管理。财政部门对政府单位实行收支统一管理，定额、定项拨款，超支不补，结转和结余按规定使用的预算管理办法。政府单位应当加强预算收入的分类管理，按照部门预算管理的要求设置各预算收入科目的明细科目。

2. **预算支出**

部门预算支出为与部门预算收入相对应的支出，具体包括业务活动支出、经营支出、转移性支出、投资支出、偿债支出和其他支出。政府单位应当将各项支出全部纳入单位的预算管理，严格执行国家财政制度和遵守财经纪律，建立健全支出的管理与控制制度，在保证业务活动需要的前提下，尽可能减少支出，提高资金的使用效益。政府单位应当加强预算支出的分类管理，按照部门预算管理的要求设置各预算支出科目的明细科目。

预算支出分为基本支出和项目支出。基本支出是指各部门、各单位为保障其机构正常运转、完成日常工作任务所发生的支出，包括人员经费和公用经费。项目支出是指各部门、各单位为完成其特定的工作任务和事业发展目标所发生的支出。基本支出由财政部门根据相应的标准核定，实行财政定额拨款。项目支出由财政部门根据具体情况的不同分项核定，实行财政定项拨款。

政府单位应当按照部门预算管理规定的编报格式和规范编制年度部门预算，撰写部门预算报告。部门预算报告通常由部门概况、部门预算表和预算情况说明三部分组成。部门概况介绍部门的基础信息，包括部门的主要职能和部门预算单位的构成。部门预算表由一系列表格组成，包括部门收支总表、部门收入总表、部门支出总表、财政拨款收支总表、一般公共预算支出表、政府性基金预算支出表等。预算情况说明阐释预算编制的依据，对部门预算表进行分析。

（三）部门预算管理的流程

部门预算管理包括预算编制、预算审批、预算执行、预算调整、年度决算、决算批复、预算监督和绩效评价等过程。

1. **部门预算的编制与审批**

政府各部门、各单位应当按规定编制年度预算。在预算编制期，财政部门会部署编制下一年度预算草案的具体事项，规定报表格式、编报方法、报送期限等。政府部门应当按照财政部门的部署，结合本部门的具体情况，组织编制本部门及其所属各单位的预算草案，在规定时间内完整、准确、及时地完成预算编制工作。部门预算自下而上逐级编制，采用“二上二下”的编制程序。“一上”是指各部门及所属单位按照财政部门的预算编制要求，根据本部门发展规划、年度工作目标，编制本部门年度预算建议计划报送财政部门；“一下”是指财政部门审核部门报送的年度预算建议计划，综合考虑财力情况，汇总平衡形成部门预算初步方案，下达各部门预算控制数要求；“二上”是指各部门在财政部门下达的预算控制数要求以内，编制本部门及所属单位年度预算草案，在规定时间内报送财政部门；“二下”是指财政部门对各部门报送的年度预算草案进行审核，汇总后形成本级政府年度预算草案，提交同级人民代表大会审议批准后，将部门预算批复到各部门。

政府部门负责本部门所属各单位预算草案的审核，并汇总编制本部门的预算草案，按照规定报财政部审核。预算草案经本级人民代表大会批准后，本级政府财政部门应当在20日内向本级各部门批复预算。各部门应当在接到本级政府财政部门批复的本部门预算后15日内向所属各单位批复预算。政府财政部门的预算即为单位的正式预算。各部门所属单位的预算，应当在部门批复后20日内由单位向社会公开。

2. 部门预算的执行与调整

政府各部门、各单位应当根据批复的预算安排各项收支，确保预算严格有效执行。各部门、各单位是本部门、本单位的预算执行主体，负责本部门、本单位的预算执行，并对执行结果负责。预算执行过程中，各部门、各单位应当制定本部门、本单位预算执行制度，建立健全内部控制机制，依法组织收入，严格支出管理，对单位的各项经济业务进行会计核算。各部门、各单位应当加强对预算支出的管理，严格执行预算，遵守财政制度，强化预算约束，不得擅自扩大支出范围、提高开支标准。应当严格按照预算规定的支出用途使用资金，合理安排支出进度。

经财政部门批复的部门预算，在预算执行过程中，需要增加或者减少预算收支规模，或者改变预算收入来源和支出用途、类别的，应当进行预算调整。对于必须进行的预算调整，应当编制预算调整方案，报财政部门审批。预算调整方案批复后，方可按调整后预算执行。

3. 部门决算与批复

部门决算是部门预算执行的结果。政府各部门、各单位应当按年度编制决算报告，披露本部门、本单位的预算收支和结余的年度执行情况。财政部应当在每年第四季度部署编制决算草案的原则、要求、方法和报送期限，制发中央各部门决算、地方决算以及其他有关决算的报表格式。各部门、各单位在每一预算年度终了时，应当清理核实全年预算收入、支出数据和往来款项，做好决算数据对账工作。决算各项数据应当以经核实的会计数据为准，不得以估计数据替代，不得弄虚作假。各单位应当按照主管部门的布置，认真编制本单位决算草案，在规定期限内上报。各部门在审核汇总所属各单位决算草案的基础上，连同本部门自身的决算收入和支出数据，汇编成本部门决算草案并附详细说明，经部门负责人签章后，在规定期限内报本级政府财政部门审核。

决算经各级人民代表大会常务委员会批准后，财政部门应当在20日内向本级各部门批复决算。各部门应当在接到本级政府财政部门批复的本部门决算后15日内向所属单位批复决算。各部门所属单位的决算应当在部门批复后20日内由单位向社会公开。各部门应当加强对部门决算数据的分析，强化决算分析结果的反馈和运用。

4. 部门预算监督与绩效评价

各级政府财政部门负责监督本级各部门及其所属各单位预算管理有关工作，并向本级政府和上一级政府财政部门报告预算执行情况。政府审计部门依法对预算执行、决算实行审计监督，对预算执行和其他财政收支的审计工作报告应当向社会公开。政府各部门负责监督检查所属各单位的预算执行情况，及时向本级政府财政部门反映本部门预算执行情况，依法纠正违反《预算法》的行为。

绩效评价是指根据设定的绩效目标，依据规范的程序，对预算资金的投入、使用过程、产出与效果进行系统和客观的评价。中共中央、国务院印发《关于全面实施预算绩效管理的意见》，要求加快建成全方位、全过程、全覆盖的预算绩效管理体系，提高财政资源配置效率和使用效益。政府部门应当加强预算绩效管理，将部门和单位预算收支全面纳入绩效管理，建立预算编制有目标、预算执行有监控、预算完成有评价、评价结果有反馈、反馈结果有应用的全过程预算绩效管理机制，全面覆盖一般公共预算、政府性基金预算、国有资本经营预算、社会保险基金预算。绩效评价结果应当按照规定作为改进管理和编制以后年度预算的依据。

小链接 7-3

项目支出绩效评价管理办法

为全面实施预算绩效管理，建立科学、合理的项目支出绩效评价管理体系，提高财政资源配置效率和使用效益，财政部印发《项目支出绩效评价管理办法》（财预〔2020〕10 号），明确了绩效评价的对象和内容，绩效评价指标、评价标准和方法，绩效评价的组织管理与实施，绩效评价结果应用及公开等。

二、部门预算收支分类

政府收支分类是对政府收入和支出进行类别和层次划分，以全面、准确、清晰地反映政府收支活动。政府收支分类科目由财政部统一编制，是编制部门预决算、组织预算执行的重要依据。部门预算收支分类是政府收支分类的基础，各政府部门、单位应当按照现行《政府收支分类科目》的规定设置会计明细核算，反映预算执行情况。部门预算收支分类科目主要包括部门预算功能分类科目和部门预算经济分类科目。

（一）部门预算功能分类科目

功能分类是按照主要职能活动对预算支出所做的分类，反映政府部门业务活动的不同功能和实现的政策目标。预算功能分类科目主要用于部门预算编制、执行、决算、公开和部门（单位）会计核算。政府单位应当按照现行《政府收支分类科目》的规定，对各项预算收入和支出进行功能分类。

政府部门和政府财政设置相同的功能分类科目，以利于部门预算与政府预算相衔接。功能分类设置类、款、项三级预算科目，区分一般公共预算、政府性基金预算、国有资本经营预算和社会保险基金预算。其中，一般公共预算支出功能类别主要包括：一般公共服务支出、外交支出、国防支出、公共安全支出、教育支出、科学技术支出、文化旅游体育与传媒支出、社会保障和就业支出、卫生健康支出、节能环保支出、城乡社区支出、农林水支出、交通运输支出、资源勘探工业信息等支出、商业服务业等支出、金融支出、援助其他地区支出、自然资源海洋气象等支出、住房保障支出、粮油物资储备支出、灾害防治及应急管理支出、预备费、其他支出、转移性支出、债务还本支出、债务付息支出、债务发行费用支出等。每个类别下设具体的款、项，详见本书第四章第三节的介绍。

（二）部门预算经济分类科目

经济分类是按照经济性质和具体用途对预算支出所做的分类。经济分类设置政府预算经济分类和部门预算经济分类两套科目，部门预算经济分类科目体现部门预算管理要求，主要用于部门预算编制、执行、决算、公开和部门（单位）会计核算，设置类、款两级科目。政府单位应当按照现行《政府收支分类科目》的规定，对各项预算支出进行经济分类。具体科目设置情况如下（括号内为预算科目编码）：

（1）工资福利支出（301）。款项包括：基本工资、津贴补贴、奖金、伙食补助费、绩效工资、机关事业单位基本养老保险缴费、职业年金缴费、职工基本医疗保险缴费、公务员医疗补助缴费、其他社会保障缴费、住房公积金、医疗费、其他工资福利支出。

（2）商品和服务支出（302）。款项包括：办公费、印刷费、咨询费、手续费、水费、电费、邮电费、取暖费、物业管理费、差旅费、因公出国（境）费用、维修（护）费、租赁费、会议费、培训费、公务接待费、专用材料费、被装购置费、专用燃料费、劳务费、委托业务费、工会经费、福利费、公务用车运行维护费、其他交通费用、税金及附加费用、其他商品和服务支出。

（3）对个人和家庭的补助（303）。款项包括：离休费、退休费、退职（役）费、抚恤金、生活补助、救济费、医疗费补助、助学金、奖励金、个人农业生产补贴、代缴社会保险费、其他对个人和家庭的补助。

（4）债务利息及费用支出（307）。款项包括：国内债务付息、国外债务付息、国内债务发行费用、国外债务发行费用。

（5）资本性支出（基本建设）（309）。款项包括：房屋建筑物购建、办公设备购置、专用设备购置、基础设施建设、大型修缮、信息网络及软件购置更新、物资储备、公务用车购置、其他交通工具购置、文物和陈列品购置、无形资产购置、其他基本建设支出。

（6）资本性支出（310）。款项包括：房屋建筑物购建、办公设备购置、专用设备购置、基础设施建设、大型修缮、信息网络及软件购置更新、物资储备、土地补偿、安置补助、地上附着物和青苗补偿、拆迁补偿、公务用车购置、其他交通工具购置、文物和陈列品购置、无形资产购置、其他资本性支出。

（7）对企业补助（基本建设）（311）。款项包括：资本金注入、其他对企业补助。

（8）对企业补助（312）。款项包括：资本金注入、政府投资基金股权投资、费用补贴、利息补贴、其他对企业补助。

（9）对社会保障基金补助（313）。款项包括：对社会保险基金补助、补充全国社会保障基金、对机关事业单位职业年金的补助。

（10）其他支出（399）。款项包括：赠与、国家赔偿费用支出、对民间非营利组织和群众性自治组织补贴、其他支出。

三、国库集中收付制度

随着预算管理制度改革不断发展和深化，我国建立了以国库单一账户体系为基础、资金缴拨以国库集中收付为主要形式的财政国库管理制度。在国库集中收付制度下，政府在国库或国库指定的代理银行开设账户，集中收纳和支付财政性资金。单位所有的财政性资金纳入国库单一账户体系管理，收入直接缴入国库或财政专户，支出通过国库单一账户体系支付给商品和劳务供应者或用款单位。政府预算单位财政资金的拨付主要包括财政直接支付和财政授权支付两种方式。

（一）财政直接支付

财政直接支付是指财政部门签发支付指令，通过国库单一账户体系直接将财政资金支付到收款人（即商品或劳务的供应商等）或用款单位（即使用财政性资金的预算单位）账户。预算单位实行财政直接支付的财政性资金主要包括工资支出、工程采购支出、物品和服务采购支出。财政直接支付提高了财政资金的运行效率和透明度，加强了预算执行过程的监控。

财政直接支付方式下，预算单位按照批复的部门预算和资金使用计划，向财政国库支付执行机构提出支付申请，填制财政直接支付申请书，上报财政国库支付执行机构。财政国库支付执行机构根据批复的部门预算和资金使用计划及相关要求对支付申请审核无误后，开具财政直接支付凭证，向代理银行发出支付指令。代理银行依据支付指令及时将资金直接支付给收款人或用款单位，并将当日实际支付的资金通过银行清算系统与国库单一账户进行资金清算。完成支付后，代理银行开具财政直接支付入账通知书并送交预算单位，预算单位根据收到的支付凭证做好相应的会计核算工作。

（二）财政授权支付

财政授权支付是指预算单位按照财政部门的授权，自行向代理银行签发支付指令，代理银行根据支付指令，在财政部门批准的预算单位用款额度内，通过国库单一账户体系将财政资金支付到收款人账户。实行财政授权支付的支出包括未实行财政直接支付的购买支出和零星支出。财政授权支付不改变预算单位资金使用权，财政拨款由预算单位自行支付，不需要逐笔向财政部门申请，方便预算单位用款，可以提高支付效率。

财政授权支付方式下，预算单位应当按照有关规定向财政部门申请设立单位零余额账户，由代理银行具体办理开设预算单位零余额账户业务。预算单位按照批复的部门预算和资金使用计划，向财政国库支付执行机构申请授权支付的月度用款限额，财政国库支付执行机构按月将批准后的限额通知代理银行和预算单位，代理银行负责将授权支付额度以到账通知书的形式通知预算单位。预算单位收到代理银行分支机构转来的财政授权支付额度到账通知书，即可办理财政授权支付业务，在确定的额度内自行签发财政授权支付指令，通知代理银行办理资金支付业务。在营业日终了前，代理银行将当日实际支付的资金通过银行清算系统与国库单一账户进行资金清算。

财政直接支付和财政授权支付是同级财政拨款资金的支付方式。政府单位可以在金融机构开设账户或专户，办理财政拨款资金以外的其他资金结算业务。政府单位的非同级财政拨款、行政事业收费、其他收入、暂收暂付款、受托代理款项等，不实行国库集中收付制度，通过银行账户进行收付。

四、政府采购制度

（一）政府采购制度的意义

政府采购是指各级国家机关、事业单位、团体组织和其他采购实体，出于实现政务活动和公共服务的目的，使用财政性资金或者其他公共资源，以合同方式取得货物、工程和服务的行为，包括购买、租赁、委托、政府和社会资本合作等。其中，货物是指各种形态和种类的物品，包括原材料、燃料、设备、产品等；工程是指建设工程，包括建筑物和构筑物的新建、改建、扩建、装修、拆除、修缮等；服务是指除货物和工程以外的其他政府采购对象，包括政府自身需要的服务和政府向社会公众提供的公共服务。

政府采购制度是对政府采购行为进行规范的管理制度，由一系列法律、行政法规和制度组成。为了规范政府采购行为，提高政府采购资金的使用效益，维护国家利益和社会公共利益，保护政府采购当事人的合法权益，促进廉政建设，我国颁布了《中华人民共和国政府采购法》（简称《政府采购法》）。为深入贯彻《政府采购法》，国务院颁布了《中华人民共和国政府采购法实施条例》（国务院令第 658 号）。财政部、相关部委、地方政府也制定了一系列部门规章、规范性文件，对政府采购的具体工作进行规范。

政府采购应当遵循公开透明原则、公平竞争原则、公正原则、诚实信用原则和讲求绩效原则。建立政府采购制度，对于加强财政支出管理、提高资金使用效益、提高采购活动的透明度、促进各级政府机构的廉政建设、促进市场观念的转变等方面都具有重要的意义。

小链接 7-4

政府购买服务是指各级国家机关将属于自身职责范围且适合通过市场化方式提供的服务事项，按照政府采购方式和程序，交由符合条件的服务供应商承担，并根据服务数量和质量等因素向其支付费用的行为。为规范政府购买服务行为，促进转变政府职能，改善公共服务供给，财政部颁布了《政府购买服务管理办法》（财政部令第 102 号）。

政府购买服务管理办法

（二）政府采购模式

政府采购实行集中采购和分散采购相结合的模式。政府单位应当按照政府集中采购目录及标准的规定，选择适当的政府采购模式。

1. 集中采购

政府集中采购是由政府集中采购管理部门统一组织采购的模式。省、自治区、直辖市人民政府或者其授权的机构根据实际情况，可以确定分别适用于本行政区域省级、设区的市级、县级的集中采购目录和采购限额标准。各级国家机关、事业单位和团体组织使用财政性资金购买列入政府采购集中采购目录或金额超过集中采购限额标准的政府采购项目，均属于政府集中采购的范围。政府集中采购必须按照《政府采购法》规定的采购方式、程序和信息公开等要求进行采购。集中采购项目应当委托集中采购机构代理采购，或者进行部门集中采购。

2. **分散采购**

分散采购是由预算单位自行组织采购的模式。对于集中采购目录以外且未达到政府采购限额标准的政府采购项目，可由预算单位分散采购，不执行《政府采购法》关于采购方式、程序和信息公开的相关规定。

（三）政府采购的方式

政府采购按其是否具备招标性质，可分为招标性采购和非招标性采购两大类。政府单位应当根据采购项目需求特点、绩效目标和市场供需等情况，按照《政府采购法》规定的适用情形，确定采购方式。

1. **招标性采购**

采购需求完整、明确，能确定详细规格或者具体要求，采购时间能够满足采购人需要的采购项目，应当采用招标方式采购。招标性采购包括公开招标采购和邀请招标采购。

公开招标采购是指采购机构或其委托的政府采购业务代理机构（统称招标人）以招标公告的方式邀请不特定的供应商（统称投标人）投标，招标人根据某种事先确定并公布的标准从所有投标中评选出中标商，并与之签订合同的一种采购方式。

邀请招标采购是指招标人以投标邀请书的方式邀请 5 个以上的供应商投标，招标人根据某种事先确定并公布的标准从所有投标中评选出中标商，并与之签订合同的一种采购方式。

2. **非招标性采购**

非招标性采购包括竞争性谈判采购、询价采购、单一来源采购、框架协议采购，以及国务院政府采购监督管理部门认定的其他采购方式。

竞争性谈判采购是指采购机构直接邀请 3 家以上的供应商就采购事宜进行谈判的采购方式。该方法适用于技术复杂或者性质特殊、需要通过谈判确定项目设计方案、政府和社会资本合作等的采购项目，以及采用招标所需时间不能满足用户紧急需要的采购项目。

询价采购是指对 3 家以上的供应商提供的报价进行比较，以确保价格具有竞争性的采购方式。该方法适用于货源充足、规格标准统一的货物，以及简单的服务和工程。

单一来源采购即没有竞争的采购，是指达到竞争性谈判采购金额标准，但由于所购商品的来源渠道单一，或属于专利、首次制造、合同追加等特殊情况，只能由一家供应商供货的采购方式。单一来源采购也称为直接采购，即采购机构向供应商直接购买。

框架协议采购是指采购人或者集中采购机构针对一定时期内的采购需求，通过公开征集的方式，确定多个符合条件的供应商入围并与其签订框架协议，在实际需求发生时，由采购人按照框架协议约定在入围供应商范围内确定成交供应商并授予合同的采购方式。

该方法适用于采购人需要多频次采购的项目。

（四）政府采购的程序

政府采购的程序包括编制政府采购预算、汇编政府采购计划、确定并执行采购方式、订立及履行合同、验收和资金结算等步骤。

(1) 政府采购预算是反映采购机构年度政府采购项目及资金的计划，是部门预算的组成部分。采购机构应当按照财政部门的要求，编制政府采购预算，经主管部门审核汇总，报同级财政部门审核。政府采购项目应当严格按照批准的预算执行。

(2) 政府采购主管机构依据批复的部门预算，按项目或项目汇总编制本级政府采购计划，列明当年集中采购目录、采购机构、各采购项目的采购组织、采购形式、资金支付办法等事项，批复给各个机关；采购机构的主管部门应在接到财政部门批复的政府采购计划后，向同级财政部门提交集中采购项目的采购清单（内容包括采购项目的详细品名、技术规格和数量，预算和资金构成，交货时间等）。采购清单由财政部门根据预算和政府采购计划核对无误后，交集中采购机构实施。

(3) 集中采购机构应当按照政府采购计划中确定的采购范围和方式组织采购活动，与中标供应商签订合同。在合同履行过程中，需要变更有关条款的，合同当事人各方应协商一致。

(4) 政府采购合同的验收应当依照合同的约定进行。合同履行质量的验收应由第三方负责，财政部门的政府采购主管机构不得参加验收工作。

(5) 支付采购资金时，采购机构应当依照有关规定，向财政部门报送拨款申请书及有关文件。财政部门和采购单位对采购机构报送的拨款申请书及有关文件进行审核。审核无误后，按照合同约定的金额和采购进度向中标供应商付款。

思考题

1. 如何界定行政单位和事业单位？
2. 什么是政府单位会计？政府单位会计的对象是什么？
3. 什么是政府单位会计的“双目标”？
4. 政府单位会计的标准体系包括哪些内容？
5. 政府单位会计的核算模式是什么？
6. 什么是部门预算管理制度？其包括哪些内容？
7. 部门预算管理的流程包括哪些环节？
8. 什么是部门预算功能分类和经济分类？
9. 部门预算经济分类科目设置哪些类别？
10. 什么是财政直接支付？其流程是什么？
11. 什么是财政授权支付？其流程是什么？
12. 什么是政府采购？政府采购制度的适用范围是什么？
13. 政府采购的方式有哪些？

第八章

政府单位财务会计核算

学习目标和学习重点

政府单位会计包括财务会计和预算会计。本章主要讲授政府单位财务会计核算的基本方法，讲解政府单位财务会计核算的实务。学习目标是明确政府单位财务会计的核算原理与规则，了解政府单位的业务流程，熟悉政府单位主要业务的财务会计核算的实务操作，为政府单位平行记账方法的应用与财务报表的编制奠定基础。本章的学习重点包括：

1. 明确政府单位财务会计要素，掌握财务会计的确认、计量与记账方法；
2. 了解政府单位的业务流程，理解主要业务或会计事项的经济实质；
3. 熟练掌握政府单位财务会计的收入、费用的核算方法；
4. 掌握政府单位财务会计的资产、负债和净资产的核算方法。

第一节　政府单位财务会计的核算方法

政府单位财务会计核算包括会计要素的确认、计量、记录等环节。本节在介绍财务会计要素与会计科目设置的基础上，讲解权责发生制确认基础和各计量方法在财务会计核算中的应用。

一、政府单位财务会计要素与科目

（一）政府单位财务会计要素

政府单位财务会计服务于单位的经济与财务管理，以单位的业务活动资金为会计对象，反映单位的财务状况和运行情况。政府单位财务会计的要素包括资产、负债、净资产、收入和费用。其中，资产、负债和净资产要素反映单位某一时点的财务状况，收入和费用反映单位一定时期的运行情况。

（二）政府单位财务会计科目

根据《政府会计制度——行政事业单位会计科目和报表》（财会〔2017〕25号），政府单位会计共设置103个一级会计科目，分别财务会计与预算会计设置会计科目。其中，财务会计设置了77个一级科目，预算会计设置了26个一级科目。2020年12月，财政部印发《〈政府会计准则第10号——政府和社会资本合作项目合同〉应用指南》（财会〔2020〕19号），增设了3个财务会计科目。至此，政府单位会计科目共有106个，其中，财务会计设置80个一级科目，预算会计设置26个一级科目。

小链接8-1

我国的政府会计正在完善，随着政府会计具体准则、应用指南和准则制度解释的颁布，会计科目或许会调整，请关注财政部颁布的最新文件。财政部2020年12月印发的《〈政府会计准则第10号——政府和社会资本合作项目合同〉应用指南》（财会〔2020〕19号）增设了3个财务会计科目。

《政府会计准则第10号——政府和社会资本合作项目合同》应用指南

政府单位财务会计的80个一级科目中，资产类科目37个，负债类科目16个，净资产类科目8个，收入类科目11个，费用类科目8个。政府单位财务会计的科目区分行政单位和事业单位，行政单位会计可以使用其中的56个科目，事业单位会计可以使用其中的79个科目，行业事业单位会计需要根据专业业务的特点适当增设会计科目。

政府单位财务会计科目编号、名称如表8-1所示。

表8-1　政府单位财务会计科目表

序号	科目编号	科目名称	备注	序号	科目编号	科目名称	备注
（一）资产类				5	1101	短期投资	事业
1	1001	库存现金	行政/事业	6	1201	财政应返还额度	行政/事业
2	1002	银行存款	行政/事业	7	1211	应收票据	事业
3	1011	零余额账户用款额度	行政/事业	8	1212	应收账款	行政/事业
				9	1214	预付账款	行政/事业
4	1021	其他货币资金	行政/事业	10	1215	应收股利	事业

续表

序号	科目编号	科目名称	备注	序号	科目编号	科目名称	备注
11	1216	应收利息	事业	46	2304	应付利息	事业
12	1218	其他应收款	行政/事业	47	2305	预收账款	事业
13	1219	坏账准备	事业	48	2307	其他应付款	行政/事业
14	1301	在途物品	行政/事业	49	2401	预提费用	行政/事业
15	1302	库存物品	行政/事业	50	2501	长期借款	事业
16	1303	加工物品	行政/事业	51	2502	长期应付款	行政/事业
17	1401	待摊费用	行政/事业	52	2601	预计负债	行政/事业
18	1501	长期股权投资	事业	53	2901	受托代理负债	行政/事业
19	1502	长期债券投资	事业			（三）净资产类	
20	1601	固定资产	行政/事业	54	3001	累计盈余	行政/事业
21	1602	固定资产累计折旧	行政/事业	55	3101	专用基金	事业
22	1611	工程物资	行政/事业	56	3201	权益法调整	事业
23	1613	在建工程	行政/事业	57	3301	本期盈余	行政/事业
24	1701	无形资产	行政/事业	58	3302	本年盈余分配	行政/事业
25	1702	无形资产累计摊销	行政/事业	59	3401	无偿调拨净资产	行政/事业
26	1703	研发支出	行政/事业	60	3501	以前年度盈余调整	行政/事业
27	1801	公共基础设施	行政/事业	61	3601	PPP项目净资产	行政/事业
28	1802	公共基础设施累计折旧（摊销）	行政/事业			（四）收入类	
				62	4001	财政拨款收入	行政/事业
29	1811	政府储备物资	行政/事业	63	4101	事业收入	事业
30	1821	文物文化资产	行政/事业	64	4201	上级补助收入	事业
31	1831	保障性住房	行政/事业	65	4301	附属单位上缴收入	事业
32	1832	保障性住房累计折旧	行政/事业	66	4401	经营收入	事业
33	1841	PPP项目资产	行政/事业	67	4601	非同级财政拨款收入	行政/事业
34	1842	PPP项目资产累计折旧（摊销）	行政/事业	68	4602	投资收益	事业
				69	4603	捐赠收入	行政/事业
35	1891	受托代理资产	行政/事业	70	4604	利息收入	行政/事业
36	1901	长期待摊费用	行政/事业	71	4605	租金收入	行政/事业
37	1902	待处理财产损溢	行政/事业	72	4609	其他收入	行政/事业
		（二）负债类				（五）费用类	
38	2001	短期借款	事业	73	5001	业务活动费用	行政/事业
39	2101	应交增值税	行政/事业	74	5101	单位管理费用	事业
40	2102	其他应交税费	行政/事业	75	5201	经营费用	事业
41	2103	应缴财政款	行政/事业	76	5301	资产处置费用	行政/事业
42	2201	应付职工薪酬	行政/事业	77	5401	上缴上级费用	事业
43	2301	应付票据	事业	78	5501	对附属单位补助费用	事业
44	2302	应付账款	行政/事业	79	5801	所得税费用	事业
45	2303	应付政府补贴款	行政	80	5901	其他费用	行政/事业

政府单位应当按照会计制度的规定设置和使用会计科目。在不影响会计处理和编制报表的前提下，单位可以根据实际情况自行增设或减少某些会计科目。为满足经济管理的需要，政府单位应当按照业务类型、成本项目、资产负债分类等，设置各财务会计科

目的明细科目，或进行辅助核算。

二、政府单位财务会计的确认方法

（一）政府单位财务会计的确认基础

根据《政府会计准则——基本准则》的规定，政府单位财务会计实行权责发生制。政府单位财务会计采用权责发生制确认基础，有利于完整地反映单位的财务状况和运行情况，为财务报告使用者进行经济管理、监督和决策提供有用信息。

权责发生制是指以取得收取款项的权利或承担支付款项的义务为标志来确定本期收入和费用的会计核算基础。凡是当期已经实现的收入和已经发生的或应当负担的费用，不论款项是否收付，都应当作为当期的收入和费用；凡是不属于当期的收入和费用，即使款项已在当期收付，也不应当作为当期的收入和费用。

（二）权责发生制确认方法的应用

政府单位的财务会计核算应当遵循权责发生制原则，将业务活动与会计核算融合，结合单位的具体情况和特定的业务，制定相应的会计政策，准确地确认单位的各项收入、费用、资产、负债和净资产。符合收入、费用定义和确认条件的项目，应当列入收入费用表。符合资产、负债和净资产定义和确认条件的项目，应当列入资产负债表。

（1）收入应当在其实现时确认，当期已经实现的收入无论是否收取款项，都应当确认为当期收入。收入的实现应当以控制权转移为标准，通过识别与客户订立的合同、识别合同中的单项履约义务、确定交易价格、将交易价格分摊至各单项履约义务、履行各单项履约义务时确认收入等步骤确认。

（2）费用应当在已经发生或应当负担时确认，当期已经发生的费用无论是否支付款项，都应当确认为当期费用。费用的确认应当有充分的事实依据，保证能够可靠地计量，通常依据法律法规的规定、合同或协议的约定确认。

（3）资产应当在取得控制权时确认。银行存款、零余额账户用款额度在款项存入银行或指标下达代理银行时确认，应收账款、其他应收款在发生应收未收款项时确认，固定资产在验收合格或建造完成交付使用时确认。

（4）负债应当在其承担义务时确认。短期借款、长期借款等债务应当在与债权人签订借款合同或协议并取得举借资金时确认，应付职工薪酬、应付账款、预收账款、应交税费等应付及预收款项应当在发生相关义务时确认。

（5）净资产的确认取决于资产和负债的确认结果，一般在其发生变动时或期末确认。

三、政府单位财务会计的计量方法

（一）政府单位财务会计的计量属性

政府单位财务会计的计量主要是资产和负债的计量。采用不同方法计量的资产与负债有不同的计量属性。

根据《政府会计准则——基本准则》的规定，资产的计量属性主要包括历史成本、重置成本、现值、公允价值和名义金额，负债的计量属性主要包括历史成本、现值和公允价值。

（二）政府单位财务会计的计量方法的应用

1. 资产的计量

政府单位在对资产进行计量时，一般应当采用历史成本。采用重置成本、现值、公允价值计量的，应当保证所确定的资产金额能够持续可靠计量。资产的计量包括初始计量和后续计量两个环节。

(1) 初始计量。政府会计具体准则规定，存货、长期投资、固定资产、无形资产、公共基础设施、政府储备物资、PPP 项目资产等在取得时应当按照成本进行初始计量。

政府单位外购的资产，其成本包括购买价款、相关税费以及资产交付使用前所发生的可归属于该项资产的运输费、装卸费、安装费等。政府单位自行加工、建造、开发的资产，其成本包括材料费用、人工费用、建造费用、开发费用等该项资产至交付使用前所发生的全部必要支出。政府单位无偿调入的资产，其成本按照调出方账面价值加上相关税费、运输费等确定。政府单位盘盈的资产，按规定经过资产评估的，其成本按照评估价值确定；未经资产评估的，其成本按照重置成本确定。

政府单位接受捐赠的资产，其成本按照有关凭据注明的金额加上相关税费、运输费等确定；没有相关凭据可供取得，但按规定经过资产评估的，其成本按照评估价值加上相关税费、运输费等确定；没有相关凭据可供取得也未经资产评估的，其成本比照同类或类似资产的市场价格加上相关税费、运输费等确定；没有相关凭据且未经资产评估，同类或类似资产的市场价格也无法可靠取得的，按照名义金额入账，相关税费、运输费等计入当期费用。可以按照名义金额计量的资产只包括接受捐赠的库存物品、固定资产、无形资产，以及无法确定成本的盘盈库存物品、固定资产和无形资产。

《政府会计准则制度解释第 3 号》规定，有确凿证据表明凭据上注明的金额高于受赠资产同类或类似资产的市场价格 30%或达不到其 70%的，则应当以同类或类似资产的市场价格确定成本。

小链接 8-2

为了进一步健全和完善政府会计准则制度，确保政府会计准则制度有效实施，财政部于 2020 年 10 月印发《政府会计准则制度解释第 3 号》（财会〔2020〕15 号），对政府会计准则制度进行补充完善。

政府会计准则制度解释第 3 号

(2) 后续计量。政府单位应当按照政府会计具体准则和会计制度的规定，对各项资产进行后续计量，准确反映资产的价值。

对于存货、政府储备物资，政府单位应当根据实际情况采用先进先出法、加权平均法或者个别计价法确定其发出的实际成本。计价方法一经确定，不得随意变更。

对于固定资产、无形资产、公共基础设施、保障性住房、PPP 项目资产，政府单位应当根据有关规定，结合资产的性质和使用情况，合理确定其使用年限，计提折旧或摊销。

对于长期股权投资，通常应当采用权益法进行核算，根据单位在被投资单位所享有的所有者权益份额的变动调整投资的账面余额。如果单位无权决定被投资单位的财务和经营政策或无权参与被投资单位的财务和经营政策的决策，应当采用成本法进行核算。

事业单位应当于每年年末对收回后不需上缴财政的应收账款和其他应收款进行全面检查，分析其可收回性，对预计可能产生的坏账损失计提坏账准备，确认坏账损失。

2. 负债的计量

政府单位在对负债进行计量时，一般应当采用历史成本。采用现值、公允价值计量的，应当保证所确定的负债金额能够持续可靠计量。根据《政府会计准则第 8 号——负债》的规定，政府会计主体的负债包括举借债务、应付及预收款项、暂收性负债和由或有事项形成的预计负债。

举借债务是指单位从银行或其他金融机构等借入的款项，包括短期借款和长期借款。对于借入款项，初始确认为负债时应当按照借款本金计量，借款本金与取得的借款资金的差额应当计入当期费用。政府单位应当按照借款本金和合同或协议约定的利率按期计提举借债务的利息。

应付及预收款项是指单位在运营活动中形成的应当支付而尚未支付的款项，以及预先收到但尚未实现收入的款项。政府单位应当按照会计期间应支付给职工的薪酬和承担的社会保险费、住房公积金的金额确认应付职工薪酬，按照取得资产、接受劳务应付未付款项的金额确认应付账款，按照预收款项时实际收到款项的金额确认预收账款。

暂收性负债是指政府会计主体暂时收取，随后应做上缴、退回、转拨等处理的款项。对于应缴财政款，政府单位应当在实际收到相关款项时，按照根据相关规定计算确定的上缴金额予以确认。对于其他暂收款项，政府会计主体应当在实际收到相关款项时，按照实际收到的金额予以确认。

预计负债是指单位承担的与或有事项相关的现时义务。预计负债应当按照履行相关现时义务所需支出的最佳估计数进行初始计量。所需支出存在一个连续范围，且该范围内各种结果发生的可能性相同的，最佳估计数应当按照该范围的中间值确定。

第二节　收入的核算

收入是财务会计的要素，反映政府单位的运行过程与成果。本节介绍政府单位收入的确认、内容与确认方法，讲解各收入类科目的核算内容、账户设置和账务处理。

一、收入的确认与内容

（一）收入的确认

收入是政府单位在一定时期取得的、会导致净资产增加的、含有服务潜力或者经济利益的经济资源的流入。政府单位确认一项收入，要求与收入相关的含有服务潜力或者经济利益的经济资源很可能流入政府会计主体，含有服务潜力或者经济利益的经济资源流入会导致政府会计主体资产增加或者负债减少，流入金额能够可靠地计量。

政府单位的收入以权责发生制基础确认，凡是当期已经实现的收入，不论款项是否收到，都应当作为当期的收入。

（二）收入的内容

财务会计为政府单位的经济与财务管理服务，应当完整反映所实现的各项收入，为绩效考核与评价奠定基础。按照单位活动类型及收入的来源划分，收入分为财政拨款收入、业务活动收入、经营收入、转移性收入和其他活动收入。

（1）财政拨款收入是政府单位从同级政府财政取得的各项经费拨款，是行政单位的主要经费来源，是事业单位的一项重要资金来源。

（2）业务活动收入是事业单位开展业务活动，向社会提供商品、服务等而取得的事业收入。行政单位的职责是依法履职，不设置事业收入这一会计科目。

（3）经营收入是事业单位在专业业务活动及辅助活动之外开展非独立核算经营活动取得的收入。行政单位不开展经营活动，不设置经营收入这一会计科目。

（4）转移性收入是政府单位从非同级财政部门、其他政府单位取得的收入，包括非同级财政拨款收入、上级补助收入和附属单位上缴收入。上级补助收入和附属单位上缴收入是事业单位设置的会计科目，行政单位不设置此类会计科目。

（5）其他活动收入是政府单位取得的除上述各类收入以外的各项收入，包括捐赠收入、利息收入、租金收入、投资收益、其他收入。其中，投资收益是事业单位设置的会计科目，其他几个科目是行政单位与事业单位的共用科目。

二、财政拨款收入

（一）财政拨款收入的内容

财政拨款收入是政府单位从同级政府财政部门取得的经费拨款。根据财政预算管理体系及单位的隶属关系，政府单位的财政拨款由同级政府财政部门安排拨付。政府单位应当按照批准的年度部门预算和月度用款计划，向同级财政部门申请经费拨款。在国库集中收付制度下，政府单位的预算经费由同级财政通过国库单一账户体系统一拨付，包括财政直接支付、财政授权支付和其他方式。政府单位从同级政府财政部门取得的各类经费拨款，包括一般公共预算财政拨款、政府性基金预算财政拨款等。

（二）财政拨款收入的核算

政府单位设置“财政拨款收入”科目，核算单位从同级政府财政部门取得的各类财政拨款。同级政府财政部门预拨的下期预算款和没有纳入预算的暂付款项，以及采用实拨资金方式通过本单位转拨给下属单位的财政拨款，通过“其他应付款”科目核算，不通过本科目核算。本科目可按照一般公共预算财政拨款、政府性基金预算财政拨款等拨款种类进行明细核算。期末，应当将本科目本期发生额转入本期盈余，期末结转后本科目应无余额。

财政拨款收入的主要账务处理如下。

1. 财政直接支付方式

财政直接支付方式下，财政拨款收入在财政部门完成款项的实际支付时确认。根据收到的财政直接支付入账通知书及相关原始凭证，按照通知书中的直接支付入账金额，借记“库存物品”“固定资产”“业务活动费用”“单位管理费用”“应付职工薪酬”等科目，贷记“财政拨款收入”科目。

【例 8-1】 某单位收到国库支付执行机构委托代理银行转来的财政直接支付入账通知书及原始凭证，单位的一笔培训费用 60 000 元已经完成支付，资金性质为一般公共预算资金。

借：业务活动费用　60 000

　贷：财政拨款收入——一般公共预算财政拨款　60 000

【例 8-2】 某单位收到国库支付执行机构委托代理银行转来的财政直接支付入账通知书及原始凭证，单位通过财政直接支付方式购买的专用材料 3 800 元已经完成支付，专用材料已经验收入库，资金性质为政府性基金预算资金。

借：库存物品——专用材料　3 800

　贷：财政拨款收入——政府性基金预算财政拨款　3 800

2. 财政授权支付方式

财政授权支付方式下，财政拨款收入在用款额度下达代理银行账户时确认。根据收到的财政授权支付额度到账通知书，按照通知书中的授权支付额度，借记“零余额账户用款额度”科目，贷记“财政拨款收入”科目。

【例 8-3】 某单位收到代理银行转来的财政授权支付额度到账通知书，本月单位财政授权支付额度 170 000 元已经下达代理银行，资金性质为一般公共预算资金。

借：零余额账户用款额度　170 000

　贷：财政拨款收入——一般公共预算财政拨款　170 000

3. 其他方式

财政直接支付和财政授权支付是国库集中收付制度下财政资金的两种主要拨付方式。除此之外，还存在其他支付方式，主要是财政实拨资金。财政实拨资金方式下，财政拨款收入在款项到达单位的银行账户时确认。单位收到财政拨款收入时，按照实际收到的金额，借记“银行存款”等科目，贷记“财政拨款收入”科目。

【例 8-4】 某单位收到开户银行转来的到账通知书，同级财政部门拨入的项目经费 150 000 元已经到账，资金性质为政府性基金预算资金。

借：银行存款　150 000

　贷：财政拨款收入——政府性基金预算财政拨款　150 000

三、事业收入

（一）事业收入的内容

事业收入是事业单位开展专业业务活动及辅助活动所取得的收入。事业收入是事业单位的业务活动收入，包括提供服务取得的收入和销售商品取得的收入。专业业务活动是事业单位的主要业务事项，是事业单位为了实现其宗旨开展的业务活动。每个事业单位的专业业务活动可能有所不同，如学校的专业业务活动是教育活动，研究机构的专业业务活动是科研活动，卫生事业单位的专业业务活动是医疗服务活动等。辅助活动是与专业活动相关的为专业业务提供支持的活动。事业单位的业务活动具有公益属性，在国家政策支持下可以通过事业收费运转的事业单位，提供的公益性服务不以营利为目的，但需要按成本补偿的原则制定价格，收取商品价款或服务费用。不同于各种补助类收入，事业收入是一种有偿收入，以提供各项商品或服务为前提，是事业单位在业务活动中通过收费等方式取得的。

（二）事业收入的核算

事业单位设置“事业收入”科目，核算事业单位开展专业业务活动及其辅助活动实现的收入，不包括从同级政府财政部门取得的各类财政拨款。本科目应当按照事业收入的类别、来源等进行明细核算。对于因开展科研及其辅助活动从非同级政府财政部门取得的经费拨款，应当在本科目下单设“非同级财政拨款”明细科目进行核算。期末，应当将本科目本期发生额转入本期盈余，期末结转后本科目应无余额。事业收入涉及增值税业务的，通过“应交增值税”科目核算。如果应当缴纳增值税，事业收入为扣除增值税后的收入。

事业单位应当按照合同完成进度确认事业收入，或者在履行完合同后确认事业收入。单位以合同完成进度确认事业收入时，应当根据业务实质，选择累计实际发生的合同成本占合同预计总成本的比例、已经完成的合同工作量占合同预计总工作量的比例、已经完成的时间占合同期限的比例、实际测定的完工进度等方法，合理确定合同完成进度。其主要账务处理如下。

1. 采用收取现款方式管理的事业收入

采用收取现款的管理方式，在收讫价款时确认事业收入。按照实际收到的金额，借记“银行存款”“库存现金”等科目，贷记“事业收入”科目。

【例 8-5】 某事业单位为博物馆，其专业业务活动为文化艺术品展览，当日展览取得门票收入 6 520 元，款项已经存入银行。

借：银行存款　6 520

贷：事业收入——展览门票收入　　6 520

2. 采用预收款方式管理的事业收入

采用预收款的管理方式，应当按照合同完成进度确认已经实现的事业收入。(1) 实际收到预收款项时，按照收到的款项金额，借记“银行存款”等科目，贷记“预收账款”科目。(2) 以合同完成进度确认事业收入时，按照基于合同完成进度计算的金额，借记“预收账款”科目，贷记“事业收入”科目。

【例 8－6】 某事业单位为培训中心，与某企业签订培训合同，为某企业举办两期业务培训班，每期培训 20 天，培训收费总计 32 000 元。

(1) 签订合同时，收到某企业预付的培训费 20 000 元，款项已经存入单位的银行账户。

借：银行存款　　20 000

贷：预收账款　　20 000

(2) 完成第一期培训后，确认已经实现的事业收入 16 000 元。

借：预收账款　　16 000

贷：事业收入——培训收入　　16 000

(3) 完成第二期培训后，收到某企业转账支付的款项 12 000 元，同时确认第二期培训实现的事业收入 16 000 元。

借：预收账款　　4 000

银行存款　　12 000

贷：事业收入——培训收入　　16 000

3. 采用应收款方式管理的事业收入

采用应收款的管理方式，应当按照合同完成进度确认已经实现的事业收入。(1) 根据合同完成进度计算本期应收的款项，借记“应收账款”科目，贷记“事业收入”科目。(2) 实际收到款项时，借记“银行存款”等科目，贷记“应收账款”科目。

【例 8－7】 某事业单位为科研机构，为某企业提供科技服务。按照合同约定，服务价款为 56 000 元，在履行合同后 3 个月支付。

(1) 事业单位履行合同，完成科技服务。

借：应收账款　　56 000

贷：事业收入——科技服务　　56 000

(2) 收到转账支付的科技服务款项 56 000 元。

借：银行存款　　56 000

贷：应收账款　　56 000

小链接 8－3

政府会计准则正在逐步完善，目前政府会计收入准则尚未发布。事业单位收入的确认与计量可以参照企业会计中收入核算的“五步法”，并在此基础上适当简化。详见《企业会计准则第 14 号——收入》(财会〔2017〕22 号)。

企业会计准则
第 14 号——收入

4. 采用财政专户返还方式管理的事业收入

如果事业单位的收入纳入了财政专户管理，事业收入需要按"收支两条线"的方式管理。在这种管理方式下，事业单位取得的各项事业性收费不能立即安排支出，需要上缴财政部门设立的财政资金专户，支出由财政部门按资金收支计划从财政专户中拨付。事业单位经过审批取得从财政专户核拨的款项时，方可确认事业收入。(1) 收到或应收到应上缴财政专户的事业收入时，按照实际收到或应收的金额，借记"银行存款""应收账款"等科目，贷记"应缴财政款"科目。(2) 向财政专户上缴款项时，按照实际上缴的款项金额，借记"应缴财政款"科目，贷记"银行存款"等科目。(3) 收到从财政专户返还的事业收入时，按照实际收到的返还金额，借记"银行存款"等科目，贷记"事业收入"科目。

【例 8-8】 某事业单位为学校，向学生收取的学费纳入财政专户管理，按规定需要全额上缴财政专户。

(1) 收取本学期学生学费 48 000 元，款项已经存入单位的银行账户。

借：银行存款	48 000	
贷：应缴财政款		48 000

(2) 按规定将上述款项缴入财政专户。

借：应缴财政款	48 000	
贷：银行存款		48 000

(3) 按照单位的月度用款计划，收到从财政专户返还的事业收入 12 000 元。

借：银行存款	12 000	
贷：事业收入——财政专户返还收入		12 000

需要注意的是，上述经济业务或事项没有考虑增值税业务。如果事业单位的事业收入需要缴纳增值税，确认的事业收入应当是不含税收入，价款中包含的增值税销项税通过"应交增值税"科目核算。

四、经营收入

(一) 经营收入的内容

经营收入是事业单位在专业业务活动及辅助活动之外开展非独立核算经营活动取得的收入。经营收入的确认应同时具备两个条件：一是经营收入是事业单位在专业业务活动及辅助活动之外取得的收入；二是经营收入是事业单位开展非独立核算经营活动取得的收入。经营收入是一种有偿收入，以提供各项服务或商品为前提，是事业单位在经营活动中通过收费等方式取得的。事业单位的主要业务活动是专业业务活动，在专业业务活动及辅助活动以外开展的各项业务活动即为经营活动。事业单位开展经营活动的目的是通过经营活动获取一定的收入，弥补事业经费的不足。事业单位的经营收入主要是经营活动中实现的商品销售收入、提供服务收入、租赁收入等。

（二）经营收入的核算

事业单位设置“经营收入”科目，核算事业单位在专业业务活动及其辅助活动之外开展非独立核算经营活动取得的收入。本科目应当按照经营活动类别、项目和收入来源等进行明细核算。期末，应当将本科目本期发生额转入本期盈余，期末结转后本科目应无余额。经营收入涉及增值税业务的，通过“应交增值税”科目核算。如果应当缴纳增值税，经营收入为扣除增值税后的收入。

经营收入应当在提供服务或发出存货，同时收讫价款或者取得索取价款的凭据时，按照实际收到或应收的金额予以确认。实现经营收入时，按照确定的收入金额，借记“银行存款”“应收账款”“应收票据”等科目，贷记“经营收入”科目。

【例 8-9】 某事业单位为环境保护单位，其经营业务为向社会公众提供家庭装修污染检测服务。本日检测服务收费 3 200 元，存入单位的银行账户，该项服务不需要缴纳增值税。

借：银行存款	3 200	
贷：经营收入——检测服务		3 200

【例 8-10】 某事业单位为医疗卫生服务单位，其经营业务为对外销售一项康复用品，本日销售商品价值为 226 000 元（含税），款项尚未收到。该事业单位为增值税一般纳税人，增值税销项税额为 26 000 元。

借：应收账款	226 000	
贷：经营收入——康复用品		200 000
应交增值税		26 000

五、转移性收入

转移性收入是政府单位从上下级政府、同级政府部门、主管部门或上级单位、附属单位取得的内部收入，包括非同级财政拨款收入、上级补助收入和附属单位上缴收入。非同级财政拨款收入是行政单位和事业单位的共用科目，上级补助收入和附属单位上缴收入是事业单位设置的会计科目，行政单位没有补助与上缴收入。

（一）非同级财政拨款收入的核算

非同级财政部门拨款是政府单位从非同级财政部门取得的各类经费拨款，包括从上级政府财政部门取得的经费拨款、从下级政府财政部门取得的经费拨款，以及从同级政府其他部门取得的横向转拨财政款。政府单位的经费拨款主要是按照隶属关系从同级财政部门取得的，但也存在从非同级财政部门取得经费拨款的情况。非同级财政拨款通常通过银行转账，以实拨资金的方式拨付。

政府单位设置“非同级财政拨款收入”科目，核算单位从非同级政府财政部门取得的经费拨款。事业单位因开展科研及其辅助活动从非同级政府财政部门取得的经费拨款计入事业收入，不通过“非同级财政拨款收入”科目核算。本科目应当按照本级横向转拨财政款和非本级财政拨款进行明细核算，并按照收入来源进行明细核算。期末，应当将本科目本期发生额转入本期盈余，期末结转后本科目应无余额。

非同级财政拨款收入在单位实际收到或应当收到从非同级政府财政部门拨来的款项时确认。确认非同级财政拨款收入时，按照应收或实际收到的金额，借记“其他应收款”“银行存款”等科目，贷记“非同级财政拨款收入”科目。

【例 8-11】 某单位为市财政所属预算单位，因承担省政府交办的事项，收到省财政部门拨来的项目经费。单位收到开户银行转来的到账通知书，省级财政拨来的 78 000 元款项已经到账。

借：银行存款　78 000

　贷：非同级财政拨款收入——非本级财政拨款　78 000

【例 8-12】 某单位为市财政所属预算单位，收到开户银行转来的到账通知书，市属相关政府单位拨来的款项 80 000 元已经到账，用于完成某项工作任务。

借：银行存款　80 000

　贷：非同级财政拨款收入——来自本部门以外的同级政府单位　80 000

（二）上级补助收入的核算

上级补助收入是事业单位收到主管部门或上级单位拨入的非财政补助资金。根据事业单位的管理体制，每个事业单位均有主管部门或上级单位，主管部门或上级单位可以利用自身的收入或集中的收入，对所属事业单位给予补助，以调剂事业单位的资金余缺。不同于财政补助收入，上级补助收入并非来源于同级财政部门，也不是同级财政部门安排的财政预算资金。上级补助收入并不是事业单位的常规性收入，主管部门或上级单位一般根据自身的资金情况和事业单位的需要进行拨付。

事业单位设置“上级补助收入”科目，核算事业单位从主管部门和上级单位取得的非财政拨款收入。本科目应当按照发放补助单位、补助项目等进行明细核算。期末，应当将本科目本期发生额转入本期盈余，期末结转后本科目应无余额。

上级补助收入在应当收到补助款或实际收到补助款时确认。（1）按照应收上级补助款的金额确认上级补助收入时，借记“其他应收款”等科目，贷记“上级补助收入”科目。（2）按照实际收到上级补助款的金额确认上级补助收入时，借记“银行存款”等科目，贷记“上级补助收入”科目。

【例 8-13】 某事业单位的主管部门用其所集中的款项，对附属单位的经费进行调剂。按照补助方案计算，本期事业单位应收上级补助款的金额为 120 000 元。

借：其他应收款——应收上级补助款　120 000

　贷：上级补助收入——主管部门　120 000

【例 8-14】 某事业单位收到上级单位拨来的补助款 180 000 元，款项已经到账。此款项资助事业单位所开展的一项课题研究。

借：银行存款　180 000

　贷：上级补助收入——上级单位——课题研究　180 000

（三）附属单位上缴收入的核算

附属单位上缴收入是指事业单位附属的独立核算单位按规定标准或比例缴纳的各项收入。有些事业单位下设一些独立核算的附属单位，这些单位按规定应当上缴本级单位一定的收入，形成事业单位的附属单位上缴收入。所谓附属单位，是指事业单位内部设立的、实行独立核算的下级单位，与上级单位存在一定的体制关系。

事业单位设置“附属单位上缴收入”科目，核算事业单位取得的附属独立核算单位按照有关规定上缴的收入。本科目应当按照附属单位、缴款项目等进行明细核算。期末，应当将本科目本期发生额转入本期盈余，期末结转后本科目应无余额。

附属单位上缴收入在应当收到上缴款或实际收到上缴款时确认。确认附属单位上缴收入时，按照应收或收到的金额，借记“其他应收款”“银行存款”等科目，贷记“附属单位上缴收入”科目。

【例 8 - 15】 某事业单位下属的招待所为独立核算的附属单位。按照单位与招待所签订的收入分配办法的规定，本月招待所应缴纳收入分成款 150 000 元。

（1）确认附属单位上缴收入时：

借：其他应收款——招待所	150 000	
贷：附属单位上缴收入——招待所收入上缴		150 000

（2）实际收到招待所上缴款时：

借：银行存款	150 000	
贷：其他应收款——招待所		150 000

六、其他各项收入

其他各项收入是政府单位开展上述活动以外的活动取得的收入，包括捐赠收入、利息收入、租金收入、投资收益和其他收入。行政单位不允许对外投资，不设置“投资收益”科目。

（一）捐赠收入的核算

政府单位设置“捐赠收入”科目，核算单位接受其他单位或者个人捐赠取得的收入。本科目应当按照捐赠资产的用途和捐赠单位等进行明细核算。期末，应当将本科目本期发生额转入本期盈余，期末结转后本科目应无余额。

捐赠收入应当在实际收到捐赠资产时确认，主要账务处理如下：（1）接受捐赠的货币资金，按照实际收到的金额，借记“银行存款”“库存现金”等科目，贷记“捐赠收入”科目。（2）接受捐赠的实物资产，按照确定的成本，借记“库存物品”“固定资产”等科目，按照发生的相关税费、运输费等，贷记“银行存款”等科目，按照其差额，贷记“捐赠收入”科目。捐赠实物资产的成本一般按照相关凭据、同类资产市场价格或评估价值确定，如果收到的捐赠资产无法可靠计量，按照其名义金额人民币 1 元入账。

【例 8 - 16】 某单位接受社会组织的捐赠，包括捐赠款和材料用品。收到捐赠款

28 000 元，已经存入单位的银行账户。收到捐赠的材料用品已经验收入库，根据所附凭据，其价值为 35 000 元。捐赠过程中，单位没有承担相关税费。

借：银行存款　　28 000

　　库存物品　　35 000

　贷：捐赠收入　　63 000

（二）利息收入的核算

政府单位设置“利息收入”科目，核算单位取得的银行存款利息收入。本科目没有要求设置明细科目。期末，应当将本科目本期发生额转入本期盈余，期末结转后本科目应无余额。

利息收入应当在取得时确认。取得银行存款利息时，按照实际收到的金额，借记“银行存款”科目，贷记“利息收入”科目。

【例 8－17】 某单位收到开户银行转来的入账通知单，本月银行存款利息为 720 元。

借：银行存款　　720

　贷：利息收入　　720

（三）租金收入的核算

政府单位设置“租金收入”科目，核算单位经批准利用国有资产出租取得并按照规定纳入本单位预算管理的租金收入。本科目应当按照出租国有资产类别和收入来源等进行明细核算。期末，应当将本科目本期发生额转入本期盈余，期末结转后本科目应无余额。租金收入涉及增值税业务的，通过“应交增值税”科目核算。如果资产出租应当缴纳增值税等，租金收入为扣除增值税后的收入。

根据行政、事业单位国有资产管理办法的规定，单位拟将占有、使用的国有资产对外出租、出借的，必须事先上报同级财政部门审核批准，未经批准不得对外出租、出借。同级财政部门应当加强对国有资产对外出租、出借事项的严格控制，从严审批。如果按规定取得的租金收入应当上缴国库，则应通过“应缴财政款”科目核算，不确认为租金收入。

国有资产出租收入应当在租赁期内各个期间，按照直线法予以确认。直线法是指将已经收到或应当收到的租金平均分配到各个期间。租金收入的主要账务处理如下：（1）采用预收租金方式的，预收租金时，按照收到的金额，借记“银行存款”等科目，贷记“预收账款”科目；分期确认租金收入时，按照各期租金的金额，借记“预收账款”科目，贷记“租金收入”科目。（2）采用后付租金方式的，每期确认租金收入时，按照各期租金的金额，借记“应收账款”科目，贷记“租金收入”科目；收到租金时，按照实际收到的金额，借记“银行存款”等科目，贷记“应收账款”科目。（3）采用分期收取租金方式的，每期收取租金时，按照租金的金额，借记“银行存款”等科目，贷记“租金收入”科目。

【例 8－18】 某单位经财政部门的批准，将一闲置的房屋对外出租。根据房屋租赁协议，租金为 12 000 元，于年初一次交纳。

(1) 年初预收全年租金12 000元。

借：银行存款　　12 000

　贷：预收账款　　12 000

(2) 按照直线法计算月租金为1 000元，按照5%的征收率计算的应交增值税为50元。

借：预收账款　　1 000

　贷：租金收入——房屋租赁　　950

　　　应交增值税——简易计税　　50

(四) 投资收益的核算

事业单位设置“投资收益”科目，核算事业单位股权投资和债券投资所实现的收益或发生的损失。本科目应当按照投资的种类等进行明细核算。期末，应当将本科目本期发生额转入本期盈余，期末结转后本科目应无余额。投资收益涉及增值税业务的，通过“应交增值税”科目核算。

投资收益应当在其实现时确认，其主要账务处理如下。

1. 短期投资的投资收益

收到短期投资持有期间的利息，按照实际收到的金额，借记“银行存款”科目，贷记“投资收益”科目。出售或到期收回短期债券本息，按照实际收到的金额，借记“银行存款”科目，按照出售或收回短期投资的成本，贷记“短期投资”科目，按照其差额，贷记或借记“投资收益”科目。

【例8-19】 某事业单位到期收回所购入的201805期短期国债本息，收到款项共计81 200元，该国债的账面投资成本为80 000元。

借：银行存款　　81 200

　贷：短期投资　　80 000

　　　投资收益——201805期短期国债收益　　1 200

2. 长期债券投资的投资收益

长期债券投资持有期间，应当按期以票面金额与票面利率计算确认利息收入。(1) 持有分期付息、一次还本的长期债券投资，按期确认利息收入时，按照计算确定的应收未收利息，借记“应收利息”科目，贷记“投资收益”科目。(2) 持有到期一次还本付息的债券投资，按期确认利息收入时，按照计算确定的应收未收利息，借记“长期债券投资——应计利息”科目，贷记“投资收益”科目。(3) 出售长期债券投资或到期收回长期债券投资本息时，按照实际收到的金额，借记“银行存款”等科目，按照债券初始投资成本和已计未收利息金额，贷记“长期债券投资——成本/应计利息”科目（到期一次还本付息债券）或“长期债券投资”“应收利息”科目（分期付息债券），按照其差额，贷记或借记“投资收益”科目。

【例8-20】 某事业单位持有201802期长期国债，票面金额为300 000元，票面年利率为5%，2年期，到期一次还本付息。经计算，确认本月应计利息1 250元。

借：长期债券投资——应计利息　　1 250

　贷：投资收益——201802期长期国债收益　　1 250

3. **长期股权投资的投资收益**

长期股权投资的核算方法包括权益法和成本法。(1)采用权益法核算的长期股权投资在持有期间，按照应享有或应分担的被投资单位实现的净损益的份额，借记或贷记“长期股权投资——损益调整”科目，贷记或借记“投资收益”科目。(2)采用成本法核算的长期股权投资在持有期间，被投资单位宣告分派现金股利或利润时，按照宣告分派的现金股利或利润中属于单位应享有的份额，借记“应收股利”科目，贷记“投资收益”科目。

【例 8-21】 某事业单位的一项长期股权投资采用权益法核算。年末，根据被投资单位的当期净利润及投资所占有的份额计算，应确认长期股权投资收益 190 000 元。

借：长期股权投资——损益调整　　190 000

　贷：投资收益——长期股权投资　　190 000

(五)其他收入的核算

政府单位设置“其他收入”科目，核算单位取得的除财政拨款收入、非同级财政拨款收入、事业收入、经营收入、上级补助收入、附属单位上缴收入、捐赠收入、利息收入、租金收入、投资收益以外的各项收入，包括现金盘盈收入、按照规定纳入单位预算管理的科技成果转化收入、行政单位收回已核销的其他应收款、无法偿付的应付及预收款项、置换换出资产评估增值等。本科目应当按照其他收入的类别、来源等进行明细核算。期末，应当将本科目本期发生额转入本期盈余，期末结转后本科目应无余额。其他收入涉及增值税业务的，通过“应交增值税”科目核算。

其他收入应当在其实现时确认。确认现金盘盈收入、科技成果转化收入、收回已核销的其他应收款(行政单位)、无法偿付的应付及预收款项、置换换出资产评估增值等其他收入时，按照确认的金额，分别借记“待处理财产损溢”“银行存款”“应付账款”“预收账款”“其他应付款”等科目，贷记“其他收入”科目。

【例 8-22】 某单位的一项应付账款因故无法偿付，金额为 2 000 元，报经批准后进行核销。

借：应付账款　　2 000

　贷：其他收入——无法偿付的应付款项　　2 000

第三节　费用的核算

费用是财务会计的要素，反映政府单位运行过程中的各项耗费。本节介绍政府单位费用的确认、内容与确认方法，讲解各费用类科目的核算内容、账户设置和账务处理。

一、费用的确认与内容

(一)费用的确认

费用是政府单位在一定时期发生的、会导致净资产减少的、含有服务潜力或者经济利益的经济资源的流出。政府单位确认一项费用，要求与费用相关的含有服务潜力或者经济利益的经济资源很可能流出政府会计主体，含有服务潜力或者经济利益的经济资源流出会导致政府会计主体资产减少或者负债增加，流出金额能够可靠地计量。

政府单位的费用以权责发生制基础确认，凡是当期已经发生或应当负担的费用，不论款项是否支付，都应当作为当期的费用。

（二）费用的内容

财务会计为政府单位的经济与财务管理服务，应当准确、完整地反映发生的各项费用，为成本核算与绩效评价奠定基础。根据部门财务报告制度的规定，单位应当分别从单位活动类型和经济性质分类两个维度核算反映费用情况。

1. 费用按单位活动类型划分

政府单位的经济活动主要包括专业业务活动和单位管理活动，以及经营活动、资产处置、转移支付和其他活动，形成的费用包括以下内容：

（1）业务活动费用。业务活动费用反映政府单位本期为实现其职能目标，依法履职或开展专业业务活动及其辅助活动所发生的各项费用。

（2）单位管理费用。单位管理费用反映政府单位所属事业单位等本期本级行政及后勤管理部门开展管理活动所发生的各项费用。

（3）经营费用。经营费用反映政府单位本期在专业业务活动及其辅助活动之外开展非独立核算经营活动所发生的各项费用。

（4）资产处置费用。资产处置费用反映政府单位本期经批准处置资产时转销的资产价值以及在处置过程中发生的相关费用或者处置收入小于处置费用形成的净支出。

（5）上缴上级费用。上缴上级费用反映政府单位本期按照规定上缴上级单位款项所发生的费用。

（6）对附属单位补助费用。对附属单位补助费用反映政府单位本期用财政拨款收入之外的收入对附属单位补助所发生的费用。

（7）所得税费用。所得税费用反映有企业所得税缴纳义务的单位本期计算应缴纳的企业所得税。

（8）其他费用。其他费用反映政府单位本期发生的除以上费用项目外的其他费用的总额。

政府单位会计按单位活动类型设置费用类会计科目。其中，单位管理费用、经营费用、上缴上级费用、对附属单位补助费用和所得税费用是事业单位设置的会计科目，其他各会计科目是行政单位、事业单位的共用科目。

2. 费用按经济性质划分

（1）工资福利费用。工资福利费用是政府单位为履职或开展业务活动的人员计提的各类劳动报酬，以及应当为上述人员缴纳的各项社会保险费等，具体包括：基本工资、津贴补贴、奖金、伙食补助费、绩效工资、机关事业单位基本养老保险缴费、职业年金缴费、职工基本医疗保险缴费、公务员医疗补助缴费、其他社会保障缴费、住房公积金、医疗费、其他工资福利支出等。

（2）商品和服务费用。商品和服务费用是政府单位为履职或开展业务活动领用库存物品和购买服务发生的费用，具体包括：办公费、印刷费、咨询费、手续费、水费、电费、邮电费、取暖费、物业管理费、差旅费、因公出国（境）费用、维修（护）费、租赁费、会议费、培训费、公务接待费、专用材料费、被装购置费、专用燃料费、劳务费、委托业务费、工会经费、福利费、公务用车运行维护费、其他交通费用、税金及附加费用、其他商品和服务支出等。

（3）折旧与摊销费用。折旧与摊销费用是政府单位为履职或开展业务活动所使用的固定资产、无形资产等计提折旧、摊销发生的费用，具体包括固定资产折旧、无形资产摊销、公共基础设施折旧（摊销）、保障性住房折旧、PPP项目资产折旧等。

（4）补助费用。补助费用包括对个人和家庭的补助费用和对企业补助费用两项内容。对个人和家庭的补助费用反映政府单位本期用于对个人和家庭的补助金额，具体包括离休费、退休费、退职（役）费、抚恤金、生活补助、救济费、医疗费补助、助学金、奖励金、个人农业生产补贴、代缴社会保险费、其他对个人和家庭的补助等。对企业补助费用反映政府部门本期对各类企业的补助，具体包括资本金注入、政府投资基金股权投资、费用补贴、利息补贴、其他对企业补助等。

（5）计提专用基金。计提专用基金反映政府部门本期按照规定从收入中提取的专用基金。

费用按照经济性质分类是业务活动费用、单位管理费用和经营费用的细化，资产处置费用、上缴上级费用、对附属单位补助费用、所得税费用不需要按经济性质分类。

二、业务活动费用

（一）业务活动费用的内容

业务活动费用是政府单位为实现其职能目标，依法履职或开展专业业务活动及其辅助活动所发生的各项费用。政府单位包括行政单位和事业单位，二者有不同的职能与目标。（1）行政单位是行使国家权力、管理国家事务的各级政府机构，其主要职能是进行国家行政管理，组织经济建设和文化建设，维护社会公共秩序。行政单位依法履行行政管理职能发生的各项费用，确认为业务活动费用。（2）事业单位是各级政府利用国有资产举办的为社会提供公益服务的社会组织，其主要职能是开展专业业务活动及其辅助活动。专业业务活动是事业单位的主要业务事项，是事业单位为了实现其宗旨所开展的业务活动，如学校的教育活动、研究机构的科研活动、医院的医疗服务活动等。辅助活动是与专业活动相关的、为专业业务提供支持的活动。事业单位开展专业业务活动及其辅助活动所发生的各项费用，确认为业务活动费用。根据业务活动的具体内容设置成本项目，即可进行业务成本核算。

业务活动费用是一项直接费用，通常发生在单位的业务部门，是在依法履职或开展专业业务活动及其辅助活动过程中发生的各项费用。业务活动费用的内容主要包括工资福利费用、商品和服务费用、对个人和家庭的补助费用、折旧与摊销费用等。

小链接 8-4

为促进事业单位加强成本核算工作，提升单位内部管理水平和运行效率，夯实绩效管理基础，财政部于 2019 年 12 月印发了《事业单位成本核算基本指引》，规范事业单位开展成本核算工作。

事业单位成本核算基本指引

（二）业务活动费用的核算

政府单位设置“业务活动费用”科目，核算单位为实现其职能目标，依法履职或开展专业业务活动及其辅助活动所发生的各项费用。本科目应当按照项目、服务或者业务类别、支付对象等进行明细核算。为了满足成本核算需要，本科目下还可按照成本项目设置明细科目，归集能够直接计入业务活动或采用一定方法计算后计入业务活动的费用。期末，应当将本科目本期发生额转入本期盈余，期末结转后本科目应无余额。

业务活动费用在其发生或应当负担时确认，主要账务处理如下。

1. 工资福利费用

工资福利费用区分在职职工、编制外长期聘用人员和外部人员，在职职工、编制外长期聘用人员的工资福利费用在计提时确认，外部人员的劳务费在应当发放时确认。为履职或开展业务活动的在职职工和编制外长期聘用人员计提的职工薪酬、各项社会保险费，按照计算确定的金额，借记“业务活动费用”科目，贷记“应付职工薪酬”科目。

【例 8-23】 某单位计提本月业务人员的职工薪酬。根据工资发放表，本月应支付给在职职工基本工资、津贴补贴、其他个人收入等共计 1 200 000 元，应为职工支付社会保险、住房公积金、职业年金 400 000 元。

借：业务活动费用——工资福利费用　　1 600 000

　贷：应付职工薪酬　　1 600 000

发放在职职工的职工薪酬事项，将在“应付职工薪酬”科目中详细讲解。

2. 商品和服务费用

商品和服务费用是单位支付各项服务费和各项税费、领用材料等所发生的费用。商品和服务费用在其发生或应当负担时确认。

（1）为履职或开展业务活动发生的服务费用，如办公费、印刷费、咨询费、手续费、水费、电费、邮电费、取暖费、物业管理费、差旅费、因公出国（境）费用、维修（护）费、租赁费、会议费、培训费、公务接待费、劳务费、委托业务费、福利费、公务用车运行维护费、其他交通费用等，按照合同约定的付款时间进行相应的账务处理。

如果费用发生与支付价款同时，应当按照实际支付金额，借记“业务活动费用”科目，贷记“财政拨款收入”“零余额账户用款额度”“银行存款”等科目。

【例 8-24】 某单位为开展业务活动发生差旅费 7 600 元，通过单位的零余额账户予以支付。

借：业务活动费用——商品和服务费用——差旅费　　7 600

　贷：零余额账户用款额度　　7 600

【例8-25】 某单位收到国库支付执行机构委托代理银行转来的财政直接支付入账通知书及原始凭证，单位业务活动用车的维修费用36 000元已经由财政直接支付给定点维修单位。

借：业务活动费用——商品和服务费用——公务用车运行维护费　　36 000
　贷：财政拨款收入　　36 000

如果费用发生在先，支付价款在后，应当按照合同确认的费用金额，借记“业务活动费用”科目，贷记“应付账款”等科目。如果此项费用需要分期预提，则按照计算出来的金额，借记“业务活动费用”科目，贷记“预提费用”科目。

【例8-26】 某单位租用某宾馆综合厅举办业务工作会议，发生会议费42 000元，款项尚未支付。

借：业务活动费用——商品和服务费用——会议费　　42 000
　贷：应付账款——某宾馆　　42 000

【例8-27】 某单位业务用房通过租赁取得。根据租赁协议，年租金36 000元应当在年末一次性支付。根据租赁协议及计算单，按月预提每月租金3 000元。

借：业务活动费用——商品和服务费用——租赁费　　3 000
　贷：预提费用——房租费　　3 000

如果支付价款在先，费用发生在后，在服务完成后，按照实际发生费用的金额，借记“业务活动费用”科目，按照预付款项的金额，贷记“预付账款”等科目。如果此项费用需要分期摊销，则按照计算出来的金额，借记“业务活动费用”科目，贷记“待摊费用”“长期待摊费用”科目。

【例8-28】 某单位的专用设备定期维修，需要按合同预先支付款项。

（1）通过零余额账户支付50 000元。

借：预付账款　　50 000
　贷：零余额账户用款额度　　50 000

（2）维修完成后，实际结算费用为60 000元，通过零余额账户支付差额款10 000元。

借：业务活动费用——商品和服务费用——维修（护）费　　60 000
　贷：预付账款　　50 000
　　　零余额账户用款额度　　10 000

【例8-29】 某单位为开展业务活动租赁专用设备一台，年租赁费用为24 000元，于取得租赁设备时一次性全额支付。

（1）取得租赁设备时，通过单位的零余额账户支付全年租金24 000元。

借：待摊费用——待摊租赁费　　24 000
　贷：零余额账户用款额度　　24 000

（2）按月平均摊销租赁费2 000元。

借：业务活动费用——商品和服务费用——租赁费　　2 000
　贷：待摊费用——待摊租赁费　　2 000

（2）为履职或开展业务活动发生的城市维护建设税、教育费附加、地方教育附加、车船税、房产税、城镇土地使用税等，按照计算确定应缴纳的金额，借记“业务活动费用”科目，贷记“其他应交税费”等科目。应当缴纳的增值税、企业所得税等不记入“业务活动费用”科目。为履职或开展业务活动发生的外部人员劳务费，按照计算确定的金额，借记“业务活动费用”科目，按照代扣代缴个人所得税的金额，贷记“其他应交税费——应交个人所得税”科目。

【例 8-30】 某单位的房屋经过批准对外出租，按规定本月应缴纳房产税 5 200 元。

借：业务活动费用——商品和服务费用——税金及附加费用 5 200

　贷：其他应交税费——应交房产税 5 200

【例 8-31】 某单位通过单位的银行账户，支付为开展业务活动临时聘用的外部人员劳务费 15 000 元，按规定代扣个人所得税 2 400 元。

借：业务活动费用——商品和服务费用——劳务费 17 400

　贷：银行存款 15 000

　　其他应交税费——应交个人所得税 2 400

（3）为履职或开展业务活动发生的商品购置与消耗费用，按照领用库存物品的账面余额，借记“业务活动费用”科目，贷记“库存物品”等科目。单位随买随用的零星办公用品，可以在购进时直接列作费用。

【例 8-32】 某单位开展业务活动，从仓库领用材料一批，采用个别确认法计算出其价值为 2 000 元。

借：业务活动费用——商品和服务费用——专用材料费 2 000

　贷：库存物品 2 000

【例 8-33】 某单位业务部门购置价值 600 元的办公用品一批，款项通过单位的零余额账户予以支付。

借：业务活动费用——商品和服务费用——办公费 600

　贷：零余额账户用款额度 600

3. 折旧与摊销费用

为履职或开展业务活动所使用的固定资产、无形资产、公共基础设施、保障性住房、PPP 项目资产等计提折旧、摊销，借记“业务活动费用”科目，贷记“固定资产累计折旧”“无形资产累计摊销”“公共基础设施累计折旧”“PPP 项目资产累计折旧（摊销）”等科目。

【例 8-34】 某单位计提本月应计提的业务活动使用的固定资产折旧共计 21 000 元。

借：业务活动费用——固定资产折旧费用 21 000

　贷：固定资产累计折旧 21 000

折旧与摊销的计提方法将在资产类科目中详细讲解。

三、单位管理费用

（一）单位管理费用的内容

单位管理费用是事业单位本级行政及后勤管理部门开展管理活动所发生的各项费用。

为加强费用管理，进行成本核算与绩效评价，事业单位应当区分业务活动费用与单位管理费用。事业单位为开展专业业务活动及其辅助活动发生的各项费用确认为业务活动费用，为开展管理活动发生的各项费用确认为单位管理费用。行政单位的费用不需要区分为业务活动费用和单位管理费用，依法履行行政职能所发生的各项费用，全额确认为业务活动费用。

事业单位的单位管理费用是一项间接费用，通常发生在行政管理部门和后勤管理部门，是为单位开展专业业务活动及其辅助活动服务而发生的费用。单位管理费用的内容包括单位行政及后勤管理部门发生的人员经费、公用经费、资产折旧与摊销等费用，以及由单位统一负担的离退休人员经费、工会经费、诉讼费、中介费等。

（二）单位管理费用的核算

事业单位设置“单位管理费用”科目，核算事业单位本级行政及后勤管理部门开展管理活动所发生的各项费用。本科目应当按照项目、费用类别、支付对象等进行明细核算。为了满足成本核算需要，本科目下还可按照成本项目设置明细科目，归集能够直接计入单位管理活动或采用一定方法计算后计入单位管理活动的费用。期末，应当将本科目本期发生额转入本期盈余，期末结转后本科目应无余额。

单位管理费用在其发生或应当负担时确认，其账务处理环节与业务活动费用类似，只是存在核算内容方面的差异。发生各项单位管理费用时，按照实际发生的金额，借记“单位管理费用”科目，贷记“应付职工薪酬”“财政拨款收入”“零余额账户用款额度”“银行存款”“应付账款”“预提费用”“其他应交税费”“待摊费用”“长期待摊费用”“库存物品”“固定资产累计折旧”“无形资产累计摊销”等科目。

【例 8-35】 某单位计提本月行政部门管理人员的职工薪酬。根据工资发放表，本月应支付在职职工基本工资、绩效工资等共计 500 000 元，应为职工支付社会保险、住房公积金、职业年金 200 000 元。

借：单位管理费用——工资福利费用　　700 000

　贷：应付职工薪酬　　700 000

【例 8-36】 某事业单位行政管理部门购买零星办公用品一批，通过单位的零余额账户支付款项 680 元，办公用品已经分发给办公室相关人员使用。

借：单位管理费用——商品和服务费用——办公费　　680

　贷：零余额账户用款额度　　680

【例 8-37】 某事业单位的后勤管理部门通过银行转账支付本月物业管理费 2 800 元。

借：单位管理费用——商品和服务费用——物业管理费　　2 800

　贷：银行存款　　2 800

【例 8-38】 某事业单位的行政办公楼大型修缮，通过零余额账户支付工程费用 180 000 元，修缮后预计可以使用 3 年，需要分期摊销。

(1) 支付大型修缮工程款项。

借：长期待摊费用——办公修缮费　　180 000

　贷：零余额账户用款额度　　180 000

（2）按月摊销修缮费用 5 000 元。

借：单位管理费用——商品和服务费用——维修（护）费　5 000

　　贷：长期待摊费用——办公修缮费　5 000

【例 8－39】 某事业单位办公楼的电费采用预付卡方式预存。

（1）通过零余额账户预存 3 个月的电费 60 000 元。

借：预付账款——供电局　60 000

　　贷：零余额账户用款额度　60 000

（2）取得电费发票，本月电费为 21 000 元。

借：单位管理费用——商品和服务费用——电费　21 000

　　贷：预付账款——供电局　21 000

【例 8－40】 某事业单位的行政管理部门开出材料出库单，领用打印耗材一批，采用加权平均法计算出其价值为 4 600 元。

借：单位管理费用——商品和服务费用——办公费　4 600

　　贷：库存物品——打印耗材　4 600

四、经营费用

（一）经营费用的内容

经营费用是事业单位在专业业务活动及其辅助活动之外开展非独立核算经营活动所发生的各项费用。事业单位的业务活动主要是专业业务活动，有些事业单位在专业业务活动之外还开展经营活动，以获取一定的收益，弥补事业经费的不足。事业单位开展非独立核算经营活动所发生的各项费用确认为经营费用，如果因为经营活动设立附属单位而单独核算，所发生的费用不确认为经营费用。

事业单位应当合理划分业务活动费用和经营费用的界限，并加强对经营活动的成本核算。经营费用的内容主要包括为经营活动人员计提的薪酬，开展经营活动所领用或发出的库存物品，为经营活动中使用的固定资产、无形资产计提的折旧、摊销，开展经营活动所发生的税费，以及发生的与经营活动相关的其他各项费用。

（二）经营费用的核算

事业单位设置“经营费用”科目，核算事业单位在专业业务活动及其辅助活动之外开展非独立核算经营活动所发生的各项费用。本科目应当按照经营活动类别、项目、支付对象等进行明细核算。为了满足成本核算需要，本科目下还可按照成本项目设置明细科目，归集能够直接计入单位经营活动或采用一定方法计算后计入单位经营活动的费用。期末，应当将本科目本期发生额转入本期盈余，期末结转后本科目应无余额。经营费用涉及增值税业务的，通过“应交增值税”科目核算。

经营费用在其发生时确认。发生各项经营费用时，按照实际发生的金额，借记“经营费用”科目，贷记“应付职工薪酬”“银行存款”“应付账款”“其他应付款”“库存物品”“其他应交税费”“待摊费用”“预提费用”“固定资产累计折旧”“无形资产累计摊销”等科目。

【例 8 - 41】 某事业单位为环境保护单位，其经营业务为向社会公众提供家庭装修污染检测服务。本日通过银行转账支付检测车辆油品费 450 元，并从仓库领用检测材料，该材料价值 2 600 元。

借：经营费用——检测服务	3 050	
贷：银行存款		450
库存物品		2 600

【例 8 - 42】 某事业单位为医疗卫生服务单位，其经营业务为生产、销售一种康复用品。月末，计提经营用设备折旧 6 500 元。

借：经营费用——康复用品	6 500	
贷：固定资产累计折旧		6 500

五、资产处置费用

（一）资产处置的内容

资产处置是单位对其占有、使用的国有资产进行产权变更或者核销资产价值的行为。资产处置的形式包括资产的无偿调拨、出售、出让、转让、置换、对外捐赠、报废、毁损以及货币性资产损失核销等。政府单位的资产由于超标准配置或者闲置等原因，需要通过调拨、出售等形式进行产权变更；由于报废、毁损等原因，需要通过清理等方式核销产权。

政府单位的资产是国有资产，单位处置资产应当严格按照规定权限履行审批手续，未经批准不得擅自处置。拟处置资产属于财政部门管理权限的，应当经主管部门审核后报同级财政部门审批；属于主管部门管理权限的，应当报主管部门审批，并报同级财政部门备案。单位处置资产所取得的净收入，应当作为非税收入上缴同级财政国库。

（二）资产处置费用的核算

政府单位设置“资产处置费用”科目，核算单位经批准处置资产时发生的费用，包括转销的被处置资产价值，以及在处置过程中发生的相关费用或者处置收入小于相关费用形成的净支出。单位经批准出售、出让、转让资产等，直接将处理资产的账面价值记入本科目。单位在资产清查中查明的资产盘亏、毁损以及报废等，应当先通过“待处理财产损溢”科目进行核算，再将处理资产价值和处理净支出记入本科目。单位无偿调出资产，通过“无偿调拨净资产”科目核算，不记入本科目。本科目应当按照处置资产的类别、资产处置所的形式等进行明细核算。期末，应当将本科目本期发生额转入本期盈余，期末结转后本科目应无余额。资产处置所涉及的增值税，通过“应交增值税”科目核算。

资产处置费用在报经批准处置资产时确认，主要账务处理如下。

1. 不通过“待处理财产损溢”科目核算的资产处置

以出售、出让、转让、置换、对外捐赠等方式处置资产，不通过“待处理财产损溢”科目核算，直接将处置资产的账面价值计入资产处置费用。账面价值是指资产的账面余额减去累计折旧、摊销后的净值。(1) 按照规定报经批准处置资产时，按照处置资产的账面价值，借记“资产处置费用”科目，按照累计折旧与摊销的账面余额，借记“固定资产累计折旧”“无形资产累计摊销”等科目，按照处置资产的账面余额，贷记“库存物品”“固定资产”“无形资产”等科目。(2) 处置资产过程中仅发生相关费用的，按照实际发生金额，借记“资产处置费用”科目，贷记“银行存款”“库存现金”等科目。(3) 处置资产过程中既发生相关费用又取得收入的，处置收入小于相关费用形成的净支出记入“资产处置费用”科目，处置收入大于相关费用形成的净收入记入“应缴财政款”科目。

【例 8-43】 某单位报同级财政部门审批同意，将一台不需用的办公设备对外出售。

(1) 该设备的账面余额为 38 000 元，已计提折旧 15 200 元，将其账面价值 22 800 元予以转销。

借：资产处置费用——办公设备出售	22 800	
固定资产累计折旧	15 200	
贷：固定资产——办公设备		38 000

(2) 出售该设备取得价款 26 000 元，款项已经收到并存入银行，同时为出售该设备支付相关税费 1 200 元，以银行存款支付。

借：银行存款	24 800	
贷：应缴财政款		24 800

2. 通过“待处理财产损溢”科目核算的资产处置

单位账款核对中发现的无法查明原因的现金短缺，以及资产清查过程中盘亏或者毁损、报废的存货、固定资产、无形资产，应当在报批时通过“待处理财产损溢”科目核算，报经批准核销时再记入“资产处置费用”科目。

【例 8-44】 某单位年末进行固定资产清查，拟报废打印机设备一台。其账面余额为 6 000 元，已计提固定资产折旧 4 800 元。

(1) 将打印机的账面价值 1 200 元转入待处置资产，同时报同级财政部门审批。

借：待处理财产损溢——待处理财产价值	1 200	
固定资产累计折旧	4 800	
贷：固定资产——打印设备		6 000

(2) 根据财政部门的批复，该打印机予以报废。在处理过程中，无变价收入和清理费用发生。

借：资产处置费用——资产报废	1 200	
贷：待处理财产损溢——待处理财产价值		1 200

六、转移性费用

转移性费用是事业单位与上级单位、附属单位之间发生的费用，包括上缴上级费用和对附属单位补助费用。

（一）上缴上级费用的核算

事业单位设置“上缴上级费用”科目，核算事业单位按照财政部门和主管部门的规定上缴上级单位款项所发生的费用。本科目应当按照收缴款项单位、缴款项目等进行明细核算。期末，应当将本科目本期发生额转入本期盈余，期末结转后本科目应无余额。

上缴上级费用在应当上缴上级款项时确认。单位发生上缴上级支出的，按照实际上缴的金额或者根据规定计算出的应当上缴上级单位的金额，借记“上缴上级费用”科目，贷记“银行存款”“其他应付款”等科目。

【例 8－45】 某事业单位作为独立核算的附属单位，本年应上缴上级单位款项 250 000 元。

（1）计算应上缴款项时：

借：上缴上级费用　　250 000

　贷：其他应付款　　250 000

（2）实际上缴款项时：

借：其他应付款　　250 000

　贷：银行存款　　250 000

（二）对附属单位补助费用的核算

事业单位设置“对附属单位补助费用”科目，核算事业单位用财政拨款收入之外的收入对附属单位补助所发生的费用。本科目应当按照接受补助单位、补助项目等进行明细核算。期末，应当将本科目本期发生额转入本期盈余，期末结转后本科目应无余额。

对附属单位补助费用在应当负担补助款时确认。单位发生对附属单位补助支出的，按照实际补助的金额或者根据规定计算出的应当对附属单位补助的金额，借记“对附属单位补助费用”科目，贷记“银行存款”“其他应付款”等科目。

【例 8－46】 某事业单位作为上级单位，对附属单位的日常公用经费进行补助，转账支付补助款 85 000 元。

借：对附属单位补助费用　　85 000

　贷：银行存款　　85 000

七、其他各项费用

（一）所得税费用的核算

事业单位设置“所得税费用”科目，核算有企业所得税缴纳义务的事业单位按规定缴纳企业所得税所形成的费用。本科目无规定的明细科目。期末，应当将本科目本期发生额转入本期盈余，期末结转后本科目应无余额。所得税费用是事业单位设置的会计科目，行政单位无企业所得税纳税义务。

所得税费用在承担纳税义务时确认。（1）发生企业所得税纳税义务的，按照根据税法规定计算的应交税金数额，借记“所得税费用”科目，贷记“其他应交税费——单位应交所得税”科目。（2）实际缴纳时，按照缴纳金额，借记“其他应交税费——单位应交所得税”科目，贷记“银行存款”科目。

【例8-47】 某事业单位的经营业务应当缴纳所得税。按照税法规定计算，本月应缴所得税13 500元。

借：所得税费用　　13 500

　贷：其他应交税费——单位应交所得税　　13 500

（二）其他费用的核算

政府单位设置“其他费用”科目，核算单位发生的除业务活动费用、单位管理费用、经营费用、资产处置费用、上缴上级费用、对附属单位补助费用、所得税费用以外的各项费用，包括利息费用、坏账损失、罚没支出、现金资产捐赠支出以及相关税费、运输费等。本科目应当按照其他费用的类别等进行明细核算。期末，应当将本科目本期发生额转入本期盈余，期末结转后本科目应无余额。

其他费用在其发生时确认。发生各项其他费用时，按照计算确定的金额或者实际发生的金额，借记“其他费用”科目，贷记“银行存款”“应付利息”“坏账准备”等科目。

【例8-48】 某单位开展“精准扶贫”工作，通过银行转账向对口扶贫单位捐赠现款60 000元。

借：其他费用——现金资产捐赠　　60 000

　贷：银行存款　　60 000

第四节　资产的核算

资产是财务会计的要素，反映政府单位控制的经济资源。本节介绍政府单位资产的确认与内容，阐述资产的会计核算要求，讲解各资产类科目的核算内容、账户设置和账务处理。

一、资产的确认与内容

（一）资产的确认

资产是指政府单位过去的经济业务或者事项形成的、由政府单位控制的、预期能够产生服务潜力或者带来经济利益流入的经济资源。资产作为一项经济资源，是政府单位开展履职或专业业务活动的物质基础，预期会为政府单位带来经济利益或者服务潜力。经济利益流入表现为现金及现金等价物的流入，或者现金及现金等价物流出的减少。服务潜力是指政府单位利用资产提供公共产品和服务以履行政府职能的潜在能力。

政府单位将一项经济资源确认为资产，应当符合资产的定义，确信经济利益或者服务潜力能够流入政府单位，经济资源的成本或者价值能够可靠地计量。

（二）资产的内容

财务会计为经济与财务管理服务，应当充分反映单位的财务状况，完整记录各项资产，建立健全资产管理制度。政府单位的资产按照流动性，可以分为流动资产、非流动资产和受托代理资产。

1. 流动资产

流动资产是指预计在1年内（含1年）耗用或者变现的资产，包括库存现金、银行存款、零余额账户用款额度、其他货币资金、短期投资、财政应返还额度、应收票据、应收账款、预付账款、应收股利、应收利息、其他应收款、在途物品、库存物品、加工物品、待摊费用等。

2. 非流动资产

非流动资产是指流动资产以外的资产，包括长期股权投资、长期债券投资、固定资产、工程物资、在建工程、无形资产、研发支出、公共基础设施、政府储备物资、文物文化资产、保障性住房、PPP项目资产、长期待摊费用等。

3. 受托代理资产

受托代理资产是指政府单位接受委托方的委托代为管理的各项资产。与流动资产、非流动资产不同，受托代理资产并不是政府单位自身使用的资产。

二、货币资金

货币资金是政府单位存在于货币形态的各项资产，主要包括库存现金、银行存款、零余额账户用款额度和其他货币资金。

（一）库存现金的核算

库存现金是指存放于单位财会部门、由出纳人员保管的现金。单位保存一定数额的现金，是为了满足日常零星收支的需要。单位应当加强现金的管理与控制，严格按照国家有关现金管理的规定收支现金，尽可能减少现金的使用。

政府单位设置“库存现金”科目，核算库存现金的收付及结存情况。本科目期末借方余额反映单位实际持有的库存现金。单位应当设置库存现金日记账，由出纳人员根据收付款凭证，按照业务发生顺序逐笔登记。每日终了，应当计算当日的现金收入合计数、现金支出合计数和结余数，并将结余数与实际库存数相核对，做到账款相符。单位有外币现金的，应当分别按照人民币、外币种类设置库存现金日记账进行明细核算。

库存现金的账务处理主要包括提取现金、借出现金、现金收支和现金盘查等环节。

【例8-49】 某单位按规定从单位的零余额账户中提取现金800元。

借：库存现金　　800

贷：零余额账户用款额度　800

【例 8-50】 某单位的业务部门购买零星办公用品，支付现金 360 元。

借：业务活动费用　360

贷：库存现金　360

（二）银行存款的核算

银行存款是指单位存入银行和其他金融机构的各种存款。政府单位应当严格按照国家有关支付结算办法的规定办理银行存款收支业务，并按照会计制度规定核算银行存款的各项收支业务。

政府单位设置“银行存款”科目，核算银行存款的收付及结存情况。本科目期末借方余额反映单位实际存放在银行或其他金融机构的款项。政府单位应当按开户银行或其他金融机构、存款种类及币种等，分别设置银行存款日记账，由出纳人员根据收付款凭证，按照业务的发生顺序逐笔登记，每日终了应结出余额。银行存款日记账应定期与银行对账单核对，至少每月核对一次。月度终了，单位银行存款账面余额与银行对账单余额之间如有差额，必须逐笔查明原因并进行处理，按月编制银行存款余额调节表，调节相符。单位有外币存款的，应当分别按照人民币、各种外币设置银行存款日记账进行明细核算。

银行存款的账务处理主要包括款项存入、款项支付和外币收付等环节。

【例 8-51】 某单位支付相关费用 3 500 元，通过单位的银行账户转账支付。

借：业务活动费用　3 500

贷：银行存款　3 500

【例 8-52】 某事业单位提供专业业务服务，收取款项 6 900 元，款项已经存入单位的银行账户。

借：银行存款　6 900

贷：事业收入　6 900

（三）零余额账户用款额度的核算

零余额账户用款额度是在国库集中收付制度下，财政部门授权行政事业单位使用的用款额度。国库集中收付制度下，单位经财政部门审批，在国库集中支付代理银行开设单位的零余额账户，用于财政授权支付的结算。零余额账户没有余额，财政部门根据预算安排和资金使用计划，定期向单位下达财政授权支付额度。单位可以在下达的额度内，自行签发授权支付指令，通知代理银行办理资金支付业务。款项支付之后，财政部门再通过国库单一账户与代理银行进行结算。

政府单位设置“零余额账户用款额度”科目，核算实行国库集中支付的单位根据财政部门批复的用款计划收到和支用的零余额账户用款额度。“零余额账户用款额度”科目期末借方余额反映单位尚未支用的零余额账户用款额度。年终注销处理后，本科目年末应无余额。

零余额账户用款额度的主要账务处理如下。

1. **收到额度**

在财政授权支付方式下，收到代理银行盖章的授权支付到账通知书时，根据通知书所列数额，借记“零余额账户用款额度”科目，贷记“财政拨款收入”科目。

【例 8－53】 某单位收到代理银行转来的授权支付到账通知书，本月用于基本支出的财政授权支付用款额度 120 000 元已经下达代理银行。

借：零余额账户用款额度　　120 000

　贷：财政拨款收入　　120 000

2. **使用额度**

提取现金或按规定支用额度，按照支付的金额，借记“库存现金”“业务活动费用”“库存物品”“固定资产”等科目，贷记“零余额账户用款额度”科目。

【例 8－54】 某单位开出授权支付凭证，通知代理银行向单位的车辆定点保养单位支付公务用车运行维护费 5 200 元。

借：业务活动费用　　5 200

　贷：零余额账户用款额度　　5 200

3. **年终注销与年初恢复**

年度终了，应当将本年未下达和已经下达但未使用的授权支付额度予以注销，下年初，应当确认恢复到账的授权支付额度。具体核算方法将在“财政应返还额度”科目中讲解。

除上述货币资金类科目，政府单位还设置了“其他货币资金”科目，核算单位的外埠存款、银行本票存款、银行汇票存款、信用卡存款等各种其他货币资金。

三、应收及预付款项

应收及预付款项是政府单位的债权类资产，主要包括财政应返还额度、应收票据、应收账款、预付账款、应收股利、应收利息和其他应收款。其中，应收票据、应收股利和应收利息是事业单位设置的会计科目，其他各科目是行政单位、事业单位的共用科目。

（一）财政应返还额度的核算

财政应返还额度是指政府单位年终注销的、需要在次年恢复的、年度未实现支付的用款额度。实行国库集中收付制度后，单位的经费由财政部门通过国库单一账户统一拨付。如果单位当年的财政拨款额度没有用完，年度终了，需要对年度未实现的用款额度进行注销，形成财政应返还额度，以待次年得以恢复。单位的财政应返还额度包括财政应返还直接额度和财政应返还授权额度。

政府单位设置“财政应返还额度”科目，核算实行国库集中支付的单位应收财政返还的资金额度，包括可以使用的以前年度财政直接支付资金额度和财政应返还的财政授权支付资金额度。本科目应当设置“财政直接支付”“财政授权支付”两个明细科目进行明细核算。本科目期末借方余额反映单位应收财政返还的资金额度。

财政应返还额度的主要账务处理如下。

1. 财政直接支付

财政应返还直接额度是财政直接支付额度的本年预算指标与当年财政实际支付数的差额。

（1）年末注销时，本年度财政直接支付预算指标数大于当年财政直接支付实际发生数，单位根据其差额，借记“财政应返还额度——财政直接支付”科目，贷记“财政拨款收入”科目。

（2）使用以前年度财政直接支付额度支付款项时，借记“业务活动费用”“单位管理费用”等科目，贷记“财政应返还额度——财政直接支付”科目。

【例 8-55】 某单位本年度财政直接支付额度预算指标为 3 800 000 元，当年财政已经实际完成支付 3 720 000 元，需要注销未实现支付的财政直接支付额度 80 000 元。

借：财政应返还额度——财政直接支付　　80 000

　贷：财政拨款收入　　80 000

【例 8-56】 某单位上年底注销的财政直接支付额度全额恢复。根据国库支付执行机构委托代理银行转来的财政直接支付入账通知书及原始凭证，财政部门使用恢复的上年度用款额度，采用财政直接支付方式，为单位支付了一笔业务费用 80 000 元。

借：业务活动费用　　80 000

　贷：财政应返还额度——财政直接支付　　80 000

2. 财政授权支付

财政应返还授权额度是财政授权支付额度的本年预算指标与当年单位实际支付数的差额，包括财政未下达的授权额度和单位未使用的授权额度两个部分。

（1）财政未下达的授权额度是指当年预算已经安排，但财政部门当年没有下达单位代理银行的授权额度，即授权额度的本年预算指标与当年到账数之间的差额。年末注销时，单位本年度财政授权支付预算指标数大于零余额账户用款额度下达数的，根据未下达的用款额度，借记“财政应返还额度——财政授权支付”科目，贷记“财政拨款收入”科目。

（2）单位未使用的授权额度是财政部门当年已经将授权额度下达代理银行，但单位当年尚未完成实际支付的数额，即授权额度的本年到账数与当年实际使用数之间的差额。年末注销时，根据代理银行提供的对账单做注销额度的相关账务处理，借记“财政应返还额度——财政授权支付”科目，贷记“零余额账户用款额度”科目。

（3）下年初，单位根据代理银行提供的上年度注销额度恢复到账通知书做恢复额度的相关账务处理，借记“零余额账户用款额度”科目，贷记“财政应返还额度——财政授权支付”科目。

【例 8-57】 某单位本年度财政授权支付额度预算指标为 1 250 000 元，根据代理银行提供的对账单，本年已经下达的财政授权支付额度为 1 230 000 元，单位已经实际使用授权额度 1 200 000 元，需要注销未实现支付的授权额度 50 000 元。其中，未下达的授权额度为 20 000 元，未使用的授权额度为 30 000 元。

借：财政应返还额度——财政授权支付　　50 000

　贷：财政拨款收入　　20 000

零余额账户用款额度 30 000

【例 8-58】 某单位收到财政授权支付额度恢复到账通知书，上年注销的授权额度50 000元已经全额恢复，并且已经下达代理银行。

借：零余额账户用款额度 50 000

贷：财政应返还额度——财政授权支付 50 000

【例 8-59】 某单位使用恢复的财政授权支付额度，通过单位零余额账户支付一笔业务活动费用50 000元。

借：业务活动费用 50 000

贷：零余额账户用款额度 50 000

（二）应收账款的核算

政府单位设置“应收账款”科目，核算事业单位提供服务、销售产品等应收取的款项，以及单位（包括行政单位和事业单位）因出租资产、出售物资等应收取的款项。本科目应当按照购货、接受劳务单位（或个人）进行明细核算。本科目期末借方余额反映单位尚未收回的应收账款。需要注意的是，行政单位和事业单位均设置“应收账款”科目，但核算内容有所不同。事业单位因购买材料、物资等而开出、承兑的商业汇票，通过“应付票据”科目核算。

应收账款的主要账务处理如下。

1. 应收账款收回后不需上缴财政

此类业务仅针对事业单位。事业单位在专业业务活动和经营活动中提供服务、销售产品等应收取的款项，属于单位的收入，在款项收回时不需要上缴财政。（1）发生应收账款时，按照应收未收金额，借记“应收账款”科目，贷记“事业收入”“经营收入”等科目。涉及增值税业务的，按照应缴增值税的金额贷记“应交增值税”科目。（2）收回应收账款时，按照实际收到的金额，借记“银行存款”等科目，贷记“应收账款”科目。

【例 8-60】 某事业单位为A单位提供专业业务服务，根据合同完成进度计算本期应收的款项为8 020元，该业务不需要缴纳增值税。

借：应收账款——A单位 8 020

贷：事业收入 8 020

【例 8-61】 某事业单位收到例8-60中所述的应收款项8 020元，存入银行账户。

借：银行存款 8 020

贷：应收账款——A单位 8 020

2. 应收账款收回后需上缴财政

此类业务针对行政单位和事业单位。按照财政预算管理的要求，行政事业单位出租资产、出售物资所发生的应收款项，并非属于单位的收入，在款项收回时应当上缴财政部门。（1）出租资产、出售物资发生应收款项时，按照应收未收金额，借记“应收账款”科目，贷记“应缴财政款”科目。（2）收回应收账款时，按照实际收到的金额，借记“银行存款”等科目，贷记“应收账款”科目。

【例 8-62】 某行政单位经批准将一幢闲置的房产对外出租，收到的租金收入应当上缴财政。根据租赁合同，本月应收B单位租金7 200元，款项尚未收到。

借：应收账款——B单位　　7 200

　贷：应缴财政款　　7 200

【例8-63】 某行政单位收到例8-62中所述的应收租金款7 200元，存入单位的银行账户。

借：银行存款　　7 200

　贷：应收账款——B单位　　7 200

3. 坏账的核销

单位应当于每年年末对应收账款进行全面检查，分析应收账款收回的可能性，对于逾期时间较长、有确凿证据不能收回的应收账款，按照规定报经批准后予以核销。

（1）收回后应当上缴财政的应收账款的坏账核销。行政单位、事业单位对于收回后应当上缴财政的应收账款产生的坏账，采用直接核销法核算。单位应当于每年年末，对收回后应当上缴财政的应收账款进行全面检查。对于账龄超过规定年限、有确凿证据无法收回的应收账款，按照规定报经批准后予以核销。按照确认的核销金额，借记“应缴财政款”科目，贷记“应收账款”科目。

【例8-64】 年末，某行政单位对收回后应当上缴财政的应收账款进行检查，C单位应收账款余额为5 600元，已经逾期3年，该行政单位确信其无法收回，按照规定报经批准后予以核销。

借：应缴财政款　　5 600

　贷：应收账款——C单位　　5 600

（2）收回后不需上缴财政的应收账款的坏账核销。事业单位对于收回后不需上缴财政的应收账款产生的坏账，采用备抵法核算。单位应当于每年年末，对收回后不需上缴财政的应收账款进行全面检查，分析其可收回性，对预计可能产生的坏账损失计提坏账准备，确认坏账损失。

事业单位设置“坏账准备”科目，核算单位对收回后不需上缴财政的应收账款和其他应收款提取的坏账准备。本科目应当分别按照应收账款和其他应收款进行明细核算。本科目期末贷方余额反映事业单位提取的坏账准备金额。事业单位可以采用余额百分比法、账龄分析法、个别认定法等方法计提坏账准备，较为常用的是余额百分比法。余额百分比法是按照期末应收账款余额的一定百分比估计坏账损失的方法，计算公式如下：

应计提的坏账准备＝期末应收账款余额×坏账准备计提百分比

坏账准备计提百分比由单位根据以往的资料或经验自行确定。坏账准备计提方法一经确定，不得随意变更。计算出当期应计提的坏账准备后，还应当根据“坏账准备”科目期末余额计算本期实际需要补提或冲减的坏账准备的金额，计算公式如下：

当期应补提或冲减的坏账准备＝应计提的坏账准备金额－“坏账准备”科目期末贷方余额（或＋“坏账准备”科目期末借方余额）

如果计算结果为正数，则需要补提坏账准备；如果计算结果为负数，则需要冲减坏账准备。（1）补提坏账准备时，按照计算的金额，借记“其他费用”科目，贷记“坏账准备”科目。（2）冲减坏账准备时，按照计算的金额，借记“坏账准备”科目，贷记“其他费用”科目。（3）对于账龄超过规定年限、确认无法收回的应收账款，按照规定报经批准后予以核销。按照核销金额，借记“坏账准备”科目，贷记“应收账款”科目。核销的应收账款应当在备查簿中保留登记。

【例 8-65】 年末，某事业单位对收回后不需上缴财政的应收账款进行全面检查，采用余额百分比法计提坏账准备。收回后不需上缴财政的应收账款期末借方余额为 250 000 元，坏账准备的计提比例为 3%。坏账准备期末贷方余额为 6 000 元。

当期应当补提坏账准备＝250 000×3%－6 000＝1 500(元)

借：其他费用	1 500
贷：坏账准备	1 500

【例 8-66】 某事业单位对收回后不需上缴财政的应收账款进行检查，D 单位所欠款项 3 600 元已经逾期 3 年，因 D 单位已经破产清算，该事业单位确信其无法收回，按照规定报经批准后予以核销。

借：坏账准备	3 600
贷：应收账款——D 单位	3 600

（三）预付账款的核算

政府单位设置“预付账款”科目，核算单位按照购货、服务合同或协议规定预付给供应单位（或个人）的款项，以及按照合同规定向承包工程的施工企业预付的备料款和工程款。本科目应当按照供应单位（或个人）及具体项目进行明细核算。对于基本建设项目发生的预付账款，还应当在本科目所属基建项目明细科目下设置“预付备料款”“预付工程款”“其他预付款”等明细科目，进行明细核算。本科目期末借方余额反映单位实际预付但尚未结算的款项。

预付账款的主要账务处理如下。

1. 预付款项

根据购货、服务合同或协议规定预付款项时，按照预付金额，借记“预付账款”科目，贷记“财政拨款收入”“零余额账户用款额度”“银行存款”等科目。

【例 8-67】 某单位与 A 供应商签订合同，预购价值 12 000 元的材料一批。签订购货合同时，通过零余额账户预付定金 4 000 元。

借：预付账款——A 供应商	4 000
贷：零余额账户用款额度	4 000

2. 收到物资或劳务

收到所购资产或服务时，按照购入资产或服务的成本，借记“库存物品”“固定资产”“无形资产”“在建工程”“业务活动费用”等相关科目，按照相关预付账款的账面余额，贷记“预付账款”科目。

【例 8-68】 接例 8-67，某单位收到 A 供应商交付的材料，材料已经验收入库。同时，通过零余额账户补付材料款8 000元。

借：库存物品 12 000

  贷：预付账款——A供应商 4 000

    零余额账户用款额度 8 000

3. **无法收到所购货物、服务**

单位应当于每年年末对预付账款进行全面检查。如果有确凿证据表明预付账款不再符合预付款项性质，或者由于供应单位破产、撤销等原因可能无法收到所购货物、服务，应当先将其转入其他应收款，再按照规定进行处理。

（四）其他应收款的核算

政府单位设置“其他应收款”科目，核算单位除财政应返还额度、应收票据、应收账款、预付账款、应收股利、应收利息以外的其他各项应收及暂付款项，如职工预借的差旅费、已经偿还银行尚未报销的本单位公务卡欠款、拨付给内部有关部门的备用金、应向职工收取的各种垫付款项、支付的可以收回的订金或押金、应收的上级补助和附属单位上缴款项等。本科目应当按照其他应收款的类别以及债务单位（或个人）进行明细核算。本科目期末借方余额反映单位尚未收回的其他应收款。

其他应收款的主要账务处理如下。

1. **款项的发生与收回**

发生其他各种应收及暂付款项时，按照实际发生的金额，借记“其他应收款”科目，贷记“零余额账户用款额度”“银行存款”等科目。收回其他各种应收及暂付款项时，按照收回的金额，借记“库存现金”“银行存款”等科目，贷记“其他应收款”科目。

【例8-69】 某单位工作人员张某因公务外出预借差旅费6 000元。现张某报销差旅费，根据审核后的差旅费票据，报销金额为5 500元，报销差额500元以现金退回。

借：业务活动费用 5 500

  库存现金 500

  贷：其他应收款——张某 6 000

2. **备用金的发放与报销**

财务部门核定并发放备用金时，按照实际发放金额，借记“其他应收款”科目，贷记“库存现金”等科目。根据报销金额用现金补足备用金定额时，借记“业务活动费用”“单位管理费用”等科目，贷记“库存现金”等科目，报销数和拨补数都不再通过本科目核算。

【例8-70】 某单位内部实行备用金制度，向业务部门核定并发放备用金8 000元。

借：其他应收款——某业务部门 8 000

  贷：库存现金 8 000

3. **公务卡欠款的偿还**

为减少现金支付结算，提高支付透明度，加强财政监督，方便预算单位用款，政府单位的公务支出实施公务卡结算制度。公务卡是指政府单位工作人员持有的、主要用于日常公务支出和财务报销业务的信用卡。此制度实行后，政府单位工作人员外出公务消费可以不再预借现金，而是持公务卡先行刷卡支付，并取得发票及刷卡凭证，出差回来后向单位财务申请报销，单位财务审核无误后将报销款项直接划入该工作人员公务卡账户中。如果工作人员因故延迟报销，则单位需要在偿还尚未报销的本单位公务卡欠款时，按照偿还的款项，借记“其他应收款”科目，贷记“零余额账户用款额度”“银行存款”等科目；持卡人报销时，按照报销金额，借记“业务活动费用”“单位管理费用”等科目，贷记“其他应收款”科目。

【例 8－71】 某单位工作人员持公务卡刷卡支付差旅费 7 200 元，由于该工作人员在外地尚未归来，不能按期凭票据报销，单位通过零余额账户先予偿付。

借：其他应收款——某工作人员　　7 200

　贷：零余额账户用款额度　　7 200

4. 坏账的核销

政府单位应当于每年年末对其他应收款进行全面检查。对于可能发生的坏账，行政单位和事业单位采用不同的核销方法。（1）行政单位采用直接核销法，对于超过规定年限、确信无法收回的其他应收款，应当按照有关规定报经批准后予以核销。经批准核销其他应收款时，按照核销金额，借记“资产处置费用”科目，贷记“其他应收款”科目。（2）事业单位采用备抵法，计提坏账准备的方法与应收账款类似。对于账龄超过规定年限、确认无法收回的其他应收款，按照规定报经批准后予以核销。按照核销金额，借记“坏账准备”科目，贷记“其他应收款”科目。核销的其他应收款应当在备查簿中保留登记。

【例 8－72】 某单位对其他应收款进行检查，某职工离职所欠款项 4 200 元确认无法收回。

（1）若为行政单位，应当按照有关规定报经批准后予以核销，计入资产处置费用。

借：资产处置费用　　4 200

　贷：其他应收款——某职工　　4 200

（2）若为事业单位，应当按照有关规定报经批准后予以核销，冲减坏账准备。

借：坏账准备　　4 200

　贷：其他应收款——某职工　　4 200

除上述应收及预付款项科目，事业单位还设置了“应收票据”“应收股利”“应收利息”等科目。“应收票据”科目核算事业单位因开展经营活动销售产品、提供有偿服务等而收到的商业汇票，包括银行承兑汇票和商业承兑汇票。“应收股利”“应收利息”科目将在对外投资业务中讲解。

四、存货

存货是指政府单位在开展业务活动及其他活动中为耗用或出售而储存的资产，如材料、产品、包装物和低值易耗品等，以及未达到固定资产标准的用具、装具、动植物等。存货类会计科目包括在途物品、库存物品和加工物品。

（一）在途物品的核算

政府单位设置“在途物品”科目，核算单位采购材料等物资时货款已付或已开出商业汇票但尚未验收入库的在途物品的采购成本。本科目可按照供应单位和物品种类进行明细核算。本科目期末借方余额反映单位在途物品的采购成本。

在途物品的主要账务处理如下。

1. 购入材料物品

单位购入材料等物品，按照确定的物品采购成本的金额，借记“在途物品”科目，按照实际支付的金额，贷记“财政拨款收入”“零余额账户用款额度”“银行存款”等科目。若涉及增值税业务，增值税进项税通过“应交增值税”科目核算。

【例 8-73】 某单位购入甲材料一批，通过零余额账户支付价款 5 800 元，材料尚未交付。

借：在途物品——甲材料	5 800	
贷：零余额账户用款额度		5 800

2. 材料验收入库

所购材料等物品到达并验收入库，按照确定的库存物品成本金额，借记“库存物品”科目，按照物品采购成本金额，贷记“在途物品”科目，按照使得入库物品达到目前场所和状态而发生的其他支出，贷记“银行存款”等科目。

【例 8-74】 例 8-73 中某单位购入的甲材料由供应商送达，已经验收入库。

借：库存物品——甲材料	5 800	
贷：在途物品——甲材料		5 800

（二）库存物品的核算

政府单位设置“库存物品”科目，核算单位在开展业务活动及其他活动中为耗用或出售而储存的各种存货。单位随买随用的零星办公用品、控制的政府储备物资、为在建工程购买和使用的材料物资、受托储存保管的物资和受托转赠的物资不通过本科目核算。本科目应当按照库存物品的种类、规格、保管地点等进行明细核算。本科目期末借方余额反映单位库存物品的实际成本。

库存物品的主要账务处理如下。

1. 库存物品的取得

政府单位库存物品的取得包括外购、加工、捐赠、无偿调入、置换换入等方式。取得的库存物品应当按照其取得时的成本入账。购入的库存物品，其成本包括购买价款、相关税费、运输费、装卸费、保险费以及使得存货达到目前场所和状态而发生的归属于存货成本的其他支出。外购的库存物品验收入库，按照确定的成本，借记“库存物品”科目，贷记“财政拨款收入”“零余额账户用款额度”“银行存款”“应付账款”“在途物品”等科目。涉及增值税业务的，支付价款中所包含的增值税进项税通过“应交增值税”科目核算。

【例 8-75】 某单位购入甲材料一批，通过零余额账户支付价款 4 000 元、运费 60

元，材料已经验收入库。

借：库存物品——甲材料　　4 060

　贷：零余额账户用款额度　　4 060

【例 8-76】某单位以政府集中采购的方式购入乙材料一批，价值总计 27 850 元，款项以财政直接支付的方式支付，材料已经由供应商交付单位并经验收入库。

借：库存物品——乙材料　　27 850

　贷：财政拨款收入　　27 850

【例 8-77】某单位购入丙材料一批，购买价款共计 12 000 元，材料已经验收入库。单位以银行存款支付价款 8 000 元，其余款项将在下月支付。

借：库存物品——丙材料　　12 000

　贷：银行存款　　8 000

　　　应付账款　　4 000

2. 库存物品的发出

政府单位库存物品的发出包括业务活动等领用、对外出售、对外捐赠、无偿调出和置换换出等形式。单位应当根据实际情况采用先进先出法、加权平均法或者个别计价法确定发出存货的实际成本。计价方法一经确定，不得随意变更。单位开展业务活动等领用库存物品，按照规定自主出售发出库存物品，加工发出库存物品，按照领用、出售等发出物品的实际成本，借记“业务活动费用”“单位管理费用”“经营费用”“加工物品”等科目，贷记“库存物品”科目。

【例 8-78】某单位开出材料出库单，开展业务活动领用甲材料一批，采用加权平均法计算出其价值为 4 000 元。

借：业务活动费用　　4 000

　贷：库存物品——甲材料　　4 000

3. 库存物品的清查盘点

政府单位应当定期对库存物品进行清查盘点，每年至少盘点一次。对于发生的库存物品盘盈、盘亏或者报废、毁损，应当先记入“待处理财产损溢”科目，按照规定报经批准后及时进行后续账务处理。

盘盈的库存物品，其成本按照有关凭据注明的金额确定；没有相关凭据，但按照规定经过资产评估的，其成本按照评估价值确定；没有相关凭据也未经过评估的，其成本按照重置成本确定。如无法采用上述方法确定盘盈的库存物品成本的，按照名义金额入账。盘盈的库存物品，按照确定的入账成本，借记“库存物品”科目，贷记“待处理财产损溢”科目。盘亏或者毁损、报废的库存物品，按照待处理库存物品的账面余额，借记“待处理财产损溢”科目，贷记“库存物品”科目。

【例 8-79】某单位年末进行存货的清查盘点，发现丙材料盘盈 5 件，按同类材料的成本计算其价值为 852 元。

借：库存物品——丙材料　　852

　贷：待处理财产损溢——丙材料　　852

【例 8-80】某单位年末进行存货的清查盘点，发现丁材料盘亏 15 千克，账面价值为 2 810 元。将盘亏的丁材料转入待处理财产损溢。

借：待处理财产损溢——丁材料　　2 810

　　贷：库存物品——丁材料　　2 810

【例 8-81】 例 8-80 中某单位待核销的丁材料经财政部门同意，现予以核销。

借：资产处置费用　　2 810

　　贷：待处理财产损溢——丁材料　　2 810

如果政府单位存在物品加工业务，还应当设置“加工物品”科目，核算单位自制或委托外单位加工的各种物品的实际成本。

五、固定资产

（一）固定资产的内容

固定资产是政府单位为满足自身开展业务活动或其他活动需要而控制的，使用年限超过 1 年（不含 1 年），单位价值在规定标准以上，并在使用过程中基本保持原有物质形态的资产。

政府单位的固定资产一般情况下必须同时具备以下两个条件：（1）使用时间在 1 年以上（不含 1 年）；（2）单位价值在规定限额以上。《行政单位财务规则》《事业单位财务规则》对固定资产的价值限额标准进行了规范，一般设备要求价值在 1 000 元以上，专用设备要求价值在 1 500 元以上。单位价值虽未达到规定标准，但是使用年限超过 1 年（不含 1 年）的大批同类物资，应当确认为固定资产。

确认固定资产时，应当考虑以下情况：（1）固定资产的各组成部分具有不同使用年限或者以不同方式为单位实现服务潜力或提供经济利益，适用不同折旧率或折旧方法且可以分别确定各自原价的，应当分别将各组成部分确认为单项固定资产。（2）应用软件构成相关硬件不可缺少的组成部分的，应当将该软件的价值包括在所属的硬件价值中，一并确认为固定资产；不构成相关硬件不可缺少的组成部分的，应当将该软件确认为无形资产。（3）购建房屋及构筑物时，不能分清购建成本中的房屋及构筑物部分与土地使用权部分的，应当全部确认为固定资产；能够分清购建成本中的房屋及构筑物部分与土地使用权部分的，应当将其中的房屋及构筑物部分确认为固定资产，将其中的土地使用权部分确认为无形资产。经批准在境外购买的具有所有权的土地，确认为固定资产。

政府单位设置“固定资产”科目，核算单位固定资产的原价。本科目应当按照固定资产类别和项目进行明细核算。固定资产一般分为六类：房屋及构筑物；专用设备；通用设备；文物和陈列品；图书、档案；家具、用具、装具及动植物。单位应当根据固定资产的定义，结合本单位的具体情况，制定适合本单位的固定资产目录、具体分类方法，作为固定资产核算的依据。单位应当设置固定资产登记簿和固定资产卡片，按照固定资产类别、项目和使用部门等进行明细核算。本科目期末借方余额反映单位固定资产的原值。

固定资产的账务处理主要包括取得固定资产、计提固定资产折旧、处置固定资产、清查盘点固定资产等环节。

（二）固定资产取得的核算

固定资产在取得时进行初始确认。固定资产的取得方式包括购入、自行建造、换入、融资租赁租入、接受捐赠、无偿调入等。通常情况下，购入、换入、接受捐赠、无偿调入不需安装的固定资产，在固定资产验收合格时确认；购入、换入、接受捐赠、无偿调入需要安装的固定资产，在固定资产安装完成交付使用时确认；自行建造、改建、扩建的固定资产，在建造完成交付使用时确认。固定资产在取得时，应当按照成本进行初始计量。

1. 固定资产的购入

购入的固定资产，其成本包括购买价款、相关税费以及固定资产交付使用前发生的可归属于该项资产的运输费、装卸费、安装费和专业人员服务费等。以一笔款项购入多项没有单独标价的固定资产，应当按照各项固定资产同类或类似资产市场价格的比例对总成本进行分配，分别确定各项固定资产的成本。

购入固定资产的核算分为以下三种情况：

（1）购入不需安装的固定资产验收合格时，按照确定的固定资产成本，借记“固定资产”科目，贷记“财政拨款收入”“零余额账户用款额度”“应付账款”“银行存款”等科目。

（2）购入需要安装的固定资产，通过“在建工程”科目核算。安装完工交付使用时，借记“固定资产”科目，贷记“在建工程”科目。

（3）购入固定资产扣留质量保证金的，应当在取得固定资产时，按照确定的固定资产成本，借记“固定资产”科目，按照实际支付或应付的金额，贷记“财政拨款收入”“零余额账户用款额度”“应付账款”“银行存款”等科目，按照扣留的质量保证金数额，贷记“其他应付款”（扣留期在1年以内）或“长期应付款”（扣留期超过1年）科目。质保期满支付质量保证金时，借记“其他应付款”“长期应付款”科目，贷记“财政拨款收入”“零余额账户用款额度”“银行存款”等科目。

【例 8-82】 某单位购入一批计算机设备，价值 20 000 元，运输费为 500 元，该设备不需要安装，款项通过银行转账支付，设备已经通过验收。

借：固定资产——通用设备——计算机	20 500	
贷：银行存款		20 500

【例 8-83】 某单位以政府集中采购方式购入一批网络设备，价值 320 000 元，款项以财政直接支付的方式支付，设备已经通过验收。

借：固定资产——通用设备——网络设备	320 000	
贷：财政拨款收入		320 000

【例 8-84】 某单位购入两台通信设备，其中一台路由器价值 8 000 元，一台集线器价值 2 000 元，两台设备运输费共计 500 元。设备由单位专业人员自行安装，无相关费用。款项通过单位的零余额账户支付，设备已经通过验收。

运费分摊率＝500÷(2 000＋8 000)×100%＝5%

路由器入账成本＝8 000×(1＋5%)＝8 400(元)

集线器入账成本＝2 000×(1＋5%)＝2 100(元)

借：固定资产——通用设备——路由器　　8 400

　　　　　　　　　　　——集线器　　2 100

　贷：零余额账户用款额度　　10 500

【例 8-85】 某单位购入的一台需要安装的专业检测设备已经完工并交付使用，设备价款为 51 000 元，安装费用为 6 200 元。

借：固定资产——专用设备——检测设备　　57 200

　贷：在建工程——检测设备安装工程　　57 200

【例 8-86】 某单位购入一幢办公楼，价值 15 000 000 元。根据购买合同的约定，单位扣留 5%的价款作为质量保证金，扣留时间为 18 个月。

(1) 在办公楼交付使用时，单位通过银行转账向房地产开发商支付购房款 14 250 000 元，其余 750 000 元作为扣留的质量保证金，房地产开发商为单位开具了全款发票。

借：固定资产——房屋及构筑物——办公楼　　15 000 000

　贷：银行存款　　14 250 000

　　　长期应付款——质量保证金　　750 000

(2) 办公楼质量保证期满后，单位通过银行账户向房地产开发商支付扣留的质量保证金 750 000 元。

借：长期应付款——质量保证金　　750 000

　贷：银行存款　　750 000

2. 固定资产的建造

自行建造的固定资产，其成本包括该项资产至交付使用前发生的全部必要支出。(1) 在原有固定资产基础上进行改建、扩建、修缮后的固定资产，其成本按照原固定资产账面价值加上改建、扩建、修缮发生的支出，再扣除固定资产被替换部分的账面价值后的金额确定。(2) 为建造固定资产借入的专门借款的利息，属于建设期间发生的，计入在建工程成本；不属于建设期间发生的，计入当期费用。(3) 已交付使用但尚未办理竣工决算手续的固定资产，应当按照估计价值入账，待办理竣工决算后再按实际成本调整原来的暂估价值。

自行建造的固定资产交付使用时，按照在建工程成本，借记“固定资产”科目，贷记“在建工程”科目。

【例 8-87】 某单位自行建造的一台安防专用设备完工，经验收后交付使用，其建造成本为 37 500 元。

借：固定资产——专用设备——安防设备　　37 500

　贷：在建工程——安防设备建造工程　　37 500

3. 固定资产的融资租入

以融资租赁方式取得的固定资产，其成本按照租赁协议或者合同确定的租赁价款、相关税费以及固定资产交付使用前发生的可归属于该项资产的运输费、途中保险费、安装调试费等确定。

（1）融资租入的固定资产，按照确定的成本，借记“固定资产”科目或“在建工程”科目，按照租赁协议或者合同确定的租赁付款额，贷记“长期应付款”科目，按照支付的运输费、途中保险费、安装调试费等金额，贷记“财政拨款收入”“零余额账户用款额度”“银行存款”等科目。

（2）定期支付租金时，按照实际支付的金额，借记“长期应付款”科目，贷记“财政拨款收入”“零余额账户用款额度”“银行存款”等科目。

单位采用跨年度分期付款的方式购入固定资产，其账务处理与融资租入固定资产类似。

【例 8-88】 某单位与供应商签订协议，以融资租赁方式租入一套通信设备，租赁协议确定的租赁价款为 100 000 元。设备租期为 5 年，租金按年支付，每年支付 20 000 元，期满设备归单位使用。设备不需要安装、调试。

（1）供应商将租赁设备交付单位，设备已经通过验收。

借：固定资产——通用设备——通信设备　　100 000

　贷：长期应付款——某供应商　　100 000

（2）单位通过零余额账户支付第 1 年的租金 20 000 元。

借：长期应付款——某供应商　　20 000

　贷：零余额账户用款额度　　20 000

以后每年支付租金的会计分录相同。

4. 固定资产的捐赠

单位接受捐赠的固定资产应当按照以下顺序确定其成本。（1）按照有关凭据注明的金额加上相关税费、运输费等确定。根据《政府会计准则制度解释第 3 号》的规定，有确凿证据表明凭据上注明的金额高于受赠资产同类或类似资产的市场价格 30%或达不到其 70%的，则应当以同类或类似资产的市场价格确定成本。（2）没有相关凭据可供取得，但按规定经过资产评估的，其成本按照评估价值加上相关税费、运输费等确定。（3）没有相关凭据可供取得也未经资产评估的，其成本比照同类或类似资产的市场价格加上相关税费、运输费等确定。（4）没有相关凭据且未经资产评估，同类或类似资产的市场价格也无法可靠取得的，按照名义金额入账，相关税费、运输费等计入当期费用。如受赠的系旧的固定资产，在确定其初始入账成本时应当考虑该项资产的新旧程度。

接受捐赠的固定资产，按照确定的固定资产成本，借记“固定资产”科目或“在建工程”科目，按照发生的相关税费、运输费等，贷记“零余额账户用款额度”“银行存款”等科目，按照其差额，贷记“捐赠收入”科目。接受捐赠的固定资产按照名义金额入账的，按照名义金额 1 元，借记“固定资产”科目，贷记“捐赠收入”科目；按照发生的相关税费、运输费等，借记“其他费用”科目，贷记“零余额账户用款额度”“银行存款”等科目。

【例 8-89】 某单位接受捐赠一批图书，根据图书的标价确定其价值为 30 000 元。

借：固定资产——图书　　30 000

　贷：捐赠收入　　30 000

【例 8-90】 某单位接受捐赠 A，B 两台设备，捐赠方提供的发票注明其价格分别为

300 000元和100 000元。经过市场调查，其同类或类似资产的市场价格分别为320 000元和65 000元。B设备凭据上注明的金额超过其市场价格30%，应当以市场价格确定成本。

借：固定资产——A设备　300 000
　　　　　　——B设备　65 000
　贷：捐赠收入　365 000

【例8-91】 某单位接受捐赠历史文物一项，没有证明其价值的相关凭据，同类或类似文物的市场价格也无法可靠取得。捐赠过程中，单位没有承担相关税费、运输费等支出。

借：固定资产——文物　1
　贷：捐赠收入　1

（三）固定资产折旧的核算

为真实反映固定资产的价值与单位的运行费用，政府单位应当建立固定资产折旧制度。折旧是指在固定资产的预计使用年限内，按照确定的方法对应计的折旧额进行系统分摊。并非所有的固定资产均计提折旧，固定资产折旧的范围主要包括房屋及构建物、专用设备、通用设备等。文物和陈列品、动植物、图书档案、单独计价入账的土地、以名义金额计量的固定资产不计提折旧。

1. 固定资产折旧的方法

政府单位一般应当采用年限平均法或者工作量法计提固定资产折旧。固定资产应计的折旧额为其成本，计提固定资产折旧时不考虑预计净残值。政府单位应当根据相关规定以及固定资产的性质和使用情况，合理确定固定资产的折旧年限。固定资产的折旧年限一经确定，不得随意变更。由于改建、扩建等原因延长固定资产使用年限的，应当重新确定固定资产的折旧年限。年限平均法下固定资产折旧额的计算公式如下：

固定资产年折旧额＝固定资产原值÷预计使用年限

固定资产月折旧额＝固定资产年折旧额÷12

如果对固定资产分类计提折旧，则需要计算固定资产折旧率。固定资产折旧率是固定资产年折旧额与固定资产原值的比率，计算公式如下：

固定资产年折旧率＝固定资产年折旧额÷固定资产原值×100%

固定资产月折旧额＝固定资产原值×固定资产年折旧率÷12

2. 固定资产折旧计提时点

固定资产应当按月计提折旧，当月增加的固定资产，当月开始计提折旧；当月减少的固定资产，当月不再计提折旧。固定资产提足折旧后，无论能否继续使用，均不再计提折旧；提前报废的固定资产，也不再补提折旧。已提足折旧的固定资产可以继续使用的，应当继续使用，规范实物管理。

3. 固定资产折旧计提的账务处理

政府单位设置“固定资产累计折旧”科目，核算单位计提的固定资产累计折旧。本科目应当按照所对应固定资产的明细分类进行明细核算。本科目期末贷方余额反映单位计提的固定资产折旧累计数。

按月计提固定资产折旧时，按照应计提折旧的金额，借记“业务活动费用”“单位管理费用”“经营费用”“加工物品”“在建工程”等科目，贷记“固定资产累计折旧”科目。

【例 8-92】 某单位计提本月固定资产折旧，根据固定资产折旧计算表，本月应计提业务活动使用的固定资产折旧共计 38 650 元。

借：业务活动费用　　38 650

　贷：固定资产累计折旧　　38 650

小链接 8-5

政府单位应当根据固定资产的性质和使用情况，合理确定固定资产的折旧年限。《〈政府会计准则第 3 号——固定资产〉应用指南》（财会〔2017〕4 号）明确了政府固定资产折旧年限。

《政府会计准则第3号——固定资产》应用指南

固定资产的会计核算还包括无偿调入固定资产、置换固定资产、与固定资产有关的后续支出、处置固定资产、清查盘点固定资产等经济业务或事项。政府单位如果发生上述经济业务或事项，应当按照会计制度的要求进行账务处理。

六、其他各项资产

政府单位财务会计设置的资产类会计科目较多。在介绍了主要资产项目的核算内容和账务处理方法后，现简要介绍其他各项资产的核算方法，主要内容包括无形资产、在建工程、短期投资、长期股权投资、长期债券投资、文物文化资产、公共基础设施、政府储备物资、保障性住房、PPP 项目资产、受托代理资产等。其中，短期投资、长期股权投资和长期债券投资是事业单位设置的会计科目，其他各科目是行政单位、事业单位的共用科目。

（一）无形资产的核算

无形资产是指政府单位控制的没有实物形态的可辨认非货币性资产，如专利权、商标权、著作权、土地使用权、非专利技术等。无形资产的可辨认性标准是满足下列两个条件之一：（1）能够从政府会计主体中分离或者划分出来，并能单独或者与相关合同、资产或负债一起，用于出售、转移、授予许可、租赁或者交换。（2）源自合同性权利或其他法定权利，无论这些权利是否可以从政府会计主体或其他权利和义务中转移或者分离。

政府单位设置“无形资产”科目，核算单位无形资产的原值。非大批量购入、单价小于 1 000 元的无形资产，可以于购买当期将其成本直接计入当期费用。本科目应当按照无形资产的类别、项目等进行明细核算。本科目期末借方余额反映单位无形资产的成本。政府单位设置“无形资产累计摊销”科目，核算单位对使用年限有限的无形资产计提的累计摊销。政府单位设置“研发支出”科目，核算单位自行研究开发项目研究阶段和开发阶段发生的各项支出。

无形资产的账务处理主要包括无形资产的取得、无形资产的摊销、无形资产的处置等环节。(1) 无形资产在取得时应当按照成本进行初始计量，取得方式包括外购、委托开发、自行研究开发、接受捐赠、无偿调入、置换等。(2) 政府单位应当按月对使用年限有限的无形资产进行摊销，并根据用途计入当期费用或者相关资产成本。(3) 政府单位应当按规定报经批准处置无形资产，将无形资产账面价值转销计入当期费用，并将处置收入大于相关处置税费时二者的差额按规定计入当期收入或者做应缴款项处理，将处置收入小于相关处置税费时二者的差额计入当期费用。

【例 8-93】 某单位购入一项专利权，通过单位的零余额账户支付购买价款 120 000 元，已经完成专利权属变更的登记。

借：无形资产——专利权	120 000	
贷：零余额账户用款额度		120 000

(二) 在建工程的核算

在建工程是指已经发生必要支出但尚未达到交付使用状态的建设工程。政府单位的在建工程包括建筑安装工程和设备安装工程。建筑安装工程是指为新建、改建或扩建房屋建筑物和附属构筑物设施而进行的工程项目。设备安装工程是指为保证设备的正常运转而进行的设备装配、调试工程项目。根据会计制度的规定，单位对基本建设投资应当按照会计制度的规定统一进行会计核算，不再单独建账，纳入在建工程项目按项目统一核算。

政府单位设置“在建工程”科目，核算单位在建的建设项目工程的实际成本。本科目应当设置“建筑安装工程投资”“设备投资”“待摊投资”“其他投资”“待核销基建支出”“基建转出投资”等明细科目，并按照具体项目进行明细核算。本科目期末借方余额反映单位尚未完工的建设项目工程发生的实际成本。政府单位设置“工程物资”科目，核算单位为在建工程准备的各种物资的成本，包括工程用材料、设备等。

在建工程的账务处理主要包括以下内容：(1) 建筑安装工程投资，核算单位发生的构成建设项目实际支出的建筑工程和安装工程的实际成本，不包括被安装设备本身的价值以及按照合同规定支付给施工单位的预付备料款和预付工程款。(2) 设备投资，核算单位发生的构成建设项目实际支出的各种设备的实际成本。(3) 待摊投资，核算单位发生的构成建设项目实际支出的、按照规定应当分摊计入有关工程成本和设备成本的各项间接费用和税费支出。(4) 其他投资，核算单位发生的构成建设项目实际支出的房屋购置支出，基本畜禽、林木等购置、饲养、培育支出，办公生活用家具、器具购置支出，软件研发和不能计入设备投资的软件购置等支出，以及单位为进行可行性研究而购置的固定资产、取得土地使用权所支付的土地出让金。(5) 待核销基建支出，核算建设项目发生的江河清障、航道清淤、飞播造林、补助群众造林、水土保持、城市绿化、取消项目的可行性研究费以及项目整体报废等不能形成资产部分的基建投资支出。(6) 基建转出投资，核算为建设项目配套而建成的、产权不归属本单位的专用设施的实际成本。

【例 8-94】 某单位与某建筑公司签订协议，由其承包修缮单位的办公楼。

（1）办公楼的账面余额为 3 100 000 元，已经计提折旧 1 240 000 元，将办公楼的账面价值 1 860 000 元转入在建工程。

借：在建工程——建筑安装工程投资——办公楼修缮工程　　1 860 000
　　固定资产累计折旧　　1 240 000
　贷：固定资产——办公楼　　3 100 000

（2）根据建筑安装工程价款结算账单，工程价款 650 000 元以财政直接支付的方式拨付施工企业。

借：在建工程——建筑安装工程投资——办公楼修缮工程　　650 000
　贷：财政拨款收入——项目支出　　650 000

（3）办公楼修缮工程完成并通过工程验收，工程实际成本为 2 510 000 元。

借：固定资产——房屋及构筑物——办公楼　　2 510 000
　贷：在建工程——建筑安装工程投资——办公楼修缮工程　　2 510 000

（三）对外投资的核算

对外投资是指事业单位按规定以货币资金、实物资产、无形资产等方式形成的债权或股权投资。按照有关规定，行政单位不允许从事对外投资业务。事业单位对外投资，一方面可以拓展事业单位的业务范围，提高资金的使用效益，在更大范围内发挥事业单位的作用；另一方面可以取得一定的投资收益，弥补事业单位资金的不足，更好地开展公益性服务。投资分为短期投资和长期投资，长期投资分为长期债券投资和长期股权投资。

1. 短期投资

事业单位设置“短期投资”科目，核算事业单位按照规定取得的持有时间不超过 1 年（含 1 年）的投资。本科目应当按照投资的种类等进行明细核算。本科目期末借方余额反映事业单位持有短期投资的成本。

短期投资的账务处理主要包括取得短期投资、收到短期投资持有期间的利息、出售短期投资或到期收回短期投资本息等环节。（1）短期投资在取得时，应当将实际成本作为初始投资成本，实际成本包括购买价款和相关税费。实际支付价款中包含的已到付息期但尚未领取的利息，应当于收到时冲减短期投资成本。（2）短期投资持有期间的利息应当于实际收到时确认为投资收益。（3）按规定出售或到期收回短期投资，应当将收到的价款扣除短期投资账面余额和相关税费后的差额计入投资损益。

2. 长期债券投资

事业单位设置“长期债券投资”科目，核算事业单位按照规定取得的持有时间超过 1 年（不含 1 年）的债券投资。本科目应当设置“成本”和“应计利息”明细科目，并按照债券投资的种类进行明细核算。本科目期末借方余额反映事业单位持有的长期债券投资的价值。事业单位设置“应收利息”科目，核算事业单位长期债券投资应当收取的利息。

长期债券投资的账务处理主要包括取得长期债券投资、确认长期债券投资持有期间的利息收入、到期收回长期债券投资、对外出售长期债券投资等环节。(1) 长期债券投资在取得时，应当将实际成本作为初始投资成本。实际支付价款中包含的已到付息期但尚未领取的债券利息，应当单独确认为应收利息，不计入长期债券投资初始投资成本。(2) 长期债券投资持有期间，应当按期以票面金额与票面利率计算确认利息收入。(3) 按规定出售或到期收回长期债券投资，应当将实际收到的价款扣除长期债券投资账面余额和相关税费后的差额计入投资损益。

3. 长期股权投资

事业单位设置“长期股权投资”科目，核算事业单位按照规定取得的持有时间超过1年（不含1年）的股权性质的投资。本科目应当按照被投资单位和长期股权投资取得方式等进行明细核算。长期股权投资采用权益法核算的，还应当设置“成本”“损益调整”“其他权益变动”明细科目，进行明细核算。本科目期末借方余额反映事业单位持有的长期股权投资的价值。事业单位设置“应收股利”科目，核算事业单位持有长期股权投资应当收取的现金股利或应当分得的利润。

根据《政府会计准则制度解释第3号》的规定，代表本级人民政府对国家出资企业履行出资人职责的单位，与其履行出资人职责的国家出资企业之间不存在股权投资关系，不作为单位的投资进行会计处理。单位按规定出资成立非营利法人单位，如事业单位、社会团体、基金会等，也不作为单位的投资进行会计处理。

长期股权投资的账务处理主要包括取得长期股权投资、长期股权投资持有期间的处理（权益法或成本法）、处置长期股权投资等环节。(1) 长期股权投资在取得时，应当将其实际成本作为初始投资成本。(2) 长期股权投资持有期间，通常应当采用权益法进行核算。权益法是指投资最初以投资成本计量，以后根据政府会计主体在被投资单位所享有的所有者权益份额的变动对投资的账面余额进行调整的方法。(3) 政府会计主体无权决定被投资单位的财务和经营政策或无权参与被投资单位的财务和经营政策决策的，应当采用成本法进行核算。成本法是指投资按照投资成本计量的方法。(4) 政府会计主体按规定报经批准处置长期股权投资，应当冲减长期股权投资的账面余额，并按规定将处置价款扣除相关税费后的余额作为应缴款项处理，或者按规定将处置价款扣除相关税费后的余额与长期股权投资账面余额的差额计入当期投资损益。采用权益法核算的长期股权投资的处置，还应当将原计入净资产的相应部分转入当期投资损益。

【例8-95】 某事业单位根据业务发展的需要，以货币资金对H企业进行长期股权投资，取得该企业40%的股权，采用权益法核算。

(1) 通过银行转账支付股权投资款1 000 000元。

借：长期股权投资——H企业——成本	1 000 000	
贷：银行存款		1 000 000

(2) 根据H企业的财务报告，H企业本年实现净利润200 000元，单位应享有的份额为80 000元。

借：长期股权投资——H企业——损益调整	80 000	
贷：投资收益——H企业长期股权投资		80 000

(3) H企业宣告分配利润，单位应享有的份额为50 000元。

借：应收股利——H企业　　50 000

　贷：长期股权投资——H企业——损益调整　　50 000

（四）公共服务资产的核算

公共服务资产是政府单位为满足社会公共需求而控制的各项资产，主要包括政府储备物资、公共基础设施、文物文化资产、保障性住房等。公共服务资产是政府单位的非自用资产，并非用于满足自身开展业务活动或其他活动的需要。

1. 政府储备物资

政府储备物资是政府单位为满足实施国家安全与发展战略、进行抗灾救灾、应对公共突发事件等特定公共需求而控制的有形资产。政府储备物资在应对可能发生的特定事件或情形时动用，其购入、存储保管、更新（轮换）、动用等由政府及相关部门发布的专门管理制度规范。

政府单位设置“政府储备物资”科目，核算单位控制的政府储备物资的成本。对政府储备物资不负有行政管理职责但接受委托具体负责执行其存储保管等工作的单位，其受托代储的政府储备物资应当通过“受托代理资产”科目核算，不通过本科目核算。本科目应当按照政府储备物资的种类、品种、存放地点等进行明细核算。单位根据需要，可在本科目下设置“在库”“发出”等明细科目进行明细核算。本科目期末借方余额反映政府储备物资的成本。

政府储备物资的账务处理主要包括取得政府储备物资、发出政府储备物资、清查盘点政府储备物资等环节。（1）政府储备物资取得时，应当按照其成本入账。取得方式包括购入、委托加工、接受捐赠、无偿调入等。（2）政府会计主体应当根据实际情况采用先进先出法、加权平均法或者个别计价法确定政府储备物资发出的成本。因动用而发出无须收回的政府储备物资的，政府会计主体应当在发出物资时将其账面余额予以转销，计入当期费用。因动用而发出需要收回或者预期可能收回的政府储备物资的，政府会计主体应当在按规定的质量验收标准收回物资时，将未收回物资的账面余额予以转销，计入当期费用。（3）单位应当定期对政府储备物资进行清查盘点，每年至少盘点一次。对于发生的政府储备物资盘盈、盘亏或者报废、毁损，应按照规定报经批准后及时进行账务处理。

【例8-96】 某单位为抢险救援物资类应急物资的管理单位。

（1）以财政直接支付方式购入抢险救援物资一批，价款共计180 000元。抢险救援物资已经交付，并验收入库。

借：政府储备物资——抢险救援物资　　180 000

　贷：财政拨款收入——项目支出　　180 000

（2）根据应急物资储备预案，发出无须收回的抢险救援物资一批，采用先进先出法确定其成本为65 000元。

借：业务活动费用　　65 000

　贷：政府储备物资——抢险救援物资　　65 000

2. 公共基础设施

公共基础设施是政府单位为满足社会公共需求而控制的、直接负责维护管理、供社会公众使用的工程性公共基础设施资产。公共基础设施是一个有形资产系统或网络的组成部分，具有特定用途，一般不可移动。公共基础设施主要包括市政基础设施（如城市道路、桥梁、隧道、公交场站、路灯、广场、公园绿地、室外公共健身器材，以及环卫、排水、供水、供电、供气、供热、污水处理、垃圾处理系统等）、交通基础设施（如公路、航道、港口等）、水利基础设施（如大坝、堤防、水闸、泵站、渠道等）和其他公共基础设施。

政府单位设置“公共基础设施”科目，核算单位控制的公共基础设施的原值。本科目应当按照公共基础设施的类别、项目等进行明细核算。单位应当根据行业主管部门对公共基础设施的分类规定，制定适合本单位管理的公共基础设施目录、分类方法，作为进行公共基础设施核算的依据。本科目期末借方余额反映公共基础设施的原值。政府单位设置“公共基础设施累计折旧（摊销）”科目，核算单位计提的公共基础设施累计折旧和累计摊销。

公共基础设施的账务处理主要包括取得公共基础设施、计提公共基础设施折旧和摊销、处置公共基础设施、清查盘点公共基础设施等环节。（1）公共基础设施在取得时，应当按照其成本入账。取得方式包括自行建造、接受捐赠、无偿调入、外购等。（2）政府单位应当对公共基础设施计提折旧，对确认为公共基础设施的单独计价入账的土地使用权计提摊销。公共基础设施应计提的折旧、摊销总额为其成本，计提公共基础设施折旧时不考虑预计净残值。（3）按规定报经批准无偿调出、对外捐赠公共基础设施时，应当将公共基础设施的账面价值予以转销，无偿调出、对外捐赠中发生的归属于调出方、捐出方的相关费用应当计入当期费用。（4）单位应当定期对公共基础设施进行清查盘点，对于发生的公共基础设施盘盈、盘亏、毁损或报废，应当按照规定报经批准后及时进行后续账务处理。

【例 8-97】 某单位与市政建设部门办理移交手续，一处公共广场由该单位负责维护管理，其原账面价值为 30 000 000 元。

借：公共基础设施——公共广场	30 000 000	
贷：无偿调拨净资产		30 000 000

3. 文物文化资产

文物文化资产是政府单位为满足社会公共需求而控制的用于展览、教育或研究等目的的历史文物、艺术品以及其他具有文化或历史价值并长期或永久保存的典藏等。

政府单位设置“文物文化资产”科目，核算单位为满足社会公共需求而控制的文物文化资产的成本。单位为满足自身开展业务活动或其他活动需要而控制的文物和陈列品，应当通过“固定资产”科目核算，不通过本科目核算。本科目应当按照文物文化资产的类别、项目等进行明细核算。本科目期末借方余额反映文物文化资产的成本。

文物文化资产的账务处理主要包括取得文物文化资产、处置文物文化资产、清查盘点文物文化资产等环节。（1）文物文化资产在取得时，应当按照其成本入账。取得方式包括外购、无偿调入、接受捐赠等。（2）按照规定报经批准对外捐赠、无偿调出文物文化资产时，应当将文物文化资产的账面价值予以转销，发生的相关费用计入当期费用。(3) 单位应当定期对文物文化资产进行清查盘点，每年至少盘点一次。对于发生的文物文化资产盘盈、盘亏、毁损或报废等，应当按照规定报经批准后及时进行后续账务处理。

【例 8-98】 某单位为城市建设展览馆，接受捐赠的文物文化资产一件，有关凭据注明的金额为 5 000 元。

借：文物文化资产　　5 000
　贷：捐赠收入　　5 000

4. **保障性住房**

保障性住房是政府单位为满足社会公共需求而控制的为中低收入住房困难家庭提供的限定标准、限定价格或租金的住房，一般由廉租住房、经济适用住房、政策性租赁住房、定向安置房等构成。

政府单位设置"保障性住房"科目，核算单位为满足社会公共需求而控制的保障性住房的原值。本科目应当按照保障性住房的类别、项目等进行明细核算。本科目期末借方余额反映保障性住房的原值。政府单位设置"保障性住房累计折旧"科目，核算单位计提的保障性住房的累计折旧。

保障性住房的账务处理主要包括取得保障性住房、出租保障性住房、计提保障性住房折旧、处置保障性住房等环节。(1) 保障性住房在取得时，应当按其成本入账。取得方式包括外购、自行建造、无偿调入、接受捐赠、融资租赁等。(2) 按照规定出租保障性住房时，收取的出租收入应当上缴同级财政。(3) 单位应当参照固定资产折旧的相关规定，按月对保障性住房计提折旧。(4) 报经批准处置保障性住房时，应当将保障性住房的账面价值予以转销。

【例 8-99】 某单位为保障性住房管理单位，外购保障性住房一幢，款项 8 000 000 元以财政直接支付的方式支付给房地产开发商。

借：保障性住房　　8 000 000
　贷：财政拨款收入　　8 000 000

(五) PPP 项目资产的核算

政府和社会资本合作简称为 PPP，包括建设-运营-移交 (BOT)、转让-运营-移交 (TOT)、改建-运营-移交 (ROT) 等运作方式。在公共服务领域推广运用 PPP 模式，引入社会力量参与公共服务供给，提升供给质量和效率，是党中央做出的一项重大决策部署。根据《政府会计准则第 10 号——政府和社会资本合作项目合同》及其应用指南的要求，作为政府授权或指定的 PPP 项目实施机构，政府单位应当依据 PPP 项目合同确认 PPP 项目资产和 PPP 项目净资产。

PPP 项目资产是指 PPP 项目合同中确定的用来提供公共产品和服务的资产。PPP 项目合同是指政府方与社会资本方依法依规就 PPP 项目合作所订立的合同。PPP 项目合同应当具有"双特征"：(1) 社会资本方在合同约定的运营期间内代表政府方使用 PPP 项目资产提供公共产品和服务；(2) 社会资本方在合同约定的期间内就其提供的公共产品和服务获得补偿。PPP 项目合同应当满足"双控制"条件：(1) 政府方控制或管制社会资本方使用 PPP 项目资产必须提供的公共产品和服务的类型、对象和价格；（2）PPP 项目合同终止时，政府方通过所有权、收益权或其他形式控制 PPP 项目资产的重大剩余权益。政府方应当将符合“双特征”要求并满足“双控制”标准的 PPP 项目合同所形成的资产确认为 PPP 项目资产。不能同时满足“双特征”和“双控制”条件的 PPP 项目合同，如不满足“双特征”的租赁合同、捐赠合同，以及不满足“双控制”的建设-拥有-运营（BOO）方式合同、转让-拥有-运营（TOO）方式合同，不确认为 PPP 项目资产，应当按照其他政府会计准则制度的规定进行会计处理。

作为 PPP 项目实施机构（政府方），政府单位应当设置“PPP 项目资产”科目，核算按照规定确认的 PPP 项目资产，并按照资产类别、项目等进行明细核算。本科目的期末借方余额反映 PPP 项目资产的账面余额。政府方应当设置“PPP 项目资产累计折旧（摊销）”科目，核算按照规定计提的 PPP 项目资产累计折旧（摊销），并按照资产类别、项目等进行明细核算。本科目期末贷方余额反映政府方计提的 PPP 项目资产折旧（摊销）的累计数。

PPP 项目资产的账务处理主要包括 PPP 项目资产取得、PPP 项目运营期间、PPP 项目合同终止等环节。（1）PPP 项目资产取得时，应当按照其成本入账。取得方式包括社会资本方投资建造，社会资本方从第三方购买，使用社会资本方现有资产，使用政府方现有资产，对政府方原有资产进行改建、扩建等。（2）PPP 项目资产在项目运营期间，对于为增加 PPP 项目资产的使用效能或延长其使用年限而发生的大修、改建、扩建等后续支出，政府方应当在资产验收合格交付使用时确认 PPP 项目资产。在 PPP 项目运营期间内，政府方应当按月对该 PPP 项目资产计提折旧（摊销）。（3）PPP 项目合同终止时，PPP 项目资产按规定移交至政府方的，政府方应当根据 PPP 项目资产的性质和用途，将其重分类为公共基础设施等资产。

【例 8-100】 某事业单位作为 PPP 项目的实施机构（政府方），与 M 民营企业（社会资本方）签订 PPP 项目合同，采用建设-运营-移交（BOT）方式建设公路公共基础设施，项目合同符合“双特征”和“双控制”条件。M 民营企业建造公路发生的费用为 30 000 000 元，公路验收合格并交付使用。

借：PPP 项目资产　　30 000 000

　贷：PPP 项目净资产　　30 000 000

小链接 8-6

为了规范政府方对政府和社会资本合作（PPP）项目合同的确认、计量和相关信息的列报，财政部制定发布了《政府会计准则第 10 号——政府和社会资本合作项目合同》（财会〔2019〕23 号）。

政府会计准则第 10 号——政府和社会资本合作项目合同

（六）受托代理资产的核算

受托代理资产是政府单位接受委托方的委托代为管理的各项资产。政府单位为履行其职能，会接受其他单位或个人的委托，代为管理一些资产。不同于其他类型的资产，政府单位并不拥有受托代理资产的处置权，只能按照委托方的要求或者意愿代为保存和处理资产。受托代理资产包括转赠的资产、受托储存管理的资产和取得的罚没物资。转赠的资产是单位接受委托，收到的需要按委托人的意愿转赠给指定受赠人的现款、物资等。受托储存管理的资产是单位接受委托，代为储存、保管的政府储备物资等。罚没物资是单位对违反法律法规的行为和事实进行处罚而没收的财产。

政府单位设置“受托代理资产”科目，核算单位接受委托方委托管理的各项资产，包括受托指定转赠的物资、受托储存保管的物资等的成本。单位管理的罚没物资也应当通过本科目核算。单位收到的受托代理资产为现金和银行存款的，不通过本科目核算，应当通过“库存现金”“银行存款”科目进行核算。本科目应当按照资产的种类和委托人进行明细核算；属于转赠资产的，还应当按照受赠人进行明细核算。本科目期末借方余额反映单位受托代理实物资产的成本。

受托代理资产的账务处理主要包括以下内容：(1) 受托转赠物资。接受委托人委托需要转赠给受赠人的物资，其成本按照有关凭据注明的金额确定；将受托转赠物资交付受赠人时，将受托转赠物资的账面余额予以转销。(2) 受托储存保管物资。接受委托人委托储存保管的物资，其成本按照有关凭据注明的金额确定；根据委托人要求交付或发出受托储存保管的物资时，将受托储存保管物资的账面余额予以转销。(3) 罚没物资。取得罚没物资时，其成本按照有关凭据注明的金额确定，罚没物资成本无法可靠确定的，单位应当设置备查簿进行登记；按照规定处置或移交罚没物资时，将罚没物资的账面余额予以转销，处置时取得的款项上缴同级财政。

【例 8-101】 某单位接受委托，将一批价值 50 000 元的教学设备和现款 20 000 元转赠西部地区某学校，用于帮助其改善教学条件。

(1) 收到教学设备和现款时：

借：受托代理资产——教学设备	50 000	
银行存款——受托代理存款	20 000	
贷：受托代理负债		70 000

(2) 转赠教学设备和现款时：

借：受托代理负债	70 000	
贷：受托代理资产——教学设备		50 000
银行存款——受托代理存款		20 000

政府单位还设置了“待摊费用”“长期待摊费用”“待处理财产损溢”等资产类科目，这些科目不再单独讲解。

第五节 负债的核算

负债是财务会计的要素，反映政府单位承担的现时义务。本节介绍政府单位负债的确认与内容，阐述负债的会计核算要求，讲解各主要负债类科目的核算内容、账户设置和账务处理。

一、负债的确认与内容

（一）负债的确认

负债是指政府单位过去的经济业务或者事项形成的、预期会导致经济资源流出政府会计主体的现时义务。现时义务是指政府会计主体在现行条件下已承担的义务。未来发生的经济业务或者事项形成的义务不属于现时义务，不应当确认为负债。

政府单位将一项现时义务确认为负债，应当符合负债的定义，确信履行该义务很可能导致含有服务潜力或者经济利益的经济资源流出政府会计主体，该义务的金额能够可靠地计量。

（二）负债的内容

财务会计为经济与财务管理服务，应当充分反映单位的财务状况，完整记录各项负债，加强风险控制与管理。政府单位的负债按照流动性，分为流动负债、非流动负债和受托代理负债。

1. 流动负债

流动负债是指预计在1年内（含1年）偿还的负债，包括短期借款、应交增值税、其他应交税费、应缴财政款、应付职工薪酬、应付票据、应付账款、应付政府补贴款、应付利息、预收账款、其他应付款、预提费用等。

2. 非流动负债

非流动负债是指流动负债以外的负债，包括长期借款、长期应付款、预计负债等。

3. 受托代理负债

受托代理负债是政府单位接受委托取得受托代理资产时形成的负债。

根据《政府会计准则第8号——负债》的规定，政府单位的负债在按流动性分类的基础上，还对负债进行如下划分：首先，将负债分为偿还时间和金额基本确定的负债和由或有事项形成的预计负债；其次，将偿还时间与金额基本确定的负债按照政府会计主体的业务性质及风险程度进一步划分为融资活动形成的举借债务及应付利息、运营活动形成的应付及预收款项和暂收性负债。同时，《政府会计准则第8号——负债》对不同类别负债的构成、确认和计量等做出了更为具体的规定。

小链接8-7

财政部制定发布的《政府会计准则第8号——负债》（财会〔2018〕31号）对政府负债进行了统一规范，明确了政府负债的定义、内容和分类，规定了政府负债的确认、计量和披露要求。

政府会计准则
第8号——负债

二、借入款项

借入款项是政府单位融资活动形成的举借债务。事业单位为满足业务发展的资金需要，经批准可以向银行或其他金融机构取得借款，以弥补事业经费的不足。事业单位应当建立健全财务风险控制机制，规范和加强借入款项的管理。借入款项包括短期借款和长期借款，均为事业单位设置的会计科目，行政单位不得违反规定举借债务。

（一）短期借款的核算

事业单位设置“短期借款”科目，核算事业单位经批准向银行或其他金融机构等借入的期限在1年内（含1年）的各种借款。本科目应当按照债权人和借款种类进行明细核算。本科目期末贷方余额反映事业单位尚未偿还的短期借款本金。

短期借款的账务处理包括借入和归还款项两个环节。(1) 借入各种短期借款时，按照实际借入的金额，借记“银行存款”科目，贷记“短期借款”科目。(2) 归还短期借款时，借记“短期借款”科目，贷记“银行存款”科目。支付的短期借款利息通过“其他费用”科目核算。

【例8-102】 某事业单位报经批准，从中国银行××支行借入600 000元，借款期限为4个月，年利率为4%。

借：银行存款	600 000	
贷：短期借款——中国银行××支行		600 000

【例8-103】 某事业单位到期归还例8-102中所述的短期借款，并支付借款利息8 000元。

借：短期借款——中国银行××支行	600 000	
其他费用	8 000	
贷：银行存款		608 000

（二）长期借款的核算

事业单位设置“长期借款”科目，核算事业单位经批准向银行或其他金融机构等借入的期限超过1年（不含1年）的各种借款本息。本科目应当设置“本金”和“应计利息”明细科目，并按照贷款单位和贷款种类进行明细核算。对于建设项目借款，还应按照具体项目进行明细核算。本科目期末贷方余额反映事业单位尚未偿还的长期借款本息金额。为反映应支付的借款利息，事业单位设置“应付利息”科目，核算事业单位按照合同约定应支付的借款利息，包括短期借款、分期付息到期还本的长期借款等应支付的利息。

长期借款的主要账务处理如下。

1. 借入长期借款

借入各项长期借款时，按照实际借入的金额，借记“银行存款”科目，贷记“长期借款——本金”科目。

2. **计提非专门借款的应付利息**

单位应当按期计提按照合同约定应支付的借款利息。应付利息的核算应当区分其借款是专门借款还是非专门借款。专门借款是指单位为建造固定资产、公共基础设施等而借入的款项，非专门借款是除此之外的其他借款。非专门借款的应付利息计入当期费用，根据不同的利息支付方式采用不同的核算方法。(1) 对于分期付息、到期还本的非专门借款的利息，应当将计算确定的应付未付利息确认为流动负债，计入应付利息。按照计算确定的应支付的利息金额，借记“其他费用”科目，贷记“应付利息”科目。(2) 对于到期一次还本付息的非专门借款的利息，应当将计算确定的应付未付利息确认为非流动负债，计入相关非流动负债的账面余额。按照计算确定的应支付的利息金额，借记“其他费用”科目，贷记“长期借款——应计利息”科目。

3. **计提专门借款的应付利息**

为建造固定资产、公共基础设施等应支付的专门借款利息，按期计提利息时，分别按以下情况处理：(1) 属于建设期间发生的，按期计提利息费用时，按照计算确定的金额，借记“在建工程”科目，贷记“应付利息”科目。(2) 属于工程项目完工交付使用后发生的利息，计入当期费用，按照计算确定的应支付的利息金额，借记“其他费用”科目，贷记“应付利息”科目。

4. **支付借款利息，归还借款本金**

实际支付应付利息时，按照支付的金额，借记“应付利息”或“长期借款——应计利息”科目，贷记“银行存款”等科目。到期归还长期借款本金时，借记“长期借款——本金”科目，贷记“银行存款”科目。

【例 8-104】 某事业单位为弥补事业发展资金的不足，经批准从银行借入款项 2 000 000 元。借款期限为 24 个月，年利率为 6%，到期一次还本付息。

(1) 取得长期借款时：

借：银行存款	2 000 000	
贷：长期借款——本金		2 000 000

(2) 按月计提应付利息时：

月应付利息＝2 000 000×6%÷12＝10 000(元)

借：其他费用	10 000	
贷：长期借款——应计利息		10 000

应付利息按月计提，24 个月计提应付利息 240 000 元。

(3) 借款到期偿还本金，支付利息时：

借：长期借款——本金	2 000 000	
——应计利息	240 000	
贷：银行存款		2 240 000

三、应付及预收款项

应付及预收款项是政府单位在运营过程中因购买商品、接受服务或履行公共职能等应付而未付的待结算款项，主要包括应付职工薪酬、应付账款、应付票据、预收账款、应付政府补贴款、其他应付款、长期应付款等。其中，应付政府补贴款是行政单位设置的会计科目，应付票据、预收账款是事业单位设置的会计科目，其他各会计科目是行政单位、事业单位的共用科目。

（一）应付职工薪酬的核算

政府单位设置“应付职工薪酬”科目，核算单位按照有关规定应付给职工（含编制外长期聘用人员）及为职工支付的各种薪酬，包括基本工资、国家统一规定的津贴补贴、规范津贴补贴（绩效工资）、改革性补贴、社会保险费、住房公积金等。本科目应当根据国家有关规定按照“基本工资”（含离退休费）、“国家统一规定的津贴补贴”、“规范津贴补贴（绩效工资）”、“改革性补贴”、“社会保险费”、“住房公积金”、“其他个人收入”等科目进行明细核算。其中，“社会保险费”“住房公积金”明细科目核算内容包括单位从职工工资中代扣代缴的社会保险费、住房公积金，以及单位为职工计算缴纳的社会保险费、住房公积金。本科目期末贷方余额反映单位应付未付的职工薪酬。

应付职工薪酬的主要账务处理如下。

1. 计提应付职工薪酬

计提从事专业及其辅助活动人员的职工薪酬（含单位为职工计算缴纳的社会保险费、住房公积金）时，借记“业务活动费用”“单位管理费用”等科目，贷记“应付职工薪酬”科目。计提应由在建工程、加工物品、自行研发无形资产负担的职工薪酬，计入相应的资产成本。

2. 代扣款项

单位承担代扣代缴义务。实际支付给职工的薪酬，应当扣除应由职工个人承担、由单位代缴的社会保险费、住房公积金和个人所得税，以及单位为职工垫付的水电费、房租等其他费用。(1) 按照代扣社会保险费、住房公积金的金额，借记“应付职工薪酬——基本工资”科目，贷记“应付职工薪酬——社会保险费/住房公积金”科目。(2) 按照税法规定代扣职工个人所得税时，借记“应付职工薪酬——基本工资”科目，贷记“其他应交税费——应交个人所得税”科目。

3. 发放职工薪酬

应当发放给职工的薪酬金额是本期应付职工薪酬中基本工资、各项津贴补贴、其他个人收入等的合计金额，不包括单位为职工计算缴纳的社会保险费、住房公积金，并扣除应由职工个人承担、由单位代扣代缴的款项。向职工支付工资、津贴补贴、其他个人收入等薪酬时，按照实际支付的金额，借记“应付职工薪酬”科目及其明细科目，贷记“财政拨款收入”“零余额账户用款额度”“银行存款”等科目。

4. 缴纳社会保险费、住房公积金和个人所得税

单位应当按照国家有关规定为职工缴纳社会保险费和住房公积金，代缴个人所得税。(1) 按规定缴纳职工社会保险费和住房公积金时，按照实际支付的金额（包括单位承担部分和职工承担部分），借记“应付职工薪酬——社会保险费/住房公积金”科目，贷记“财政拨款收入”“零余额账户用款额度”“银行存款”等科目。(2) 按照税法规定代缴职工个人所得税时，按照实际代缴的金额，借记“其他应交税费——应交个人所得税”，贷记“财政拨款收入”“零余额账户用款额度”“银行存款”等科目。

【例 8-105】 某单位计算并发放本月业务人员的职工薪酬。

(1) 计提本月职工薪酬。根据工资表，本月应付业务人员的职工薪酬中，基本工资为 1 680 000 元，各项津贴补贴（包括国家统一规定的津贴补贴、规范津贴补贴、改革性补贴）为 980 000 元，其他个人收入为 120 000 元，单位承担的社会保险费为 588 000 元，单位承担的住房公积金为 266 000 元。

借：业务活动费用	3 634 000	
贷：应付职工薪酬——基本工资		1 680 000
——各项津贴补贴		980 000
——其他个人收入		120 000
——社会保险费（单位承担部分）		588 000
——住房公积金（单位承担部分）		266 000

(2) 代扣款项。按规定应由职工个人承担的社会保险费为 116 000 元，住房公积金为 266 000 元，按照税法规定职工应缴纳个人所得税 215 000 元。

借：应付职工薪酬——基本工资	597 000	
贷：应付职工薪酬——社会保险费（职工承担部分）		116 000
——住房公积金（职工承担部分）		266 000
其他应交税费——应交个人所得税		215 000

(3) 工资发放日，向职工支付本月工资、津贴补贴和其他个人收入。扣除应由职工个人承担的社会保险费、住房公积金和个人所得税后，本月实际支付业务人员的基本工资、津贴补贴、其他个人收入共计 2 183 000 元，款项已经通过单位的零余额账户转入职工个人工资卡账户。

借：应付职工薪酬——基本工资	1 083 000	
——各项津贴补贴	980 000	
——其他个人收入	120 000	
贷：零余额账户用款额度		2 183 000

(4) 缴纳费用。通过单位的零余额账户，缴纳职工个人所得税 215 000 元、由单位和职工承担的社会保险费 704 000 元，以及由单位和职工承担的住房公积金 532 000 元。

借：其他应交税费——应交个人所得税	215 000	
应付职工薪酬——社会保险费（单位承担部分）	588 000	
——社会保险费（职工承担部分）	116 000	
——住房公积金（单位承担部分）	266 000	
——住房公积金（职工承担部分）	266 000	
贷：零余额账户用款额度		1 451 000

（二）应付账款的核算

政府单位设置“应付账款”科目，核算单位因购买物资、接受服务、开展工程建设等而应付的偿还期限在1年以内（含1年）的款项。本科目应当按照债权人进行明细核算。对于建设项目，还应设置“应付器材款”“应付工程款”等明细科目，并按照具体项目进行明细核算。本科目期末贷方余额反映单位尚未支付的应付账款金额。事业单位因购买材料、物资等而开出、承兑的商业汇票，通过“应付票据”科目核算。

应付账款的主要账务处理如下。

1. 发生应付账款

收到所购材料、物资、设备或服务以及确认完成工程进度但尚未付款时，根据发票及账单等有关凭证，按照应付未付款项的金额，借记“库存物品”“固定资产”“在建工程”等科目，贷记“应付账款”科目。应付款项包含的增值税进项税通过“应交增值税”科目核算。

【例8-106】 某单位向某供应商购买材料一批，应当支付价款4 000元。材料已经入库，款项尚未支付。

借：库存物品——材料　　4 000

　贷：应付账款——某供应商　　4 000

2. 偿付应付账款

偿付应付账款时，按照实际支付的金额，借记“应付账款”科目，贷记“财政拨款收入”“零余额账户用款额度”“银行存款”等科目。无法偿付或债权人豁免偿还的应付账款，应当按照规定报经批准后进行账务处理。经批准核销时，借记“应付账款”科目，贷记“其他收入”科目。

【例8-107】 某单位通过零余额账户支付例8-106中所述购买材料所欠的款项4 000元。

借：应付账款——某供应商　　4 000

　贷：零余额账户用款额度　　4 000

（三）预收账款的核算

事业单位设置“预收账款”科目，核算事业单位预先收取但尚未结算的款项。本科目应当按照债权人进行明细核算。本科目期末贷方余额反映事业单位预收但尚未结算的款项金额。

预收账款的主要账务处理如下。

1. 预收款项

从付款方预收款项时，按照实际预收的金额，借记“银行存款”等科目，贷记“预收账款”科目。

【例8-108】 某事业单位按合同规定，预先向某单位收取专业业务服务款项30 000元，款项已经存入单位的银行账户。

借：银行存款　　30 000

　贷：预收账款——某单位　　30 000

2. 确认收入

根据合同完成进度确认有关收入时，按照预收账款的账面余额，借记“预收账款”

科目，按照应确认的收入金额，贷记“事业收入”“经营收入”等科目，按照付款方补付或退回付款方的金额，借记或贷记“银行存款”等科目。预收款项包含的增值税销项税通过“应交增值税”科目核算。

【例 8-109】 某事业单位按合同规定，向例 8-108 中所述的单位提供了相关服务，应确认事业收入 36 000 元，差额 6 000 元已经通过银行转账补付。

借：预收账款——某单位　30 000
　　银行存款　6 000
　贷：事业收入　36 000

（四）应付政府补贴款的核算

行政单位设置“应付政府补贴款”科目，核算负责发放政府补贴的行政单位按照规定应当支付给政府补贴接受者的各种政府补贴款。本科目应当按照应支付的政府补贴种类进行明细核算。单位还应当根据需要按照补贴接受者进行明细核算，或者建立备查簿对补贴接受者予以登记。本科目期末贷方余额反映行政单位应付未付的政府补贴金额。事业单位不设置本科目。

应付政府补贴款的账务处理主要包括发生应付政府补贴款和支付应付政府补贴款两个环节。（1）发生应付政府补贴款时，按照根据规定计算确定的应付政府补贴款金额，借记“业务活动费用”科目，贷记“应付政府补贴款”科目。（2）支付应付政府补贴款时，按照支付金额，借记“应付政府补贴款”科目，贷记“零余额账户用款额度”“银行存款”等科目。

【例 8-110】 某行政单位负责向公益养老院发放政府补贴，某新设立的养老院共有 75 张床位，按规定政府对每张床位给予一次性补助 1 000 元。

（1）计算确定应付政府补贴款 75 000 元。

借：业务活动费用　75 000
　贷：应付政府补贴款——养老院床位补贴款　75 000

（2）通过单位的零余额账户，向某养老院支付应付政府补贴款 75 000 元。

借：应付政府补贴款——养老院床位补贴款　75 000
　贷：零余额账户用款额度　75 000

（五）其他应付款的核算

政府单位设置“其他应付款”科目，核算其他各项偿还期限在 1 年内（含 1 年）的应付及暂收款项，如收取的押金、存入保证金、已经报销但尚未偿还银行的本单位公务卡欠款等。同级政府财政部门预拨的下期预算款和没有纳入预算的暂付款项，以及采用实拨资金方式通过本单位转拨给下属单位的财政拨款，也通过本科目核算。本科目应当按照其他应付款的类别以及债权人等进行明细核算。本科目期末贷方余额反映单位尚未支付的其他应付款金额。

其他应付款是政府单位运营活动形成的暂收性负债，是政府单位暂时收到、随后应退还或者转拨给其他方的款项。其他应付款的账务处理主要包括发生其他应付款和支付、归还或转销其他应付款两个环节。(1) 发生其他应付及暂收款项时，借记"银行存款"等科目，贷记"其他应付款"科目。(2) 支付（或退回）其他应付及暂收款项时，借记"其他应付款"科目，贷记"银行存款"等科目。(3) 将无法偿付的暂收款项转为收入时，借记"其他应付款"科目，贷记"事业收入""财政拨款收入"等科目。

【例 8-111】 某单位代职工订阅杂志、报纸，预收款项 1 850 元，款项存入银行。

借：银行存款　　1 850

　贷：其他应付款——书报费　　1 850

【例 8-112】 某单位向某企业退回原向其收取的业务保证金 35 000 元。

借：其他应付款——业务保证金　　35 000

　贷：银行存款　　35 000

（六）长期应付款的核算

政府单位设置"长期应付款"科目，核算单位发生的偿还期限超过 1 年（不含 1 年）的应付款项，如以融资租赁方式取得固定资产应付的租赁费、购入固定资产扣留的质量保证金等。本科目应当按照长期应付款的类别以及债权人进行明细核算。本科目期末贷方余额反映单位尚未支付的长期应付款金额。

长期应付款的账务处理主要包括发生长期应付款和支付长期应付款两个环节。(1) 发生长期应付款时，借记"固定资产""在建工程"等科目，贷记"长期应付款"科目。(2) 支付长期应付款时，按照实际支付的金额，借记"长期应付款"科目，贷记"财政拨款收入""零余额账户用款额度""银行存款"等科目。无法偿付或债权人豁免偿还的长期应付款，按照规定报经批准核销时，借记"长期应付款"科目，贷记"其他收入"科目。

【例 8-113】 某单位根据业务发展的需要，以分期付款方式购入检测设备一台，根据购买合同，检测设备价款为 72 000 元，设备款分 2 年支付。

(1) 收到检测设备，该设备不需要安装，已通过验收。依据购买合同，以财政直接支付方式支付检测设备的第一笔款项 36 000 元。

借：固定资产——检测设备　　72 000

　贷：财政拨款收入　　36 000

　　长期应付款——检测设备款　　36 000

(2) 第二年，以财政直接支付方式支付检测设备的第二笔款项 36 000 元。

借：长期应付款——检测设备款　　36 000

　贷：财政拨款收入　　36 000

四、应缴（交）款项

应缴（交）款项是政府单位取得的按规定应上缴财政的款项，以及承担纳税义务应上缴税务机关的税款，包括应缴财政款、应交增值税和其他应交税费。

（一）应缴财政款的核算

政府单位设置“应缴财政款”科目，核算单位取得或应收的按照规定应当上缴财政的款项，包括应缴国库的款项和应缴财政专户的款项。本科目应当按照应缴财政款项的类别进行明细核算。本科目期末贷方余额反映单位应当上缴财政但尚未缴纳的款项。年终清缴后，本科目一般应无余额。

应缴财政款的主要账务处理如下。

1. 应缴国库款

应缴国库款是指单位在业务活动中按规定取得的应缴入国库的预算款项（应缴税费除外）。应缴国库款的内容主要包括纳入预算管理的政府性基金、行政事业性收费、没收财物变价款、无主财物变价款、赃款和赃物变价款、处置资产取得的应上缴财政的处置净收入，以及按照预算管理规定应上缴预算的其他款项。（1）单位取得或应收按照规定应缴入国库的款项时，借记“银行存款”“应收账款”等科目，贷记“应缴财政款——应缴国库款”科目。单位处置资产取得应上缴国库的处置净收入时，借记“待处理财产损溢”等科目，贷记“应缴财政款——应缴国库款”科目。（2）单位上缴应缴入国库的款项时，按照实际上缴的金额，借记“应缴财政款——应缴国库款”科目，贷记“银行存款”科目。

【例 8-114】 某行政单位履行职能，对某单位违反法律法规的行为进行处罚，决定对其罚款 120 000 元。

（1）罚没款项已经由缴款人缴入单位的银行账户。

借：银行存款	120 000	
贷：应缴财政款——应缴国库款		120 000

（2）将罚没的款项上缴国库。

借：应缴财政款——应缴国库款	120 000	
贷：银行存款		120 000

2. 应缴财政专户款

应缴财政专户款是指事业单位按规定收取的应上缴财政专户的各种款项。事业单位代行政府职能，依国家法律法规收取、提取和安排使用的各项资金，按规定应纳入财政专户管理。事业单位取得的纳入财政专户管理的资金，由财政部门建立的财政专户统一管理，实行“收支两条线”管理方式。收到各项收费时，必须上缴财政专户统一管理；使用这笔资金时，要向财政部门申请，经过审批后通过财政专户返还。事业单位的各项收费是否纳入财政专户管理，需要依据同级财政的规定，目前纳入财政专户管理的收费主要是教育收费。

事业单位应按规定收取、上缴与返还纳入财政专户管理的资金。（1）事业单位取得或应收按照规定应上缴财政专户的款项时，借记“银行存款”“应收账款”等科目，贷记“应缴财政款——应缴财政专户款”科目。（2）单位上缴财政专户款项时，按照实际上缴的金额，借记“应缴财政款——应缴财政专户款”科目，贷记“银行存款”科目。（3）收到从财政专户返还的事业收入时，按照实际收到的返还金额，借记“银行存款”

等科目，贷记“事业收入”科目。

【例 8－115】 某事业单位的一项服务性收费纳入财政专户管理。

（1）实现应上缴财政专户的事业收入，款项 6 700 元已经收到并存入单位的银行账户。

借：银行存款　6 700

　贷：应缴财政款——应缴财政专户款　6 700

（2）按规定将上述款项缴入财政专户。

借：应缴财政款——应缴财政专户款　6 700

　贷：银行存款　6 700

（3）收到从财政专户返还的事业收入 5 000 元，款项已经下达单位的银行账户。

借：银行存款　5 000

　贷：事业收入　5 000

如果应缴财政的款项不通过单位的账户汇集过渡，而是由缴款人直接缴入国库或财政专户，单位可以设置应缴财政款备查登记簿进行备查登记，不进行账务处理。

（二）应交增值税的核算

政府单位设置“应交增值税”科目，核算单位按照税法规定计算应缴纳的增值税。属于增值税一般纳税人的单位，应当在本科目下设置“应交税金”“未交税金”“预交税金”“待抵扣进项税额”“待认证进项税额”“待转销项税额”“简易计税”“转让金融商品应交增值税”“代扣代交增值税”等明细科目。其中，“应交税金”明细账内应当设置“进项税额”“已交税金”“转出未交增值税”“减免税款”“销项税额”“进项税额转出”“转出多交增值税”等专栏。属于增值税小规模纳税人的单位只需在本科目下设置“转让金融商品应交增值税”“代扣代交增值税”明细科目。本科目期末贷方余额反映单位应缴未缴的增值税；期末如为借方余额，反映单位尚未抵扣或多缴的增值税。

政府单位作为一类社会组织，应当按税法的规定履行纳税义务。但是，政府单位承担管理职能，为社会提供公益性服务，享受较多的免税、减税等优惠政策。如果单位的业务或事项不需要缴纳增值税，不属于增值税应税项目，则不需要通过“应交增值税”科目核算。一般来说，单位销售材料、提供应税服务、处置不动产等，应当缴纳增值税。

应交增值税的主要账务处理如下。

1. 单位取得资产或接受劳务

单位购买资产或服务缴纳的增值税进项税，有增值税纳税义务的，应分别按增值税一般纳税人和小规模纳税人两种情况核算。（1）对于增值税一般纳税人，单位购买用于增值税应税项目的资产或服务等时，如果采购等业务进项税额允许抵扣，按照应计入相关成本费用或资产的金额，借记“业务活动费用”“库存物品”“固定资产”等科目，按照当月已认证的可抵扣增值税额，借记“应交增值税——应交税金——进项税额”科目，按照当月未认证的可抵扣增值税额，借记“应交增值税——待认证进项税额”科目，按照应付或实际支付的金额，贷记“应付账款”“应付票据”“银行存款”“零余额账户用款额度”等科目。（2）对于增值税小规模纳税人，购买资产或服务等时不能抵扣增值税，发生的增值税计入资产成本或相关成本费用。

【例 8-116】 某事业单位购入一批经营用材料进行生产加工，材料不含税价格共计25 000元，增值税进项税额为3 250元，货款共计28 250元，通过银行转账支付。

（1）如属于增值税一般纳税人，进项税额需要抵扣。

借：库存物品——经营材料	25 000
应交增值税——应交税金——进项税额	3 250
贷：银行存款	28 250

（2）如属于增值税小规模纳税人，或者采用简易计税方法计算应纳增值税，会计处理如下。

借：库存物品——经营材料	28 250
贷：银行存款	28 250

2. **单位销售资产或提供服务**

单位销售货物或提供服务，有增值税纳税义务的，应当按照现行增值税制度规定计算销项税额。（1）对于增值税一般纳税人，单位销售货物或提供服务时，应当按照应收或已收的金额，借记“应收账款”“应收票据”“银行存款”等科目，按照确认的收入金额，贷记“经营收入”“事业收入”等科目，按照现行增值税制度规定计算的销项税额，贷记“应交增值税——应交税金——销项税额”科目。（2）对于增值税小规模纳税人，或采用简易计税方法计算应纳增值税额的，销售货物或提供服务的增值税销项税额通过“应交增值税——简易计税”科目核算。

【例 8-117】 某事业单位属于增值税一般纳税人，经营业务销售的商品不含税价格共计36 000元，增值税销项税额为4 680元，货款共计40 680元，款项尚未收到。

借：应收账款	40 680
贷：经营收入	36 000
应交增值税——应交税金——销项税额	4 680

3. **缴纳增值税**

单位应当按月缴纳增值税。单位缴纳当月应缴的增值税时，借记“应交增值税——已交税金”科目，贷记“银行存款”等科目。单位缴纳以前期间未缴的增值税时，借记“应交增值税——未交税金”科目，贷记“银行存款”等科目。

【例 8-118】 某事业单位属于增值税一般纳税人，本月应缴纳增值税1 870元，通过银行转账支付。

借：应交增值税——已交税金	1 870
贷：银行存款	1 870

（三）其他应交税费的核算

政府单位设置“其他应交税费”科目，核算单位按照税法等规定计算应缴纳的除增值税以外的各种税费，包括城市维护建设税、教育费附加、地方教育附加、车船税、房产税、城镇土地使用税和企业所得税等。单位代扣代缴的个人所得税也通过本科目核算。单位应缴纳的印花税不需要预提应交税费，不通过本科目核算，直接计入当期费用。本科目期末贷方余额反映单位应缴未缴的除增值税以外的税费金额；期末如为借方余额，反映单位多缴纳的除增值税以外的税费金额。

其他应交税费的账务处理主要包括发生缴纳税费义务和缴纳税费两个环节。（1）发生其他应缴税费义务时，按照税法规定计算的应缴税费金额，借记“业务活动费用”“单位管理费用”“经营费用”“所得税费用”等科目，贷记“其他应交税费”科目。（2）单位实际缴纳其他应缴税费时，借记“其他应交税费”科目，贷记“财政拨款收入”“零余额账户用款额度”“银行存款”等科目。

【例 8-119】 某单位的一幢对外出租房产按规定应当缴纳房产税。

（1）按照税法规定计算，应缴房产税 1 250 元。

借：业务活动费用	1 250	
贷：其他应交税费——应交房产税		1 250

（2）通过银行转账实际缴纳上述房产税。

借：其他应交税费——应交房产税	1 250	
贷：银行存款		1 250

五、其他各项负债

在介绍了主要负债项目的核算内容和账务处理方法后，现简要介绍其他各项负债的核算方法，主要是预计负债和受托代理负债。

（一）预计负债的核算

政府单位设置“预计负债”科目，核算单位因或有事项产生的现时义务而确认的负债。或有事项是指由过去的经济业务或者事项形成的、其结果须由某些未来事项的发生或不发生才能决定的不确定事项，如未决诉讼或未决仲裁、自然灾害或公共事件的救助等。本科目应当按照预计负债的项目进行明细核算。本科目期末贷方余额反映单位已确认但尚未支付的预计负债金额。

预计负债的主要账务处理如下：（1）预计负债应当按照履行相关现时义务所需支出的最佳估计数进行初始计量。确认预计负债时，按照预计的金额，借记“业务活动费用”“经营费用”“其他费用”等科目，贷记“预计负债”科目。（2）实际偿付预计负债时，按照偿付的金额，借记“预计负债”科目，贷记“银行存款”“零余额账户用款额度”等科目。（3）根据确凿证据需要对已确认的预计负债账面余额进行调整的，按照调整增加的金额，借记有关科目，贷记“预计负债”科目；按照调整减少的金额，借记“预计负债”科目，贷记有关科目。

【例 8-120】 某单位存在未决诉讼事项，案件正在审理中，存在败诉的可能性。

（1）经过估计，诉讼败诉将赔付原告方 8 000 元。

借：单位管理费用	8 000	
贷：预计负债——未决诉讼		8 000

（2）诉讼结束，法院判决实际赔付的金额为 8 500 元，以银行存款支付。

借：预计负债——未决诉讼　　8 000
　　单位管理费用　　500
　贷：银行存款　　8 500

（二）受托代理负债的核算

政府单位设置“受托代理负债”科目，核算单位接受委托取得受托代理资产时形成的负债。本科目期末贷方余额反映单位尚未交付或发出受托代理资产形成的受托代理负债金额。

受托代理负债的账务处理与受托代理资产类似。接受委托人委托需要转赠给受赠人的物资、收到委托储存保管的物资和取得罚没物资时，在确认受托代理资产的同时，按照确定的成本确认受托代理负债。将受托转赠物资交付受赠人、交付或发出受托储存保管的物资和移交罚没物资时，冲减受托代理负债。

政府单位还设置了“应付票据”“预提费用”“应付利息”等负债类科目，这些科目不再单独讲解。

第六节　净资产的核算

净资产是财务会计的要素，反映政府单位的资产净值。本节介绍政府单位净资产的确认与内容，阐述净资产的会计核算要求，讲解各主要净资产科目的核算内容、账户设置和账务处理。

一、净资产的确认与内容

（一）净资产的确认

净资产是指政府单位资产扣除负债后的净额。净资产是政府单位某一时点的资产净值，净资产的确认依赖资产、负债两个会计要素的确认，净资产金额取决于资产和负债的计量结果。当含有经济利益或服务潜力的经济资源流入政府单位时，单位的资产增加或负债减少，导致当期净资产的增加。反之，当含有经济利益或服务潜力的经济资源流出政府单位时，单位的资产减少或负债增加，导致当期净资产的减少。基本关系式如下：

净资产＝资产－负债

（二）净资产的内容

财务会计为经济与财务管理服务，应当充分反映单位的净资产状况。政府单位的净资产主要来源于单位历年收入与费用相抵滚存的累计盈余、无偿调拨非现金资产产生的净资产变动额、PPP 项目形成的净资产，以及事业单位按规定提取或设置的专用基金、计入净资产的长期股权投资（权益法核算）的权益变动金额。为反映净资产的形成过程及结果，政府单位设置了四类净资产会计科目。

（1）盈余类净资产。盈余类净资产反映政府单位盈余的本期形成、年末分配和历年滚存的累计金额，设置“本期盈余”“本年盈余分配”“以前年度盈余调整”“无偿调拨净资产”“累计盈余”五个会计科目。

（2）基金类净资产。基金类净资产反映事业单位按照规定提取或设置的具有专门用途的基金，设置“专用基金”一个会计科目。行政单位不设置此会计科目。

（3）投资权益类净资产。投资权益类净资产反映事业单位权益法下长期股权投资的其他权益变动金额，设置“权益法调整”一个会计科目。行政单位不设置此会计科目。

（4）PPP 项目净资产。PPP 项目净资产反映政府单位 PPP 项目资产所对应的净资产金额，设置“PPP 项目净资产”一个会计科目。

（三）盈余的结转流程

政府单位财务会计应当按规定的结账日进行结账，反映盈余的变动情况。盈余的结转流程包括期末处理和年末处理。

1. 期末处理

期末通常为月末，为单位规定的月末某一结账日期。期末，应当将本期实现的各项收入、发生的各项费用转到“本期盈余”科目，计算本期形成的盈余金额。经过 12 个月末的结转，年末“本期盈余”科目的余额即为全年实现的盈余金额。

2. 年末处理

年度结账日为每年的 12 月 31 日。年度终了结账时，所有总账账户都应当结出全年发生额和年末余额，并将各账户的余额结转到下一会计年度。年末，应当将“本期盈余”科目余额转入“本年盈余分配”科目，按规定提取专用基金后，未分配的盈余转入“累计盈余”科目。如果单位本年度发生非现金资产的无偿调拨事项，年末应当将“无偿调拨净资产”科目的余额转入“累计盈余”科目。

单位本年度发生的盈余归集上缴或调拨事项、以前年度盈余调整事项，应当在其发生时将变动金额转至“累计盈余”科目。盈余结转流程如图 8-1 所示。

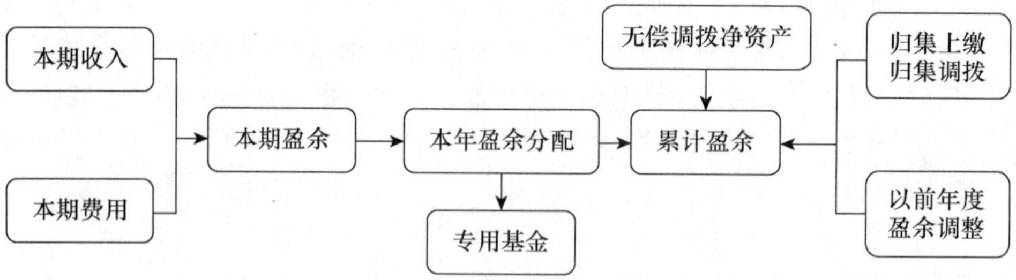

图 8-1 盈余结转流程

在净资产类会计科目中，“本期盈余”“本年盈余分配”“无偿调拨净资产”“以前年度盈余调整”反映净资产的变动过程，只有期末余额，年末应当没有余额。“累计盈余”“专用基金”“权益法调整”“PPP 项目净资产”反映净资产的变动过程和结果，存在期末余额和年末余额。

净资产年末余额＝累计盈余＋专用基金＋权益法调整＋PPP 项目净资产

二、本期盈余

（一）本期盈余的内容

本期盈余是政府单位一定时期各项收入、费用相抵后的余额。政府单位在依法履职、开展专业业务活动和其他活动中会取得一定的收入并发生一定的费用，二者之间的差额即为本期盈余。为及时反映单位的收入、费用及盈余情况，编制月度收入费用表，政府单位通常按月进行本期盈余的账务处理。基本关系式如下：

本期盈余＝本期收入－本期费用

（二）本期盈余的核算

政府单位设置“本期盈余”科目，核算单位本期各项收入、费用相抵后的余额。期末结转后，本科目如为贷方余额，反映单位自年初至当期期末累计实现的盈余；如为借方余额，反映单位自年初至当期期末累计发生的亏损。年末将本年实现的盈余转至本年盈余分配后，本科目应无余额。

本期盈余的主要账务处理如下。

1. 期末处理

期末，应当将本期实现的各项收入、发生的各项费用转到本期盈余。（1）将各收入类科目的本期发生额转入本期盈余，借记各收入类科目，贷记“本期盈余”科目；（2）将各费用类科目本期发生额转入本期盈余，借记“本期盈余”科目，贷记各费用类科目。本期“本期盈余”科目贷方发生额与借方发生额的差额即为本期实现的盈余。“本期盈余”科目期末如为贷方余额，为累计实现的盈余；如为借方余额，为累计发生的亏损。

【例 8-121】 某事业单位 20×1 年 12 月转账前“本期盈余”科目贷方余额为 1 550 000 元，为 1—11 月累计实现的盈余，各收入、费用类账户本月发生额与本年累计发生额如表 8-2 所示，进行本月收入、费用结转的账务处理。

表 8-2　收入、费用类账户本月发生额与本年累计发生额　　单位：元

序号	费用类科目	本月数	本年累计	序号	收入类科目	本月数	本年累计
1	业务活动费用	899 000	9 556 000	1	财政拨款收入	840 000	9 560 000
2	单位管理费用	463 000	5 438 000	2	事业收入	515 000	5 480 000
3	经营费用	13 000	159 000	3	上级补助收入	158 000	1 615 000
4	资产处置费用	56 000	483 000	4	附属单位上缴收入	25 000	295 000
5	上缴上级费用	79 000	972 000	5	经营收入	21 000	243 000
6	对附属单位补助费用	83 000	795 000	6	非同级财政拨款收入	58 000	715 000

续表

序号	费用类科目	本月数	本年累计	序号	收入类科目	本月数	本年累计
7	所得税费用	2 000	25 000	7	投资收益	72 000	840 000
8	其他费用	5 000	72 000	8	捐赠收入	30 000	85 000
				9	利息收入	6 500	72 000
				10	租金收入	12 500	150 000
				11	其他收入	12 000	145 000
	合计	1 600 000	17 500 000		合计	1 750 000	19 200 000

(1) 结转本月各项收入。

借：财政拨款收入　840 000
　　事业收入　515 000
　　上级补助收入　158 000
　　附属单位上缴收入　25 000
　　经营收入　21 000
　　非同级财政拨款收入　58 000
　　投资收益　72 000
　　捐赠收入　30 000
　　利息收入　6 500
　　租金收入　12 500
　　其他收入　12 000
　贷：本期盈余　1 750 000

(2) 结转本月各项费用。

借：本期盈余　1 600 000
　贷：业务活动费用　899 000
　　　单位管理费用　463 000
　　　经营费用　13 000
　　　资产处置费用　56 000
　　　上缴上级费用　79 000
　　　对附属单位补助费用　83 000
　　　所得税费用　2 000
　　　其他费用　5 000

本期“本期盈余”科目贷方发生额与借方发生额的差额150 000元即为本月实现的盈余，再加上月初贷方余额1 550 000元，可计算出本年累计实现的盈余为1 700 000元。

2. 年末处理

年末，完成上述结转后，将“本期盈余”科目余额转入“本年盈余分配”科目，借记或贷记“本期盈余”科目，贷记或借记“本年盈余分配”科目。

【例8-122】 某事业单位20×1年末，将“本期盈余”科目贷方余额1 700 000元转到“本年盈余分配”科目。

借：本期盈余　1 700 000

贷：本年盈余分配 1 700 000

年末，经过上述处理，“本期盈余”科目应无余额，“本年盈余分配”科目贷方余额为 1 700 000 元。

三、本年盈余分配

（一）本年盈余分配的内容

本年盈余分配是对本年实现的盈余进行分配的过程。政府单位实现的盈余留归本单位使用，不对外分配，只在净资产内部分配。年末，应当将本年可分配的盈余全额转入本年盈余分配。事业单位可以按照财务制度的规定，从可分配盈余中提取专用基金，如职工福利基金、科技成果转换基金等。提取专用基金后，再将未分配的盈余转入累计盈余，用于单位的业务活动，或弥补以后各期可能发生的亏损。

（二）本年盈余分配的核算

政府单位设置“本年盈余分配”科目，核算单位本年度盈余分配的情况和结果。年末将未分配盈余转至累计盈余后，本科目应无余额。

本年盈余分配的主要账务处理如下：（1）年末，将“本期盈余”科目余额转入本科目，借记或贷记“本期盈余”科目，贷记或借记“本年盈余分配”科目。（2）年末，根据有关规定从本年度非财政拨款结余或经营结余中提取专用基金的，按照预算会计下计算的提取金额，借记“本年盈余分配”科目，贷记“专用基金”科目。（3）年末，按照规定完成上述处理后，将“本年盈余分配”科目余额转入累计盈余，借记或贷记“本年盈余分配”科目，贷记或借记“累计盈余”科目。

【例 8－123】 某事业单位 20×1 年末，“本年盈余分配”科目贷方余额为 1 700 000 元。

（1）按照财务制度规定的比例和预算会计中非财政拨款结余的金额计算，提取职工福利基金 280 000 元。

借：本年盈余分配 280 000

贷：专用基金——职工福利基金 280 000

（2）年末，将提取专用基金后的可分配盈余 1 420 000 元转到“累计盈余”科目。

借：本年盈余分配 1 420 000

贷：累计盈余 1 420 000

年末，经过上述处理，“本年盈余分配”科目应无余额。“累计盈余”科目贷方发生额为 1 420 000 元。

四、无偿调拨净资产

（一）无偿调拨净资产的内容

无偿调拨净资产是政府单位无偿调入或调出非现金资产所引起的净资产增加或减少

的金额。政府单位无偿调入或调出资产应当严格履行审批手续，未经批准不得处置。无偿调入资产是指单位以不支付对价的方式从其他单位取得资产，无偿调出资产是指单位以不收取对价的方式将资产移交其他单位。无偿调入或调出现金资产，如库存现金、银行存款等，通过“捐赠收入”“其他费用”等科目核算，不直接调整净资产的金额。无偿调入或调出非现金资产，如库存物品、固定资产、无形资产、长期股权投资等，应当按照调拨资产的账面价值调整净资产的金额。无偿调入非现金资产，按照调入资产的账面余额或账面价值调增净资产；无偿调出非现金资产，按照调出资产的账面余额或账面价值调减净资产。

（二）无偿调拨净资产的核算

政府单位设置“无偿调拨净资产”科目，核算单位无偿调入或调出非现金资产所引起的净资产变动金额。年末将无偿调拨净资产的变动额转至累计盈余后，本科目应无余额。

无偿调拨净资产的主要账务处理如下：(1) 按照规定取得无偿调入的非现金资产时，按照确定的成本，借记相关资产科目，按照调入过程中发生的归属于调入方的相关费用，贷记“零余额账户用款额度”“银行存款”等科目，按照其差额，贷记“无偿调拨净资产”科目。(2) 根据规定经批准无偿调出非现金资产时，按照调出资产的账面余额或账面价值，借记“无偿调拨净资产”科目，按照累计折旧与摊销的金额，借记“固定资产累计折旧”“无形资产累计摊销”等科目，按照调出资产的账面余额，贷记相关资产科目。调出过程中发生的归属于调出方的相关费用，记入“资产处置费用”科目。(3) 年末，将“无偿调拨净资产”科目余额转入累计盈余，借记或贷记“无偿调拨净资产”科目，贷记或借记“累计盈余”科目。

【例 8-124】 某事业单位报经批准无偿调出一台专用设备，该设备的账面余额为 30 000 元，已计提的折旧为 10 000 元，调出过程中发生的相关费用由调入方承担。

(1) 转销调出设备的账面价值 20 000 元。

借：无偿调拨净资产	20 000
固定资产累计折旧	10 000
贷：固定资产	30 000

(2) 年末，将“无偿调拨净资产”科目的余额 20 000 元转到“累计盈余”科目。

借：累计盈余	20 000
贷：无偿调拨净资产	20 000

年末，经过上述处理，“无偿调拨净资产”科目应无余额。“累计盈余”科目借方发生额为 20 000 元。

五、累计盈余

（一）累计盈余的内容

累计盈余是政府单位历年积累的各项盈余，包括未分配的本年盈余转入和无偿调拨非现金资产产生的净资产变动金额。基本关系式如下：

年末“累计盈余”余额＝年初“累计盈余”余额＋从“本年盈余分配”科目转入的金额＋从“无偿调拨净资产”科目转入的金额

政府单位的累计盈余通常留归本单位使用，或者按规定上缴、调拨。按照预算会计的划分，累计盈余包含财政拨款结转结余资金和非财政拨款结转资金。根据预算管理制度的规定，有些财政拨款结转结余资金需要上缴同级财政部门，有些非财政拨款结转资金需要缴回拨款单位。政府单位之间财政拨款结转资金可以调剂，向其他单位调出财政拨款结转资金，或者从其他单位调入财政拨款结转资金。

（二）累计盈余的核算

政府单位设置“累计盈余”科目，核算单位历年实现的盈余扣除盈余分配后滚存的金额，以及无偿调入调出资产产生的净资产变动额。按照规定上缴、缴回、单位间调剂结转结余资金产生的净资产变动额，以及对以前年度盈余的调整金额，也通过本科目核算。本科目年末余额反映单位未分配盈余（或未弥补亏损）以及无偿调拨净资产变动的累计数。

累计盈余的主要账务处理如下。

1. 累计盈余的转入

累计盈余主要来源于本年盈余分配和无偿调拨净资产。(1) 年末，将“本年盈余分配”科目的余额转入累计盈余，借记或贷记“本年盈余分配”科目，贷记或借记“累计盈余”科目。(2) 年末，将“无偿调拨净资产”科目的余额转入累计盈余，借记或贷记“无偿调拨净资产”科目，贷记或借记“累计盈余”科目。

2. 累计盈余的归集上缴或调拨

按照规定处理结转结余资金时，按照实际上缴、缴回、调出金额，借记“累计盈余”科目，贷记“财政应返还额度”“零余额账户用款额度”“银行存款”等科目。

【例 8-125】 某事业单位“累计盈余”科目期初贷方余额为 600 000 元。经过例 8-123、例 8-124 的账务处理，“累计盈余”科目的贷方余额为 2 000 000 元。按照预算管理的规定，通过单位的零余额账户上缴财政拨款结转结余 800 000 元。

借：累计盈余	800 000	
贷：零余额账户用款额度		800 000

经过上述处理，“累计盈余”科目贷方余额为 1 200 000 元。

六、以前年度盈余调整

（一）以前年度盈余调整的内容

以前年度盈余调整是政府单位的会计调整事项。会计调整是指政府单位按照法律、行政法规和政府会计准则制度的要求，或者在特定情况下对其原采用的会计政策、会计估计，以及发现的会计差错、发生的报告日后事项等所做的调整。

1. **会计政策变更**

会计政策是指政府会计主体在会计核算时所遵循的特定原则、基础以及所采用的具体会计处理方法。政府单位采用的会计政策在每一会计期间和前后各期应当保持一致。但是，根据法律、行政法规或者政府会计准则制度等要求以及会计信息相关性、可靠性的需要，单位可以变更会计政策。通常情况下，政府会计主体应当采用追溯调整法进行处理，用会计政策变更的累积影响调整前期有关净资产项目的期初余额。会计政策变更的影响或者累积影响不能合理确定的，可以采用未来适用法对会计政策变更进行处理，将变更后的会计政策应用于变更当期及以后各期发生的经济业务或者事项。

2. **会计估计变更**

会计估计是指政府单位对结果不确定的经济业务或者事项以最近可利用的信息为基础所做的判断，如固定资产、无形资产的预计使用年限等。如果会计估计的基础发生变化，或者取得新信息，积累更多经验以及后来经历发展变化，可以对会计估计进行变更。政府单位应当对会计估计变更采用未来适用法处理，仅对变更当期和未来期间发生的经济业务或者事项采用新的会计估计进行处理。

3. **会计差错更正**

会计差错是指政府单位在会计核算时，在确认、计量、记录、报告等方面出现的错误，通常包括计算或记录错误、应用会计政策错误、疏忽或曲解事实产生的错误、财务舞弊等。本期发现的与本期相关的会计差错，应当调整本期报表相关项目。本期发现的与前期相关的会计差错，应当区分重大会计差错和非重大会计差错，采用不同的处理方法。（1）重大会计差错是指差错的性质比较严重，影响财务报表的可靠性；或者差错的金额比较大，累积影响金额占该类经济业务或者事项对报表同一项目的影响金额的10%及以上。本期发现的与前期相关的重大会计差错，如影响收入、费用，应当用其对收入、费用的影响或者累积影响调整发现当期期初的相关净资产项目，并调整其他相关项目的期初数。（2）非重大会计差错是指差错的性质不严重，并且差错的金额比较小（未达到10%的阈值）。本期发现的与前期相关的非重大会计差错，视同本期发现的与本期相关的会计差错，只需要用其影响数调整相关项目的本期数。

4. **报告日后事项**

报告日后事项是指自报告日至报告批准报出日之间发生的需要调整或说明的事项，包括调整事项和非调整事项两类。报告日以后获得新的或者进一步的证据，有助于对报告日存在状况的有关金额做出重新估计的，应当作为调整事项，据此对报告日的报表进行调整。调整事项包括已证实资产发生的减损、已确定获得或者支付的赔偿、财务舞弊或者差错等。报告日以后发生的调整事项应当如同报告所属期间发生的事项一样进行会计处理。报告日以后才发生或者存在的事项，如果不影响报告日的存在状况，这类事项应当作为非调整事项，在财务报表附注中予以披露，如自然灾害导致的资产损失、外汇汇率发生重大变化等。

小链接 8-8

为规范政府会计调整的确认、计量和相关信息的披露，提高会计信息质量，财政部制定发布了《政府会计准则第 7 号——会计调整》（财会〔2018〕28 号）。

政府会计准则
第 7 号——会计调整

（二）以前年度盈余调整的核算

政府单位设置“以前年度盈余调整”科目，核算单位本年度发生的调整以前年度盈余的事项，包括本年度发生的重要前期差错更正涉及调整以前年度盈余的事项。将以前年度盈余的调整金额转至累计盈余后，本科目应无余额。

以前年度盈余调整的主要账务处理如下：（1）调整增加以前年度收入时，按照调整增加的金额，借记有关科目，贷记“以前年度盈余调整”科目；调整减少的，做相反会计分录。（2）调整增加以前年度费用时，按照调整增加的金额，借记“以前年度盈余调整”科目，贷记有关科目；调整减少的，做相反会计分录。（3）盘盈的各种非流动资产，报经批准后处理时，借记“待处理财产损溢”科目，贷记“以前年度盈余调整”科目。（4）经上述调整后，应将本科目的余额转入累计盈余，借记或贷记“累计盈余”科目，贷记或借记“以前年度盈余调整”科目。

【例 8-126】 某事业单位因计算错误，上一年度少支付物业管理费 150 000 元，因其金额较大，属于重大会计差错。

（1）通过单位的银行账户转账支付物业管理费。

借：以前年度盈余调整　　150 000
　贷：银行存款　　150 000

（2）将以前年度盈余的调整金额转至累计盈余。

借：累计盈余　　150 000
　贷：以前年度盈余调整　　150 000

【例 8-127】 20×1 年 10 月，某行政单位发现记账错误，将上一年度 7 月 1 日购入的一台设备计入当期费用，未确认固定资产。设备价值为 7 200 元，折旧年限为 6 年。因其性质严重，属于重大会计差错。

（1）确认固定资产原值 7 200 元，补提上一年度固定资产折旧 600 元。

借：固定资产　　7 200
　贷：固定资产累计折旧　　600
　　以前年度盈余调整　　6 600

（2）将以前年度盈余的调整金额转至累计盈余。

借：以前年度盈余调整　　6 600
　贷：累计盈余　　6 600

（3）补提 20×1 年固定资产折旧 1 000 元。

借：业务活动费用　　1 000
　贷：固定资产累计折旧　　1 000

七、其他各项净资产

其他各项净资产包括专用基金、权益法调整和PPP项目净资产。其中，专用基金和权益法调整是事业单位设置的会计科目，PPP项目净资产为行政单位、事业单位的共用科目。

（一）专用基金的核算

事业单位设置“专用基金”科目，核算事业单位按照规定提取或设置的具有专门用途的净资产，主要包括职工福利基金、科技成果转换基金等。本科目应当按照专用基金的类别进行明细核算。本科目期末贷方余额反映事业单位累计提取或设置的尚未使用的专用基金。

专用基金的主要账务处理如下。

1. 提取或设置专用基金

按照有关规定，事业单位提取或设置专用基金有三种方式：（1）从本年度非财政拨款结余或经营结余中提取专用基金的，按照预算会计下计算的提取金额，借记“本年盈余分配”科目，贷记“专用基金”科目。（2）从收入中提取专用基金的，按照预算会计下计算提取的金额，借记“业务活动费用”等科目，贷记“专用基金”科目。（3）根据有关规定设置的其他专用基金，按照实际收到的基金金额，借记“银行存款”等科目，贷记“专用基金”科目。

2. 使用专用基金

按照规定使用提取的专用基金时，借记“专用基金”科目，贷记“银行存款”等科目。如果运用专用基金购置固定资产、无形资产，还应当同时增加累计盈余。

【例8-128】 某事业单位按规定从收入中提取职工福利基金，用于改善单位职工的福利待遇。

（1）按规定的标准计算，从收入中提取职工福利基金120 000元。

借：业务活动费用	120 000	
贷：专用基金——职工福利基金		120 000

（2）用职工福利基金支付职工福利开支65 000元，款项以银行存款支付。

借：专用基金——职工福利基金	65 000	
贷：银行存款		65 000

（二）权益法调整的核算

事业单位设置“权益法调整”科目，核算事业单位持有的长期股权投资采用权益法核算时，按照被投资单位除净损益和利润分配以外的所有者权益变动份额调整长期股权投资账面余额而计入净资产的金额。本科目应当按照被投资单位进行明细核算。本科目期末余额反映事业单位在被投资单位除净损益和利润分配以外的所有者权益变动中累积享有（或分担）的份额。

长期股权投资采用权益法核算时，政府单位享有被投资单位净损益和利润分配的所有者权益变动份额记入“投资收益”科目，享有被投资单位除净损益和利润分配以外的所有者权益变动份额记入“权益法调整”科目。年末进行账务处理时，按照应享有（或应分担）的份额，借记或贷记“长期股权投资——其他权益变动”科目，贷记或借记“权益法调整”科目。

（三） PPP 项目净资产的核算

政府单位应当设置“PPP 项目净资产”科目，核算按照规定所确认的 PPP 项目净资产。本科目的期末贷方余额反映 PPP 项目净资产的账面余额。

政府单位在确认 PPP 项目资产时，应当同时确认一项 PPP 项目净资产，PPP 项目净资产的初始入账金额与 PPP 项目资产的初始入账金额相等。但是，政府单位使用其现有资产形成 PPP 项目资产的，在初始确认 PPP 项目资产时，应当同时终止确认现有资产，不确认 PPP 项目净资产。（1）取得 PPP 项目资产时，按照确定的成本，借记“PPP 项目资产”科目，贷记“PPP 项目净资产”科目。（2）在 PPP 项目运营期间按月计提 PPP 项目资产折旧（摊销）时，应当按照计提的 PPP 项目资产折旧（摊销）金额，借记“PPP 项目净资产”“业务活动费用”等科目，贷记“PPP 项目资产累计折旧（摊销）”科目。（3）PPP 项目合同终止时，政府方应当将尚未冲减完的 PPP 项目净资产账面余额转入累计盈余，即按 PPP 项目净资产的账面余额，借记“PPP 项目净资产”科目，贷记“累计盈余”科目。

思考题

1. 政府单位财务会计设置了哪些会计要素？
2. 政府单位应当如何应用权责发生制确认基础？
3. 政府单位的资产与负债的计量方法有哪些？
4. 政府单位对资产的计量包括哪些环节？
5. 什么是政府单位的收入？其包括哪些种类？
6. 什么是财政拨款收入？其包括哪些内容？
7. 事业收入的账务处理包括哪些模式？
8. 转移性收入包括哪些内容？
9. 什么是政府单位的费用？其包括哪些种类？
10. 什么是业务活动费用？如何进行分类？
11. 商品和服务费用的账务处理包括哪些模式？
12. 什么是单位管理费用？其包括哪些内容？
13. 什么是资产处置费用？其核算内容是什么？
14. 什么是政府单位的资产？其包括哪些类别？
15. 什么是零余额账户用款额度与财政应返还额度？
16. 事业单位如何计提应收账款的坏账准备？

17. 什么是固定资产？其确认条件是什么？
18. 计提固定资产折旧的时点是如何规定的？
19. 什么是政府单位的负债？其包括哪些类别？
20. 长期借款的账务处理包括哪些环节？
21. 如何对应付职工薪酬进行核算？
22. 什么是应缴财政款？其包括哪些内容？
23. 什么是政府单位的净资产？其包括哪些内容？
24. 盈余的结转流程是什么？
25. 什么是会计调整？其包括哪些内容？

第九章

政府单位预算会计核算

学习目标和学习重点

本章主要讲授政府单位预算会计核算的基本方法，讲解政府单位预算会计核算的实务，学习平行记账方法。学习目标是明确政府单位预算会计的核算原理与规则，熟悉政府单位预算会计核算的实务操作，掌握政府单位综合业务的账务处理流程，为政府单位会计报表的编制奠定基础。本章的学习重点包括：

1. 明确政府单位预算会计要素，掌握预算会计的确认、计量与记账方法；
2. 掌握政府单位预算收入、预算支出的核算方法；
3. 熟悉政府单位结转结余的内容和账务处理流程；
4. 理解政府单位会计的核算模式，学会应用平行记账方法。

第一节　政府单位预算会计的核算方法

本节在介绍预算会计要素与会计科目设置的基础上，讲解政府单位预算会计的确认、计量、记录方法，明确政府单位预算会计核算的基本原理。

一、政府单位预算会计要素与科目

（一）政府单位预算会计要素

政府单位预算会计服务于单位预算管理，以单位的预算资金为会计对象，反映单位的预算执行情况及结果。政府单位预算会计的要素包括预算收入、预算支出和预算结余。预算收入是单位在预算年度内依法取得并纳入预算管理的现金流入，预算支出是单位在预算年度内依法发生并纳入预算管理的现金流出，预算结余是单位预算年度内预算收入扣除预算支出后的资金余额，以及历年滚存的资金余额。

与政府单位财务会计相比，预算收入是现金流入，财务会计中的收入是经济资源流入；预算支出是现金流出，财务会计中的费用是经济资源流出，二者的定义与确认基础不同。预算会计不设置资产、负债要素，不确认各项资产与负债。

（二）政府单位预算会计科目

根据《政府会计制度——行政事业单位会计科目和报表》（财会〔2017〕25 号），政府单位预算会计设置 26 个一级科目。其中，预算收入类科目 9 个，预算支出类科目 8 个，预算结余类科目 9 个。行政单位会计可以使用其中的 11 个科目，事业单位会计可以使用其中的 25 个科目。

政府单位预算会计科目编号、名称如表 9－1 所示。

表 9－1　政府单位预算会计科目表

序号	科目编号	科目名称	备注	序号	科目编号	科目名称	备注
（一）预算收入类				14	7501	对附属单位补助支出	事业
1	6001	财政拨款预算收入	行政/事业	15	7601	投资支出	事业
2	6101	事业预算收入	事业	16	7701	债务还本支出	事业
3	6201	上级补助预算收入	事业	17	7901	其他支出	行政/事业
4	6301	附属单位上缴预算收入	事业	（三）预算结余类			
5	6401	经营预算收入	事业	18	8001	资金结存	行政/事业
6	6501	债务预算收入	事业	19	8101	财政拨款结转	行政/事业
7	6601	非同级财政拨款预算收入	行政/事业	20	8102	财政拨款结余	行政/事业
8	6602	投资预算收益	事业	21	8201	非财政拨款结转	行政/事业
9	6609	其他预算收入	行政/事业	22	8202	非财政拨款结余	行政/事业
（二）预算支出类				23	8301	专用结余	事业
10	7101	行政支出	行政	24	8401	经营结余	事业
11	7201	事业支出	事业	25	8501	其他结余	行政/事业
12	7301	经营支出	事业	26	8701	非财政拨款结余分配	事业
13	7401	上缴上级支出	事业				

政府单位应当按照会计制度的规定设置和使用会计科目。在不影响会计处理和编制报表的前提下，单位可以根据实际情况自行增设或减少某些会计科目。为满足预算管理的需要，政府单位应当按照功能分类、部门经济分类等设置各预算会计科目的明细科目，或进行辅助核算。

二、政府单位预算会计的确认方法

（一）政府单位预算会计的确认基础

根据《政府会计准则——基本准则》的规定，预算会计实行收付实现制，国务院另有规定的，依照其规定。政府单位预算会计为预算管理服务，向决算报告使用者提供预算管理方面的会计信息，预算收入和支出应当与预算管理的要求保持一致，主要按照收付实现制基础确认。

收付实现制是指以现金的实际收付为标志来确定本期收入和支出的会计核算基础，凡在当期实际收付的现金收入和支出，均应作为当期的收入和支出；凡是不属于当期的现金收入和支出，均不应当作为当期的收入和支出。

（二）收付实现制确认基础的应用

政府单位的预算会计核算应当遵循收付实现制原则。一般情况下，应当以现金的实际收付为标志来核算本期的预算收入和预算支出，准确反映年末形成的预算结余。符合预算收入、预算支出和预算结余定义及其确认条件的项目应当列入政府决算报表。

(1) 预算收入是单位纳入预算管理的现金流入，一般在实际收到时予以确认。当期已经收到款项的各项收入，都应当确认为当期预算收入。

(2) 预算支出是单位纳入预算管理的现金流出，一般在实际支付时予以确认。当期已经支付款项的各项支出，都应当确认为当期预算支出。

(3) 预算结余是预算收入扣除预算支出后的资金余额，取决于预算收入和预算支出的确认结果，一般在年末确认。

政府预算主要以收付实现制为基础编制，但也存在以权责发生制为基础的特定事项。《预算法》规定，各级预算的收入和支出实行收付实现制，特定事项按照国务院的规定实行权责发生制的有关情况，应当向本级人民代表大会常务委员会报告。政府预算中的特定事项应当遵循国务院财政部门的统一规定。对于特定的预算收支事项，如财政应返还额度、预拨款项、存量资金上缴等业务的核算，应当按照权责发生制基础确认。

三、政府单位预算会计的计量方法

（一）政府单位预算会计计量的内容

政府单位预算会计的计量包括预算收入、预算支出和预算结余的计量。根据《政府会计准则——基本准则》的规定，预算会计以实际收付现金的金额计量各项预算收支。预算收入按照实际收到的金额计量，预算支出按照实际支付的金额计量，预算结余的金额取决于预算收入和预算支出的计量结果。

（二）政府单位预算会计的计量方法的应用

政府单位应当按照预算管理的规定和政府会计准则制度的要求，准确计量各项预算收入、预算支出和预算结余。

（1）预算收入一般在实际收到款项时予以确认，以实际收到款项的金额计量。对于采用预收款方式流入的预算资金，在实际收到预收款项时按照收到的款项金额确认预算收入。对于采用应收款方式流入的预算资金，收入实现时暂不确认预算收入，待实际收到账款时按照收到的款项金额确认预算收入。

（2）预算支出一般在实际支付款项时予以确认，以实际支付款项的金额计量。对于采用预付款方式流出的预算资金，在预先支付款项时按照支付的款项金额确认预算支出。对于采用应付款方式流出的预算资金，费用发生或应当负担时暂不确认预算支出，待实际支付账款时按照支付的款项金额确认预算支出。

（3）预算结余包括结余资金和结转资金。结余资金是年度预算执行终了，预算收入实际完成数扣除预算支出和结转资金后剩余的资金。结转资金是指预算安排项目的支出年终尚未执行完毕或者因故未执行，且下年需要按原用途继续使用的资金。

预算收入、预算支出和预算结余以收付实现制确认，与财务会计中的收入、费用和本期盈余存在一定的差异。

第二节　预算收入的核算

预算收入是预算会计的要素，反映政府单位收入的预算执行情况。本节介绍预算收入的确认、内容与预算管理要求，讲解各项预算收入的核算内容、账户设置和账务处理。

一、预算收入的确认与内容

（一）预算收入的确认

预算收入是政府单位在预算年度内依法取得并纳入预算管理的现金流入。预算收入的确认需要同时具备两个条件：一是预算收入的资金应当是纳入单位预算管理的资金，没有纳入单位预算的现金流入不得确认为预算收入。单位取得的应缴款项、应付款项和暂存款项等，尽管取得了现金流入，但没有纳入单位的预算，应当确认为负债。二是预算收入应当是实际取得的现金流入，没有实际流入单位的预算资金不得确认为预算收入。预算收入应当与预算管理的要求保持一致，按照收付实现制原则确认。收付实现制以现金是否实际收到为标志来确认本期预算收入，当期实际收到的现金流入方可确认为预算收入。

现金流入的形式包括收到的库存现金、银行存款和零余额账户用款额度，以及通过财政直接支付、财政应返还额度支付的款项。

（二）预算收入的内容

预算会计应当为部门预算管理服务，充分反映各项预算收入的执行情况，为预算监督与预算编制奠定基础。

1. 预算收入按照来源划分

按照单位活动类型及收入的来源划分，预算收入分为财政拨款预算收入、业务活动预算收入、经营预算收入、转移性预算收入、债务预算收入和其他活动预算收入。

（1）财政拨款预算收入是政府单位从同级政府财政部门取得经费拨款而形成的预算收入，是行政单位、事业单位的一项重要预算收入。

（2）业务活动预算收入是事业单位开展业务活动，向社会提供商品、服务等而取得的事业预算收入。行政单位的职责是依法履职，不设置此科目。

（3）经营预算收入是事业单位在专业业务活动及辅助活动之外开展非独立核算经营活动而取得的预算收入。行政单位不开展经营活动，不设置此科目。

（4）转移性预算收入是政府单位从非同级财政部门、其他政府单位取得的预算收入，包括非同级财政拨款预算收入、上级补助预算收入和附属单位上缴预算收入。上级补助预算收入和附属单位上缴预算收入是事业单位设置的会计科目，行政单位不设置此类会计科目。

（5）债务预算收入是事业单位按照规定从银行和其他金融机构等借入资金所取得的预算收入。行政单位不得从银行和其他金融机构借款，无债务预算收入。

（6）其他活动预算收入是政府单位取得的除上述预算收入以外的各项预算收入，包括投资预算收益和其他预算收入。其中，投资预算收益是事业单位设置的会计科目。

政府单位预算会计按照预算收入的来源设置一级会计科目。与财务会计的收入相比，各项预算收入科目增加“预算”两字以示区分。预算会计增设“债务预算收入”科目，与财务会计中收入的口径有所不同。根据预算管理的需要，预算会计将捐赠收入、利息收入、租金收入等事项并入“其他预算收入”科目。需要注意的是，各项预算收入以收付实现制为确认基础，财务会计中的收入以权责发生制为基础，二者的数额或许不同。

2. 预算收入按照部门预算管理要求划分

政府单位应当加强预算收入的预算管理，按照部门预算管理的要求设置各预算收入科目的明细科目，主要包括以下几个方面：

（1）政府单位的各项预算收入，均需要按照现行《政府收支分类科目》的规定进行功能分类。政府收支分类科目是政府收支活动的分类体系，是政府单位预算编制、执行、决算的基础。支出的功能分类是根据政府职能对支出进行的分类，反映政府单位业务活动的不同功能和实现的政策目标。政府单位的各预算收入类科目均需要按照政府收支分类的要求设置明细科目。

（2）政府单位的预算收入需要区分基本支出与项目支出。基本支出是政府单位用于维持正常运行和完成日常工作任务所发生的支出，包括人员经费支出和公用经费支出。项目支出是政府单位在基本支出以外完成特定任务所发生的支出。政府单位的财政拨款预算收入需要设置“基本支出”和“项目支出”明细科目。其中，基本支出需要区分人员经费支出和公用经费支出，项目支出需要明确具体拨款项目。

（3）政府单位的非财政拨款资金收入需要区分专项资金收入与非专项资金收入。专项资金收入是政府单位取得的用于完成特定任务的款项。非专项资金收入是政府单位取得的用于维持正常运行和完成日常工作任务的款项。

二、财政拨款预算收入

（一）财政拨款预算收入的内容

财政拨款预算收入是政府单位从同级政府财政部门取得的经费拨款形成的预算收入。政府单位应当按照批准的预算和月度用款计划，从同级政府财政部门取得预算经费拨款，包括一般公共预算财政拨款、政府性基金预算财政拨款等。财政拨款预算收入应当按照政府收支分类的要求进行功能分类，并区分基本支出拨款与项目支出拨款。

（二）财政拨款预算收入的核算

政府单位设置“财政拨款预算收入”科目，核算单位从同级政府财政部门取得的各类财政拨款。本科目应当按照部门预算管理和政府收支分类的要求设置明细科目。（1）设置“基本支出”和“项目支出”两个明细科目，并按照现行《政府收支分类科目》中支出功能分类科目的项级科目进行明细核算，或设置功能分类辅助账；（2）在“基本支出”明细科目下按照“人员经费”和“公用经费”进行明细核算，在“项目支出”明细科目下按照具体项目进行明细核算；（3）有一般公共预算财政拨款、政府性基金预算财政拨款等两种或两种以上财政拨款的单位，还应当按照财政拨款的种类进行明细核算。年末，应当将本科目本年发生额转入财政拨款结转，年末结转后，本科目应无余额。

与财务会计中的财政拨款收入类似，财政拨款预算收入的取得包括财政直接支付、财政授权支付和其他方式，其主要账务处理如下。

1. 财政直接支付方式

财政直接支付方式下，财政拨款预算收入在财政部门完成款项的实际支付时确认，同时确认所形成的各项预算支出。单位根据收到的财政直接支付入账通知书及相关原始凭证，按照通知书中的直接支付金额，借记“行政支出”（行政单位）、“事业支出”（事业单位）等科目，贷记“财政拨款预算收入”科目。

【例 9-1】 某单位收到国库支付执行机构委托代理银行转来的财政直接支付入账通知书及原始凭证，单位的一笔会议费用 72 000 元已经完成支付，所用经费为基本支出拨款。

借：行政支出/事业支出——财政拨款支出——基本支出	72 000
贷：财政拨款预算收入——基本支出——公用经费	72 000

为使讲解清晰、简单，上述会计分录只列出了两个级次的明细科目。在会计实务中，上述业务事项应当按照会计制度的要求设置完整的明细科目，进行功能分类、经济分类的辅助核算。“行政支出/事业支出”科目需要根据单位的类别确定，行政单位使用“行

政支出”科目，事业单位使用“事业支出”科目。

【例 9-2】 某单位收到国库支付执行机构委托代理银行转来的财政直接支付入账通知书及原始凭证，单位通过财政直接支付方式为 A 项目购买专用设备的价款 260 000 元已经完成支付，所用经费为 A 项目支出拨款。

借：行政支出/事业支出——财政拨款支出——项目支出　260 000

　贷：财政拨款预算收入——项目支出——A 项目　260 000

需要注意的是，对于纳入单位预算管理的现金支出，政府单位财务会计与预算会计需要平行记账，但确认的内容有所不同。平行记账方法将在本章后续的内容中介绍。

2. 财政授权支付方式

财政授权支付方式下，财政拨款预算收入在用款额度下达代理银行账户时确认。单位根据收到的财政授权支付额度到账通知书，按照通知书中的授权支付额度，借记“资金结存——零余额账户用款额度”科目，贷记“财政拨款预算收入”科目。

“资金结存”是预算结余类会计科目，核算单位纳入部门预算管理的资金的流入、流出、调整和滚存等情况，将在对预算结余类科目讲解时详细介绍。一般情况下，确认一项预算收入时，同时借记“资金结存”科目。“资金结存”科目按照预算资金的形态，设置“货币资金”“零余额账户用款额度”“财政应返还额度”等明细科目。

【例 9-3】 某单位收到代理银行转来的财政授权支付额度到账通知书，本月单位财政授权支付额度 250 000 元已经下达代理银行，所拨经费为基本支出中的人员经费拨款。

借：资金结存——零余额账户用款额度　250 000

　贷：财政拨款预算收入——基本支出——人员经费　250 000

3. 其他方式

其他方式主要是指财政实拨资金方式，财政拨款预算收入在款项到达单位的银行账户时确认。单位收到财政拨入的款项时，按照实际收到的金额，借记“资金结存——货币资金”科目，贷记“财政拨款预算收入”科目。

【例 9-4】 某单位收到开户银行转来的到账通知书，同级财政部门拨入的 B 项目经费 12 000 元已经到账。

借：资金结存——货币资金　12 000

　贷：财政拨款预算收入——项目支出——B 项目　12 000

4. 用款额度的注销与恢复

年末，应当注销本年未实现支付的用款额度，包括直接支付用款额度和授权支付用款额度。（1）年末，根据本年度财政直接支付预算指标数与当年财政直接支付实际支出数的差额，借记“资金结存——财政应返还额度”科目，贷记“财政拨款预算收入”科目。下年度，使用以前年度财政直接支付额度发生支出时，按照实际支付金额，借记“行政支出”或“事业支出”等科目，贷记“资金结存——财政应返还额度”科目。（2）年末，单位本年度财政授权支付预算指标数大于零余额账户用款额度下达数的，按照二者差额，借记“资金结存——财政应返还额度”科目，贷记“财政拨款预算收入”科目。注销财政部门已经下达，但单位未使用的用款额度，在财务会计中进行记录的同时，需要在预算会计中调整“资金结存”科目的明细科目，借记“资金结存——财政应返还额度”科目，贷记“资金结存——零余额账户用款额度”科目。下年初，恢复的财政授权支付用款额度到账时，借记“资金结存——零余额账户用款额度”科目，贷记“资金结存——财政应返还额度”科目。

【例9-5】 某单位本年度财政直接支付预算指标为265 000元，当年财政已经实际完成支付的数额为250 000元。

(1) 年末，注销当年未使用的财政直接支付预算指标并补记收入15 000元。

借：资金结存——财政应返还额度——财政直接支付　　15 000

　贷：财政拨款预算收入　　15 000

(2) 下年度，单位使用上一年度的财政直接支付额度发生支出12 000元。

借：行政支出/事业支出——财政拨款支出　　12 000

　贷：资金结存——财政应返还额度——财政直接支付　　12 000

【例9-6】 某单位本年度财政授权支付预算指标为120 000元，已下达代理银行的财政授权支付额度为100 000元，单位实际使用的用款额度为88 000元。

(1) 年末，注销当年未下达的财政授权支付预算指标并补记收入20 000元。

借：资金结存——财政应返还额度——财政授权支付　　20 000

　贷：财政拨款预算收入　　20 000

(2) 年末，注销当年单位未使用的财政授权支付额度12 000元。

借：资金结存——财政应返还额度——财政授权支付　　12 000

　贷：资金结存——零余额账户用款额度　　12 000

(3) 下年初，上年注销的财政授权支付用款额度32 000元全额恢复，并下达单位的零余额账户。

借：资金结存——零余额账户用款额度　　32 000

　贷：资金结存——财政应返还额度——财政授权支付　　32 000

三、事业预算收入

(一) 事业预算收入的内容

事业预算收入是事业单位开展专业业务活动及辅助活动所取得的预算收入。事业单位为了实现其宗旨，会开展一些专业业务活动，向社会提供商品或服务，并按规定的标准收取商品价款或服务费用。事业预算收入以收付实现制为基础，在实际收到款项时确认，按照实际收到的金额计量。事业单位应当加强事业预算收入的预算管理，按照专业业务的类别分项核算，进行支出的功能分类，区分专项资金收入和非专项资金收入。

(二) 事业预算收入的核算

事业单位设置“事业预算收入”科目，核算事业单位开展专业业务活动及其辅助活动所取得的现金流入。事业单位因开展科研及其辅助活动从非同级政府财政部门取得的经费拨款，也通过本科目核算。本科目的明细科目设置的要求如下：(1) 按照事业预算收入类别、项目、来源进行明细核算；（2）按照现行《政府收支分类科目》中支出功能分类科目的项级科目等进行明细核算，或设置功能分类辅助账；（3）事业预算收入中如有专项资金收入，还应按照具体项目进行明细核算。年末，应当将本科目本年发生额转入非财政拨款结转、其他结余，年末结转后，本科目应无余额。

事业预算收入的主要账务处理如下。

1. 未采用财政专户返还方式管理的事业预算收入

如果事业单位开展专业业务活动及辅助活动所取得的预算收入没有纳入财政专户管理，事业预算收入在实际收到款项时，按照实际收到的金额确认。（1）收取现款的管理方式下，事业预算收入在收讫价款时确认；（2）预收款管理方式下，事业预算收入在收到预收的款项时确认；（3）应收款管理方式下，事业预算收入在收回账款时确认。按照实际收到的金额确认事业预算收入时，借记“资金结存——货币资金”科目，贷记“事业预算收入”科目。事业单位销售应税产品或提供应税服务时，确认的事业预算收入应当是包含增值税销项税的金额。

【例 9-7】 某事业单位开展的专业业务活动采用收取现款的方式管理，当日咨询服务收费 9 500 元，款项已经存入银行。

借：资金结存——货币资金	9 500
贷：事业预算收入——咨询服务收入	9 500

【例 9-8】 某事业单位为某企业提供科技服务，服务价款为 72 000 元。合同约定的科技服务已经完成，款项将在两个月后支付。

（1）事业单位履行合同，完成科技服务。

没有收到款项，不进行预算会计核算，仅需进行财务会计核算。

（2）收到转账支付的科技服务款项 72 000 元。

借：资金结存——货币资金	72 000
贷：事业预算收入——科技服务收入	72 000

【例 9-9】 某事业单位与某单位签订培训合同，为该单位的员工进行业务培训，培训费用总计 40 000 元。

（1）签订合同时，收到某单位预付的 30%培训费 12 000 元，款项已经存入单位的银行账户。

借：资金结存——货币资金	12 000
贷：事业预算收入——培训服务收入	12 000

（2）完成培训后，收到该单位支付的培训费 28 000 元，款项已经存入单位的银行账户。

借：资金结存——货币资金	28 000
贷：事业预算收入——培训服务收入	28 000

小链接 9-1

医院、高等学校、科学事业单位等行业事业单位的专业业务活动有显著的行业特征，对会计核算有特殊的要求。例如，医院应当在“事业收入”科目下设置“医疗收入”“科教收入”等明细科目，具体要求参见财政部印发的《关于医院执行〈政府会计制度——行政事业单位会计科目和报表〉的补充规定》（财会〔2018〕24号）。

关于医院执行《政府会计制度——行政事业单位会计科目和报表》的补充规定

2. 采用财政专户返还方式管理的事业预算收入

财政专户返还管理方式下，事业单位取得的各项事业性收费需要上缴财政资金专户，使用时由财政专户返还。收取、上缴事业收费不需要进行预算会计核算，只在财务会计中记录。采用财政专户返还方式管理的事业预算收入，在收到从财政专户返还的款项时确认。收到从财政专户返还的事业预算收入时，按照实际收到的返还金额，借记“资金结存——货币资金”科目，贷记“事业预算收入”科目。

【例9-10】 某事业单位的一项事业性收费纳入财政专户管理，收到财政专户返还的事业性收费52 000元，款项已经到账。

借：资金结存——货币资金　　52 000

　贷：事业预算收入——财政专户返还收入　　52 000

四、经营预算收入

（一）经营预算收入的内容

经营预算收入是事业单位在专业业务活动及辅助活动之外开展非独立核算经营活动所取得的预算收入。经营预算收入是一种有偿收入，以提供各项服务或商品为前提，是事业单位在经营活动中通过收费等方式取得的。事业单位开展经营活动的目的是通过经营活动获取一定的收入，弥补事业经费的不足。事业单位应当将全部经营收入纳入预算管理，按照经营活动类别、项目组织核算。经营预算收入是非专项资金收入，但应当按照收支分类的要求进行支出的功能分类。

（二）经营预算收入的核算

事业单位设置“经营预算收入”科目，核算事业单位在专业业务活动及其辅助活动之外开展非独立核算经营活动所取得的现金流入。本科目的明细科目设置的要求如下：（1）按照经营活动类别、项目进行明细核算；（2）按照现行《政府收支分类科目》中支出功能分类科目的项级科目等进行明细核算，或设置功能分类辅助账。年末，应当将本科目本年发生额转入经营结余，年末结转后，本科目应无余额。

经营预算收入在实际收到款项时，按照实际收到的金额确认。收到经营预算收入时，按照实际收到的金额，借记“资金结存——货币资金”科目，贷记“经营预算收入”科目。事业单位销售应税产品或提供应税服务时，确认的经营预算收入应当是包含增值税销项税的金额。

【例9-11】 某事业单位的经营业务为向社会公众提供检测服务。按照服务合同的约定，服务费用共计 8 480 元（含税），其中，应缴纳增值税 480 元。

（1）服务完成后，实际收到款项 5 000 元，其余款项为应收账款。

借：资金结存——货币资金　　5 000

　贷：经营预算收入——检测服务　　5 000

（2）收到其余款项 3 480 元。

借：资金结存——货币资金　　3 480

　贷：经营预算收入——检测服务　　3 480

五、转移性预算收入

转移性预算收入是政府单位从上下级政府、同级政府部门、主管部门或上级单位、附属单位取得的内部收入，包括非同级财政拨款预算收入、上级补助预算收入和附属单位上缴预算收入。其中，上级补助预算收入和附属单位上缴预算收入是事业单位设置的会计科目。

（一）非同级财政拨款预算收入的核算

非同级财政拨款预算收入是政府单位从上级政府财政部门、下级政府财政部门取得的财政拨款，以及通过本级横向转拨取得的财政拨款形成的预算收入。非同级财政拨款预算收入应当按照拨款的类别、来源管理，按照政府收支分类的要求进行功能分类，区分专项资金收入和非专项资金收入。

政府单位设置“非同级财政拨款预算收入”科目，核算单位从非同级政府财政部门取得的财政拨款，包括本级横向转拨财政款和非本级财政拨款。本科目应当按照非同级财政拨款预算收入的类别、来源、现行《政府收支分类科目》中支出功能分类科目的项级科目等进行明细核算。非同级财政拨款预算收入中如有专项资金收入，还应按照具体项目进行明细核算。年末，应当将本科目本年发生额转入非财政拨款结转、其他结余，年末结转后，本科目应无余额。

非同级财政拨款预算收入在实际收到拨来的款项时，按照实际收到的拨款金额确认。取得非同级财政拨款预算收入时，按照实际收到的金额，借记“资金结存——货币资金”科目，贷记“非同级财政拨款预算收入”科目。

【例 9－12】 某单位为省财政所属预算单位，收到开户银行转来的到账通知书，中央财政拨来的科研经费补助款 80 000 元已经到账，用于国家重点科研项目的支出。

借：资金结存——货币资金　　80 000

　贷：非同级财政拨款预算收入——中央财政拨款　　80 000

（二）上级补助预算收入的核算

上级补助预算收入是事业单位从主管部门、上级单位取得的预算收入，包括主管部门补助预算收入和上级单位补助预算收入。上级补助预算收入属于非财政补助收入，应当按照发放补助单位、补助项目分类管理，按照政府收支分类的要求进行功能分类，并区分专项资金收入与非专项资金收入。

事业单位设置“上级补助预算收入”科目，核算事业单位从主管部门和上级单位取得的非财政补助现金流入。本科目的明细科目设置的要求如下：(1) 按照发放补助单位、补助项目进行明细核算；(2) 按照现行《政府收支分类科目》中支出功能分类科目的项级科目等进行明细核算；(3) 上级补助预算收入中如有专项资金收入，还应按照具体项目进行明细核算。年末，应当将本科目本年发生额转入非财政拨款结转、其他结余，年末结转后，本科目应无余额。

上级补助预算收入在实际收到补助的款项时，按照实际收到的补助金额确认。收到上级补助预算收入时，按照实际收到的金额，借记“资金结存——货币资金”科目，贷记“上级补助预算收入”科目。

【例 9-13】 某事业单位收到主管单位拨来的补助款 75 000 元，款项已经到账。此款项为专项资金，要求用于单位的内部控制制度建设项目。

借：资金结存——货币资金	75 000	
贷：上级补助预算收入——主管单位——内控项目专项资金		75 000

（三）附属单位上缴预算收入的核算

附属单位上缴预算收入是指事业单位的附属单位上缴的预算收入。附属单位上缴预算收入应当按照附属单位、缴款项目分类管理，按照政府收支分类的要求进行功能分类，并区分专项资金收入与非专项资金收入。

事业单位设置“附属单位上缴预算收入”科目，核算事业单位取得附属独立核算单位根据有关规定上缴的现金流入。本科目的明细科目设置的要求如下：(1) 按照附属单位、缴款项目进行明细核算；(2) 按照现行《政府收支分类科目》中支出功能分类科目的项级科目等进行明细核算；(3) 附属单位上缴预算收入中如有专项资金收入，还应按照具体项目进行明细核算。年末，应当将本科目本年发生额转入非财政拨款结转、其他结余，年末结转后，本科目应无余额。

附属单位上缴预算收入在实际收到上缴的款项时，按照实际收到的上缴金额确认。收到附属单位缴来的款项时，按照实际收到的金额，借记“资金结存——货币资金”科目，贷记“附属单位上缴预算收入”科目。

【例 9-14】 某事业单位的所属培训中心为独立核算的单位，按规定本年应上缴分成收入 180 000 元，实际收到上缴款 160 000 元。

借：资金结存——货币资金	160 000	
贷：附属单位上缴预算收入——培训中心		160 000

六、债务预算收入

（一）债务预算收入的内容

债务预算收入是事业单位经批准从银行或其他金融机构取得借款所形成的预算收入。

行政单位不得违反规定举借债务，无债务预算收入。债务预算收入是纳入部门预算管理的资金，未纳入部门预算管理的应付款项、应缴款项等不确认为债务预算收入。债务预算收入是事业单位承担的债务，由事业单位负责偿还，不以财政资金作为偿还来源。债务预算收入只包括债务的本金，不包括应当偿付的借款利息。需要注意的是，财务会计将从银行或其他金融机构取得的借款确认为负债，包括短期借款和长期借款。

事业单位应当加强负债的预算管理，按照贷款单位、贷款种类分类管理，按照政府收支分类的要求进行功能分类，区分专项资金债务预算收入与非专项资金债务预算收入。

（二）债务预算收入的核算

事业单位设置"债务预算收入"科目，核算事业单位按照规定从银行和其他金融机构等借入的、纳入部门预算管理的、不以财政资金作为偿还来源的债务本金。本科目的明细科目设置的要求如下：(1) 按照贷款单位、贷款种类进行明细核算；(2) 按照现行《政府收支分类科目》中支出功能分类科目的项级科目等进行明细核算；(3) 债务预算收入中如有专项资金收入，还应按照具体项目进行明细核算。年末，应当将本科目本年发生额转入非财政拨款结转、其他结余，年末结转后，本科目应无余额。

债务预算收入在借入款项时，按照实际借入的金额确认。借入各项短期或长期借款时，按照实际借入的金额，借记"资金结存——货币资金"科目，贷记"债务预算收入"科目。

【例 9-15】 某事业单位报经批准，从工商银行××支行借入 400 000 元，借款期限为 18 个月，年利率为 6%，到期一次还本付息。

借：资金结存——货币资金　　400 000

　贷：债务预算收入——工商银行××支行　　400 000

七、其他各项预算收入

其他各项预算收入是政府单位是除上述活动外的其他活动中取得的预算收入，包括投资预算收益和其他预算收入。其中，投资预算收益是事业单位设置的会计科目。

（一）投资预算收益的核算

投资预算收益是事业单位取得对外投资收益而形成的预算收入，包括短期投资收益、长期债券投资收益和长期股权投资收益，如债券利息收入、股权现金股利收入、出售或收回债券投资所取得差价的收益等。投资预算收益应当纳入部门预算管理，按照政府收支分类的要求进行功能分类。

事业单位设置"投资预算收益"科目，核算事业单位取得的按照规定纳入部门预算管理的属于投资收益性质的现金流入。本科目应当按照现行《政府收支分类科目》中支出功能分类科目的项级科目等进行明细核算。年末，应当将本科目本年发生额转入其他结余，年末结转后，本科目应无余额。

投资预算收益应当在实际收到投资利息、股利等时，按照实际收到的金额确认。

（1）收到债券投资的利息、长期股权投资的股利时，按照实际收到的金额，借记“资金结存——货币资金”科目，贷记“投资预算收益”科目。（2）出售或到期收回本年度取得的短期、长期债券，按照实际取得的价款或实际收到的本息金额，借记“资金结存——货币资金”科目，按照取得债券时“投资支出”科目的发生额，贷记“投资支出”科目，按照其差额，贷记或借记“投资预算收益”科目。（3）出售、转让以非货币性资产取得的长期股权投资时，按照实际取得的价款扣减支付的相关费用和应缴财政款后的余额，借记“资金结存——货币资金”科目，贷记“投资预算收益”科目。

【例 9-16】 某事业单位持有 201803 期长期国债，票面金额为 500 000 元，票面年利率为 5%，5 年期，按年支付利息。收到本年支付的利息 25 000 元。

借：资金结存——货币资金　　25 000

　贷：投资预算收益　　25 000

【例 9-17】 某事业单位到期收回所购入的 201806 期短期国债本息，收到款项共计 61 500 元，该国债的账面投资成本为 60 000 元。

借：资金结存——货币资金　　61 500

　贷：投资支出　　60 000

　　　投资预算收益　　1 500

（二）其他预算收入的核算

其他预算收入是政府单位取得的除上述预算收入以外的各项预算收入，包括捐赠预算收入、利息预算收入、租金预算收入、现金盘盈收入等。其他预算收入应当按照收入的类别管理，按照政府收支分类的要求进行功能分类，区分专项资金收入和非专项资金收入。

政府单位设置“其他预算收入”科目，核算单位除上述预算收入之外纳入部门预算管理的现金流入。本科目应当按照其他收入类别、现行《政府收支分类科目》中支出功能分类科目的项级科目等进行明细核算。其他预算收入中如有专项资金收入，还应按照具体项目进行明细核算。单位发生的捐赠预算收入、利息预算收入、租金预算收入金额较大或业务较多的，可单独设置会计科目。年末，应当将本科目本年发生额转入非财政拨款结转、其他结余，年末结转后，本科目应无余额。

其他预算收入在实际收到款项时，按照实际收到的金额确认。接受捐赠现金资产、收到银行存款利息、收到资产承租人支付的租金时，按照实际收到的金额，借记“资金结存——货币资金”科目，贷记“其他预算收入”科目。

【例 9-18】 某单位接受社会组织的捐赠，收到捐赠款 60 000 元，存入单位的银行账户。

借：资金结存——货币资金　　60 000

　贷：其他预算收入——捐赠收入　　60 000

【例 9-19】 某单位经批准，将一闲置的设备对外出租。根据租赁协议，年租金为 24 000 元，租金于设备交付时交纳，存入单位的银行账户。

借：资金结存——货币资金　　24 000

贷：其他预算收入——租金收入 24 000

第三节 预算支出的核算

预算支出是预算会计的要素，反映政府单位支出的预算执行情况。本节介绍预算支出的确认、内容与预算管理要求，讲解各项预算支出的核算内容、账户设置和账务处理。

一、预算支出的确认与内容

（一）预算支出的确认

预算支出是指政府单位在预算年度内依法发生并纳入预算管理的现金流出。预算支出与预算收入相对应，其确认需要同时具备两个条件：一是预算支出的资金应当纳入单位的预算，没有纳入单位预算的现金流出不得确认为预算支出。单位发生的上缴财政款、偿付往来款等，尽管发生现金流出，但没有纳入单位的预算，表现为债务的减少，不得确认为预算支出。二是预算支出应当为实际发生的现金流出，没有实际流出单位的预算资金不得确认为预算支出。预算支出应当与预算编制的基础保持一致，按照收付实现制原则确认。收付实现制以现金是否实际支付为标志确认本期预算支出，当期实际发生的现金流出方可确认为预算支出。

现金流出的形式包括支用库存现金、银行存款和零余额账户用款额度，以及通过财政直接支付、财政应返还额度支付的款项。

（二）预算支出的内容

预算会计应当为部门预算管理服务，充分反映各项预算支出的执行情况，为预算监督与预算编制奠定基础。

1. 预算支出按照活动类型划分

按照单位的活动类型划分，预算支出分为业务活动支出、经营支出、转移性支出、投资与偿债支出和其他支出。其中，行政单位不设置“经营支出”“转移性支出”“投资与偿债支出”等科目。

（1）业务活动支出是政府单位在履职或业务活动中发生的预算支出，包括行政单位的行政支出、事业单位的事业支出。

（2）经营支出是事业单位在专业业务活动及其辅助活动之外开展非独立核算经营活动所发生的预算支出。

（3）转移性支出是事业单位因补助所属单位、上缴上级单位款项而发生的预算支出，包括对附属单位补助支出和上缴上级支出。

（4）投资与偿债支出是事业单位因对外投资、偿还债务本金而发生的预算支出，包括投资支出和债务还本支出。

(5) 其他支出是政府单位发生的除上述支出外的各项支出。

政府单位预算会计按照支出的业务类型设置一级会计科目。为与财务会计中的费用类科目区分，各项预算支出科目均以"支出"为名称。预算会计增设"投资支出"和"债务还本支出"两个科目，与财务会计费用的口径有所不同。需要注意的是，各项预算支出以收付实现制为确认基础，各项费用以权责发生制为基础，二者的数额或许不同。

2. 预算支出按照部门预算管理要求划分

政府单位应当加强预算支出的预算管理，按照部门预算管理的要求设置各预算支出科目的明细科目，主要包括以下几个方面：

(1) 按资金的性质不同，预算支出分为财政拨款支出、非财政专项资金支出和其他资金支出。财政拨款支出是政府单位使用同级财政部门拨入的资金安排的预算支出，包括一般公共预算资金支出、政府性基金预算资金支出等。非财政专项资金支出是政府单位使用财政拨款以外的专项资金安排的支出。其他资金支出是单位财政拨款支出、非财政专项资金支出以外的各项支出。政府单位应当按照不同的资金性质，设置支出类科目的明细科目，进行明细核算。

(2) 按支出的经济内容不同，预算支出分为基本支出和项目支出。基本支出是单位为了保障其正常运转、完成日常工作任务而发生的支出，包括人员经费支出和公用经费支出。项目支出是事业单位为了完成特定工作任务和事业发展目标，在基本支出之外所发生的支出。政府单位应当按照基本支出和项目支出设置支出的明细科目，进行明细核算。

(3) 按部门收支分类的要求，预算支出需要进行功能分类与经济分类。功能分类是按照单位的职能和支出实现的功能目标对预算支出所做的分类。经济分类是按照支出的经济性质和具体用途对预算支出所做的分类。政府单位应当按照现行《政府收支分类科目》的规定，对各项预算支出进行功能分类和经济分类。政府单位应当按支出的功能分类与经济分类，设置辅助账，进行辅助核算。

二、行政支出与事业支出

(一) 行政支出与事业支出的内容

行政支出与事业支出均属于单位在业务活动中发生的预算支出，二者的内容基本一致，只是针对的单位有所不同。行政支出是行政单位设置的会计科目，事业支出是事业单位设置的会计科目。

行政支出是行政单位在履行其职责的过程中实际发生的预算支出，包括行政单位的基本支出和项目支出。作为行使国家权力、管理国家事务的各级政府机构，行政单位在从事行政管理、维护社会公共秩序、组织社会建设等活动时，会发生一定的资金支出，形成预算资金的流出。

事业支出是事业单位开展专业业务活动及其辅助活动的过程中实际发生的预算支出，包括事业单位的基本支出和项目支出。作为提供各种社会服务的公益性组织，事业单位在提供专业服务和辅助服务活动时，必然会发生一定的耗费，形成预算资金的流出。事业单位活动的领域不同，事业支出的内容也有所不同，如教育事业支出、科研事业支出、医疗事业支出、文化事业支出、展览事业支出、环境保护事业支出、福利事业支出等。

按资金性质的不同，行政支出和事业支出分为财政拨款支出、非财政专项资金支出和其他资金支出。行政事业单位应当将支出纳入单位预算管理，按照政府收支分类的要求进行功能分类和经济分类，按照支出的类别分项核算。

（二）行政支出与事业支出的核算

行政单位设置“行政支出”科目，核算行政单位履行其职责实际发生的各项现金流出。事业单位设置“事业支出”科目，核算事业单位开展专业业务活动及其辅助活动实际发生的各项现金流出。“行政支出”与“事业支出”科目的明细科目设置的要求如下：

（1）根据资金性质，分别按“财政拨款支出”、“非财政专项资金支出”和“其他资金支出”科目进行明细核算；

（2）根据部门预算管理的要求，分别按“基本支出”和“项目支出”等科目进行明细核算，并按照现行《政府收支分类科目》中支出功能分类科目的项级科目进行明细核算，或设置功能分类辅助账；

（3）“基本支出”和“项目支出”明细科目下，应当按照现行《政府收支分类科目》中部门预算支出经济分类科目的款级科目进行明细核算，或设置经济分类辅助账，同时在“项目支出”明细科目下按照具体项目进行明细核算；

（4）有一般公共预算财政拨款、政府性基金预算财政拨款等两种或两种以上财政拨款的行政单位，还应当在“财政拨款支出”明细科目下按照财政拨款的种类进行明细核算；

（5）对于预付款项，可通过在本科目下设置“待处理”明细科目进行核算，待确认具体支出项目后再转入本科目下相关明细科目。

年末，应当将本科目本年发生额转入财政拨款结转、非财政拨款结转和其他结余，年末结转后，本科目应无余额。

事业单位的专业业务活动有其特点，事业单位可以根据管理的需要增设会计科目。对于单位发生的教育、科研、医疗、行政管理、后勤保障等活动，可以设置相应的明细科目进行核算。如果有必要，也可以增设“教育支出”“科研支出”“医疗支出”“行政管理支出”“后勤保障支出”等一级会计科目进行核算。

行政支出与事业支出的会计核算还涉及“资金结存”科目。“资金结存”科目是预算结余类会计科目，与预算收入、预算支出相对应。在确认一项预算支出时，通常需要同时贷记“资金结存”科目。具体核算方法将在讲解预算结余类科目时介绍。

行政支出与事业支出一般在实际支付款项时按照实际支付款项的金额确认，其主要账务处理如下。

1. 工资福利支出

工资福利支出是单位为在职职工和长期聘用人员支付的劳动报酬和各项社会保险费用等，包括基本工资、津贴补贴、奖金、伙食补助费、绩效工资、机关事业单位基本养老保险缴费、职业年金缴费、职工基本医疗保险缴费、公务员医疗补助缴费、其他社会保障缴费、住房公积金、医疗费、其他工资福利支出。

工资福利支出在实际支付时，按照实际支付的金额确认。(1)计提应付职工薪酬，代扣应由职工个人承担的社会保险费、住房公积金和个人所得税等款项时，未发生资金流出，不进行预算会计核算。(2)实际发放职工薪酬时，按照实际支付的金额，借记"行政支出"或"事业支出"科目，贷记"财政拨款预算收入"(财政直接支付)、"资金结存"(货币资金、零余额账户支付)科目。(3)按照规定代扣代缴个人所得税，以及代扣代缴或为职工缴纳职工社会保险费、住房公积金等时，按照实际缴纳的金额，借记"行政支出"或"事业支出"科目，贷记"财政拨款预算收入""资金结存"科目。

【例9-20】 某行政单位向职工个人支付本月的薪酬，缴纳代扣代缴的个人所得税，所用资金为一般公共预算基本支出拨款。

(1)工资发放日，向职工个人支付本月工资、津贴补贴、奖金等薪酬195 000元，款项以财政直接支付方式转入职工个人工资卡账户。

借：行政支出——财政拨款支出——基本支出——工资福利支出　　195 000
　贷：财政拨款预算收入——基本支出——人员经费　　195 000

(2)通过单位的零余额账户，缴纳代扣代缴的个人所得税39 000元。

借：行政支出——财政拨款支出——基本支出——工资福利支出　　39 000
　贷：资金结存——零余额账户用款额度　　39 000

【例9-21】 某事业单位向职工个人支付本月的薪酬，并为职工缴纳职工社会保险费，所用资金为非财政拨款其他资金。

(1)工资发放日，向职工个人支付本月工资、津贴补贴、绩效工资等薪酬362 000元，款项已经通过单位的银行账户转入职工个人工资卡账户。

借：事业支出——其他资金支出——基本支出——工资福利支出　　362 000
　贷：资金结存——货币资金　　362 000

(2)为职工缴纳社会保险费，由单位承担的社会保险费为96 000元，由职工个人承担的社会保险费为28 000元，款项共计124 000元通过单位的银行账户转账支付。

借：事业支出——其他资金支出——基本支出——工资福利支出　　124 000
　贷：资金结存——货币资金　　124 000

2. 商品和服务支出

商品和服务支出是单位购买商品和服务发生的各项支出，包括办公费、印刷费、咨询费、手续费、水费、电费、邮电费、取暖费、物业管理费、差旅费、因公出国(境)费用、维修(护)费、租赁费、会议费、培训费、公务接待费、专用材料费、被装购置费、专用燃料费、劳务费、委托业务费、工会经费、福利费、公务用车运行维护费、其他交通费用、税金及附加费用、其他商品和服务支出。商品和服务支出是单位的公用经费支出，单位为购置固定资产、基本建设等支付的款项，不属于商品和服务支出。

对于直接支付款项所形成的商品和服务支出，应当在支付款项时按照实际支付价款的金额，借记"行政支出"或"事业支出"科目，贷记"财政拨款预算收入""资金结存"科目。

【例 9-22】 某行政单位收到国库支付执行机构委托代理银行转来的财政直接支付入账通知书及原始凭证，行政单位的新招聘人员业务培训费 26 000 元已经由财政直接支付给培训机构，所用资金为一般公共预算基本支出拨款。

借：行政支出——财政拨款支出——基本支出——商品和服务支出　26 000

　贷：财政拨款预算收入——基本支出——公用经费　26 000

【例 9-23】 某行政单位支付一笔差旅费 2 850 元，款项已经通过单位的零余额账户支付，所用资金为一般公共预算基本支出拨款。

借：行政支出——财政拨款支出——基本支出——商品和服务支出　2 850

　贷：资金结存——零余额账户用款额度　2 850

【例 9-24】 某行政单位支付一项会议费 9 200 元，款项已经通过单位的零余额账户支付，所用资金为一般公共预算项目支出拨款。

借：行政支出——财政拨款支出——项目支出——商品和服务支出　9 200

　贷：资金结存——零余额账户用款额度　9 200

【例 9-25】 某行政单位收到国库支付执行机构委托代理银行转来的财政直接支付入账通知书及原始凭证，单位的设备维修项目经费 28 300 元已经由财政直接支付，所用资金为恢复的上年度直接支付额度。

借：行政支出——财政拨款支出——项目支出——商品和服务支出　28 300

　贷：资金结存——财政应返还额度　28 300

【例 9-26】 某行政单位报销一笔咨询费 6 000 元，款项已经通过单位的银行账户支付，所用资金为上级主管部门拨入的课题研究专项经费。

借：行政支出——非财政专项资金支出——项目支出——商品和服务支出　6 000

　贷：资金结存——货币资金　6 000

【例 9-27】 某行政单位购买材料一批，价值总计 5 800 元，款项已经通过单位的零余额账户支付，所用资金为一般公共预算基本支出拨款。

借：行政支出——财政拨款支出——基本支出——商品和服务支出　5 800

　贷：资金结存——零余额账户用款额度　5 800

【例 9-28】 某事业单位业务人员外出报销差旅费 5 800 元。财务部门审核后，通过单位的零余额账户予以支付，所用资金为一般公共预算基本支出拨款。

借：事业支出——财政拨款支出——基本支出——商品和服务支出　5 800

　贷：资金结存——零余额账户用款额度　5 800

【例 9-29】 某事业单位为开展业务活动购买专用材料一批，转账支付货款 6 500 元，所用资金为非财政拨款其他资金。

借：事业支出——其他资金支出——基本支出——商品和服务支出　6 500

　贷：资金结存——货币资金　6 500

【例 9-30】 某事业单位从单位的零余额账户用款额度中支出 9 200 元，用于支付新冠肺炎预防项目的工作人员的劳务费用，所用资金为一般公共预算项目支出拨款。

借：事业支出——财政拨款支出——项目支出——商品和服务支出　9 200

　贷：资金结存——零余额账户用款额度　9 200

【例 9-31】 某事业单位的业务活动收入按税法规定应当缴纳增值税，通过银行转账缴纳增值税 12 700 元，所用资金为非财政拨款其他资金。

借：事业支出——其他资金支出——基本支出——商品和服务支出　　12 700
　贷：资金结存——货币资金　　12 700

对于单位因偿还购买商品或服务而发生的应付款项所产生的预算支出，应当在偿付款项时按照实际偿付的金额确认支出。偿还应付账款、长期应付款时，按照实际支付的金额，借记“行政支出”或“事业支出”科目，贷记“财政拨款预算收入”“资金结存”科目。

【例 9-32】 某行政单位收到国库支付执行机构委托代理银行转来的财政直接支付入账通知书及原始凭证，所欠某服务商款项 85 000 元已经完成支付，所用资金为一般公共预算基本支出拨款。

借：行政支出——财政拨款支出——基本支出——商品和服务支出　　85 000
　贷：财政拨款预算收入——基本支出——公用经费　　85 000

【例 9-33】 某事业单位购入的专用材料已经验收入库，但款项尚未支付。现通过单位的银行账户转账偿付货款 6 500 元。

借：事业支出——其他资金支出——基本支出——商品和服务支出　　6 500
　贷：资金结存——货币资金　　6 500

预付款项支出是行政单位按照购货、服务合同的规定预付给供应单位（或个人）款项而发生的预算支出。对于预付款项形成的支出，分别按以下情况处理。（1）如果预付款项有明确的经济内容，可以在预付款项时按照预付款的金额确认支出，借记“行政支出”或“事业支出”科目及相关明细科目，贷记“财政拨款预算收入”“资金结存”科目。（2）如果预付款项时经济内容不明确或金额不确定，可以先记入“行政支出”或“事业支出”科目下的“待处理”明细科目，待确认具体支出项目后再转入相关明细科目。（3）对于暂付款项，因款项可能收回，在支付款项时可不做预算会计处理，待结算或报销时，再按照结算或报销的金额，借记“行政支出”科目，贷记“资金结存”科目。

【例 9-34】 某行政单位的电费采用预付形式交纳。通过单位的零余额账户预存电费 8 000 元，所用资金为一般公共预算基本支出拨款。

借：行政支出——财政拨款支出——基本支出——商品和服务支出　　8 000
　贷：资金结存——零余额账户用款额度　　8 000

【例 9-35】 某事业单位预订某会议中心召开工作会议，根据合同规定预先支付款项，会议结束后再按实际发生的费用结算。所用资金为一般公共预算项目支出拨款。

（1）按合同规定，通过单位的零余额账户支付预付款 20 000 元。因会议费的金额需要据实结算，暂记入“待处理”明细科目。

借：事业支出——待处理　　20 000
　贷：资金结存——零余额账户用款额度　　20 000

（2）会议结束后，实际发生的会议费用为 26 000 元，通过单位的零余额账户支付差额款 6 000 元。

借：事业支出——财政拨款支出——项目支出——商品和服务支出　　26 000

贷：事业支出——待处理 20 000

资金结存——零余额账户用款额度 6 000

3. 资本性支出

资本性支出是单位发生的可以作用于多个会计期间的支出，包括房屋建筑物购建、办公设备购置、专用设备购置、基础设施建设、大型修缮、信息网络及软件购置更新、物资储备、土地补偿、安置补助、地上附着物和青苗补偿、拆迁补偿、公务用车购置、其他交通工具购置、文物和陈列品购置、无形资产购置、其他资本性支出。

资本性支出一般是单位购买固定资产、无形资产、公共基础设施等及结算工程款项发生的预算支出。资本性支出在实际支付款项时，按照实际支付的金额确认。以预付款项方式形成的资本性支出，在预付款项时按照实际预付的金额确认。以应付款项方式形成的资本性支出，在偿付款项时按照实际偿付的金额确认。确认资本性支出时，按照实际支付的金额，借记“行政支出”或“事业支出”科目，贷记“财政拨款预算收入”“资金结存”科目。

【例 9-36】 某行政单位以政府集中采购的方式购入办公设备一批，价值总计 378 000 元，款项已经通过财政直接支付方式支付，所用资金为一般公共预算基本支出拨款。

借：行政支出——财政拨款支出——基本支出——资本性支出 378 000

贷：财政拨款预算收入——基本支出——公用经费 378 000

【例 9-37】 某行政单位购入办公用房，价值 2 000 000 元。根据购买合同的约定，单位扣留 5%的价款作为质量保证金，扣留时间为 12 个月。

(1) 单位通过零余额账户向房地产开发商支付购房款 1 900 000 元，其余 100 000 元作为扣留的质量保证金，所用资金为一般公共预算项目支出拨款。

借：行政支出——财政拨款支出——项目支出——资本性支出 1 900 000

贷：资金结存——零余额账户用款额度 1 900 000

(2) 办公楼质量保证期满后，单位通过零余额账户向房地产开发商支付 100 000 元扣留的质量保证金。

借：行政支出——财政拨款支出——项目支出——资本性支出 100 000

贷：资金结存——零余额账户用款额度 100 000

【例 9-38】 某事业单位以政府集中采购的方式购入计算机 50 台，每台价值 5 000 元，款项共计 250 000 元。根据合同规定，收到计算机时支付款项 200 000 元，其余款项在 6 个月后支付。

(1) 收到国库支付执行机构委托代理银行转来的财政直接支付入账通知书及原始凭证，合同规定的款项 200 000 元已经由财政部门直接支付给设备供应商，所用资金为一般公共预算项目支出拨款。

借：事业支出——财政拨款支出——项目支出——资本性支出 200 000

贷：财政拨款预算收入——项目支出——计算机采购项目 200 000

(2) 6 个月后，单位通过零余额账户支付其余款项 50 000 元。

借：事业支出——财政拨款支出——项目支出——资本性支出 50 000

贷：资金结存——零余额账户用款额度 50 000

【例 9-39】 某事业单位购入一项专有技术，购买价款及相关税费共计 98 000 元，款项通过单位的银行账户转账支付，所用资金为上级单位拨入的专项经费。

借：事业支出——非财政专项资金支出——项目支出——资本性支出　98 000
　贷：资金结存——货币资金　98 000

除工资福利支出、商品和服务支出、资本性支出外，行政支出与事业支出还涉及对个人和家庭的补助支出、对企业补助支出、其他支出等内容。

三、经营支出

（一）经营支出的内容

经营支出是事业单位在专业业务活动及其辅助活动之外开展非独立核算经营活动发生的预算支出。事业单位的业务活动主要是专业业务活动，但也可以开展一些非独立核算经营活动，以获取一定的收益，弥补事业经费的不足。

（二）经营支出的核算

事业单位设置“经营支出”科目，核算事业单位在专业业务活动及其辅助活动之外开展非独立核算经营活动实际发生的各项现金流出。本科目应当按照经营活动类别、项目、现行《政府收支分类科目》中支出功能分类科目的项级科目和部门预算支出经济分类科目的款级科目等进行明细核算。对于预付款项，可通过在本科目下设置“待处理”明细科目进行明细核算，待确认具体支出项目后再转入本科目下相关明细科目。年末，应当将本科目本年发生额转入经营结余，年末结转后，本科目应无余额。

经营支出的账务处理主要包括支付经营部门职工的薪酬和外部人员的劳务费，支付日常经营费用，支付购买经营性资产与工程的款项，支付经营活动相关税费等环节。经营支出在实际支付时，按照实际支付的金额确认。实际支付属于经营支出的相关款项时，按照实际支付的金额，借记“经营支出”科目，贷记“资金结存”科目。

【例 9-40】 某事业单位非独立核算的经营业务为设备检测。开展经营业务活动，通过银行转账支付相关费用 4 500 元，并从仓库领用检测材料，其价值为 2 100 元。

借：经营支出——检测服务　4 500
　贷：资金结存——货币资金　4 500

【例 9-41】 某事业单位非独立核算的经营业务为对外出租场地及相关设备。通过银行转账缴纳相关税费 1 800 元。

借：经营支出——出租业务　1 800
　贷：资金结存——货币资金　1 800

四、转移性预算支出

转移性预算支出是事业单位因补助所属单位、上缴上级单位款项而发生的预算支出，包括对附属单位补助支出和上缴上级支出。

（一）对附属单位补助支出的核算

对附属单位补助支出是事业单位向附属单位支付补助款所发生的预算支出。附属单位是事业单位设置的独立核算的下级单位，事业单位作为上级单位，可以使用财政拨款预算收入之外的资金对下属单位进行补助，支持所属单位事业的发展。

事业单位设置“对附属单位补助支出”科目，核算事业单位用财政拨款预算收入之外的收入对附属单位补助所发生的现金流出。本科目应当按照接受补助单位、补助项目、现行《政府收支分类科目》中支出功能分类科目的项级科目和部门预算支出经济分类科目的款级科目等进行明细核算。年末，应当将本科目本年发生额转入其他结余，年末结转后，本科目应无余额。

对附属单位补助支出在实际支付补助款时确认。发生对附属单位补助支出的，按照实际支付的补助金额，借记“对附属单位补助支出”科目，贷记“资金结存”科目。

【例 9－42】 某事业单位作为上级单位，用集中的非财政拨款结转结余资金对附属单位进行补助，通过银行转账支付补助款 35 000 元。

借：对附属单位补助支出——某附属单位	35 000	
贷：资金结存——货币资金		35 000

（二）上缴上级支出的核算

上缴上级支出是事业单位因上缴上级单位款项而发生的预算支出。有上缴上级支出的事业单位是实行独立核算的附属单位，根据本单位与上级之间的体制安排，将所取得的收入按规定的标准或比例上缴上级单位。

事业单位设置“上缴上级支出”科目，核算事业单位按照财政部门和主管部门的规定上缴上级单位款项所发生的现金流出。本科目应当按照收缴款项单位、缴款项目、现行《政府收支分类科目》中支出功能分类科目的项级科目和部门预算支出经济分类科目的款级科目等进行明细核算。年末，应当将本科目本年发生额转入其他结余，年末结转后，本科目应无余额。

上缴上级支出在实际支付上缴款时确认。按照规定将款项上缴上级单位的，按照实际上缴的金额，借记“上缴上级支出”科目，贷记“资金结存”科目。

【例 9－43】 某事业单位作为独立核算的附属单位，本年应上缴上级单位款项 250 000 元。现通过银行转账支付第一批上缴款 125 000 元。

借：上缴上级支出	125 000	
贷：资金结存——货币资金		125 000

五、投资与偿债预算支出

投资与偿债预算支出是事业单位因对外投资、偿还债务而发生的预算支出，包括投资支出和债务还本支出。

（一）投资支出的核算

投资支出是事业单位因支付对外投资款项而发生的预算支出。按照财务制度的规定，事业单位经批准可以用货币资金、实物资产、无形资产等对外投资，包括债券投资和股权投资，以获取一定的投资收益。货币资金形式的对外投资是单位的预算资金流出，应当确认为预算支出。存货、固定资产、无形资产等非货币资金形式的对外投资不涉及单位的预算资金，不需要进行预算会计核算，应当在财务会计中确认为长期股权投资。

事业单位设置“投资支出”科目，核算事业单位以货币资金对外投资所发生的现金流出。本科目应当按照投资类型、投资对象、现行《政府收支分类科目》中支出功能分类科目的项级科目和部门预算支出经济分类科目的款级科目等进行明细核算。年末，应当将本科目本年发生额转入其他结余，年末结转后，本科目应无余额。

投资支出在实际支付投资款项时确认，按照实际支付的金额计量。投资支出的主要账务处理如下。

1. 以货币资金对外投资

以货币资金对外投资时，按照投资金额和所支付的相关税费金额的合计数，借记“投资支出”科目，贷记“资金结存”科目。

【例9-44】 某事业单位购买201803期长期国债，票面金额为500 000元，票面年利率为5%，5年期，到期一次支付利息。款项通过银行转账支付，无相关税费支出。

借：投资支出——长期债券投资	500 000	
贷：资金结存——货币资金		500 000

2. 出售、转让与收回投资

出售、对外转让或到期收回以货币资金取得的对外投资的，应当区分本年度的对外投资和以前年度的对外投资。(1) 对于本年度的对外投资，按照实际收到的金额，借记“资金结存”科目，按照取得投资时的成本，贷记“投资支出”科目，按照其差额，贷记或借记“投资预算收益”科目；(2) 对于以前年度的对外投资，按照实际收到的金额，借记“资金结存”科目，按照取得投资时的成本，贷记“其他结余”科目，按照其差额，贷记或借记“投资预算收益”科目。需要注意的是，有些事业单位的投资收益需要上缴同级财政，这种情况下不确认投资预算收益，应当通过“应缴财政款”科目核算。

【例9-45】 某事业单位3年前投资的201302期长期国债到期偿付本金和利息，收到债券本金500 000元、利息90 000元。

借：资金结存——货币资金	590 000	
贷：其他结余		500 000
投资预算收益		90 000

（二）债务还本支出的核算

债务还本支出是事业单位因支付偿还债务本金的款项而发生的预算支出。按照财务制度的规定，事业单位经批准可以从银行或其他金融机构取得借款，包括短期借款和长期借款，以弥补预算资金的不足。债务还本支出应当是纳入部门预算管理的资金流出，不包括上缴财政的款项、偿付应付的款项等。债务还本支出只包括偿还的债务本金，不包括支付的借款利息，支付的借款利息计入其他支出。需要注意的是，财务会计并不确认债务还本支出，偿还债务本金应当冲销相应的负债。

事业单位设置“债务还本支出”科目，核算事业单位偿还自身承担的纳入预算管理的从金融机构举借的债务本金的现金流出。本科目应当按照贷款单位、贷款种类、现行《政府收支分类科目》中支出功能分类科目的项级科目和部门预算支出经济分类科目的款级科目等进行明细核算。年末，应当将本科目本年发生额转入其他结余，年末结转后，本科目应无余额。

债务还本支出在实际支付偿债款项时确认。偿还各项短期或长期借款时，按照偿还的借款本金，借记“债务还本支出”科目，贷记“资金结存”科目。

【例 9-46】 某事业单位到期偿还短期借款的本金 800 000 元，款项已经通过银行转账支付。

借：债务还本支出——短期借款	800 000	
贷：资金结存——货币资金		800 000

六、其他支出

（一）其他支出的内容

其他支出是政府单位实际发生的除上述各项预算支出以外的预算支出。如果某一支出事项不在上述任何一个支出科目的核算范围之内，则可以将其确认为其他支出。其他支出的内容主要包括借款利息支出、对外捐赠现金支出、现金盘亏损失、接受捐赠（调入）和对外捐赠（调出）非现金资产发生的税费支出、资产置换过程中发生的相关税费支出、罚没支出等。

（二）其他支出的核算

政府单位设置“其他支出”科目，核算单位除行政支出、事业支出、经营支出、上缴上级支出、对附属单位补助支出、投资支出、债务还本支出以外的各项现金流出。本科目的明细科目设置的要求如下：(1) 根据资金性质分别按“财政拨款支出”“非财政专项资金支出”“其他资金支出”进行明细核算；(2) 按照现行《政府收支分类科目》中支出功能分类科目的项级科目和部门预算支出经济分类科目的款级科目等进行明细核算；(3) 其他支出中如有专项资金支出，还应按照具体项目进行明细核算；(4) 有一般公共预算财政拨款、政府性基金预算财政拨款等两种或两种以上财政拨款的事业单位，还应当在“财政拨款支出”明细科目下按照财政拨款的种类进行明细核算。年末，应当将本科目本年发生额转入财政拨款结转、非财政拨款结转和其他结余，年末结转后，本科目应无余额。

其他支出在实际支付款项时确认。支付属于其他支出的款项时，按照实际支付的金额，借记“其他支出”科目，贷记“资金结存”科目。

【例 9-47】 某事业单位从银行借入一笔3年期的长期借款，按规定支付本期借款利息12 400元，所用资金为非财政拨款其他资金。

借：其他支出——其他资金支出	12 400
贷：资金结存——货币资金	12 400

第四节 预算结余的核算

预算结余是预算会计的要素，反映政府单位预算收支的执行结果。本节介绍预算结余的确认、内容和预算管理要求，讲解各项预算结余的核算内容、账户设置和账务处理。

一、预算结余的确认与内容

（一）预算结余的确认

预算结余是指政府单位预算年度内预算收入扣除预算支出后的资金余额，以及历年滚存的资金余额。政府单位应当按年度编制预算，按照预算的要求组织预算收入，安排预算支出，力求实现年度预算收入与支出的平衡。但预算收入与预算支出之间的平衡是相对的，有些预算收入需要跨年度安排支出，年度预算收入与预算支出会存在一定的差额，形成单位的年度预算结余。

预算结余的确认依赖预算收入和预算支出的确认，预算结余的金额取决于预算收入和预算支出的计量结果。预算结余包括本年预算结余以及历年滚存的预算结余，本年预算结余是本年度预算收入扣除预算支出后的资金余额，历年滚存的预算结余是历年累计的预算结余与本年预算结余的合计。基本关系式如下：

本年预算结余＝本年预算收入－本年预算支出

年末预算结余＝年初预算结余＋本年预算结余

（二）预算结余的内容

按照资金后续使用要求的不同，预算结余资金分为结转资金和结余资金。结转资金是指当年预算已执行但未完成，或者因故未执行，下一年度需要按照原用途继续使用的资金。结余资金是指当年预算工作目标已完成，或者因故终止，当年剩余的资金。

按照资金性质和种类的不同，政府单位的预算资金分为财政拨款资金、非财政专项资金和其他资金。因此，预算结余资金应当划分为财政拨款结转结余、非财政拨款结转结余和其他资金结余三类。

1. 财政拨款结转结余

财政拨款结转结余是政府单位财政拨款资金收入与其相关支出相抵后剩余的滚存资金。财政拨款结转结余包括财政拨款结转和财政拨款结余。

（1）财政拨款结转是政府单位财政拨款收支形成的结转资金。按照部门预算管理的要求，财政拨款结转分为基本支出结转和项目支出结转。

基本支出结转是政府单位财政基本支出拨款收入与其支出相抵后余额的累计，是下一年度需要继续用于维持政府单位正常运行和完成日常工作任务的财政拨款滚存资金。

项目支出结转是政府单位财政项目支出拨款收入与其支出相抵后余额的累计，是下一年度需要继续用于完成特定任务的财政拨款滚存资金。项目支出结转原则上不得调整用途，限定用于规定的项目。

（2）财政拨款结余是政府单位财政拨款收支形成的结余资金。按照部门预算管理的要求，政府单位预算年度基本支出拨款收支相抵后的余额全部列入财政拨款结转，不会形成基本支出结余。所以，财政拨款结余就是项目支出结余。

项目支出结余是政府单位已经完成项目或因故终止项目剩余的滚存资金。项目支出结余资金应统筹用于编制以后年度部门预算，或按照同级财政部门的规定在单位内部、部门之间调剂使用。

小链接 9-2

为了加强财政拨款结转和结余资金的管理，优化财政资源配置，提高财政资金使用效益，财政部印发了《中央部门财政拨款结转和结余资金管理办法》（财预〔2010〕7号）。

中央部门财政拨款结转和结余资金管理办法

2. 非财政拨款结转结余

非财政拨款结转结余是政府单位非财政拨款专项资金收入与相关支出相抵后剩余的滚存资金。非财政拨款结转结余包括非财政拨款结转和非财政拨款结余。

（1）非财政拨款结转是政府单位非财政拨款专项资金收入与其相关支出相抵后剩余滚存的、须按规定用途使用的结转资金。非财政拨款结转属于项目资金结转，应当区分年末已完成项目和尚未完成项目。

年末已完成项目的结转资金，按照项目拨款单位的要求进行管理，剩余的资金或缴回原拨款单位，或经批准留归本单位用于其他非项目用途。年末未完成项目的结转资金，结转下一年度继续用于该项目的支出，不经批准不得用于其他方面。

（2）非财政拨款结余是政府单位非财政专项资金收支形成的结余资金，以及由非财政拨款结余分配转入的其他结余资金。

已经完成的非财政拨款项目的剩余资金，如果规定全额或部分留归本单位使用，应当将其转入非财政拨款结余。经营结余、其他结余等其他结余资金按规定分配后，其余额也应当转入非财政拨款结余。

3. 其他资金结余

其他资金结余是政府单位除财政拨款结转结余、非财政拨款结转结余以外的各项资金收入与相关支出相抵后剩余的资金。其他资金收支的差额留归单位使用，全部为结余资金，不形成结转资金。其他资金结余包括专用结余、经营结余和其他结余。其中，行政单位没有专用结余、经营结余，也不进行非财政拨款结余分配。

为加强预算结余资金的预算管理，合理组织预算会计核算，全面反映预算结余的形成过程与结果，政府单位设置了“财政拨款结转”“财政拨款结余”“非财政拨款结转”“非财政拨款结余”“专用结余”“经营结余”“其他结余”“非财政拨款结余分配”8个结转结余类会计科目。同时，为反映预算结余的资金形态，政府单位还设置了“资金结存”会计科目。行政单位不使用“专用结余”“经营结余”“非财政拨款结余分配”3个会计科目。

（三）预算结余的处理流程

政府单位预算会计应当按规定的结账日进行结账，反映预算结余的变动情况。预算结余是预算年度内预算收支相抵后的余额，预算结余的处理通常在年末进行，年度结账日为每年的12月31日。年度终了后，政府单位应当将各项预算收入、预算支出的科目余额转到各结转结余类会计科目，反映单位本年形成的预算结余。预算结余的年末处理应当区分不同的资金性质。

1. 财政拨款资金

年末，应当将本年度的财政拨款资金收入、财政拨款资金支出的金额转入财政拨款结转，并区分基本支出结转和项目支出结转。财政拨款资金收支结转后，对财政拨款项目支出结转的余额进行分析，将符合结余性质的余额转入财政拨款结余。财政拨款资金年末处理流程如图9-1所示。

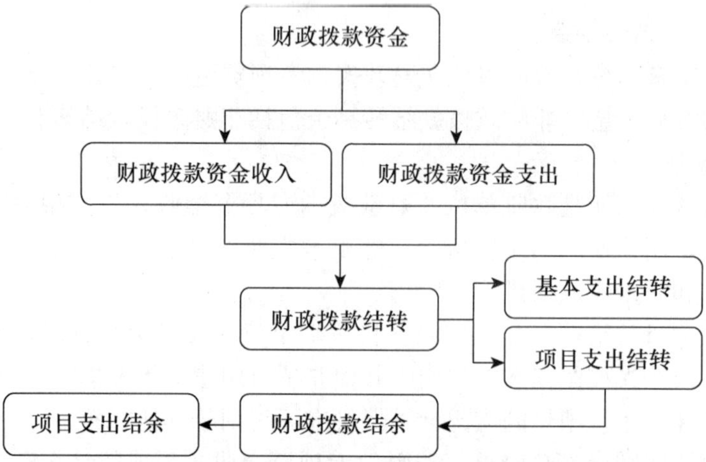

图9-1 财政拨款资金年末处理流程

2. 非财政拨款资金

非财政拨款资金包括非财政专项资金、经营资金和其他资金，应当分别进行年末处理。（1）年末，应当将本年度的非财政专项资金收入、非财政专项资金支出的金额转入非财政拨款结转。非财政专项资金收支结转后，对非财政拨款结转的余额进行分析，将符合结余性质的余额转入非财政拨款结余。（2）年末，应当将本年度的经营资金收入、经营资金支出的金额转入经营结余。经营资金收支结转后，如果经营盈余，则将其余额转入非财政拨款结余分配；如果经营亏损，则留待以后年度弥补。（3）年末，应当将本年度除财政拨款资金、非财政专项资金、经营资金以外的其他资金收入、其他资金支出的金额转入其他结余。其他资金收支结转后，行政单位应当将其他结余的余额转入非财政拨款结余，事业单位应当将其他结余的余额转入非财政拨款结余分配。从非财政拨款结余分配中提取专用结余后，应当将未分配的非财政拨款结余的金额转入非财政拨款结余。非财政拨款资金年末处理流程如图 9-2 所示。

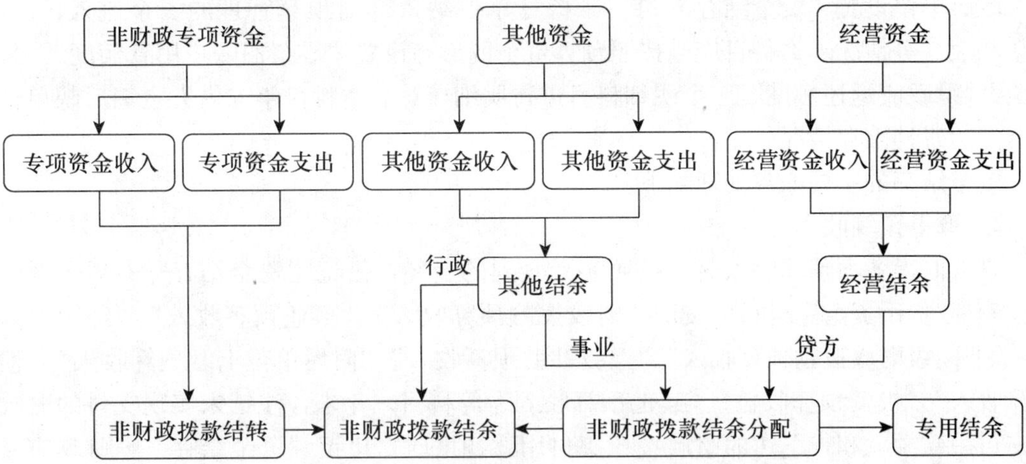

图 9-2　非财政拨款资金年末处理流程

在结转结余类会计科目中，“其他结余”和“非财政拨款结余分配”反映预算结余的形成与分配过程，通常没有年末余额。“经营结余”科目如果有余额，一定为借方余额。

年末结转结余＝财政拨款结转＋财政拨款结余＋非财政拨款结转
＋非财政拨款结余＋专用结余＋经营结余

二、资金结存

（一）资金结存的内容

资金结存反映政府单位纳入部门预算管理资金的变动情况及其所对应的资金形态。政府单位财务会计与预算会计适度分离后，预算会计设置了预算收入、预算支出和预算结余三个会计要素，需要设置“资金结存”科目与纳入部门预算管理的资金相对应，以保持预算结余要素的内部平衡。纳入预算管理的现金流入单位，会导致预算资金结存的增加；纳入预算管理的现金流出单位，会导致预算资金结存的减少。

纳入部门预算管理的资金形态主要包括零余额账户用款额度、货币资金和财政应返还额度。零余额账户用款额度是以用款额度形态存在的资金，由财政部门根据预算安排和用款计划下达代理银行；货币资金是以货币形态存在的资金，包括库存现金、银行存款、其他货币资金；财政应返还额度是单位可以使用的以前年度的财政拨款用款额度，包括财政应返还直接额度和财政应返还授权额度。使用本年度财政直接支付资金额度，预算收入与预算支出同时发生，不会产生资金结存。

政府单位的预算结余分为资金结存和各项结转结余两个部分，资金结存反映预算资金变动情况及对应的资金形态，各项结转结余反映预算结余的形成过程及结果，二者保持平衡。年末，资金结存的金额应当是各项结转结余资金的合计。

（二）资金结存的核算

政府单位设置“资金结存”科目，核算单位纳入部门预算管理的资金流入、流出、调整和滚存等情况。本科目应当按照预算资金的形态设置“零余额账户用款额度”“货币资金”“财政应返还额度”三个明细科目进行明细核算。本科目年末借方余额反映单位预算资金的累计滚存情况。

资金结存的主要账务处理如下。

1. 取得预算收入

日常取得各项预算收入时，按照实际收到的金额，借记“资金结存——零余额账户用款额度/货币资金”科目，贷记“财政拨款预算收入”“事业预算收入”“经营预算收入”“非同级财政拨款预算收入”“上级补助预算收入”“附属单位上缴预算收入”“债务预算收入”“投资预算收益”“其他预算收入”等科目。年末，注销未实现支付的财政直接支付用款额度和未下达的财政授权支付用款额度时，借记“资金结存——财政应返还额度”科目，贷记“财政拨款预算收入”科目。

【例9-48】 某单位收到代理银行转来的财政授权支付额度到账通知书，本月单位财政授权支付额度180 000元已经下达代理银行，所拨经费为基本支出拨款。

借：资金结存——零余额账户用款额度	180 000	
贷：财政拨款预算收入——基本支出		180 000

【例9-49】 某事业单位开展专业业务活动收取费用9 500元，款项已经收到并存入单位的银行账户。

借：资金结存——货币资金	9 500	
贷：事业预算收入		9 500

【例9-50】 年末，某单位注销未实现支付的财政直接支付用款额度42 000元，注销未下达的财政授权支付用款额度17 000元。

借：资金结存——财政应返还额度——财政直接支付	42 000	
——财政授权支付	17 000	
贷：财政拨款预算收入		59 000

2. 发生预算支出

日常发生各项预算支出时，按照实际支付的金额，借记“行政支出”“事业支出”“经营支出”“对附属单位补助支出”“上缴上级支出”“投资支出”“债务还本支出”“其他支出”等科目，贷记“资金结存——零余额账户用款额度/货币资金/财政应返还额度”科目。

【例9-51】 某行政单位支付一项会议费5 200元，款项已经通过单位的零余额账户支付，所用资金为一般公共预算项目支出拨款。

借：行政支出——财政拨款支出	5 200	
贷：资金结存——零余额账户用款额度		5 200

【例9-52】 某事业单位报销咨询费13 500元，款项已经通过单位的银行账户支付，

资金来源于非同级财政部门拨入的专项经费。

借：事业支出——非财政专项资金支出　　13 500

　贷：资金结存——货币资金　　13 500

【例 9-53】 某行政单位上一年度注销的财政直接支付额度已经恢复，使用上年度的额度支付某项费用 18 000 元。

借：行政支出——财政拨款支出　　18 000

　贷：资金结存——财政应返还额度——财政直接支付　　18 000

3. 结转结余资金的调拨、上缴与调整

政府单位结转结余资金的归集调入、归集调出、归集上缴、资金缴回、年初余额调整等事项，也会影响资金结存的变化。(1) 按照规定调入结转结余资金时，借记“资金结存——零余额账户用款额度/货币资金”科目，贷记“财政拨款结转”等科目；(2) 按照规定调出、上缴、缴回结转结余资金时，借记“财政拨款结转”“财政拨款结余”“非财政拨款结转”等科目，贷记“资金结存——零余额账户用款额度/货币资金/财政应返还额度”科目；(3) 因会计差错更正、以前年度支出收回等事项需要调整结转结余时，属于以前年度结转资金的，借记或贷记“资金结存——零余额账户用款额度/货币资金/财政应返还额度”科目，贷记或借记“财政拨款结转”“财政拨款结余”“非财政拨款结转”“非财政拨款结余”科目。

【例 9-54】 某单位的零余额账户收到款项 12 000 元，为从其他单位调入的财政拨款结转资金。

借：资金结存——零余额账户用款额度　　12 000

　贷：财政拨款结转——归集调入　　12 000

【例 9-55】 某单位的非财政专款项目已经完成，项目结转资金 8 000 元，按规定缴回拨款单位，款项已经通过单位的银行账户支付。

借：非财政拨款结转——缴回资金　　8 000

　贷：资金结存——货币资金　　8 000

【例 9-56】 某单位发现会计差错，上一年度收到的非同级财政拨款收入 60 000 元只进行了财务会计记录，漏记预算会计，现予以更正。

借：资金结存——货币资金　　60 000

　贷：非财政拨款结余——年初余额调整　　60 000

4. 预算资金形态变化

提取现金、资金转存、用款额度的注销与恢复等事项，会影响预算资金的形态变化，需要调整资金结存的明细科目。(1) 从零余额账户、银行存款账户提取现金时，按照提取的金额，借记“资金结存——货币资金”科目，贷记“资金结存——零余额账户用款额度/货币资金”科目。(2) 将资金从零余额账户转入银行账户时，按照转存的金额，借记“资金结存——货币资金”科目，贷记“资金结存——零余额账户用款额度”科目。(3) 年末，注销已经下达但未实现支付的财政授权支付用款额度时，借记“资金结存——财政应返还额度”科目，贷记“资金结存——零余额账户用款额度”科目；下年初，恢复的财政授权支付用款额度到账时，借记“资金结存——零余额账户用款额度”

科目，贷记“资金结存——财政应返还额度”科目。

【例 9-57】 某单位从零余额账户提取现金 5 000 元，用于向个人支付劳务费。

借：资金结存——货币资金　　5 000

　贷：资金结存——零余额账户用款额度　　5 000

【例 9-58】 某单位从零余额账户转出资金 66 000 元，存入单位的银行账户，用于支付相关费用。

借：资金结存——货币资金　　66 000

　贷：资金结存——零余额账户用款额度　　66 000

【例 9-59】 某单位注销未实现支付的财政拨款用款额度。

（1）年末，注销已经下达但未实现支付的财政授权支付用款额度 82 000 元。

借：资金结存——财政应返还额度——财政授权支付　　82 000

　贷：资金结存——零余额账户用款额度　　82 000

（2）下年初，上年注销的财政授权支付用款额度 82 000 元全额恢复，并下达单位的零余额账户。

借：资金结存——零余额账户用款额度　　82 000

　贷：资金结存——财政应返还额度——财政授权支付　　82 000

三、财政拨款结转结余

财政拨款结转结余是政府单位的财政拨款资金收支相抵所形成的结转资金和结余资金，包括财政拨款结转和财政拨款结余。

（一）财政拨款结转的核算

财政拨款结转是政府单位财政拨款资金收支相抵所形成的结转资金，是政府单位当年预算已执行但尚未完成，或因故未执行，下一年度需要按照原用途继续使用的财政拨款滚存资金。按照部门预算管理的要求，财政拨款结转分为基本支出结转和项目支出结转。

政府单位设置“财政拨款结转”科目，核算单位取得的同级财政拨款结转资金的调整、结转和滚存情况。本科目应当按以下要求设置明细科目。（1）按照财政拨款结转资金的变动原因，设置三类明细科目。第一类：设置“本年收支结转”“累计结转”明细科目，核算单位本年度财政拨款收支相抵后的余额，以及滚存的财政拨款结转资金。第二类：设置“年初余额调整”明细科目，核算由于发生会计差错更正、以前年度支出收回等原因，需要调整财政拨款结转的金额。第三类：设置“归集调入”“归集调出”“归集上缴”“单位内部调剂”明细科目，核算由于发生资金调拨、调剂等，需要调整财政拨款结转的金额。（2）按照部门预算管理的要求，设置“基本支出结转”“项目支出结转”两个明细科目，并在“基本支出结转”明细科目下按照“人员经费”“公用经费”进行明细核算，在“项目支出结转”明细科目下按照具体项目进行明细核算；同时，本科目还应按照现行《政府收支分类科目》中支出功能分类科目进行明细核算，或设置功能分类辅助账。（3）有两种或两种以上财政拨款的，还应当在本科目下按照财政拨款的种类进行明细核算。本科目年末贷方余额反映单位滚存的财政拨款结转资金数额。

财政拨款结转的主要账务处理如下。

1. 本年收支结转

年末，应当将本年度取得的财政拨款预算收入和发生的财政拨款预算支出转入财政拨款结转中。财政拨款结转包括基本支出结转和项目支出结转。(1) 年末，将财政拨款预算收入本年发生额转入财政拨款结转，借记“财政拨款预算收入”科目，贷记“财政拨款结转——本年收支结转”科目及其明细科目；(2) 将各项支出中的财政拨款支出本年发生额转入财政拨款结转，借记“财政拨款结转——本年收支结转”科目及其明细科目，贷记“行政支出——财政拨款支出”“事业支出——财政拨款支出”“其他支出——财政拨款支出”等科目。

【例 9-60】 某事业单位 20×1 年末转账前预算收入、预算支出类科目的本年发生额如表 9-2 所示。20×1 年各项预算收入合计为 1 565 000 元，预算支出合计为 1 477 000 元，实现的预算结余为 88 000 元。年末，需要将预算收入、预算支出类科目的余额转到结转结余相关科目中。

表 9-2　预算收入、预算支出类科目的本年发生额表

20×1 年 12 月　　　　单位：元

序号	科目名称	金额	序号	科目名称	金额
1	行政支出		1	财政拨款预算收入	840 000
2	事业支出	1 252 000		(1) 基本支出	715 000
	(1) 财政拨款支出	783 000		(2) 项目支出	125 000
	基本支出	668 000	2	事业预算收入	515 000
	项目支出	115 000		(1) 专项资金收入	8 000
	(2) 非财政专项资金支出	16 000		(2) 非专项资金收入	507 000
	(3) 其他资金支出	453 000	3	上级补助预算收入	152 000
3	经营支出	13 000		(1) 专项资金收入	23 000
4	上缴上级支出	81 000		(2) 非专项资金收入	129 000
5	对附属单位补助支出	126 000	4	附属单位上缴预算收入	25 000
6	投资支出			(1) 专项资金收入	
7	债务还本支出			(2) 非专项资金收入	25 000
8	其他支出	5 000	5	经营预算收入	21 000
	(1) 财政拨款支出		6	债务预算收入	
	基本支出			(1) 专项资金收入	
	项目支出			(2) 非专项资金收入	
	(2) 非财政专项资金支出	1 600	7	非同级财政拨款预算收入	
	(3) 其他资金支出	3 400		(1) 专项资金收入	
				(2) 非专项资金收入	
			8	投资预算收益	
			9	其他预算收入	12 000
				(1) 专项资金收入	3 600
				(2) 非专项资金收入	8 400
	合计	1 477 000		合计	1 565 000

年末，根据表 9-2 中的数据，进行本年财政拨款预算收入和预算支出的结转，包括

基本支出结转和项目支出结转。

（1）基本支出结转。

借：财政拨款预算收入——基本支出　　715 000

　贷：财政拨款结转——本年收支结转——基本支出结转　　715 000

同时：

借：财政拨款结转——本年收支结转——基本支出结转　　668 000

　贷：事业支出——财政拨款支出——基本支出　　668 000

（2）项目支出结转。

借：财政拨款预算收入——项目支出　　125 000

　贷：财政拨款结转——本年收支结转——项目支出结转　　125 000

同时：

借：财政拨款结转——本年收支结转——项目支出结转　　115 000

　贷：事业支出——财政拨款支出——项目支出　　115 000

经过上述处理，本年形成的财政拨款结转资金共计 57 000 元，其中基本支出结转 47 000 元，项目支出结转 10 000 元。

2. 年初余额调整

会计差错更正、以前年度支出收回等事项，属于以前年度财政拨款结转资金的，借记或贷记“资金结存——零余额账户用款额度/货币资金/财政应返还额度”科目，贷记或借记“财政拨款结转——年初余额调整”科目及其明细科目。

【例 9－61】 某事业单位收回上一年度支付的预付款项 16 000 元，款项已经按原渠道返还到单位的零余额账户，资金性质为财政拨款基本支出拨款。

借：资金结存——零余额账户用款额度　　16 000

　贷：财政拨款结转——年初余额调整——基本支出结转　　16 000

3. 财政拨款结转的调拨与调剂

政府单位应当按照同级财政部门的规定加强财政拨款结转资金的管理，进行财政拨款结转资金的归集调入、归集调出、归集上缴和内部调剂。（1）按照规定从其他单位调入财政拨款结转资金，借记“资金结存”科目及其明细科目，贷记“财政拨款结转——归集调入”科目；（2）按照规定向其他单位调出财政拨款结转资金，借记“财政拨款结转——归集调出”科目，贷记“资金结存”科目及其明细科目；（3）按照规定上缴财政拨款结转资金或注销财政拨款结转资金额度，借记“财政拨款结转——归集上缴”科目，贷记“资金结存”科目及其明细科目。

【例 9－62】 某事业单位按照同级财政部门的要求，上缴财政拨款结转资金（基本支出）30 000 元。

借：财政拨款结转——归集上缴——基本支出结转　　30 000

　贷：资金结存——财政应返还额度　　30 000

4. 冲销明细科目余额

年末，完成财政拨款结转的账务处理后，应当冲销有关明细科目余额，将除“累计结转”明细科目外的其他明细科目余额转到“累计结转”明细科目。除“累计结转”明细科目外，其他明细科目应无余额。

【例 9-63】 某事业单位在进行例 9-60 至例 9-62 的账务处理前，“财政拨款结转——累计结转”期初贷方余额为 38 000 元，其中，基本支出结转的余额为 23 000 元，项目支出结转的余额为 15 000 元，其他明细科目没有余额。年末，冲销各明细科目余额。

借：财政拨款结转——本年收支结转——基本支出结转	47 000	
——项目支出结转	10 000	
——年初余额调整——基本支出结转	16 000	
贷：财政拨款结转——归集上缴——基本支出结转		30 000
——累计结转——基本支出结转		33 000
——项目支出结转		10 000

年末，经过明细科目的冲销，加上期初余额后，“财政拨款结转——累计结转”滚存的贷方余额为 81 000 元。其中，基本支出结转的余额为 56 000 元，项目支出结转的余额为 25 000 元。

（二）财政拨款结余的核算

财政拨款结余是政府单位财政拨款资金收支相抵所形成的结余资金。财政拨款结余就是项目支出结余，是政府单位已经完成项目或因故终止项目剩余的滚存资金。年末，政府单位应当对财政拨款项目的执行情况进行分析，将符合财政拨款结余资金性质的数额从财政拨款结转转到财政拨款结余，形成当年的财政拨款结余资金。财政拨款结余资金应统筹用于编制以后年度部门预算，或按照同级财政部门的规定在单位内部、部门之间调剂使用。

政府单位设置“财政拨款结余”科目，核算单位取得的同级财政拨款项目支出结余资金的调整、结转和滚存情况。本科目应当按以下要求设置明细科目。（1）按照财政拨款结余资金的变动原因，设置三类明细科目。第一类：设置“结转转入”“累计结余”明细科目，核算单位按照规定转入财政拨款结余的财政拨款结转资金，以及滚存的财政拨款结余资金。第二类：设置“年初余额调整”明细科目，核算由于发生会计差错更正、以前年度支出收回等原因，需要调整财政拨款结余的金额。第三类：设置“归集上缴”“单位内部调剂”明细科目，核算由于发生资金调拨、调剂等，需要调整财政拨款结余的金额。（2）本科目还应当按照具体项目、现行《政府收支分类科目》中支出功能分类科目等进行明细核算，或设置功能分类辅助账。（3）有两种或两种以上财政拨款的，还应当在本科目下按照财政拨款的种类进行明细核算。本科目年末贷方余额反映单位滚存的财政拨款结余资金数额。

财政拨款结余的主要账务处理如下。

1. 结转转入

年末，对财政拨款结转各明细项目执行情况进行分析，按照有关规定将符合财政拨款结余性质的项目余额转入财政拨款结余，借记“财政拨款结转——累计结转”科目，贷记“财政拨款结余——结转转入”科目及其明细科目。

【例 9-64】 年末，某事业单位对财政拨款项目执行情况进行分析，本年度财政拨款项目中，A 项目已经完成，项目当年剩余资金为 2 000 元；B 项目因故终止，当年剩余资金为 5 000 元，即符合财政拨款结余资金性质的数额为 7 000 元，进行财政拨款结转资金的转出处理。

借：财政拨款结转——累计结转——项目支出结转——A 项目　　2 000
　　　　　　　　　　　　　　　　　　　　　　——B 项目　　5 000
　贷：财政拨款结余——结转转入　　7 000

2. **年初余额调整**

会计差错更正、以前年度支出收回等事项，属于以前年度财政拨款结余资金的，借记或贷记"资金结存——零余额账户用款额度/货币资金/财政应返还额度"科目，贷记或借记"财政拨款结余——年初余额调整"科目及其明细科目。

【例 9-65】 某事业单位在对财政拨款项目检查时发现，上一年度发生的 C 项目支出 3 000 元，因会计差错遗漏支付，现通过银行转账予以支付。

借：财政拨款结余——年初余额调整　　3 000
　贷：资金结存——货币资金　　3 000

3. **财政拨款结余的归集上缴和内部调剂**

政府单位应当按照同级财政部门的规定加强财政拨款结余资金的管理，进行财政拨款结余资金的归集上缴和内部调剂。(1) 按照规定上缴财政拨款结余资金或注销财政拨款结余资金额度的，借记"财政拨款结余——归集上缴"科目，贷记"资金结存"科目及其明细科目；(2) 经财政部门批准对财政拨款结余资金改变用途，调整用于本单位基本支出或其他未完成项目支出的，借记"财政拨款结余——单位内部调剂"科目，贷记"财政拨款结转——单位内部调剂"科目。

【例 9-66】 某事业单位按规定上缴财政拨款 D 项目结余资金 1 000 元，通过单位零余额账户支付。

借：财政拨款结余——归集上缴　　1 000
　贷：资金结存——零余额账户用款额度　　1 000

4. **冲销明细科目余额**

年末，完成财政拨款结余的相关账务处理后，应当冲销有关明细科目余额，将除"累计结余"明细科目外的其他明细科目余额转到"累计结余"明细科目。除"累计结余"明细科目外，其他明细科目应无余额。

【例 9-67】 某事业单位在进行例 9-64 至例 9-66 的账务处理前，"财政拨款结余——累计结余"期初贷方余额为 12 000 元。年末，冲销各明细科目余额。

借：财政拨款结余——结转转入　　7 000
　贷：财政拨款结余——年初余额调整　　3 000
　　　　　　　　　——归集上缴　　1 000
　　　　　　　　　——累计结余　　3 000

年末，经过明细科目的冲销，加上期初余额后，"财政拨款结余——累计结余"的贷方余额为 15 000 元。经过上述处理后，"财政拨款结转——累计结转"的贷方余额为 74 000 元，其中，基本支出结转的余额为 56 000 元，项目支出结转的余额为 18 000 元。

四、非财政拨款结转结余

非财政拨款结转结余是政府单位财政拨款资金以外的各项收支相抵所形成的结转资金和结余资金，包括非财政拨款结转和非财政拨款结余。

（一）非财政拨款结转的核算

非财政拨款结转是政府单位的非财政拨款专项资金收支相抵所形成的结转资金。首先，非财政拨款结转是非同级财政拨款收支形成的结转资金，同级财政拨款收支形成的结转资金为财政拨款结转；其次，非财政拨款结转是专项资金收支形成的结转资金，非专项资金收支形成其他结余，经营收支形成经营结余。政府单位应当按照非同级财政部门、主管部门或上级单位等拨款单位的要求管理专项资金。对于年末已完成项目，应当向原拨款单位报送项目资金使用情况，接受检查、验收，剩余的资金或缴回原拨款单位，或经批准留归本单位用于其他非项目用途。年末未完成项目的结转资金，结转下一年度继续用于该项目的支出，原则上不得用于其他方面。

政府单位设置“非财政拨款结转”科目，核算单位除财政拨款收支、经营收支以外各非同级财政拨款专项资金的调整、结转和滚存情况。本科目应当按以下要求设置明细科目。(1) 按照非财政拨款结转资金的变动原因，设置三类明细科目。第一类：设置“本年收支结转”“累计结转”明细科目，核算单位本年度非同级财政拨款专项收支相抵后的余额，以及滚存的非同级财政拨款专项结转资金。第二类：设置“年初余额调整”明细科目，核算由于发生会计差错更正、以前年度支出收回等，需要调整非财政拨款结转的资金。第三类：设置“缴回资金”明细科目，核算按照规定缴回原拨款单位的非财政拨款结转资金。(2) 本科目还应当按照具体项目、现行《政府收支分类科目》中支出功能分类科目等进行明细核算，或设置功能分类辅助账。按规定从科研项目预算收入中计提项目间接费用或管理费的，需要在本科目下设置相应的明细科目。本科目年末贷方余额反映单位滚存的非同级财政拨款专项结转资金数额。

非财政拨款结转的主要账务处理如下。

1. 本年收支结转

年末，应当将本年度取得的各项非财政拨款专项资金收入、支出转入非财政拨款结转。(1) 年末，将各预算收入本年发生额中的专项资金收入转入非财政拨款结转，借记“事业预算收入”“上级补助预算收入”“附属单位上缴预算收入”“非同级财政拨款预算收入”“债务预算收入”“其他预算收入”科目下各专项资金收入明细科目，贷记“非财政拨款结转——本年收支结转”科目；(2) 年末，将各预算支出本年发生额中的专项资金支出转入非财政拨款结转，借记“非财政拨款结转——本年收支结转”科目，贷记“行政支出”“事业支出”“其他支出”科目下各非财政拨款专项资金支出明细科目。

【例 9-68】 年末，某事业单位进行本年非财政拨款专项资金收支结转的账务处理。根据表 9-2 中的数据，专项资金收入分布在事业预算收入、上级补助预算收入和其他预算收入三项中，专项资金支出分布在事业支出、其他支出两项中。

（1）非财政拨款专项资金收入。

借：事业预算收入——专项资金收入	8 000	
上级补助预算收入——专项资金收入	23 000	
其他预算收入——专项资金收入	3 600	
贷：非财政拨款结转——本年收支结转		34 600

（2）非财政拨款专项资金支出。

借：非财政拨款结转——本年收支结转	17 600	
贷：事业支出——非财政专项资金支出		16 000
其他支出——非财政专项资金支出		1 600

年末，经过上述处理，本年收支形成的非财政拨款结转资金共计 17 000 元。

2. 年初余额调整

会计差错更正、以前年度支出收回等事项，属于以前年度非财政拨款结转资金的，借记或贷记“资金结存——货币资金”等科目，贷记或借记“非财政拨款结转——年初余额调整”科目。

3. 缴回资金

按照规定缴回非财政拨款结转资金的，按照实际缴回资金数额，借记“非财政拨款结转——缴回资金”科目，贷记“资金结存——货币资金”科目。

【例 9-69】 某事业单位按照上级单位的规定，缴回上级单位拨入的 E 项目专项资金 5 000 元，通过银行账户转账支付。

借：非财政拨款结转——缴回资金	5 000	
贷：资金结存——货币资金		5 000

4. 冲销明细科目余额

年末，完成非财政拨款结转的账务处理后，应当冲销有关明细科目余额，将除“累计结转”明细科目外的其他明细科目余额转到“累计结转”明细科目。以下省略明细科目余额冲销的会计分录。

年末，进行例 9-68 至例 9-69 的账务处理前，“非财政拨款结转——累计结余”期初贷方余额为 6 000 元，经过明细科目的冲销后，其贷方余额应为 18 000 元。

（二）非财政拨款结余的核算

非财政拨款结余是政府单位非财政拨款资金收支相抵所形成的结余资金。非财政拨款结余资金主要来源于两个方面，一是留归本单位使用的非财政拨款结转资金，二是从非财政拨款结余分配（事业单位）或其他结余（行政单位）转入的资金。非财政拨款结余资金由单位统筹调配，用于单位的各项业务活动。有企业所得税缴纳义务的事业单位，可以用非财政拨款结余缴纳企业所得税。

政府单位设置“非财政拨款结余”科目，核算单位历年滚存的非限定用途的非同级财政拨款结余资金，主要为非财政拨款结余扣除结余分配后滚存的金额。本科目应当按以下要求设置明细科目。（1）按照非财政拨款结余资金的变动原因，设置两类明细科目。第一类：设置“结转转入”“累计结余”明细科目，核算按照规定留归单位使用的非同级财政拨款专项剩余资金，以及历年滚存的非同级财政拨款、非专项结余资金。第二类：设置“年初余额调整”明细科目，核算由于发生会计差错更正、以前年度支出收回等，需要调整非财政拨款结余的资金。（2）本科目还应当按照现行《政府收支分类科目》中支出功能分类科目进行明细核算，或设置功能分类辅助账。按规定从科研项目预算收入中计提项目间接费用或管理费，需要在本科目下设置相应的明细科目。本科目年末贷方余额反映单位非同级财政拨款结余资金的累计滚存数额。

非财政拨款结余的主要账务处理如下。

1. 结转转入

年末，应当对非财政拨款专项资金各项目的执行情况进行分析，区分年末已完成项目和尚未完成项目。对于年末已经完成的项目，将留归本单位使用的非财政拨款专项剩余资金转入非财政拨款结余，借记“非财政拨款结转——累计结转”科目，贷记“非财政拨款结余——结转转入”科目。

【例 9-70】 年末，某事业单位对非财政拨款专项结转资金项目的情况进行了分析，F 项目已经完成，剩余资金 2 000 元按规定留归本单位使用。

借：非财政拨款结转——累计结转	2 000	
贷：非财政拨款结余——结转转入		2 000

2. 年初余额调整

会计差错更正、以前年度支出收回等事项，属于以前年度非财政拨款结余资金的，借记或贷记“资金结存——货币资金”科目，贷记或借记“非财政拨款结余——年初余额调整”科目。

3. 冲销明细科目余额

年末，完成非财政拨款结余的账务处理后，应当冲销有关明细科目余额，将除“累计结余”明细科目外的其他明细科目余额转到“累计结余”明细科目。以下省略明细科目余额冲销的会计分录。

年末，冲销有关明细科目余额前，“非财政拨款结余——累计结余”科目期初贷方余额为 7 000 元，经过明细科目的冲销后，其贷方余额应为 9 000 元。经过上述处理后，“非财政拨款结转——累计结余”期末贷方余额为 16 000 元。“非财政拨款结余”科目的余额还包括事业单位的非财政拨款结余分配转入、行政单位的其他结余转入等事项，将在后面的科目中讲解。

五、其他各项结余

其他各项结余包括经营结余、其他结余、非财政拨款结余分配和专用结余。其中，行政单位只设置“其他结余”科目，其余三个科目是事业单位设置的会计科目。

（一）经营结余的核算

经营结余是事业单位一定期间经营收入与支出相抵后的余额。事业单位开展经营业务所取得的经营收入和发生的经营支出，应当转入经营结余，以核算经营业务的成果。

经营业务的盈余在弥补以前年度亏损后，应转入非财政拨款结余分配。经营业务的亏损留待以后年度的经营结余弥补。

事业单位设置“经营结余”科目，核算单位本年度经营活动收支相抵后余额弥补以前年度经营亏损后的余额。本科目可以按照经营活动类别进行明细核算。年末结账后，将本科目贷方余额转入分配，一般无余额；如为借方余额，反映事业单位累计发生的经营亏损。

经营结余的主要账务处理如下。

1. **经营收支结转**

年末，应当将本年度取得的经营预算收入、经营支出转入经营结余。（1）将经营预算收入本年发生额转入经营结余，借记“经营预算收入”科目，贷记“经营结余”科目；（2）将经营支出本年发生额转入经营结余，借记“经营结余”科目，贷记“经营支出”科目。

2. **转入结余分配**

年末，完成上述结转后，如“经营结余”科目为贷方余额，借记“经营结余”科目，贷记“非财政拨款结余分配”科目；如“经营结余”科目为借方余额，为经营亏损，不予结转。

【例 9-71】 年末，某事业单位进行本年经营收支的账务处理。根据表 9-2 中的数据，本年经营预算收入为 21 000 元，经营支出为 13 000 元。

（1）结转经营预算收入。

借：经营预算收入	21 000	
贷：经营结余		21 000

（2）结转经营支出。

借：经营结余	13 000	
贷：经营支出		13 000

（3）将本年经营结余贷方余额 8 000 元转入结余分配。

借：经营结余	8 000	
贷：非财政拨款结余分配		8 000

（二）其他结余的核算

其他结余是政府单位除财政拨款结转结余、非财政拨款结转结余、专用结余和经营结余以外的结余资金。财政拨款收支、非同级财政专项资金收支和经营收支已经转入相应的结转结余，其他各项收支形成其他结余，主要是各项非财政、非专项、非经营收支。

政府单位设置“其他结余”科目，核算单位本年度除财政拨款收支、非同级财政专项资金收支和经营收支以外各项收支相抵后的余额。年末，应当将本科目余额转入非财政拨款结余（行政单位）或非财政拨款结余分配（事业单位），年末结账后本科目应无余额。

其他结余的主要账务处理如下。

1. **其他收支结转**

年末，应当将本年度取得的非财政、非专项、非经营收支转入其他结余。（1）将事业预算收入、上级补助预算收入、附属单位上缴预算收入、非同级财政拨款预算收入、债务预算收入、其他预算收入本年发生额中的非专项资金收入以及投资预算收益本年发生额转入其他结余，借记各预算收入科目及其明细科目，贷记“其他结余”科目；(2) 将行政支出、事业支出、其他支出本年发生额中的非同级财政、非专项资金支出，以及上缴上级支出、对附属单位补助支出、投资支出、债务还本支出本年发生额转入其他结余，借记“其他结余”科目，贷记各预算支出科目及其明细科目。

2. **其他结余的转出**

年末，完成上述结转后，应区分单位类别将其他结余转出。(1) 行政单位将“其他结余”科目余额转入“非财政拨款结余——累计结余”科目；(2) 事业单位将“其他结余”科目余额转入“非财政拨款结余分配”科目。

【例 9-72】 年末，某事业单位进行本年其他收支结转的账务处理。根据表 9-2 中的数据，结转过程如下：

(1) 结转其他各项收入。

借：事业预算收入——非专项资金收入	507 000	
上级补助预算收入——非专项资金收入	129 000	
附属单位上缴预算收入——非专项资金收入	25 000	
其他预算收入——非专项资金收入	8 400	
贷：其他结余		669 400

(2) 结转其他各项支出。

借：其他结余	663 400	
贷：事业支出——其他资金支出		453 000
上缴上级支出		81 000
对附属单位补助支出		126 000
其他支出——其他资金支出		3 400

(3) 将本年收支形成的其他结余 6 000 元转入非财政拨款结余分配。

借：其他结余	6 000	
贷：非财政拨款结余分配		6 000

（三）非财政拨款结余分配的核算

非财政拨款结余分配反映事业单位的结余资金分配过程及结果。可以转入分配的结余资金主要是事业单位的经营结余和其他结余，财政拨款资金、非财政专项资金形成的结余资金不得进行分配。行政单位的各项资金结余均不得转入分配。事业单位的非财政拨款结余分配是内部分配，按照规定提取专用基金。

事业单位设置“非财政拨款结余分配”科目，核算单位本年度非财政拨款结余分配的情况和结果。年末，应将本科目余额转入非财政拨款结余，年末结账后本科目应无余额。

非财政拨款结余分配的主要账务处理如下。

1. **可分配结余的转入**

事业单位的可分配结余包括经营结余和其他结余。(1) 年末，将“经营结余”科目贷方余额转入分配，借记“经营结余”科目，贷记“非财政拨款结余分配”科目；(2) 年末，将“其他结余”科目余额转入分配，借记或贷记“其他结余”科目，贷记或借记“非财政拨款结余分配”科目。

2. 提取专用基金

根据有关规定提取专用基金的，按照提取的金额，借记“非财政拨款结余分配”科目，贷记“专用结余”科目。

3. 分配后余额转出

年末，按照规定完成上述处理后，将“非财政拨款结余分配”科目余额转入非财政拨款结余。

【例 9-73】 某事业单位经过例 9-71 和例 9-72 中的账务处理，“非财政拨款结余分配”科目贷方余额为 14 000 元。按照规定从非财政拨款结余中提取职工福利基金 4 000 元。

借：非财政拨款结余分配	4 000	
贷：专用结余——职工福利基金		4 000

【例 9-74】 年末，某事业单位完成结余分配后，“非财政拨款结余分配”科目贷方余额为 10 000 元，将其转入非财政拨款结余。

借：非财政拨款结余分配	10 000	
贷：非财政拨款结余——累计结余		10 000

至此，完成非财政拨款结余的账务处理。“非财政拨款结余——累计结余”科目期初贷方余额为 7 000 元，经过例 9-70 的非财政拨款结转转入 2 000 元和例 9-74 的非财政拨款结余分配 10 000 元，“非财政拨款结余——累计结余”期末贷方余额为 19 000 元。

（四）专用结余的核算

专用结余是事业单位因从非财政拨款结余中提取专用基金而形成的结余资金。按照有关规定，事业单位可以从本年度非财政拨款结余或经营结余中提取专用基金，如职工福利基金、科技成果转换基金等。预算会计中的专用结余与财务会计中的专用基金对应，但二者并非完全一致。专用基金包括从非财政拨款结余中提取、从本期收入中提取和按照有关规定设置三个来源渠道，预算会计仅核算从非财政拨款结余中提取的专用基金，从收入中提取、设置的专用基金只进行财务会计核算。

事业单位设置“专用结余”科目，核算单位按照规定从非财政拨款结余中提取的具有专门用途的资金的变动和滚存情况。本科目应当按照专用结余的类别进行明细核算。本科目年末贷方余额反映事业单位从非同级财政拨款结余中提取的专用基金的累计滚存数额。

专用结余的主要账务处理如下：(1) 根据有关规定从本年度非财政拨款结余或经营结余中提取基金的，按照提取金额，借记“非财政拨款结余分配”科目，贷记“专用结余”科目；(2) 按规定使用从非财政拨款结余或经营结余中提取的专用基金时，按照使用金额，借记“专用结余”科目，贷记“资金结存——货币资金”科目。

【例 9-75】 某事业单位“专用结余——职工福利基金”期初余额为 5 000 元，例 9-73 从非财政拨款结余中提取职工福利基金 4 000 元。为改善单位职工的福利待遇，单位用提取的职工福利基金支付职工文体活动开支 1 500 元，款项以银行存款支付。

借：专用结余——职工福利基金　　1 500

　　贷：资金结存——货币资金　　1 500

完成上述支付后，“专用结余——职工福利基金”的余额为 7 500 元。

年末，完成预算结余的处理后，各项预算收入、预算支出科目的余额为 0，各结转结余类科目的余额如表 9－3 所示。

表 9－3　结转结余类科目余额表

20×1 年 12 月 31 日　　单位：元

会计科目	年初余额	年末余额
财政拨款结转	38 000	74 000
其中：基本支出结转	23 000	56 000
项目支出结转	15 000	18 000
财政拨款结余	12 000	15 000
非财政拨款结转	6 000	16 000
非财政拨款结余	7 000	9 000
经营结余	0	0
其他结余	0	0
非财政拨款结余分配	0	0
专用结余	5 000	7 500

第五节　主要业务或事项的平行记账

政府单位会计包括财务会计与预算会计，对于发生的经济业务或事项应当采用平行记账方法。本节介绍平行记账方法，讲解主要业务事项的综合账务处理。

一、平行记账方法

（一）平行记账方法的含义

政府会计由财务会计和预算会计“双功能”构成，两者既适度分离又相互衔接。政府会计对于有些经济业务和事项，需要同时进行财务会计和预算会计两项记录，以全面、清晰地反映单位财务信息和预算执行信息。为此，政府单位会计重构了会计核算模式，采用平行记账方法。

平行记账方法是指在一个会计信息系统中，同时进行财务会计和预算会计两项核算，对于涉及财务会计和预算会计的业务或事项，同时进行平行记录。在平行记账方法下，单位对于纳入部门预算管理的现金收支业务，在采用财务会计核算的同时应当进行预算会计核算；对于其他业务，仅需进行财务会计核算或预算会计核算。

（二）平行记账方法的规则

运用平行记账方法，需要明确哪些业务或事项需要进行平行记账。并非所有的业务或事项均需要进行平行记账，有些业务或事项只需要进行单项记账，平行记账只是其中的一种情况。有些业务或事项仅需要进行财务会计核算，不需要进行预算会计核算；有些业务或事项仅需要进行预算会计核算，不需要进行财务会计核算。

政府单位对于纳入单位预算管理的现金收支业务，应当进行平行记账，同时进行财务会计核算和预算会计核算。应用平行记账方法，关键是判断是否应当进行预算会计核算。预算会计核算的业务或事项需要同时满足两个基本条件。

1. 现金收支

现金收支是平行记账的必要条件，单位对于发生的现金收支业务或事项，不但要在财务会计中核算，可能还需要在预算会计中核算。由于预算会计以收付实现制为基础，以实际收付现金为标志确认预算收入、预算支出，因此采用平行记账方法的业务或事项应当实际发生了现金流入或现金流出。在国库集中收付制度下，政府单位的现金不仅包括库存现金、银行存款、其他货币资金等货币资金，还包括零余额账户用款额度、财政直接支付额度和财政应返还额度。然而，也存在特殊情况，例如事业单位从本年度非财政拨款结余中提取专用基金，并没有发生现金收支，但涉及预算资金性质的变化，也需要进行预算会计记录。

2. 纳入单位预算管理

并非所有的现金收支业务或事项均需要进行平行记账，只有纳入单位预算管理的现金收支业务或事项才需要进行平行记账。预算会计的对象是单位的预算资金，预算会计不记录未纳入单位预算管理的资金流动。预算收入是纳入单位预算管理的现金流入，预算支出是纳入单位预算管理的现金流出，纳入单位预算管理的现金收支才与预算会计相关，在采用财务会计核算的同时，进行预算会计核算。未纳入单位预算管理的现金收支通常表现为债权、债务的增减，并且不会转化为预算收支，仅需要在财务会计中核算，例如单位发生的应缴财政款、应付转拨款、代扣代缴款、往来结算款、受托代理款等。

（三）平行记账的步骤

在平行记账的会计核算模式下，政府单位对于所发生的业务或事项，首先应当判别是单项记账还是平行记账，然后按照会计制度的规定进行相应的账务处理。政府单位可以按照下列步骤进行账务处理：

第一步，进行财务会计核算。财务会计涉及资产、负债、净资产、收入和费用等会计要素，核算内容较为广泛，绝大多数的业务或事项需要进行财务会计核算。

第二步，判别是否需要同时进行预算会计核算。如果经过财务会计核算的业务或事项为纳入单位预算管理的现金收支，则需要按照平行记账原则进行预算会计核算。

需要注意的是，有些业务或事项不需要进行财务会计核算，仅要求进行预算会计核算。此类业务或事项极少，主要是预算结余中的内部调剂等。

二、收入与预算收入业务事项

收入是财务会计要素，是含有服务潜力或者经济利益的经济资源的流入，按照权责发生制原则确认；预算收入是预算会计要素，是纳入预算管理的现金流入，按照收付实现制原则确认。收入与预算收入有较多的联系，均表现为资金流入，通常需要平行记账。收入与预算收入也存在一定的区别，二者的内涵与确认基础不同，表现为确认时间存在差异。财务会计中的收入类科目与预算会计中的预算收入类科目有固定的对应关系，如表 9－4 所示。

表 9－4　收入与预算收入会计科目对应关系

财务会计		预算会计	
科目编号	科目名称	科目编号	科目名称
4001	财政拨款收入	6001	财政拨款预算收入
4101	事业收入	6101	事业预算收入
4201	上级补助收入	6201	上级补助预算收入
4301	附属单位上缴收入	6301	附属单位上缴预算收入
4401	经营收入	6401	经营预算收入
4601	非同级财政拨款收入	6601	非同级财政拨款预算收入
4602	投资收益	6602	投资预算收益
4603	捐赠收入	6609	其他预算收入
4604	利息收入		
4605	租金收入		
4609	其他收入		
2001	短期借款	6501	债务预算收入
2501	长期借款		

（一）财政拨款收入

财政拨款收入是政府单位从同级政府财政部门取得的经费拨款，财务会计设置“财政拨款收入”科目对其进行核算，预算会计设置“财政拨款预算收入”科目对其进行核算。财政拨款的方式包括财政直接支付、财政授权支付、实拨资金和财政应返还额度等，政府单位需要在收到或使用财政拨付的款项时进行平行记账，在财务会计中确认财政拨款收入的同时，在预算会计中确认财政拨款预算收入。

【例 9－76】 某单位收到国库支付执行机构委托代理银行转来的财政直接支付入账通知书及原始凭证，单位的一笔业务活动费用 180 000 元已经完成支付。

财务会计		预算会计	
借：业务活动费用	180 000	借：行政支出/事业支出	180 000
贷：财政拨款收入	180 000	贷：财政拨款预算收入	180 000

【例 9－77】 某单位收到代理银行转来的财政授权支付额度到账通知书，本月单位财政授权支付额度 120 000 元已经下达代理银行。

财务会计	预算会计
借：零余额账户用款额度 120 000 　贷：财政拨款收入 120 000	借：资金结存——零余额账户用款额度 120 000 　贷：财政拨款预算收入 120 000

【例 9－78】 年末，某单位注销未使用的财政直接支付用款额度 25 000 元、未下达的财政授权支付用款额度 15 000 元。

财务会计	预算会计
借：财政应返还额度——财政直接支付 25 000 　　　　　　　　——财政授权支付 15 000 　贷：财政拨款收入 40 000	借：资金结存——财政应返还额度 40 000 　贷：财政拨款预算收入 40 000

（二）事业收入

事业收入是事业单位开展专业业务活动及辅助活动所取得的收入，财务会计设置“事业收入”科目对其进行核算，预算会计设置“事业预算收入”科目对其进行核算。按照是否纳入财政专户管理，专业业务活动收入分为两种情况。

1. 未纳入财政专户管理的事业收入

如果开展专业业务活动及辅助活动所取得的收入未纳入财政专户管理，财务会计在其实现时按照合同完成进度确认事业收入，包括收讫价款、预收账款、应收账款等情况；预算会计在收到款项时按照实际收到的金额确认事业预算收入，无论合同是否开始履行或已经完成。

【例 9－79】 某事业单位采用收取现款的方式管理专业业务活动收入，提供专业业务服务的款项 6 000 元已经收到并存入银行账户，所收款项未纳入财政专户管理。

财务会计	预算会计
借：银行存款 6 000 　贷：事业收入 6 000	借：资金结存——货币资金 6 000 　贷：事业预算收入 6 000

【例 9－80】 某事业单位采用应收款方式管理专业业务活动收入，所收款项未纳入财政专户管理。

（1）根据合同完成进度计算，本期已经实现专业业务活动收入 7 500 元，款项尚未收到。

财务会计	预算会计
借：应收账款 7 500 　贷：事业收入 7 500	不记录

（2）上述应收款项 7 500 元已经收到，存入单位的银行账户。

财务会计	预算会计
借：银行存款 7 500 　贷：应收账款 7 500	借：资金结存——货币资金 7 500 　贷：事业预算收入 7 500

【例 9－81】 某事业单位采用预收款方式管理专业业务活动收入，所收款项未纳入财政专户管理。

（1）开展专业业务活动预收客户款项 4 500 元，存入单位的银行账户。

财务会计		预算会计	
借：银行存款	4 500	借：资金结存——货币资金	4 500
贷：预收账款	4 500	贷：事业预算收入	4 500

（2）根据合同完成进度计算，确认已经实现的专业业务活动收入 2 500 元。

财务会计		预算会计
借：预收账款	2 500	不记录
贷：事业收入	2 500	

2. **纳入财政专户管理的事业收入**

对于纳入财政专户管理的事业收入，财务会计在收到、上缴款项时通过“应缴财政款”科目核算，预算会计不需要进行核算。收到从财政专户核拨的款项时，财务会计和预算会计均应确认收入。

【例 9-82】 某事业单位的一项事业性收费纳入财政专户管理。

（1）收到应上缴财政专户的事业性收费 8 600 元。

财务会计		预算会计
借：银行存款	8 600	不记录
贷：应缴财政款	8 600	

（2）通过银行账户上缴财政专户款项 8 600 元。

财务会计		预算会计
借：应缴财政款	8 600	不记录
贷：银行存款	8 600	

（3）收到财政专户返还的款项 3 500 元，存入单位的银行账户。

财务会计		预算会计	
借：银行存款	3 500	借：资金结存——货币资金	3 500
贷：事业收入	3 500	贷：事业预算收入	3 500

（三）其他各项收入

政府单位取得经营收入、非同级财政拨款收入、上级补助收入、附属单位上缴收入、捐赠收入、利息收入、租金收入、投资收益、其他收入时，如果收到了款项，通常需要进行平行记账。财务会计按照实现的金额确认收入，预算会计按照收到款项的金额确认预算收入。

【例 9-83】 某事业单位的经营活动为对外提供服务，根据开出的增值税发票，不含税收入为 30 000 元，增值税为 3 900 元。款项 33 900 元已经收到，存入单位的银行账户。

财务会计		预算会计	
借：银行存款	33 900	借：资金结存——货币资金	33 900
贷：经营收入	30 000	贷：经营预算收入	33 900
应交增值税	3 900		

【例 9-84】 某单位收到开户银行转来的到账通知书，同级政府单位的横向拨款 70 000 元已经到账。

财务会计		预算会计	
借：银行存款	70 000	借：资金结存——货币资金	70 000
贷：非同级财政拨款收入	70 000	贷：非同级财政拨款预算收入	70 000

【例 9-85】 某单位接受社会组织的捐赠，包括捐赠款和专用设备。收到捐赠款 20 000 元，已经存入单位的银行账户。收到的捐赠设备已经验收并交付使用，根据所附凭据，其价值为 40 000 元。

财务会计		预算会计	
借：银行存款	20 000	借：资金结存——货币资金	20 000
库存物品	40 000	贷：其他预算收入	20 000
贷：捐赠收入	60 000		

三、费用与预算支出业务事项

费用是财务会计要素，是含有服务潜力或者经济利益的经济资源的流出，按照权责发生制原则确认；预算支出是预算会计要素，是纳入预算管理的现金流出，按照收付实现制原则确认。费用与预算支出有较多的联系，均表现为资金流出，通常需要平行记账。费用与预算支出也存在一定的区别，二者的内涵与确认基础不同，表现为确认时间存在差异。财务会计中的费用类科目与预算会计中的支出类科目有固定的对应关系，如表 9-5 所示。

表 9-5 费用与预算支出会计科目对应关系

财务会计		预算会计	
科目编号	科目名称	科目编号	科目名称
5001	业务活动费用	7101	行政支出
5101	单位管理费用	7201	事业支出
5201	经营费用	7301	经营支出
5401	上缴上级费用	7401	上缴上级支出
5501	对附属单位补助费用	7501	对附属单位补助支出
5301	资产处置费用	7901	其他支出
5901	其他费用		
5801	所得税费用	8202	非财政拨款结余
1101	短期投资	7601	投资支出
1501	长期股权投资		
1502	长期债券投资		
2001	短期借款	7701	债务还本支出
2501	长期借款		

（一）业务活动的费用与支出

业务活动的费用与支出是政府单位在依法履职或开展专业业务活动及其辅助活动中发生的，财务会计设置“业务活动费用”科目对其进行核算，预算会计设置

“行政支出”“事业支出”科目对其进行核算。财务会计的业务活动费用在其发生时按照应当支付的金额确认，预算会计的行政支出、事业支出在实际支付时按照支付的金额确认。

【例9－86】 某行政单位为开展业务活动发生印刷费5100元，通过单位的零余额账户予以支付。

财务会计		预算会计	
借：业务活动费用	5 100	借：行政支出	5 100
贷：零余额账户用款额度	5 100	贷：资金结存——零余额账户用款额度	5 100

【例9－87】 某事业单位开展的大型招商活动由某展览公司组织，活动结束后再与其结算相关费用。

（1）展览公司报来费用清单及发票，本次招商活动费用共计85000元，款项尚未支付。

财务会计		预算会计
借：业务活动费用	85 000	不记录
贷：应付账款	85 000	

（2）单位以财政直接支付方式偿付上述款项85000元。

财务会计		预算会计	
借：应付账款	85 000	借：事业支出	85 000
贷：财政拨款收入	85 000	贷：财政拨款预算收入	85 000

【例9－88】 某行政单位业务部门的公务用车以预付款的方式定点维修。

（1）通过单位的零余额账户预付车辆维修费用7200元。

财务会计		预算会计	
借：预付账款	7 200	借：行政支出	7 200
贷：零余额账户用款额度	7 200	贷：资金结存——零余额账户用款额度	7 200

（2）车辆维修单位交来发票，实际结算车辆维修费用8500元，差额1300元通过单位的零余额账户支付。

财务会计		预算会计	
借：业务活动费用	8 500	借：行政支出	1 300
贷：预付账款	7 200	贷：资金结存——零余额账户用款额度	1 300
零余额账户用款额度	1 300		

【例9－89】 某事业单位通过单位的银行账户，支付为开展业务活动临时聘用的外部人员劳务费20000元，按规定代扣个人所得税3200元。

财务会计		预算会计	
借：业务活动费用	23 200	借：事业支出	20 000
贷：银行存款	20 000	贷：资金结存——货币资金	20 000
其他应交税费	3 200		

（二）单位管理费用与支出

单位管理费用是事业单位行政部门、后勤部门开展管理与服务活动所发生的各项费用。事业单位的财务会计设置“单位管理费用”科目对其进行核算，在发生时按照应当支付的金额确认。行政单位的财务会计不设置“单位管理费用”科目，将其并入“业务活动费用”科目核算。预算会计设置“行政支出”“事业支出”对其进行核算，在实际支付时按照支付的金额确认。

【例 9-90】 某事业单位的行政管理部门通过银行转账支付本月物业管理费 8 100 元。

财务会计			预算会计		
借：单位管理费用	8 100		借：事业支出	8 100	
贷：银行存款		8 100	贷：资金结存——货币资金		8 100

【例 9-91】 某事业单位办公楼的电费采用预付卡方式预存。

（1）通过零余额账户转账支付，预存 3 个月电费 60 000 元。

财务会计			预算会计		
借：预付账款	60 000		借：事业支出	60 000	
贷：零余额账户用款额度		60 000	贷：资金结存——零余额账户用款额度		60 000

（2）本月发生电费 22 000 元，取得电费发票。

财务会计			预算会计
借：单位管理费用	22 000		不记录
贷：预付账款		22 000	

【例 9-92】 某事业单位后勤服务部门租赁的房屋要求年初一次性支付全年租金。

（1）年初，通过银行转账支付全年租金 36 000 元。

财务会计			预算会计		
借：待摊费用	36 000		借：事业支出	36 000	
贷：银行存款		36 000	贷：资金结存——货币资金		36 000

（2）按月摊销房屋租赁费用 3 000 元。

财务会计			预算会计
借：单位管理费用	3 000		不记录
贷：待摊费用		3 000	

【例 9-93】 某事业单位按规定从科研项目收入中提取项目管理费。

（1）按照本期科研项目收入的金额和规定的比例，提取项目管理费 25 000 元。

财务会计			预算会计
借：单位管理费用	25 000		不记录
贷：预提费用		25 000	

（2）通过银行转账支付项目管理费 8 000 元，用于支付项目中期审查聘请的专家的劳务费。

财务会计		预算会计	
借：预提费用	8 000	借：事业支出	8 000
贷：银行存款	8 000	贷：资金结存——货币资金	8 000

（三）其他各项费用与支出

政府单位发生经营费用、资产处置费用、上缴上级费用、对附属单位补助费用、所得税费用、其他费用时，如果支付了款项，通常需要进行平行记账。财务会计按照发生或应当承担的金额确认费用，预算会计按照实际支付款项的金额确认支出。

【例 9-94】 某事业单位在经营业务中通过银行转账支付业务费用 5 500 元，根据取得的增值税发票，可抵扣的税款为 500 元。

财务会计		预算会计	
借：经营费用	5 000	借：经营支出	5 500
应交增值税	500	贷：资金结存——货币资金	5 500
贷：银行存款	5 500		

【例 9-95】 某单位经批准报废已经达到使用年限的设备一台，设备的账面余额已经按规定核销。设备处置过程中，转账支付清理费用 2 000 元，未取得变价收入。

财务会计		预算会计	
借：资产处置费用	2 000	借：其他支出	2 000
贷：银行存款	2 000	贷：资金结存——货币资金	2 000

【例 9-96】 某事业单位作为独立核算的附属单位，按上级主管单位的规定，本年应上缴上级单位款项 250 000 元，现通过银行转账支付上缴款 200 000 元。

财务会计		预算会计	
借：上缴上级费用	250 000	借：上缴上级支出	200 000
贷：银行存款	200 000	贷：资金结存——货币资金	200 000
其他应付款	50 000		

【例 9-97】 某事业单位经营业务应当缴纳所得税。按照税法规定计算，本月应缴所得税 13 000 元，通过银行转账支付。

财务会计		预算会计	
借：所得税费用	13 000	借：非财政拨款结余——累计结余	13 000
贷：银行存款	13 000	贷：资金结存——货币资金	13 000

四、资产业务事项

资产是财务会计要素，是预期能够产生服务潜力或者带来经济利益流入的经济资源。预算会计反映预算执行情况与结果，设置预算收入、预算支出和预算结余要素。预算会计没有直接与资产相对应的会计要素，但如果资产业务涉及纳入预算管理的现金收支，同样需要平行记账。财务会计记录单位资产的增减变动情况，预算会计记录与资产业务相关的预算收支情况。对于不涉及纳入预算管理的现金收支的资产业务，仅需要进行财务会计记录。

（一）货币资金

财务会计设置“库存现金”“银行存款”“零余额账户用款额度”“其他货币资金”等科目，核算政府单位存在于货币形态的各项资产的变动及结存情况。预算会计设置“资金结存”科目，核算政府单位纳入部门预算管理的资金的变动情况及其所对应的资金形态。财务会计中货币资金的增加、减少及形态变化，通常会影响预算会计收支及结存的变动。对于未纳入预算管理的现金收支，预算会计不记录。

【例 9-98】 某单位根据业务需要，按规定从零余额账户中提取现金 2 000 元。

财务会计		预算会计	
借：库存现金	2 000	借：资金结存——货币资金	2 000
贷：零余额账户用款额度	2 000	贷：资金结存——零余额账户用款额度	2 000

【例 9-99】 某单位的财务部门按照组织部门的有关规定，受托管理单位的党费。收到单位的党费 61 000 元，存入单位的党费专户。

财务会计		预算会计
借：银行存款——受托代理存款	61 000	不记录
贷：受托代理负债——党费	61 000	

（二）财政应返还额度

财政应返还额度是政府单位年终注销的、需要在次年恢复使用的用款额度，财务会计设置“财政应返还额度”科目对其进行核算，预算会计设置“资金结存——财政应返还额度”科目对其进行核算。政府单位财政拨款额度的注销、恢复下达和使用，与财政拨款收入相关，一般需要平行记账。

【例 9-100】 某单位发生下列与财政应返还额度相关的事项。

（1）年末，注销未实现支付的财政直接支付用款额度 15 000 元、未下达到账的财政授权支付用款额度 6 000 元，补记财政拨款收入 21 000 元。

财务会计		预算会计	
借：财政应返还额度——财政直接支付	15 000	借：资金结存——财政应返还额度	21 000
——财政授权支付	6 000	贷：财政拨款预算收入	21 000
贷：财政拨款收入	21 000		

（2）年末，注销未使用的授权额度 8 000 元。

财务会计		预算会计	
借：财政应返还额度——财政授权支付	8 000	借：资金结存——财政应返还额度	8 000
贷：零余额账户用款额度	8 000	贷：资金结存——零余额账户用款额度	8 000

（3）下年初，注销的财政授权支付用款额度 14 000 元全额恢复，已经下达单位的代理银行账户。

财务会计	预算会计
借：零余额账户用款额度 14 000 贷：财政应返还额度——财政授权支付 14 000	借：资金结存——零余额账户用款额度 14 000 贷：资金结存——财政应返还额度 14 000

(4) 下年度，单位使用上一年度的财政直接支付额度支付业务活动费用 15 000 元。

财务会计	预算会计
借：业务活动费用 15 000 贷：财政应返还额度——财政直接支付 15 000	借：行政支出/事业支出 15 000 贷：资金结存——财政应返还额度 15 000

（三）应收及预付款项

财务会计设置"应收账款""预付账款""其他应收款"等科目，核算政府单位在业务活动或其他活动中应当收取的款项和预先支付的待结算款项。预算会计不记录应收及预付款项所形成的债权，但在实际收到或支付款项时进行平行记账，确认所形成的预算收入或预算支出。

【例 9-101】 某事业单位根据合同完成进度计算，本期已经实现事业收入 17 500 元。收到客户交来的款项 10 000 元，存入单位的银行账户，其余款项将在下个月支付。

财务会计	预算会计
借：银行存款 10 000 应收账款 7 500 贷：事业收入 17 500	借：资金结存——货币资金 10 000 贷：事业预算收入 10 000

【例 9-102】 年末，某事业单位对收回后不需上缴财政的应收账款计提坏账准备 7 000 元。

财务会计	预算会计
借：其他费用 7 000 贷：坏账准备 7 000	不记录

【例 9-103】 某行政单位开展基本建设工程，按合同规定预付工程款 300 000 元，款项以财政直接支付方式支付。

财务会计	预算会计
借：预付账款 300 000 贷：财政拨款收入 300 000	借：行政支出 300 000 贷：财政拨款预算收入 300 000

（四）存货

财务会计设置"在途物品""库存物品""加工物品"科目核算开展业务活动及其他活动中为耗用或出售而储存的资产。预算会计不设置存货类会计科目，将为取得存货而支付的款项确认为预算支出，领用存货不进行预算会计核算。

【例 9-104】 某事业单位购买材料一批，用于单位所开展的业务活动。

(1) 购买的材料已经验收入库，通过单位的零余额账户支付货款 3 200 元。

财务会计		预算会计	
借：库存物品	3 200	借：事业支出	3 200
贷：零余额账户用款额度	3 200	贷：资金结存——零余额账户用款额度	3 200

（2）因业务活动需要，从仓库领用材料一批，价值1 400元。

财务会计		预算会计
借：业务活动费用	1 400	不记录
贷：库存物品	1 400	

（五）固定资产

财务会计设置“固定资产”“固定资产累计折旧”科目核算单位固定资产的原价和计提的累计折旧。预算会计在固定资产取得时按照实际支付的价款确认预算支出，不对固定资产折旧进行核算。

【例9－105】 某行政单位通过政府集中采购买入一台设备，价值总计400 000元。按购买合同的规定扣留质量保证金20 000元，期限为18个月。

（1）取得设备时，以财政直接支付的方式支付扣除质量保证金后的设备价款380 000元。

财务会计		预算会计	
借：固定资产	400 000	借：行政支出	380 000
贷：财政拨款收入	380 000	贷：财政拨款预算收入	380 000
长期应付款	20 000		

（2）质量保证期满后，通过单位的零余额账户支付扣留的质量保证金20 000元。

财务会计		预算会计	
借：长期应付款	20 000	借：行政支出	20 000
贷：零余额账户用款额度	20 000	贷：资金结存——零余额账户用款额度	20 000

【例9－106】 某事业单位计提业务活动使用的固定资产本月折旧3 900元。

财务会计		预算会计
借：业务活动费用	3 900	不记录
贷：固定资产累计折旧	3 900	

（六）其他各项资产

政府单位财务会计设置的资产类会计科目较多，除上述资产外，还包括无形资产、在建工程、短期投资、长期股权投资、长期债券投资、文物文化资产、公共基础设施、政府储备物资、保障性住房、PPP项目资产、受托代理资产等。单位发生的资产业务只要涉及纳入预算管理的现金收支，就应当进行平行记账。

【例9－107】 某行政单位为建设预算一体化信息系统，购入系统软件一套，通过单位的零余额账户支付价款60 000元。

财务会计		预算会计	
借：无形资产	60 000	借：行政支出	60 000
贷：零余额账户用款额度	60 000	贷：资金结存——零余额账户用款额度	60 000

【例 9-108】 某事业单位为建筑安装工程支付工程款 150 000 元，款项以财政直接支付方式支付。

财务会计		预算会计	
借：在建工程	150 000	借：事业支出	150 000
贷：财政拨款收入	150 000	贷：财政拨款预算收入	150 000

【例 9-109】 某事业单位根据业务发展的需要，以货币资金对 M 企业进行长期股权投资，通过银行转账支付股权投资款 5 000 000 元，取得该企业 60%的股权。

财务会计		预算会计	
借：长期股权投资——M 企业	5 000 000	借：投资支出	5 000 000
贷：银行存款	5 000 000	贷：资金结存——货币资金	5 000 000

【例 9-110】 某单位无偿调入一批室外公共健身器材，价值为 600 000 元，作为公共基础设施管理。

财务会计		预算会计
借：公共基础设施	600 000	不记录
贷：无偿调拨净资产	600 000	

五、负债业务事项

负债是财务会计要素，是预期会导致经济资源流出的现时义务。预算会计没有直接与负债相对应的会计要素，但如果负债业务涉及纳入预算管理的现金收支，也需要平行记账，在预算会计中记录与负债业务相关的预算收支情况。对于不涉及纳入预算管理的现金收支的负债业务，仅需要进行财务会计记录。

（一）借入款项

事业单位的财务会计设置“短期借款”“长期借款”科目，核算经批准向银行或其他金融机构等借入的款项。预算会计设置“债务预算收入”“债务还本支出”科目，核算事业单位纳入部门预算管理的债务资金的借入与偿还情况。事业单位在取得借款、支付利息、偿还本金时，通常需要平行记账。

【例 9-111】 某事业单位根据业务活动发展的需要，报经批准从银行借入款项 100 000 元，借款期为 2 年，年利率为 6%，到期一次还本付息。

(1) 收到借入的款项，存入单位的银行账户。

财务会计		预算会计	
借：银行存款	100 000	借：资金结存——货币资金	100 000
贷：长期借款——本金	100 000	贷：债务预算收入	100 000

（2）按月计提应付利息500元。

财务会计		预算会计
借：其他费用	500	不记录
贷：长期借款——应计利息	500	

（3）借款到期，偿还本金100 000元，支付利息12 000元。

财务会计		预算会计	
借：长期借款——本金	100 000	借：债务还本支出	100 000
——应计利息	12 000	其他支出	12 000
贷：银行存款	112 000	贷：资金结存——货币资金	112 000

（二）应付职工薪酬

财务会计设置“应付职工薪酬”科目，核算单位按照有关规定应付给职工及为职工支付的各种薪酬。职工薪酬业务包括计提职工薪酬、代扣款项、支付职工薪酬、缴纳税费等环节。计提职工薪酬、代扣款项不涉及现金流出，不需要进行预算会计核算。实际支付职工薪酬、缴纳税费发生现金流出，需要进行平行记账，记录所形成的预算支出。

【例9-112】 某单位计算并发放本月业务人员职工薪酬。

（1）本月应付业务人员的薪酬为1 600 000元，包括应向职工支付的本月工资、津贴等1 180 000元和单位承担的社会保险费等420 000元，予以计提。

财务会计		预算会计
借：业务活动费用	1 600 000	不记录
贷：应付职工薪酬——工资、津贴	1 180 000	
——社会保险费	420 000	

（2）代扣应由职工承担的社会保险费185 000元、个人所得税45 000元。

财务会计		预算会计
借：应付职工薪酬——工资、津贴	230 000	不记录
贷：应付职工薪酬——社会保险费	185 000	
其他应交税费——个人所得税	45 000	

（3）工资发放日，扣除应由职工承担的社会保险费和个人所得税后，实际向职工支付本月工资、津贴补贴等薪酬950 000元，通过单位的零余额账户予以支付。

财务会计		预算会计	
借：应付职工薪酬——工资、津贴	950 000	借：行政支出/事业支出	950 000
贷：零余额账户用款额度	950 000	贷：资金结存——零余额账户用款额度	950 000

（4）为职工缴纳社会保险费605 000元。其中单位承担部分为420 000元，职工承担的代扣部分为185 000元，通过单位的零余额账户予以缴纳。

财务会计		预算会计	
借：应付职工薪酬——社会保险费	605 000	借：行政支出/事业支出	605 000
贷：零余额账户用款额度	605 000	贷：资金结存——零余额账户用款额度	605 000

(5) 通过单位的银行账户，为职工代缴个人所得税 45 000 元。

财务会计		预算会计	
借：其他应交税费——个人所得税	45 000	借：行政支出/事业支出	45 000
贷：银行存款	45 000	贷：资金结存——货币资金	45 000

（三）应付及预收款项

财务会计设置“应付账款”“预收账款”“其他应付款”“应付政府补贴款”“长期应付款”等科目，核算单位在结算过程中产生的债务。预算会计不记录应付及预收款项所形成的债务，但在实际收到或支付款项时进行平行记账，确认所形成的预算收入或预算支出。对于未纳入部门预算管理的应付及预收款项，只进行财务会计核算，预算会计不记录。

【例 9-113】 某行政单位的业务活动发生费用 60 000 元，根据合同规定在服务完成时应当支付 50%的款项 30 000 元，通过单位的零余额账户予以支付。

财务会计		预算会计	
借：业务活动费用	60 000	借：行政支出	30 000
贷：零余额账户用款额度	30 000	贷：资金结存——零余额账户用款额度	30 000
应付账款	30 000		

【例 9-114】 某事业单位与某企业签订合同，为某企业提供专业业务活动，合同价值为 80 000 元。

(1) 签订合同时，收到该企业的预付款项 20 000 元，款项已经存入单位的银行账户。

财务会计		预算会计	
借：银行存款	20 000	借：资金结存——货币资金	20 000
贷：预收账款	20 000	贷：事业预算收入	20 000

(2) 履行合同后，收到款项 60 000 元，并确认实现的事业收入 80 000 元。

财务会计		预算会计	
借：银行存款	60 000	借：资金结存——货币资金	60 000
预收账款	20 000	贷：事业预算收入	60 000
贷：事业收入	80 000		

【例 9-115】 某行政单位承担某项政府补贴款的发放职责。

(1) 按规定本月应当发放政府补贴款 92 000 元。

财务会计		预算会计
借：业务活动费用	92 000	不记录
贷：应付政府补贴款	92 000	

(2) 通过单位的零余额账户实际支付政府补贴款 92 000 元。

财务会计		预算会计	
借：应付政府补贴款	92 000	借：行政支出	92 000
贷：零余额账户用款额度	92 000	贷：资金结存——零余额账户用款额度	92 000

【例 9-116】 某单位开展业务活动需要收取对方单位保证金。

（1）收到对方单位存入的保证金 60 000 元。

财务会计		预算会计
借：银行存款	60 000	不记录
贷：其他应付款——保证金	60 000	

（2）业务活动完成，退还对方单位保证金 60 000 元。

财务会计		预算会计
借：其他应付款——保证金	60 000	不记录
贷：银行存款	60 000	

（四）应缴财政款

财务会计设置“应缴财政款”科目，核算单位取得的按照规定应当上缴财政的款项，包括应缴国库的款项和应缴财政专户的款项。应缴款项不纳入单位的预算管理，单位收到后应当上缴同级财政部门，预算会计不对应缴款项进行核算。

【例 9-117】 某单位是某项行政收费的执收单位，收取的款项应当全额上缴财政国库。

（1）本日，收到行政收费 4 500 元，存入单位的银行账户。

财务会计		预算会计
借：银行存款	4 500	不记录
贷：应缴财政款——应缴国库款	4 500	

（2）月末，将本月汇缴的行政收费 126 000 元上缴财政国库。

财务会计		预算会计
借：应缴财政款——应缴国库款	126 000	不记录
贷：银行存款	126 000	

（五）其他各项负债

除上述负债外，政府单位的负债还包括应交增值税、其他应交税费、应付利息、预提费用、预计负债、受托代理负债等。单位发生的负债业务只要涉及纳入预算管理的现金收支，就应当进行平行记账。

【例 9-118】 某事业单位属于增值税一般纳税人，本月专业业务活动应缴纳增值税 3 200 元，通过银行转账支付。

财务会计		预算会计	
借：应交增值税	3 200	借：事业支出	3 200
贷：银行存款	3 200	贷：资金结存——货币资金	3 200

【例 9-119】 某行政单位租用网络专线开展业务活动，每年费用为 72 000 元，按合同规定在年末一次性支付。

(1) 月末，按月预提费用 6 000 元。

财务会计		预算会计
借：业务活动费用	6 000	不记录
贷：预提费用	6 000	

(2) 年末，通过零余额账户支付费用 72 000 元。

财务会计		预算会计	
借：预提费用	72 000	借：行政支出	72 000
贷：零余额账户用款额度	72 000	贷：资金结存——零余额账户用款额度	72 000

六、净资产与预算结余业务事项

净资产是财务会计要素，反映资产与负债相抵后的净值，按权责发生制基础确认；预算结余是预算会计要素，反映预算收支相抵后的余额，按收付实现制基础确认。净资产与预算结余没有明确的对应关系，二者的内容与确认基础不同。与净资产有关的业务或事项，如果发生现金收支，并影响预算结余的变动，则应当进行平行记账。否则，只进行财务会计或预算会计记录。

（一）本期盈余与预算结余的处理

财务会计设置“本期盈余”“本年盈余分配”“累计盈余”等科目，反映盈余的变动过程和结果。预算会计设置“财政拨款结转”“财政拨款结余”“非财政拨款结转”“非财政拨款结余”等科目，反映各项结转结余资金的变动过程和滚存情况。本期盈余的处理在期末进行，预算结余的处理在年末进行，二者的结转时间与结转思路不同，应当分别进行账务处理。

【例 9-120】 月末，某单位将“财政拨款收入”本期发生额 650 000 元转入“本期盈余”科目。

财务会计		预算会计
借：财政拨款收入	650 000	不记录
贷：本期盈余	650 000	

【例 9-121】 年末，某单位将“财政拨款预算收入”本年发生额 7 800 000 元转入“财政拨款结转”科目。

财务会计	预算会计
不记录	借：财政拨款预算收入 7 800 000 贷：财政拨款结转 7 800 000

（二）以前年度调整事项

财务会计设置“以前年度盈余调整”科目，核算单位本年度发生的调整以前年度盈余的事项，各调整事项均应当通过此科目过渡处理。预算会计没有为以前年度调整事项单独设置会计科目，而是以设置“年初余额调整”明细科目的形式，将以前年度调整事项分散在“财政拨款结转”“财政拨款结余”“非财政拨款结转”“非财政拨款结余”科目中。如果以前年度调整事项涉及现金收支，应当进行平行记账。否则，只进行财务会计记录。

【例 9－122】 某单位漏付了一笔应在上一年度承担的费用，款项 95 000 元已经通过银行转账支付，资金性质为非财政拨款其他资金。

财务会计	预算会计
借：以前年度盈余调整 95 000 贷：银行存款 95 000	借：非财政拨款结余——年初余额调整 95 000 贷：资金结存——货币资金 95 000

【例 9－123】 某单位上一年度预付款项 162 000 元用于购买某设备，设备没有按期交付，款项退回到单位的银行账户，资金性质为财政拨款项目资金。

财务会计	预算会计
借：银行存款 162 000 贷：预付账款 162 000	借：资金结存——货币资金 162 000 贷：财政拨款结余——年初余额调整 162 000

【例 9－124】 某单位审计时发现，上一年度多提固定资产折旧 26 000 元，予以冲回。

财务会计	预算会计
借：固定资产累计折旧 26 000 贷：以前年度盈余调整 26 000	不记录

（三）结转结余的调拨与调剂

政府单位应当按照财政部门的规定，对结转结余资金进行归集调入、归集调出、归集上缴和内部调剂。在财务会计中，结转结余资金的调拨与调剂通过“累计盈余”科目核算。预算会计在各结转结余会计科目中设置“归集调入”“归集调出”“归集上缴”“缴回资金”等明细科目，核算结转结余资金的调拨与调剂的过程。结转结余资金的归集调入、归集调出、归集上缴需要进行平行记账，而结转结余资金的内部调剂只涉及预算会计，不需要进行财务会计核算。

【例 9－125】 某单位按照财政部门的规定，通过单位的零余额账户上缴财政拨款结余资金 9 800 元。

财务会计		预算会计	
借：累计盈余	9 800	借：财政拨款结余——归集上缴	9 800
贷：零余额账户用款额度	9 800	贷：资金结存——零余额账户用款额度	9 800

【例 9-126】　某单位经财政部门批准，将某项目的财政拨款结余资金 7 200 元改变用途，调整用于本单位基本支出。

财务会计	预算会计	
不记录	借：财政拨款结余——单位内部调剂	7 200
	贷：财政拨款结转——单位内部调剂	7 200

（四）专用基金

专用基金是事业单位按照规定提取或设置的具有专门用途的资金，财务会计和预算会计分别设置“专用基金”“专用结余”科目对其进行核算。专用基金有三个来源：一是从本年度预算收入中提取；二是从本年度非财政拨款结余或经营结余中提取；三是根据有关规定设置专用基金。

【例 9-127】　某事业单位按规定提取和使用职工福利基金。

（1）从本年度收入中按规定比例提取职工福利基金 6 000 元。

财务会计		预算会计
借：业务活动费用	6 000	不记录
贷：专用基金——职工福利基金	6 000	

（2）从本年度非财政拨款结余中提取职工福利基金 4 000 元。

财务会计		预算会计	
借：本年盈余分配	4 000	借：非财政拨款结余分配	4 000
贷：专用基金——职工福利基金	4 000	贷：专用结余——职工福利基金	4 000

（3）使用职工福利基金 10 000 元，款项以银行存款支付。其中，6 000 元从收入中提取，4 000 元从非财政拨款结余中提取。

财务会计		预算会计	
借：专用基金——职工福利基金	6 000	借：事业支出	6 000
贷：银行存款	6 000	贷：资金结存——货币资金	6 000
借：专用基金——职工福利基金	4 000	借：专用结余——职工福利基金	4 000
贷：银行存款	4 000	贷：资金结存——货币资金	4 000

（五）其他各项净资产

除上述净资产外，政府单位的净资产还包括无偿调拨净资产、权益法调整、PPP 项目净资产等。这些净资产项目通常不涉及现金收支，一般不需要进行预算会计核算。

【例 9-128】　某单位报经批准从其他单位无偿调入一台专用设备，该设备的账面余额为 50 000 元，已计提折旧 20 000 元，账面价值为 30 000 元。调拨过程中没有发生相关税费。

财务会计	预算会计
借：固定资产　　30 000 　贷：无偿调拨净资产　　30 000	不记录

思考题

1. 政府单位预算会计设置了哪些会计要素？
2. 政府单位应当如何应用收付实现制确认基础？
3. 什么是预算收入？预算收入的确认条件是什么？
4. 按照来源划分，预算收入包括哪些内容？
5. 什么是基本支出拨款与项目支出拨款？
6. 如何设置“财政拨款预算收入”科目的明细科目？
7. 如何确认未采用财政专户返还方式管理的事业预算收入？
8. 什么是预算支出？预算支出的确认条件是什么？
9. 按照活动类型划分，预算支出包括哪些内容？
10. 按照部门预算管理要求，如何对预算支出分类？
11. 如何设置“行政支出”“事业支出”科目的明细科目？
12. 工资福利支出的核算包括哪些环节？
13. 什么是商品和服务支出？其包括哪些内容？
14. 什么是资本性支出？其包括哪些内容？
15. 什么是预算结余？其包括哪些内容？
16. 什么是结转资金和结余资金？
17. 预算结余的处理流程是怎样的？
18. 什么是资金结存？其包括哪些内容？
19. 如何设置“财政拨款结转”科目的明细科目？
20. 什么是平行记账方法？
21. 平行记账方法的规则是什么？

第十章

政府单位会计报表与报告

学习目标和学习重点

政府单位会计应当在编制财务会计报表和预算会计报表的基础上，撰写部门财务报告和部门决算报告。本章主要讲授政府单位会计报表与会计报告的编制。学习目标是了解政府单位会计报表和会计报告的内容，掌握政府单位财务会计报表和预算会计报表的编制方法，熟悉政府部门财务报告制度和部门决算报告制度。本章的学习重点包括：

1. 熟悉财务会计报表的内容，掌握财务会计报表的编制方法；
2. 熟悉预算会计报表的内容，掌握预算会计报表的编制方法；
3. 熟悉部门财务报告的内容，掌握部门财务报告的编制方法；
4. 了解部门决算报告的内容，熟悉部门决算报告的编制要求。

第一节　财务会计报表

财务会计报表简称财务报表，是政府单位会计报表的重要组成部分，是编制政府财务报告的基础。本节介绍政府单位财务报表的内容，讲解各项财务报表的结构与编制方法。

一、财务报表的含义与内容

（一）财务报表的含义

财务报表是政府单位按照政府会计准则制度的要求，以财务会计核算生成的数据为基础编制的，以表格为主要形式概括反映单位特定时点的财务状况和一定期间的运行情况的书面文件。政府单位应当按照政府会计制度的规定，定期编制各项财务报表，充分披露单位的资产、负债和净资产的状况以及收入、费用的情况。财务报表是编制政府财务报告的基础，是政府财务报告的重要组成部分。

财务报表的编制主要以权责发生制为基础。财务报表应当根据登记完整、核对无误的财务会计账簿记录和其他有关资料编制，做到数字真实、计算准确、内容完整、编报及时。财务报表应当由单位负责人和主管会计工作的负责人、会计机构负责人（会计主管人员）签名并盖章，按照会计档案管理规定存档保管。

（二）财务报表的内容

根据政府会计制度的规定，政府单位的财务报表由会计报表及其附注构成。

1. 会计报表

会计报表是政府单位会计根据财务会计账簿数据编制的，反映单位财务状况、运行情况等信息的表格。政府单位会计报表包括资产负债表、收入费用表、净资产变动表和现金流量表。单位可根据实际情况，自行选择是否编制现金流量表。

2. 报表附注

报表附注是对会计报表中列示项目的文字描述，提供进一步的明细资料，以及对未在会计报表中列示项目的说明。

按照编制的期间不同，政府单位的财务报表分为月度报表和年度报表。资产负债表和收入费用表应当在月末、年末编制，净资产变动表、现金流量表只要求在年末编制。报表附注应当在年末编写。

二、会计报表的编制

（一）资产负债表

资产负债表是反映政府单位某一特定日期财务状况的会计报表。资产负债表是政府单位会计报表的重要组成部分，可以提供反映会计期末单位拥有或控制的资产、承担的债务和形成的净资产情况的会计信息。资产负债表由表首标题、编报项目、栏目及金额组成。

1. 表首标题

资产负债表的表首标题包括报表名称、编号（会政财 01 表）、编制单位、编报时间和金额单位等内容。资产负债表反映政府单位在某一时点的财务状况，属于静态报表，需要注明是××××年××月××日的报表。按编报时间的不同，资产负债表分为月度资产负债表和年度资产负债表。

2. 编报项目

资产负债表的编报项目包括资产、负债和净资产三个会计要素，按资产（左侧）和负债与净资产（右侧）排列，按资产等于负债加净资产平衡。

(1) 资产项目按其流动性，分别以流动资产、非流动资产和受托代理资产的顺序排列；

(2) 负债项目按其流动性，分别以流动负债、非流动负债和受托代理负债的顺序排列；

(3) 净资产项目按变动原因，分别以累计盈余、专用基金、权益法调整、PPP 项目净资产、无偿调拨净资产（月报）和本期盈余（月报）等顺序排列。

3. 栏目及金额

资产负债表设置“期末余额”和“年初余额”两栏数字。

(1)“期末余额”栏内各项数字反映各项资产、负债和净资产的期末余额，月报的资产负债表为月末余额，年报的资产负债表为年末余额。“期末余额”栏内各项数字应当根据财务会计中各相关科目的期末余额直接填列，或经过分析、计算后填列。其中，无偿调拨净资产和本期盈余为月报项目，年末不应有余额。

(2)“年初余额”栏内各项数字反映各项资产、负债和净资产的年初余额，应当根据上年年末资产负债表“期末余额”栏内数字填列。其中，无偿调拨净资产和本期盈余无年初余额。

政府单位资产负债表为账户式结构，格式如表 10-1 所示。

表 10-1 资产负债表

会政财 01 表

编制单位： ____年____月____日 单位：元

资产	期末余额	年初余额	负债和净资产	期末余额	年初余额
流动资产：			流动负债：		
货币资金			短期借款		
短期投资			应交增值税		
财政应返还额度			其他应交税费		
应收票据			应缴财政款		
应收账款净额			应付职工薪酬		
预付账款			应付票据		
应收股利			应付账款		
应收利息			应付政府补贴款		
其他应收款净额			应付利息		
存货			预收账款		
待摊费用			其他应付款		
一年内到期的非流动资产			预提费用		
其他流动资产			一年内到期的非流动负债		
流动资产合计			其他流动负债		
非流动资产：			流动负债合计		
长期股权投资			非流动负债：		
长期债券投资			长期借款		
固定资产原值			长期应付款		
减：固定资产累计折旧			预计负债		
固定资产净值			其他非流动负债		

续表

资产	期末余额	年初余额	负债和净资产	期末余额	年初余额
工程物资			非流动负债合计		
在建工程			受托代理负债		
无形资产原值			负债合计		
减：无形资产累计摊销					
无形资产净值					
研发支出					
公共基础设施原值					
减：公共基础设施累计折旧（摊销）					
公共基础设施净值					
政府储备物资					
文物文化资产					
保障性住房原值					
减：保障性住房累计折旧					
保障性住房净值					
PPP 项目资产			净资产：		
减：PPP 项目资产累计折旧（摊销）			累计盈余		
PPP 项目资产净值			专用基金		
长期待摊费用			权益法调整		
待处理财产损溢			PPP 项目净资产		
其他非流动资产			无偿调拨净资产*		—
非流动资产合计			本期盈余*		—
受托代理资产			净资产合计		
资产总计			负债和净资产总计		

* 为月报项目，年报中不需列示。

（二）收入费用表

收入费用表是反映政府单位在某一会计期间内发生的收入、费用及当期盈余情况的会计报表。收入费用表是政府单位会计报表的重要组成部分，可以提供一定时期单位收入总额及构成情况、费用总额及构成情况，以及收入与费用相抵的盈余情况，反映政府单位的运行情况及结果。收入费用表由表首标题、编报项目、栏目及金额组成。

1. 表首标题

收入费用表的表首标题包括报表名称、编号（会政财 02 表）、编制单位、编报期间和金额单位等内容。由于收入费用表反映政府单位在某一时期的运营成果，属于动态报表，因此，需要注明报表所属的期间，如××××年××月或××××年。按编报时间的不同，收入费用表分为月度收入费用表和年度收入费用表。

2. 编报项目

收入费用表的编报项目包括本期收入、本期费用和本期盈余，按照本期收入减本期费用等于本期盈余的层次排列。

(1) 本期收入项目反映单位本期收入总额，应当列出各收入项目的明细金额；

(2) 本期费用项目反映单位本期费用总额，应当列出各费用项目的明细金额；

(3) 本期盈余项目反映单位本期收入扣除本期费用后的净额。

3. 栏目及金额

月度收入费用表与年度收入费用表设置的栏目有所不同。

(1) 月度收入费用表由“本月数”和“本年累计数”两栏组成。“本月数”栏反映各项目的本月实际发生数，应当根据各收入、费用科目的本期发生额填列，或计算后填列。“本年累计数”栏反映各项目自年初至报告期期末的累计实际发生数，应当根据本月数和上月报表的本年累计数合计后填列。

(2) 年度收入费用表由“本年数”和“上年数”两栏组成。“本年数”栏反映本年度各项目的实际发生数，应当根据本年度收入、费用数据填列。“上年数”栏应当根据上年年度收入费用表中“本年数”栏内所列数字填列。

政府单位收入费用表为步进式结构，格式如表 10－2 所示。此表为月度收入费用表，编制年度收入费用表时，应当将“本月数”栏改为“本年数”，将“本年累计数”栏改为“上年数”。

表 10－2 收入费用表

会政财 02 表

编制单位： ______年______月 单位：元

项目	本月数	本年累计数
一、本期收入		
(一) 财政拨款收入		
其中：政府性基金收入		
(二) 事业收入		
(三) 上级补助收入		
(四) 附属单位上缴收入		
(五) 经营收入		
(六) 非同级财政拨款收入		
(七) 投资收益		
(八) 捐赠收入		
(九) 利息收入		
(十) 租金收入		
(十一) 其他收入		
二、本期费用		
(一) 业务活动费用		
(二) 单位管理费用		
(三) 经营费用		
(四) 资产处置费用		
(五) 上缴上级费用		
(六) 对附属单位补助费用		
(七) 所得税费用		
(八) 其他费用		
三、本期盈余		

（三）净资产变动表

净资产变动表是反映政府单位在某一会计年度内净资产项目变动情况的会计报表。净资产变动表是政府单位会计报表的重要组成部分，可以提供一定时期单位的净资产从上年年末余额至本年年末余额的变动过程与结果，以及各项净资产的具体构成情况。净资产变动表由表首标题、编报项目、栏目及金额组成。

1. 表首标题

净资产变动表的表首标题包括报表名称、编号（会政财 03 表）、编制单位、编报年度和金额单位等内容。净资产变动表反映年度的净资产变动情况，月末不需要编制。年末编制净资产变动表时，应当注明报表所属的期间，如××××年。

2. 编报项目

净资产变动表的编报项目包括上年年末余额、以前年度盈余调整、本年年初余额、本年变动金额和本年年末余额，完整反映净资产的变动情况。净资产变动表的编报项目按净资产变动的时间顺序排列，编报项目之间的关系为：

上年年末余额＋以前年度盈余调整＝本年年初余额

本年年初余额＋本年变动金额＝本年年末余额

3. 栏目及金额

净资产变动表由“本年数”和“上年数”两栏组成。

（1）“本年数”栏反映本年度各项目的实际变动数，应当根据相应科目的余额、发生额、合计数等填列。

（2）“上年数”栏反映上年度各项目的实际变动数，应当根据上年度净资产变动表中“本年数”栏内所列数字填列。

政府单位净资产变动表为多栏式结构，格式如表 10－3 所示。

表 10－3 净资产变动表

会政财 03 表

编制单位： ______年 单位：元

项目	本年数					上年数				
	累计盈余	专用基金	权益法调整	PPP 项目净资产	净资产合计	累计盈余	专用基金	权益法调整	PPP 项目净资产	净资产合计
一、上年年末余额										
二、以前年度盈余调整（减少以“－”号填列）		—	—	—			—	—	—	
三、本年年初余额										
四、本年变动金额（减少以“－”号填列）										
（一）本年盈余		—	—	—			—	—	—	
（二）无偿调拨净资产		—	—	—			—	—	—	
（三）归集调整预算结转结余		—	—	—			—	—	—	
（四）提取或设置专用基金			—	—				—	—	

续表

项目	本年数					上年数				
	累计盈余	专用基金	权益法调整	PPP项目净资产	净资产合计	累计盈余	专用基金	权益法调整	PPP项目净资产	净资产合计
其中：从预算收入中提取	—		—	—		—		—	—	
从预算结余中提取			—	—				—	—	
设置的专用基金	—		—	—		—		—	—	
（五）使用专用基金			—	—				—	—	
（六）权益法调整	—	—		—		—	—		—	
（七）PPP项目净资产	—	—	—			—	—	—		
五、本年年末余额										

注：画“—”单元格不需填列。

（四）现金流量表

现金流量表是反映政府单位在某一会计年度内现金流入和流出信息的会计报表。现金流量表是政府单位会计报表的重要组成部分，可以提供一定时期单位各项活动的现金流入、现金流出情况，以及实现的现金流量净额数据。政府单位的现金包括库存现金、银行存款、其他货币资金、零余额账户用款额度、财政应返还额度，以及通过财政直接支付方式支付的款项。根据会计制度规定，现金流量表选择编制，单位可以根据实际情况确定是否编制现金流量表。通常，医疗卫生事业单位、科学研究事业单位等行业事业单位需要编制现金流量表。现金流量表由表首标题、编报项目、栏目及金额组成。

1. 表首标题

现金流量表的表首标题包括报表名称、编号（会政财04表）、编制单位、编报年度和金额单位等内容。现金流量表反映年度的现金流动情况及结果，月末不需要编制。年末编制现金流量表时，应当注明报表所属的期间，如××××年。

2. 编报项目

现金流量表的编报项目包括日常活动产生的现金流量、投资活动产生的现金流量、筹资活动产生的现金流量、汇率变动对现金的影响额和现金净增加额。编报项目之间的关系为：

各项活动的现金流入－各项活动的现金流出＝各项活动的现金流量净额

日常活动产生的现金流量净额＋投资活动产生的现金流量净额＋筹资活动产生的现金流量净额＋汇率变动对现金的影响额＝现金净增加额

3. 栏目及金额

现金流量表由“本年金额”和“上年金额”两栏组成。单位应当采用直接法编制现金流量表。

（1）“本年金额”栏反映各项目的本年实际发生数，应当根据相应会计科目及其所属明细科目的记录分析、计算填列。

（2）“上年金额”栏反映各项目的上年实际发生数，应当根据上年现金流量表中“本年金额”栏内所列数字填列。

政府单位现金流量表为步进式结构，格式如表 10－4 所示。

表 10－4　现金流量表

会政财 04 表

编制单位：　　　　　　　　　　　　＿＿＿年　　　　　　　　　　　　单位：元

项目	本年金额	上年金额
一、日常活动产生的现金流量：		
财政基本支出拨款收到的现金		
财政非资本性项目拨款收到的现金		
事业活动收到的除财政拨款以外的现金		
收到的其他与日常活动有关的现金		
日常活动的现金流入小计		
购买商品、接受劳务支付的现金		
支付给职工以及为职工支付的现金		
支付的各项税费		
支付的其他与日常活动有关的现金		
日常活动的现金流出小计		
日常活动产生的现金流量净额		
二、投资活动产生的现金流量：		
收回投资收到的现金		
取得投资收益收到的现金		
处置固定资产、无形资产、公共基础设施等收回的现金净额		
收到的其他与投资活动有关的现金		
投资活动的现金流入小计		
购建固定资产、无形资产、公共基础设施等支付的现金		
对外投资支付的现金		
上缴处置固定资产、无形资产、公共基础设施等净收入支付的现金		
支付的其他与投资活动有关的现金		
投资活动的现金流出小计		
投资活动产生的现金流量净额		
三、筹资活动产生的现金流量：		
财政资本性项目拨款收到的现金		
取得借款收到的现金		
收到的其他与筹资活动有关的现金		
筹资活动的现金流入小计		
偿还借款支付的现金		
偿还利息支付的现金		
支付的其他与筹资活动有关的现金		
筹资活动的现金流出小计		
筹资活动产生的现金流量净额		
四、汇率变动对现金的影响额		
五、现金净增加额		

三、报表附注的编制

（一）报表附注的含义

报表附注是会计报表中列示项目的文字描述和明细资料，以及对未能在会计报表中列示项目的说明。报表附注是财务报表的重要组成部分，有助于会计报表使用者全面、准确、深入理解会计报表的内容。政府单位年末编制各项会计报表后，应当撰写报表附注。

报表附注的内容应当与会计报表项目密切相关，对资产负债表、收入费用表等报表的重要项目进行解释、说明和补充。报表附注的形式应当是数字表格与文字说明相结合，从定量和定性两个方面对单位的财务状况和运行情况进行阐释。报表附注的格式应当规范，排列有序，文字表达清晰。

（二）报表附注的内容

根据会计制度的规定，凡对报表使用者的决策有重要影响的会计信息，单位均应当充分披露。报表附注主要包括下列内容。

1. 单位的基本情况

应当在报表附注中简要披露政府单位的基本情况，包括单位的主要职能、主要业务活动、所在地、预算管理关系等。

2. 会计报表编制基础

政府单位财务会计核算以持续运行为前提，财务会计报表以权责发生制为基础编制。

3. 遵循政府会计准则、制度的声明

政府单位应当根据政府会计准则规定的原则和政府会计制度的要求，对其发生的各项经济业务或事项进行会计核算。

4. 重要会计政策和会计估计

政府单位应当采用与其业务特点相适应的具体会计政策，并充分披露报告期内采用的重要会计政策和会计估计。主要内容包括：会计期间、坏账准备的计提方法、存货的计价方法、固定资产折旧方法、长期股权投资的核算方法等。

5. 会计报表重要项目说明

政府单位应当按照资产负债表和收入费用表项目列示顺序，采用文字和数据描述相结合的方式披露重要项目的明细信息。报表重要项目的明细金额合计，应当与报表项目金额相衔接。重要项目的内容包括：货币资金、应收账款、存货、长期投资、固定资产等重要资产项目的明细信息，应付账款、其他流动负债、长期借款等重要负债项目的明细信息，事业收入、非同级财政拨款收入、其他收入等重要收入项目的明细信息，业务活动费用、其他费用、本期费用的经济分类等重要费用项目的明细信息。

6. 本年盈余与预算结余的差异情况说明

为了反映单位财务会计和预算会计核算基础和核算范围不同所产生的本年盈余数与

本年预算结余数之间的差异，单位应当按照重要性原则，对本年度发生的各类影响收入（预算收入）和费用（预算支出）的业务进行适度归并和分析，披露将年度预算收入支出表中“本年预算收支差额”调节为年度收入费用表中“本期盈余”的信息。

7. 其他重要事项说明

除上述内容以外的重要事项说明的主要内容包括：或有事项、以名义金额计量的资产、通过债务资金形成的资产、重要资产的置换、附属单位的情况，以及政府会计具体准则中要求附注披露的其他内容、有助于理解和分析单位财务报表的需要说明的其他事项。

小链接 10-1

政府会计准则第9号——财务报表编制和列报

为规范政府单位财务报表的编制和列报，充分披露政府单位的会计信息，财政部印发了《政府会计准则第9号——财务报表编制和列报》（财会〔2018〕37号）。财务报表编制和列报准则共4章61条。

第二节 预算会计报表

预算会计报表是政府单位会计报表的重要组成部分，是编制政府决算报告的基础。本节介绍政府单位预算会计报表的内容，讲解各项预算会计报表的结构与编制方法。

一、预算会计报表的含义与内容

（一）预算会计报表的含义

预算会计报表是政府单位按照政府会计准则制度的规定，以预算会计核算生成的数据为基础编制的，以表格形式概括反映政府单位年度预算执行情况和结果的书面文件。政府单位应当按照会计制度的规定，按年度编制预算会计报表，充分披露单位的预算收入、预算支出和预算结余的情况。预算会计报表是编制决算报表的重要依据，是部门决算报告的重要内容。

预算会计报表的编制主要以收付实现制为基础，以单位预算会计核算生成的数据为准。预算会计报表应当根据登记完整、核对无误的预算会计账簿记录和其他有关资料编制，做到数字真实、计算准确、内容完整、编报及时。预算会计报表应当由单位负责人和主管会计工作的负责人、会计机构负责人（会计主管人员）签名并盖章，按照会计档案管理规定存档保管。

（二）预算会计报表的内容

根据政府会计制度，政府单位的预算会计报表由预算收入支出表、预算结转结余变动表和财政拨款预算收入支出表构成。预算会计报表均为年度报表，要求在年末编制，反映政府单位年度的预算执行情况及结果。

二、预算会计报表的编制

（一）预算收入支出表

预算收入支出表是反映政府单位在某一会计年度内各项预算收入、预算支出和预算收支差额情况的会计报表。预算收入支出表反映单位预算执行的总体情况，可以提供本年预算收入的总额及构成情况、本年预算支出的总额及构成情况，以及本年预算收入与预算支出相抵后的差额数据。预算收入支出表由表首标题、编报项目、栏目及金额组成。

1. 表首标题

预算收入支出表的表首标题包括报表名称、编号（会政预01表）、编制单位、编报年度和金额单位等内容。预算收入支出表反映政府单位在某一年度的预算收支情况，需要注明报表所属的会计期间，如××××年。预算收入支出表为年度报表，月末不需要编报。

2. 编报项目

预算收入支出表的编报项目包括本年预算收入、本年预算支出和本年预算收支差额。

（1）本年预算收入项目反映单位本年预算收入总额，以及预算收入的构成情况。

（2）本年预算支出项目反映单位本年预算支出总额，以及预算支出的构成情况。

（3）本年预算收支差额项目反映单位本年各项预算收支相抵后的差额，如果本期预算收入与预算支出相减后金额为负数，以“－”号填列。

预算收入支出表的编报项目按照本年预算收入、本年预算支出和本年预算收支差额的顺序上下排列，编报项目之间的关系为：

本年预算收入－本年预算支出＝本年预算收支差额

3. 栏目及金额

预算收入支出表由“本年数”和“上年数”两栏组成。

（1）“本年数”栏反映各项目的本年实际发生数，应当根据各预算收入、预算支出科目的本年发生额填列，或计算后填列。

（2）“上年数”栏反映各项目上年度的实际发生数，应当根据上年度预算收入支出表中“本年数”栏内所列数字填列。

政府单位预算收入支出的格式如表10-5所示。

表10-5 预算收入支出表

会政预01表

编制单位： ______年 单位：元

项目	本年数	上年数
一、本年预算收入		
（一）财政拨款预算收入		
其中：政府性基金收入		

续表

项目	本年数	上年数
（二）事业预算收入		
（三）上级补助预算收入		
（四）附属单位上缴预算收入		
（五）经营预算收入		
（六）债务预算收入		
（七）非同级财政拨款预算收入		
（八）投资预算收益		
（九）其他预算收入		
其中：利息预算收入		
捐赠预算收入		
租金预算收入		
二、本年预算支出		
（一）行政支出		
（二）事业支出		
（三）经营支出		
（四）上缴上级支出		
（五）对附属单位补助支出		
（六）投资支出		
（七）债务还本支出		
（八）其他支出		
其中：利息支出		
捐赠支出		
三、本年预算收支差额		

（二）预算结转结余变动表

预算结转结余变动表是反映政府单位在某一会计年度内预算结转结余变动情况的会计报表。预算结转结余变动表以预算结转结余为主线，按照时序反映预算结转结余的变动过程及结果。预算结转结余变动表由表首标题、编报项目、栏目及金额组成。

1. 表首标题

预算结转结余变动表的表首标题包括报表名称、编号（会政预 02 表）、编制单位、编报年度和金额单位等内容。预算结转结余变动表反映年度的结转结余变动情况，月末不需要编制。年末编制预算结转结余变动表时，应当注明报表所属的年份，如××××年。

2. 编报项目

预算结转结余变动表的编报项目包括年初预算结转结余、年初余额调整、本年变动金额和年末预算结转结余。

（1）年初预算结转结余项目反映单位本年预算结转结余的年初余额，包括财政拨款结转结余资金的年初余额和其他资金结转结余资金的年初余额。

（2）年初余额调整项目反映单位本年预算结转结余年初余额调整的金额，包括财政拨款结转结余资金的年初余额调整金额和其他资金结转结余资金的年初余额调整金额。如果年初余额调减，以“—”号填列。

（3）本年变动金额项目反映单位本年预算结转结余变动的金额，包括财政拨款结转结余资金变动的金额和其他资金结转结余资金变动的金额，要求列出变动的具体原因。如果本年变动结果为减少，以“－”号填列。

（4）年末预算结转结余项目反映单位本年预算结转结余的年末余额，包括财政拨款结转结余资金的年末余额和其他资金结转结余资金的年末余额。

预算结转结余变动表的编报项目按照预算结转结余的形成时序排列，编报项目之间的关系为：

年初预算结转结余＋年初余额调整＋本年变动金额＝年末预算结转结余

3. 栏目及金额

预算结转结余变动表由“本年数”和“上年数”两栏组成。

（1）“本年数”栏反映各项目的本年实际发生数，年初预算结转结余、年末预算结转结余项目应当根据相关会计科目的本年年初余额、本年年末余额填列，或计算后以合计数填列。年初余额调整、本年变动金额项目应当根据相关会计科目及其明细科目的本年发生额填列，或计算后以合计数填列。

（2）“上年数”栏反映各项目的上年实际发生数，应当根据上年度预算结转结余变动表中“本年数”栏内所列数字填列。

政府单位预算结转结余变动表的格式如表 10－6 所示。

表 10－6　预算结转结余变动表

会政预 02 表

编制单位：　　　　______年　　　　单位：元

项目	本年数	上年数
一、年初预算结转结余		
（一）财政拨款结转结余		
（二）其他资金结转结余		
二、年初余额调整（减少以“－”号填列）		
（一）财政拨款结转结余		
（二）其他资金结转结余		
三、本年变动金额（减少以“－”号填列）		
（一）财政拨款结转结余		
1. 本年收支差额		
2. 归集调入		
3. 归集上缴或调出		
（二）其他资金结转结余		
1. 本年收支差额		
2. 缴回资金		
3. 使用专用结余		
4. 支付所得税		
四、年末预算结转结余		
（一）财政拨款结转结余		
1. 财政拨款结转		

续表

项目	本年数	上年数
2. 财政拨款结余		
（二）其他资金结转结余		
1. 非财政拨款结转		
2. 非财政拨款结余		
3. 专用结余		
4. 经营结余（如有余额，以“－”号填列）		

（三）财政拨款预算收入支出表

财政拨款预算收入支出表是反映政府单位本年财政拨款预算资金收入、支出及相关变动具体情况的会计报表。财政拨款预算资金是政府单位的重要资金来源，政府单位应当按照预算管理的要求单独编制报表，反映各项财政拨款预算资金收入、支出的明细情况。财政拨款预算收入支出表由表首标题、编报项目、栏目及金额组成。

1. 表首标题

财政拨款预算收入支出表的表首标题包括报表名称、编号（会政预 03 表）、编制单位、编报年度和金额单位等内容。财政拨款预算收入支出表反映年度财政拨款预算资金的变动情况，月末不需要编制。年末编制财政拨款预算收入支出表时，应当注明报表所属的年份，如××××年。

2. 编报项目

财政拨款预算收入支出表的编报项目应当根据单位取得的财政拨款种类分项设置，主要包括一般公共预算财政拨款和政府性基金预算财政拨款。如果单位取得了其他类型的财政拨款，应当按照财政拨款种类增加相应的资金项目。在各类财政拨款中，分别设置基本支出和项目支出两个具体项目。在基本支出项目下按照“人员经费”和“日常公用经费”填列，在项目支出项目下按照具体项目填列。

3. 栏目及金额

财政拨款预算收入支出表采用多栏式结构，按财政拨款预算资金的变动过程设置栏目，栏目包括“年初财政拨款结转结余”“调整年初财政拨款结转结余”“本年归集调入”“本年归集上缴或调出”“单位内部调剂”“本年财政拨款收入”“本年财政拨款支出”“年末财政拨款结转结余”。其中，“调整年初财政拨款结转结余”“单位内部调剂”栏目如为减少，以“－”号填列；“本年归集上缴或调出”栏目以“－”号填列。财政拨款预算收入支出表按栏目横向平衡，基本关系式为：

$$\text{年初财政拨款结转结余}+\text{调整年初财政拨款结转结余}+\text{本年归集调入}+\text{本年归集上缴或调出}+\text{单位内部调剂}+\text{本年财政拨款收入}-\text{本年财政拨款支出}=\text{年末财政拨款结转结余}$$

政府单位财政拨款预算收入支出表的格式如表 10－7 所示。

表 10-7 财政拨款预算收入支出表

会政预 03 表

编制单位：＿＿＿＿年 单位：元

项目	年初财政拨款结转结余		调整年初财政拨款结转结余	本年归集调入	本年归集上缴或调出	单位内部调剂		本年财政拨款收入	本年财政拨款支出	年末财政拨款结转结余	
	结转	结余				结转	结余			结转	结余
一、一般公共预算财政拨款											
（一）基本支出											
1. 人员经费											
2. 日常公用经费											
（二）项目支出											
1. ××项目											
2. ××项目											
…											
二、政府性基金预算财政拨款											
（一）基本支出											
1. 人员经费											
2. 日常公用经费											
（二）项目支出											
1. ××项目											
2. ××项目											
…											
总计											

第三节 部门财务报告

政府单位应当编制部门财务报告，反映政府部门、单位的财务状况和运行情况。本节介绍部门财务报告制度的内容，讲解单位层面财务报告和部门层面合并财务报告的编制步骤与方法。

一、部门财务报告制度

（一）部门财务报告的含义

部门财务报告是指政府部门编制的，反映政府部门财务状况、运行情况等信息的总结性文件。政府部门应当以持续运行为前提，根据实际发生的经济业务或事项，按照政府会计准则制度的规定对相关会计要素进行确认和计量，在此基础上编制财务报表。部门财务报告以权责发生制为基础，能够全面、准确反映各级政府资产负债和成本费用等财务状况和运行情况，对于加强资产管理、提高运行效率、防范财务风险、完善财务管理制度有重要的意义。

按年度编制以权责发生制为基础的政府综合财务报告，是党中央、国务院的重要决策部署。政府财务报告包括政府综合财务报告和部门财务报告，部门财务报告是政府综合财务报告编制的数据基础。编制部门财务报告是基于政府单位会计规则的重大改革，经过试点编制阶段后，编制范围不断扩大，编制内容逐步完善。

（二）部门财务报告编报要求

政府财务报告制度是一种规范政府财务信息披露的制度，用于指导政府财务报告的编报，明确政府财务报告的编报主体、编报基础、主要内容、编报程序及编报要求，对政府财务报告编制提出了明确的要求。2019 年 12 月，财政部修订印发《政府财务报告编制办法（试行）》（财库〔2019〕56 号）、《政府部门财务报告编制操作指南（试行）》（财库〔2019〕57 号），规范改革试点期间部门财务报告的编制工作。

部门财务报告由本部门所属单位按照财务管理关系逐级编制。各政府单位应当按年度编制本单位的财务报告，反映本单位的财务状况、运行情况。各部门应当对所属单位上报的财务报表和部门本级财务报表进行合并，经过综合分析后编制本部门的财务报告。政府部门、单位应当按规定内容和时限逐级报送财务报告，单位财务报告应当报送上级主管部门，部门财务报告应当报送同级政府财政部门。政府各部门、各单位应当对本部门、本单位财务报告的真实性、准确性、完整性、规范性进行初审并负责。政府各部门、各单位应当按照会计档案管理相关规定，对部门财务报告数据资料进行归类整理、建档建库，并从计算机中传出备份保存。

小链接 10－2

政府部门财务报告编制操作指南（试行）

《政府部门财务报告编制操作指南（试行）》（财库〔2019〕57 号）是编制部门财务报告的操作性文件，包括总则、政府部门会计报表项目、政府部门财务报表编制、政府部门财务分析和附则 5 章内容，并附以政府部门财务报告样式、会计报表项目对照表、抵销工作底表、抵销事项清单、单位基础信息填报说明。

二、部门财务报告的内容与报表项目

（一）部门财务报告的内容

部门财务报告包括财务报表和其他应当在财务报告中披露的相关信息和资料，通常由部门财务报表和部门财务分析组成。

1. 部门财务报表

部门财务报表包括会计报表和报表附注。会计报表包括资产负债表和收入费用表，分别反映政府部门年末财务状况和年度运行情况。报表附注是对会计报表所做的进一步解释说明，由文字说明和一系列附表组成。部门财务报表分为两个层面：一是单位层面的会计报表，各单位编制反映本单位财务状况、运行情况的个别会计报表；二是部门层面的会计报表，有下属单位的部门应逐级对本单位和所属单位会计报表数据进行合并，编制合并会计报表。

2. **部门财务分析**

部门财务分析是对部门的资产负债状况、运行情况进行剖析与评价的过程，主要包括财务状况分析、运行情况分析、相关指标变化情况及趋势分析，以及政府部门财务管理方面采取的主要措施和取得的成效等。

部门财务报告采取自下而上方式逐级编制与报送。各单位应当按规定编制本单位财务报告并报送上级单位；上级单位除编制本单位财务报告外，还应当对所属单位财务报表进行合并，撰写财务分析，形成部门合并财务报告。主管部门编制的合并财务报告，即部门财务报告。

（二）部门会计报表项目

部门会计报表是部门财务报告的重要组成部分，由部门资产负债表和部门收入费用表构成。

1. **部门资产负债表**

部门资产负债表反映政府部门年末财务状况，按照资产、负债和净资产分类分项列示。资产类项目按照流动性分类分项列示，包括流动资产、非流动资产、受托代理资产等，有备抵项目的资产项目按扣除备抵项目后的净额列示。负债类项目按照流动性分类分项列示，包括流动负债、非流动负债和受托代理负债。净资产类项目按照净资产内容分项列示，包括累计盈余、专用基金、权益法调整和 PPP 项目净资产。部门资产负债表包括“年末数”“年初数”两栏数字，以及注明的报表附注序号。

部门资产负债表采用上下式结构，其编报项目、栏目和格式如表 10－8 所示。

表 10－8　资产负债表

编制单位：　　　　　＿＿＿年＿＿＿月＿＿＿日　　　　　单位：万元

项目	附注	年末数	年初数
流动资产：			
货币资金	附表 1		
短期投资			
财政应返还额度			
应收票据			
应收账款净额	附表 2		
预付账款	附表 3		
应收股利			
应收利息			
其他应收款净额	附表 4		
存货			
待摊费用			
一年内到期的非流动资产			
其他流动资产			

续表

项目	附注	年末数	年初数
流动资产合计			
非流动资产：			
长期股权投资	附表 5		
长期债券投资	附表 5		
固定资产原值			
减：固定资产累计折旧			
固定资产净值	附表 6		
工程物资			
在建工程	附表 7		
无形资产原值			
减：无形资产累计摊销			
无形资产净值	附表 8		
研发支出			
公共基础设施原值			
减：公共基础设施累计折旧（摊销）			
公共基础设施净值	附表 9		
政府储备物资	附表 10		
文物文化资产			
保障性住房原值			
减：保障性住房累计折旧			
保障性住房净值	附表 11		
PPP 项目资产			
减：PPP 项目资产累计折旧（摊销）			
PPP 项目资产净值			
长期待摊费用			
待处理财产损溢			
其他非流动资产			
非流动资产合计			
受托代理资产			
资产总计			
流动负债：			
短期借款			
应交增值税			
其他应交税费			
应缴财政款			
应付职工薪酬			
应付票据			
应付账款	附表 12		
应付政府补贴款			
应付利息			
预收账款	附表 13		
其他应付款	附表 14		
预提费用			

续表

项目	附注	年末数	年初数
一年内到期的非流动负债			
其他流动负债			
流动负债合计			
非流动负债：			
长期借款	附表 15		
长期应付款	附表 16		
预计负债			
其他非流动负债			
非流动负债合计			
受托代理负债			
负债合计			
净资产：			
累计盈余			
专用基金			
权益法调整			
PPP 项目净资产			
净资产合计			
负债及净资产总计			

2. 部门收入费用表

部门收入费用表反映政府部门年度运行情况，按照收入、费用和盈余分类分项列示。收入类项目按照收入的来源与内容分项列示，费用类项目分别按照活动类型和经济性质两个维度分类分项列示，盈余类项目设置“本年盈余”一项内容。部门收入费用表包括“上年数”“本年数”两栏数字，以及注明的报表附注序号。

部门收入费用表由收入费用表（1）和收入费用表（2）两张表格组成，两张表格的收入类项目相同，差别在于费用类项目。收入费用表（1）的费用类项目按照活动类型分类，收入费用表（2）的费用类项目按照经济性质分类。收入费用表（1）和收入费用表（2）中“本年盈余”的金额应当一致。

部门收入费用表（1）和收入费用表（2）均采用步进式结构，其编报项目、栏目和格式如表 10－9、表 10－10 所示。

表 10－9　收入费用表（1）

编制单位：　　　　　　　　＿＿＿年　　　　　　　　单位：万元

项目	附注	本年数	上年数
财政拨款收入			
事业收入	附表 17		
上级补助收入			
附属单位上缴收入			
经营收入	附表 18		
非同级财政拨款收入	附表 19		
投资收益	附表 5		

续表

项目	附注	本年数	上年数
捐赠收入			
利息收入			
租金收入			
其他收入	附表 20		
收入合计			
业务活动费用	附表 21		
单位管理费用	附表 22		
经营费用	附表 23		
资产处置费用			
上缴上级费用			
对附属单位补助费用			
所得税费用			
其他费用			
费用合计			
本年盈余			

表 10-10 收入费用表（2）

编制单位： ______年 单位：万元

项目	附注	本年数	上年数
财政拨款收入			
事业收入	附表 17		
上级补助收入			
附属单位上缴收入			
经营收入	附表 18		
非同级财政拨款收入	附表 19		
投资收益	附表 5		
捐赠收入			
利息收入			
租金收入			
其他收入	附表 20		
收入合计			
工资福利费用			
商品和服务费用	附表 24		
对个人和家庭的补助费用			
对企业补助费用			
固定资产折旧费用			
无形资产摊销费用			
公共基础设施折旧（摊销）费用			
保障性住房折旧费用			
计提专用基金			

续表

项目	附注	本年数	上年数
资产处置费用			
上缴上级费用			
对附属单位补助费用			
所得税费用			
其他费用			
费用合计			
本年盈余			

三、部门财务报表的编制

（一）单位层面会计报表的编制

单位会计报表是政府单位按照财务报告制度的要求编制的，以财务会计核算数据为依据，以表格形式概括反映政府单位本级的财务状况、运行情况等信息。单位会计报表属于个别会计报表，纳入部门财务报告的编制范围。所有政府单位均须编制单位层面的会计报表。单位会计报表报送主管部门，是主管部门编制合并会计报表的数据基础，是部门财务报告的重要组成部分。单位会计报表包括单位资产负债表和单位收入费用表，以权责发生制为基础，应当以经核对无误的财务会计账簿数据为基础编制。

1. 单位资产负债表的编制

单位资产负债表的编制包括“年初数”“年末数”两栏数字的填列。

（1）“年初数”一栏数字反映各资产负债表项目年初的余额。“年初数”原则上应与上年的“年末数”相等，涉及会计差错更正、会计政策变更等调整以前年度盈余事项的，资产负债表“年初数”按调整后的数据填列。

（2）“年末数”一栏数字反映各资产负债表项目年末的余额。“年末数”应当以单位按照会计制度要求编制的资产负债表为依据，将资产、负债、净资产项目金额填入资产负债表对应的报表项目。能够直接对应的报表项目可以直接填列，某些不能直接对应的项目需要分析填列。例如，应收账款如果有贷方余额，应当填列到预收账款项目中；应付账款如果有借方余额，应当填列到预付账款项目中。

2. 单位收入费用表的编制

单位收入费用表的编制包括“上年数”“本年数”两栏数字的填列。

（1）“上年数”一栏数字反映各收入费用表项目上年度的实际发生数。“上年数”原则上应与上年的“本年数”相等，涉及会计差错更正、会计政策变更等调整以前年度盈余事项的，不影响本表“上年数”的填列。

（2）“本年数”一栏数字反映各收入费用表项目本年的实际发生数。“本年数”应当以单位按照会计制度要求编制的收入费用表及附表为依据，将收入、费用、盈余项目金额填入收入费用表对应的报表项目。收入项目、收入费用表（1）的费用类项目能够直接对应，可以直接填列。收入费用表（2）的费用类项目需要根据报表附注中的明细表数据分析填列。

（二）部门层面合并会计报表的编制

部门合并会计报表是政府部门按照财务报告制度的要求，依据部门及部门所属单位会计报表合并编制的，以表格形式综合反映部门整体财务状况、运行情况等信息。部门合并会计报表是部门财务报告的重要组成部分，政府部门、上级单位除编制本单位会计报表外，还应当对本单位和所属单位会计报表进行合并，编制部门合并会计报表。部门合并会计报表的内容与单位会计报表一致，包括合并资产负债表和合并收入费用表。合并会计报表的报表项目、栏目与格式与单位编制的会计报表一致，但应当在表首标题注明是合并报表，并在附注中说明合并范围。

合并会计报表以部门本级编制的会计报表和所属单位报送的单位会计报表为数据来源。合并会计报表的编制包括汇总单位会计报表、编制抵销分录、生成合并会计报表三个步骤。

1. 汇总单位会计报表

政府部门对本单位和各所属单位上报的资产负债表和收入费用表进行分项加总，得出汇总的会计报表。上级单位应当审核所属单位会计报表的真实性、准确性、完整性和规范性，在此基础上将各报表项目汇总合计，填列到汇总会计报表工作底表中。

2. 编制抵销分录

为避免重复导致的相关报表项目金额虚增，政府各部门在编制合并会计报表时，应当对部门内部单位之间发生的经济业务或事项经过确认后抵销，在此基础上生成合并会计报表项目，填列到汇总会计报表工作底表中。

需要抵销的报表项目主要包括两项内容：（1）政府部门内部债权债务事项，如本部门内部单位之间发生的应收账款与应付账款、预付账款与预收账款、其他应收款与其他应付款等。抵销债权债务时，涉及的已计提的坏账准备需要冲回。（2）政府部门内部收入费用事项，如本部门内部上下级单位之间发生的上级补助收入与对附属单位补助费用、附属单位上缴收入与上缴上级费用，以及本部门内部各单位之间发生的事业收入、非同级财政拨款收入与业务活动费用、单位管理费用等。

抵销处理通常采用的是编制抵销分录的方法，通过借贷记账法对冲重复的报表项目，消除内部事项对会计报表的影响。为减少抵销业务的工作量，提高工作效率，在不影响财务报表质量的前提下，按照重要性原则，对于单位与单位之间的债权债务事项，年末余额不超过 10 万元的，可以不进行抵销；对于单位与单位之间的收入费用事项，本年累计发生额不超过 10 万元的，可以不进行抵销。具备条件的须应抵尽抵，不受阈值限制。

【例 10-1】 A 部门有 2 个所属单位 A1，A2 单位。A1 单位会计报表“应收账款”明细信息显示，A1 单位应收 A2 单位款项 500 万元，A2 单位会计报表“应付账款”明细信息显示，A2 单位应付 A1 单位款项 500 万元。A 部门经与 A1，A2 两单位确认无误后，在编制合并会计报表时，抵销分录如下：

借：应付账款——A1 单位　　　　5 000 000

贷：应收账款——A2 单位　　5 000 000

【例 10-2】 B 部门有 2 个所属单位 B1，B2 单位。B1 单位会计报表“事业收入”明细信息显示，B1 单位收到来自 B2 单位款项 200 万元，B2 单位会计报表“业务活动费用”明细信息显示，B2 单位支付给 B1 单位款项 200 万元。B 单位经与 B1，B2 两单位确认无误后，在编制合并会计报表时，抵销分录如下：

借：事业收入——B2 单位　　2 000 000

贷：业务活动费用——B1 单位　　2 000 000

完成全部抵销分录的编制后，应当将抵销分录的相关数据填入抵销工作底表，形成抵销工作底表“合计”栏数据，并将抵销工作底表的“合计”栏数据填列到合并会计报表工作底表中。

3. **生成合并会计报表**

完成合并会计报表工作底表的填列后，即可得出合并会计报表各项目的数据，生成合并会计报表。抵销后的各报表项目的数据金额，即是合并会计报表各项目的金额，由此可生成部门合并资产负债表和收入费用表。

（三）部门报表附注编制

部门报表附注是对在部门会计报表中列示的项目所做的进一步说明，以及对未能在会计报表中列示项目的说明。报表附注是财务报表的重要组成部分，有助于财务报告使用者理解会计报表的内容。根据《政府财务报告编制办法（试行）》的规定，附注一般应当按照下列顺序披露：

（1）会计报表编制基础。政府部门会计报表以权责发生制为基础编制。

（2）遵循相关制度规定的声明。政府部门应当声明编制的会计报表符合政府会计准则、相关会计制度和财务报告编制规定的要求，如实反映政府部门的财务状况、运行情况等有关信息。

（3）会计报表包含的主体范围。合并会计报表应披露其包含的主体范围，具体包括所属单位的名称、性质、实有人员数等基本信息。与上年相比，合并范围发生变化的应详细说明变动情况。

（4）重要会计政策与会计估计变更情况。对本年发生的重要会计政策和会计估计变更，应说明变更的内容和原因、受其重要影响的报表项目名称和金额，以及重要会计政策和会计估计变更开始适用的时点。

（5）会计报表重要项目明细信息及说明。单位应当按照资产负债表和收入费用表项目列示顺序，采用数字和文字描述相结合的方法披露重要项目的明细信息，便于报表信息使用者更好地理解报表信息。报表重要项目明细信息包括 24 个明细表，其中，资产负债表的重要项目包括 16 个明细表，收入费用表的重要项目包括 8 个明细表。

（6）需要说明的其他事项。需要说明的其他事项包括重要或有事项说明，以名义金额计量的资产名称、数量等情况，使用债务资金形成的固定资产、公共基础设施、保障性住房等资产的账面价值、使用情况、收益情况，重要资产置换、无偿调入（出）、捐入（出）、报废、重大毁损等情况的说明，公共基础设施、文物文化资产、保障性住房、自然资源资产等重要资产的种类和实物量等相关信息，政府会计具体准则要求附注披露的其他内容，以及其他未在报表中列示但对政府部门财务状况有重大影响的事项。

四、部门财务分析

（一）部门财务分析的内容

部门财务分析是以部门财务报表及其他相关资料为依据，采用一系列专门的技术和方法，对部门的资产负债状况、运行情况进行剖析与评价的过程，反映部门加强财务管理的主要措施和取得的成效。部门财务分析主要包括以下内容。

1. 政府部门工作目标完成情况

结合政府部门职能、工作任务、相关政策要求等，说明政府部门年度工作目标计划及执行情况、绩效目标及完成情况。

2. 政府部门财务状况分析

分析政府部门的货币资金、长期投资、固定资产、在建工程、公共基础设施、政府储备物资、保障性住房等重要资产项目的结构特点和变化情况，并评估对政府部门提供公共服务能力的影响。结合短期借款、长期借款等重点负债项目的增减变化情况，分析政府部门债务规模和债务结构等。运用资产负债率、现金比率、流动比率等指标，分析政府部门财务状况。

3. 政府部门运行情况分析

分析政府部门的收入规模、结构及来源分布、重点收入项目的比重和变化趋势，以及经济形势、相关财政政策等对政府部门收入变动的影响等。分析政府部门费用规模、构成及变化情况，特别是政府部门控制行政成本的政策、投融资情况及对费用变动的影响等。运用政府部门的收入费用率等指标，分析政府部门收入与费用的比例情况。

4. 政府部门财务管理情况

从部门预算管理、内部控制管理、资产管理、绩效管理、人才队伍建设等方面反映部门加强财务管理的主要措施和取得的成效。

（二）部门财务分析的方法和指标

政府部门应当结合具体情况，运用专门的方法，对单位的财务情况进行深入的分析。财务分析的主要方法包括：

（1）比率分析法。通过有关指标的比率计算，分析单位的财务状况和运行情况。

（2）比较分析法。通过有关指标的对比，分析单位取得的成绩与存在的问题。

（3）结构分析法。通过有关指标的比重，分析单位财务结构的合理性。

（4）趋势分析法。通过有关指标的各期变动，分析单位财务指标的变化趋势。

政府部门财务分析指标包括资产负债率、现金比率、流动比率、固定资产成新率、公共基础设施成新率、保障性住房成新率、收入费用率等。分析指标的公式和说明如表 10－11 所示。

表 10-11　财务分析指标

序号	指标名称	公式	指标说明
1	资产负债率	负债总额/资产总额	反映政府部门偿付全部债务本息能力的基本指标。
2	现金比率	(货币资金＋财政应返还额度)/流动负债	反映政府部门利用现金及现金等价物偿还短期债务的能力。
3	流动比率	流动资产/流动负债	反映政府部门流动资产用于偿还流动负债的能力。
4	固定资产成新率	固定资产净值/固定资产原值	反映政府部门固定资产的持续服务能力。
5	公共基础设施成新率	公共基础设施净值/公共基础设施原值	反映公共基础设施的持续服务能力。
6	保障性住房成新率	保障性住房净值/保障性住房原值	反映政府部门保障性住房的持续服务能力。
7	收入费用率	年度总费用/年度总收入	反映政府部门收入与费用的比例情况。

第四节　部门决算报告

政府单位应当编制部门决算报告，反映部门预算执行结果。本节介绍部门决算报告的内容，讲解部门决算报告的编制要求。

一、部门决算报告的含义

部门决算报告是指政府部门编制的、反映政府部门年度预算收支执行结果的总结性文件。部门决算报告以收付实现制为基础，主要反映政府部门、单位的各项预算收入、预算支出的执行情况，以及所形成的预算结余。编制决算报告的目的是向决算报告使用者提供与政府预算执行情况有关的信息，为预算监督和管理，以及后续年度预算的编制提供参考和依据。

为加强部门决算管理工作，保证部门决算信息质量，财政部颁布了《部门决算管理办法》(财库〔2013〕209 号)。部门决算管理的主要内容包括部门决算的工作组织、报表设计、编制审核、汇总报送、批复、信息公开、分析利用、数据质量监督检查、数据资料管理以及对部门决算考核评价等方面。部门决算工作由财政部实施统一管理，各地区、各部门依据预算管理关系或财务管理关系分别组织实施。财政部门每年均会发布决算工作通知，对当年的部门决算工作事项进行安排，提出部门决算的具体要求，发送部门决算的报表格式和编报软件，规定部门决算报告的报送流程与时间。

二、部门决算报告的内容

部门决算报告包括决算报表和其他应当在决算报告中反映的相关信息和资料，通常由部门决算报表和部门决算说明与分析组成。

（一）部门决算报表

部门决算报表是以表格形式反映的各政府部门、单位年度预算执行情况的信息，由主表和附表组成。主表包括：收入支出决算总表、收入支出决算表、收入决算表、支出决算表、支出决算明细表、项目收入支出决算表、预算财政拨款收入支出决算表、一般公共预算财政拨款支出决算明细表、政府性基金预算财政拨款收入支出决算表、政府性基金预算财政拨款支出决算明细表、国有资本经营预算财政拨款收入支出决算表、国有资本经营预算财政拨款支出决算明细表等。附表包括：预算支出相关信息表、基本数字表、机构运行信息表、非税收入征缴情况表等。财政部负责制定全国统一的部门决算报表体系及部门决算软件，明确报表格式要求和填报口径。

（二）部门决算说明与分析

部门决算说明是以文字形式对部门决算报表的基础数据所做的说明，包括部门基本情况、数据审核情况、年度主要收支指标增减变动情况以及重大事项或特殊事项影响决算数据的情况说明等。部门决算分析是对部门年度预算执行情况进行的分析，总结经验与教训，进行预算绩效考核与评价，为下期预算管理工作奠定良好的基础。

三、部门决算报告的编报

（一）部门决算报告的编制

财政部门是部门决算工作的主管部门。其职责主要是制定部门决算管理的规章制度。各政府部门应当按照财政部门要求，组织实施本部门的决算管理工作，并对本部门决算数据的真实性、完整性负责。部门决算与预算的编制基础一致，以收付实现制会计核算为基础，应当以政府单位预算会计核算生成的数据为基础，并按决算报表要求进行适当调整。

年度终了，政府单位应当按照部门决算编审要求，在全面清理核实收入、支出并办理年终结账的基础上，根据登记完整、核对无误的预算会计账簿记录和其他有关会计核算资料编制决算报告，做到数据真实正确、内容完整、账证相符、账实相符、账表相符、表表相符。

（二）部门决算报告的报送

政府单位应当按照预算管理关系，采取自下而上的方式，逐级汇总报送决算报告。各部门应当对所属单位上报的决算报表和部门本级决算报表进行汇总，并对有关收入支出、内部往来等重复项目进行调整和剔除后，形成本部门汇总决算报表。汇总后的部门决算草案应当在规定时间内逐级上报财政部门。各部门汇总的部门决算报送后，各级财政部门应当组织对所报送的部门决算的真实性、完整性和规范性进行监督检查。各级财政部门应当在本级人民代表大会常务委员会审查批准决算后 20 日内，向本级各部门批复决算。财政部门批复后的部门决算报告应当向社会公开。

小链接 10-3

各部门应当按照有关规定，通过政府网站、政府公报等便于社会公众知晓的方式主动向社会公开本部门决算报告。各级政府财政部门建立了预算决算公开平台，披露政府预算、决算情况。中央部门决算报告可通过如下网址查看：http://www.mof.gov.cn/zyyjsgkpt/zybmyjs/bmjs/bumenjuesuan/。

各部门应当加强对部门决算数据的分析，建立部门决算评价指标体系，强化决算分析结果的反馈和运用。通过部门决算数据分析和实地调研，及时发现预算编制和预算执行中存在的问题，规范和改进部门预算管理和会计核算工作。

思考题

1. 什么是财务报表？财务报表的编制基础是什么？
2. 财务报表包括哪些内容？
3. 什么是资产负债表？其报表结构是怎样的？
4. 什么是收入费用表？其编报栏目有哪些？
5. 报表附注的内容有哪些？
6. 什么是预算会计报表？预算会计报表包括哪些内容？
7. 什么是预算收入支出表？其编报项目有哪些？
8. 什么是部门财务报告？部门财务报告由哪些内容组成？
9. 部门层面合并会计报表的编制有哪些步骤？
10. 编制合并会计报表需要抵销的报表项目有哪些？
11. 部门财务分析包括哪些内容？
12. 部门财务分析有哪些方法和指标？
13. 什么是部门决算报告？部门决算报告由哪些内容组成？

4 PART FOUR

| 第四部分 |

非营利组织会计

第十一章

民间非营利组织会计

学习目标和学习重点

本章主要讲授民间非营利组织会计的基本框架与会计核算实务。学习目标是在理解民间非营利组织会计基本理论的基础上，掌握民间非营利组织会计的核算方法，熟悉民间非营利组织会计的核算过程。本章的学习重点包括：

1. 理解民间非营利组织会计的含义、目标、确认基础和计量方法；
2. 掌握民间非营利组织会计的收入、费用的内容和会计核算方法；
3. 了解民间非营利组织会计的资产、负债和净资产的会计核算方法；
4. 了解民间非营利组织财务报告的内容及主要会计报表的编制方法。

第一节　民间非营利组织会计概述

民间非营利组织作为公益性社会组织，在社会发展中起着越来越重要的作用。本节主要介绍民间非营利组织会计的概念、目标、会计要素，阐述民间非营利组织会计的确认基础和计量方法，为学习民间非营利组织会计实务奠定基础。

一、民间非营利组织的特征与范围

（一）民间非营利组织的特征

作为民间非营利组织会计的会计主体，民间非营利组织有其特定的范围。民间非营利组织是指企事业单位、社会团体和其他社会力量以及公民个人利用非国有资产举办的，从事非营利性社会服务活动的社会组织。民间非营利组织有两个属性，一是不具有国有性质，二是具有社会公益性质。首先，民间非营利组织并不是由各级政府举办的，其资产不具备国有资产性质。非营利组织按所有权性质划分，包括公立非营利组织和民间非营利组织。公立非营利组织也称为事业单位，是国家出资举办的社会公益性组织，民间非营利组织是其他组织或个人出资举办的社会公益性组织。其次，民间非营利组织具有社会公益性质，是提供各种社会服务的公益性组织，以满足社会公众利益为组织的宗旨，以促进社会和谐发展为愿景。民间非营利组织不以营利为目的，注重社会效益，主要分布在文化、科技、教育、助学、扶贫、健康、宗教、养老、社会救济、医疗服务等领域。近年来，我国民间非营利组织得到了长足的发展，涉及的业务内容越来越多，开展服务活动等业务模式也越来越灵活多样。

我国现行的法律、法规体系并没有对民间非营利组织的范围进行界定。为了明确会计制度的适用范围，财政部颁布的《民间非营利组织会计制度》规定，民间非营利组织应当同时具备以下三个特征。

（1）该组织不以营利为宗旨和目的。这一特征强调了组织的设立目的，要求民间非营利组织不能以营利为组织的目标，与以营利为目的的企业组织相区分。设立民间非营利组织的宗旨是为社会提供公益性服务，并不追求利润的实现。不以营利为目的并不意味着民间非营利组织提供的各项服务是免费的，民间非营利组织也可以收取一定的费用，弥补提供服务发生的成本，以便持续地提供公益性服务。

（2）资源提供者向该组织投入资源不取得经济回报。这一特征强调资源提供者的目的。民间非营利组织设立后，财务资源是由社会其他组织或个人通过捐赠等方式提供的，资源提供者不得以取得经济回报为目的，民间非营利组织也不能以任何形式给予资源提供者经济回报。但民间非营利组织可以向从业者支付劳动报酬。

（3）资源提供者不享有该组织的所有权。这一特征强调组织的所有权性质，民间非营利组织的资源提供者不能因提供财务资源而享有组织的所有权，民间非营利组织的所有权属于社会公众。如果民间非营利组织因终止而进行清算，剩余财产只能交给政府或其他民间非营利组织，使其继续服务于社会公益事业。

（二）民间非营利组织的范围

民间非营利组织应当按照国家法律、行政法规的规定依法进行民政登记，其主要组织形式包括社会团体、民办非企业单位、基金会和宗教组织。

（1）社会团体。社会团体是依照《社会团体登记管理条例》的规定设立的、为实现共同意愿而由公民自愿组成的社会组织，包括各种学会、协会、联合会、研究会、商会等。

（2）民办非企业单位。民办非企业单位是依照《民办非企业单位登记管理暂行条例》的规定设立的、从事非营利性社会服务活动的社会服务机构，包括非营利性民办学校、医疗机构、福利院、养老院、研究所、文化中心等。

（3）基金会。基金会是依照《基金会管理条例》的规定设立的、利用社会捐赠的财产从事社会公益活动的社会组织，包括各类教育基金会、慈善基金会、奖励基金会、扶贫基金会等。

（4）宗教组织。宗教组织包括寺院、宫观、清真寺、教堂等。

二、民间非营利组织会计的含义与目标

（一）民间非营利组织会计的含义

民间非营利组织会计是反映和监督社会公益组织财务状况、运行情况和现金流量的专业会计。由于公立非营利组织（事业单位）纳入政府会计范畴，因此，我国的非营利组织会计主要是民间非营利组织会计。民间非营利组织会计的核算对象是民间非营利组织的业务活动资金，反映民间非营利组织的基本业务活动和其他业务活动的资金运动。民间非营利组织开展社会服务业务活动的资金，主要来源于社会捐赠、政府补助，以及提供服务、销售商品所取得的收入。

随着民间非营利组织的发展，民间非营利组织会计信息使用者不断增加，对于其所提供资金规范、安全、有效使用等信息披露的需求也不断丰富。民间非营利组织会计有助于资源提供者、服务对象、债权人、政府和社会监管部门了解民间非营利组织财务资源的运用情况和业务的运营情况，对于加强民间非营利组织管理有着重要的作用。

为加强民间非营利组织的管理，规范民间非营利组织的会计行为，财政部于 2004 年 8 月颁布了《民间非营利组织会计制度》（财会〔2004〕7 号），自 2005 年 1 月 1 日起施行。近年来，我国民间非营利组织发展迅速。为适应民间非营利组织发展的需要，促进社会事业健康发展，提高民间非营利组织会计信息质量和透明度，2020 年 6 月，财政部印发《〈民间非营利组织会计制度〉若干问题的解释》（财会〔2020〕9 号），对民间非营利组织会计制度的有关规定做进一步说明和补充完善，进一步明确了民间非营利组织有关经济业务或事项的会计处理。中华人民共和国境内依法设立的符合规定特征的民间非营利组织执行《民间非营利组织会计制度》，境外非政府组织在中国境内依法登记设立的代表机构也应当按照《民间非营利组织会计制度》进行会计核算。

小链接 11-1

《〈民间非营利组织会计制度〉若干问题的解释》（财会〔2020〕9 号）包括 13 条内容，重点对接受非现金资产捐赠、受托代理业务、长期股权投资、限定性净资产、资产减值损失等问题的会计处理进行了说明，并对关联方关系及其交易的披露提出了要求。

《民间非营利组织会计制度》若干问题的解释

（二）民间非营利组织会计的目标

民间非营利组织会计的目标是向会计信息使用者提供有用的会计信息，反映其受托责任履行情况，满足会计信息使用者经济决策和监督管理的需要。民间非营利组织会计属于财务会计的范畴，是对外报告会计，侧重为捐赠人、会员、监管者等外部会计信息使用者服务。《民间非营利组织会计制度》规定，会计核算所提供的信息应当能够满足会

计信息使用者（如捐赠人、会员、监管者等）的需要。

民间非营利组织的财务资源主要来源于社会各界的捐赠、会员缴纳的会费、接受服务对象缴纳的服务费，以及取得的各种借入资金。民间非营利组织的财务资源是社会公共资源，需要接受政府和社会各界的监督管理。所以，民间非营利组织的会计信息使用者主要包括资源提供者、服务对象、债权人、政府和社会监管部门等。资源提供者关心所提供的财务资源是否按规定的用途使用；服务对象关心财务资源的使用效果及收费的合理性；债权人关心民间非营利组织资产的流动性及偿债能力；政府和社会监管部门关心财务资源的运用是否符合法律、制度的规定。因此，民间非营利组织会计应当提供反映其受托责任履行情况和有助于做出经济决策的会计信息。

三、民间非营利组织会计要素与会计科目

（一）民间非营利组织会计要素

会计要素是对会计对象的基本分类，是进行会计确认、计量、记录和报告的基础。《民间非营利组织会计制度》规定，民间非营利组织设置资产、负债、净资产、收入和费用 5 个会计要素。

民间非营利组织的会计核算应当以实际发生的交易或者事项为依据，如实反映民间非营利组织的财务状况、业务活动情况和现金流量等信息。民间非营利组织应当根据有关会计法律、行政法规和会计制度的规定，结合单位具体情况，制定会计核算办法。民间非营利组织应当定期编制财务报告，按照会计要素向会计信息使用者披露民间非营利组织的财务状况、业务活动情况和现金流量。

（二）民间非营利组织会计科目

《民间非营利组织会计制度》规定，民间非营利组织会计共设置会计科目 49 个。其中，资产类 23 个，负债类 12 个，净资产类 2 个，收入类 8 个，费用类 4 个。各民间非营利组织应当按照《民间非营利组织会计制度》的规定设置一级会计科目，根据单位具体的业务核算要求设置各级明细科目。民间非营利组织会计科目如表 11－1 所示。

表 11－1 民间非营利组织会计科目表

序号	编号	科目名称	序号	编号	科目名称
一、资产			8	1122	其他应收款
1	1001	现金	9	1131	坏账准备
2	1002	银行存款	10	1141	预付账款
3	1009	其他货币资金	11	1201	存货
4	1101	短期投资	12	1202	存货跌价准备
5	1102	短期投资跌价准备	13	1301	待摊费用
6	1111	应收票据	14	1401	长期股权投资
7	1121	应收账款	15	1402	长期债权投资

续表

序号	编号	科目名称	序号	编号	科目名称
16	1421	长期投资减值准备	34	2502	长期应付款
17	1501	固定资产	35	2601	受托代理负债
18	1502	累计折旧	三、净资产		
19	1505	在建工程	36	3101	非限定性净资产
20	1506	文物文化资产	37	3102	限定性净资产
21	1509	固定资产清理	四、收入		
22	1601	无形资产	38	4101	捐赠收入
23	1701	受托代理资产	39	4201	会费收入
二、负债			40	4301	提供服务收入
24	2101	短期借款	41	4401	政府补助收入
25	2201	应付票据	42	4501	商品销售收入
26	2202	应付账款	43	4601	投资收益
27	2203	预收账款	44	4701	总部拨款收入
28	2204	应付工资	45	4901	其他收入
29	2206	应交税金	五、费用		
30	2209	其他应付款	46	5101	业务活动成本
31	2301	预提费用	47	5201	管理费用
32	2401	预计负债	48	5301	筹资费用
33	2501	长期借款	49	5401	其他费用

四、民间非营利组织会计的确认、计量与报告

（一）民间非营利组织会计的确认方法

民间非营利组织会计属于财务会计，以外部信息使用者为主要服务对象，需要反映其受托责任履行情况，对民间非营利组织的运营业绩进行评价与考核，有利于会计信息使用者做出经济决策。因此，民间非营利组织会计要求以权责发生制为确认基础。

权责发生制以收取款项的权利或支付款项的义务为基础确认收入和费用。凡是当期已经实现的收入，无论是否收到款项，都应当确认为当期的收入；凡是当期已经发生或承担的费用，无论是否支付款项，都应当确认为当期的费用。民间非营利组织的收入需要区分交换交易形成的收入和非交换交易形成的收入，分别界定其确认标准。民间非营利组织应当加强成本核算，其费用需要区分业务活动成本和期间费用。

（二）民间非营利组织会计的计量方法

民间非营利组织会计在以历史成本为主要计量属性的基础上，较多地引入了历史成本以外的计量属性（包括重置成本、可变现净值、现值和公允价值等），以反映资产与负债的现时价值。《民间非营利组织会计制度》规定，资产在取得时应当按照实际成本计量，但本制度有特别规定的，按照特别规定的计量基础进行计量。资产和负债的计量包括初始计量和后续计量。

（1）初始计量。民间非营利组织的各项资产、负债应当按照实际发生的金额或者取得时的实际成本入账，进行初始计量。但是，对于民间非营利组织接受捐赠的非现金资产，如果捐赠方没有提供有关凭据，受赠资产应当以其公允价值作为入账价值。民间非营利组织如发生非货币性交易，应当以换出资产的账面价值，加上应支付的相关税费，作为换入资产的入账价值。

（2）后续计量。民间非营利组织需要对资产、负债进行后续计量。民间非营利组织应当按月计提固定资产折旧和无形资产摊销，以便真实地反映其价值。民间非营利组织应当定期或者至少于每年年度终了，对短期投资、应收款项、存货、长期投资等资产是否发生减值进行检查。如果这些资产发生减值，应当计提减值准备，确认减值损失。对于固定资产、无形资产等其他资产，如果发生重大减值，也应当计提减值准备，确认减值损失。

（三）民间非营利组织会计的报告方法

民间非营利组织会计属于财务会计，应当定期编制财务报告，向会计信息使用者披露民间非营利组织的财务状况、业务活动情况和现金流量。纳入政府财务报告合并范围的民间非营利组织，应当向主管部门提交财务报告。

第二节　收入的核算

民间非营利组织开展各项公益性活动，必须以取得一定的收入作为保障。本节介绍收入的内容与分类，讲解交换交易收入和非交换交易收入的账务处理方法。

一、收入的确认与内容

（一）收入的确认

收入是指民间非营利组织开展业务活动取得的、导致本期净资产增加的经济利益或者服务潜力的流入。收入具有以下两项主要特征：第一，收入是指民间非营利组织经济利益或者服务潜力的流入。收入是由流入事项引发的，民间非营利组织是从事公益性活动的社会组织，收入的发生不但包括经济利益的流入，还应当包括服务潜力的流入。没有形成经济利益或者服务潜力流入的事项，不能确认为收入。第二，收入会导致本期净资产的增加。收入的最终结果是导致净资产的增加，收入在表现为经济利益或者服务潜力流入的同时，会引起资产的增加，或负债的减少，并最终导致本期净资产的增加。不能增加本期净资产的各项流入，不能确认为收入。

民间非营利组织会计应当严格按照收入的定义确认各项收入，对于不符合收入定义要求的事项，不得确认为收入。民间非营利组织以权责发生制为基础确认各项收入。

（二）收入的内容

民间非营利组织的收入包括以下内容：

（1）捐赠收入，是指民间非营利组织接受其他单位或者个人捐赠所取得的收入。

（2）政府补助收入，是指民间非营利组织接受政府拨款或者政府机构给予的补助而取得的收入。

（3）提供服务收入，是指民间非营利组织根据章程等规定向其服务对象提供服务所取得的收入。

（4）会费收入，是指民间非营利组织根据章程等规定向会员收取的会费。

（5）商品销售收入，是指民间非营利组织销售商品（如出版物、药品等）所形成的收入。

（6）投资收益，是指民间非营利组织因对外投资而取得的投资净损益。

（7）总部拨款收入，是指境外非政府组织代表机构从其总部取得的拨款收入。

（8）其他收入，是指除上述主要业务活动收入以外的其他收入。

（三）收入的分类

1. 收入按交易性质分类

收入按其交易的性质不同，分为交换交易收入和非交换交易收入。交换交易收入和非交换交易收入应当采用不同的会计确认方法。

（1）交换交易收入是交换交易形成的收入。民间非营利组织的提供服务收入、商品销售收入、投资收益，均以交换交易为基础，为交换交易收入。

（2）非交换交易收入是非交换交易形成的收入。民间非营利组织的捐赠收入、政府补助收入、会费收入、总部拨款收入，均以非交换交易为基础，为非交换交易收入。

民间非营利组织的其他收入应当依据其经济实质，判断其是交换交易收入还是非交换交易收入。

2. 收入按限定性分类

民间非营利组织的收入应当按是否存在限定区分为限定性收入和非限定性收入。限定性收入和非限定性收入应当采用不同的核算方法。

（1）限定性收入是存在一定限制条件的收入，如果资产提供者或法律法规对资产的使用设置了时间限制或（和）用途限制，则此项收入为限定性收入。民间非营利组织会计的捐赠收入和政府补助收入如果存在一定的限制条件，则为限定性收入。

（2）非限定性收入是不存在任何限制条件的收入，如果资产提供者或法律法规对资产的使用没有设置任何限制，则此项收入为非限定性收入。民间非营利组织的会费收入、提供服务收入、商品销售收入、投资收益、总部拨款收入和其他收入一般为非限定性收入，除非相关资产提供者对资产的使用设置了限制。

民间非营利组织会计在取得收入时，需要区分为交换交易收入和非交换交易收入，以及限定性收入和非限定性收入，并根据收入的类别不同，采用不同的会计确认与记录方法。

二、交换交易收入

（一）交换交易收入的内容

交换交易收入是民间非营利组织通过交换交易取得的收入。交换交易是指按照等价交换原则从事的交易，即当某一主体取得资产、获得服务或者解除债务时，需要向交易对方支付等值或大致等值的现金，或者提供等值或大致等值的货物、服务等的交易。民间非营利组织的交换交易收入主要包括提供服务收入、商品销售收入和投资收益。

民间非营利组织的交换交易收入是以销售商品、提供劳务或让渡资产使用权为条件取得的，是一种有偿收入，其会计确认方法不同于非交换交易收入。交换交易收入应当分别按销售商品、提供劳务或让渡资产使用权三种情况，采用不同的确认标准。

（二）提供服务收入的核算

提供服务收入是民间非营利组织为实现其宗旨向社会公众提供服务所取得的收入。有些民间非营利组织是以提供服务的形式向社会提供公益性服务，如学校、培训机构提供的教育服务，医院、保健院提供的医疗服务，法律服务所、职业介绍所提供的咨询服务等。民间非营利组织提供的服务是有偿的，取得的收入为提供服务收入。

民间非营利组织会计设置“提供服务收入”科目，核算民间非营利组织因向服务对象提供服务而取得的收入。提供服务收入主要包括学费收入、医疗费收入、培训收入等。一般情况下，民间非营利组织的提供服务收入为非限定性收入，除非相关资产提供者对资产的使用设置了限制，如为某专项活动举办的服务，取得的收入为限定性收入。

民间非营利组织应当在收入满足规定的确认条件时确认提供服务收入，按实际收到或应当收到的金额计量。对于因交换交易而形成的提供服务收入，应当按以下规定予以确认：(1) 在同一会计年度内开始并完成的服务，应当在完成服务时确认收入；(2) 如果服务的开始和完成分属不同的会计年度，可以按履约进度或完成的工作量确认收入。提供服务收入的主要账务处理如下。

1. 采用收取现款方式提供服务

采用收取现款的管理方式下，在收讫价款时确认提供服务所取得的收入。按照实际收到的金额，借记“银行存款”“现金”等科目，贷记“提供服务收入”科目。

【例 11-1】 某民间非营利组织为法律咨询机构，收取咨询服务费收入 3 000 元，存入单位的银行账户。

借：银行存款	3 000	
贷：提供服务收入——非限定性收入		3 000

2. 采用应收款方式提供服务

采用应收款的管理方式，应当按照合同完成进度确认已经实现的提供服务收入。(1) 根据合同完成进度计算本期应收的款项，借记“应收账款”科目，贷记“提供服务收入”科目。(2) 实际收到款项时，借记“银行存款”等科目，贷记“应收账款”科目。

【例 11－2】 某民间非营利组织为医疗机构，为某单位员工提供体检服务，按照合同约定，服务价款为 86 000 元，在履行合同后 3 个月支付。

（1）医疗机构按照合同约定完成员工的体检。

借：应收账款　86 000

　贷：提供服务收入——非限定性收入　86 000

（2）收到单位转账支付的体检服务款项 86 000 元。

借：银行存款　86 000

　贷：应收账款　86 000

3. 采用预收款方式提供服务

采用预收款的管理方式，应当在完成服务时或者按照合同完成进度确认已经实现的提供服务收入。（1）实际收到预收款项时，按照收到的款项金额，借记“银行存款”等科目，贷记“预收账款”科目。（2）以合同完成进度确认提供服务所取得的收入时，按照基于合同完成进度计算的金额，借记“预收账款”科目，贷记“提供服务收入”科目。

【例 11－3】 某民间非营利组织为培训机构，与某单位签订培训协议，为该单位举办两期业务人员培训班，每期培训时间为 1 个月，每期培训费用为 50 000 元，共计 100 000 元。

（1）3 月 1 日签订培训协议时，收到预付的培训费 80 000 元。

借：银行存款　80 000

　贷：预收账款　80 000

（2）4 月 10 日，完成上述培训协议中规定的第一期培训。

借：预收账款　50 000

　贷：提供服务收入——非限定性收入　50 000

（3）5 月 12 日，完成上述培训协议中规定的第二期培训。该单位所欠的 20 000 元培训费用尚未收到。

借：预收账款　30 000

　　应收账款　20 000

　贷：提供服务收入——非限定性收入　50 000

【例 11－4】 某民间非营利组织为民办学校，与学员签订一项为期 1 年的教学协议，学习期是从当年 9 月 1 日到次年 8 月 31 日，学费为 120 000 元。

（1）9 月 10 日收到学员交纳的全部学费 120 000 元，存入银行。

借：银行存款　120 000

　贷：预收账款　120 000

（2）12 月 31 日，按教学任务的完成进度确认本年提供服务收入 40 000 元。

借：预收账款　40 000

　贷：提供服务收入——非限定性收入　40 000

（3）次年 8 月 31 日，完成全部教学任务，确认本年提供服务收入 80 000 元。

借：预收账款　80 000

　贷：提供服务收入——非限定性收入　80 000

（三）商品销售收入的核算

商品销售收入是民间非营利组织为实现其宗旨销售商品所取得的收入。有些民间非营利组织以生产、销售商品的形式向社会提供公益性服务，如杂志社、报社、出版社等出版单位发行的报纸、刊物、图书等；医院、保健站等医疗单位提供的药品、器械等；研究所、检测所提供的仪器、设备等，均属于商品销售行为。为弥补生产或制作的成本，需要有偿提供这些商品，取得一定的商品销售收入。

民间非营利组织会计设置"商品销售收入"科目，核算民间非营利组织销售商品所取得的收入。一般情况下，民间非营利组织的商品销售收入为非限定性收入，除非相关资产的提供者对资产的使用设置了限制，如举行慈善义卖所取得的收入为限定性收入。

民间非营利组织应当在其收入满足规定的收入确认条件时确认其商品销售收入，按实际收到或应当收到的金额计量。商品销售收入应当在下列条件同时满足时予以确认：（1）已将商品所有权上的主要风险和报酬转移给购货方；（2）既没有保留通常与所有权相联系的继续管理权，也没有对已售出的商品实施控制；（3）与交易相关的经济利益能够流入民间非营利组织；（4）相关的收入和成本能够可靠地计量。

民间非营利组织销售商品包括收取现款、应收款和预收款三种方式。销售商品取得收入时，按照实际收到或应当收取的价款，借记"现金""银行存款""应收账款""预收账款"等科目，按照应当确认的商品销售收入金额，贷记"商品销售收入"科目。商品销售的现金折扣在实际发生时直接计入当期筹资费用，销售折让应当在实际发生时直接从当期实现的销售收入中抵减。已确认收入的销售商品退回，一般情况下直接冲减退回当月的商品销售收入、商品销售成本等。

【例 11-5】 某民间非营利组织为民办医院，出售的药品价值 30 000 元，存入医院的银行账户。

借：银行存款	30 000	
贷：商品销售收入——非限定性收入		30 000

【例 11-6】 某民间非营利组织为民办出版社，出售图书一批，价值 100 000 元，合同规定付款期为 3 个月，若在 1 个月内付款，则有 5%的现金折扣，即信用条件为"5/30，n/90"。

（1）发出图书时确认商品销售收入。

借：应收账款	100 000	
贷：商品销售收入——非限定性收入		100 000

（2）若上述销售图书的款项在 30 天内（现金折扣期内）收到，则会计处理如下。

借：银行存款	95 000	
筹资费用	5 000	
贷：应收账款		100 000

（3）若上述销售图书的款项在 30 天以后（现金折扣期外）收到，则会计处理如下。

借：银行存款	100 000	
贷：应收账款		100 000

【例 11-7】 某民间非营利组织为杂志社，通过征订方式预收刊物订阅费 20 000 元，存入单位的银行账户。

借：银行存款 20 000

贷：预收账款 20 000

【例 11-8】 某民间非营利组织为民办出版社，上月销售的一批图书因质量问题被退回。该批图书取得的销售收入 50 000 元已经入账，销售成本 40 000 元也已经结转。退货的款项已经支付给书店。

借：商品销售收入——非限定性收入 50 000

贷：银行存款 50 000

同时：

借：存货 40 000

贷：业务活动成本 40 000

民间非营利组织提供服务、销售商品，也应按税法规定缴纳增值税，但有些民间非营利组织享有免税、减税等优惠政策。上述例题没有考虑增值税因素，如果民间非营利组织需要缴纳增值税，还需要记录应缴增值税销项税的情况。

（四）投资收益的核算

投资收益是指民间非营利组织因对外投资取得的投资净损益。民间非营利组织可以以货币资产、存货、固定资产、无形资产等形式对外投资，在投资中取得一定的投资收益，扩大资金来源，满足公益事业的资金需要。一般情况下，民间非营利组织的投资收益为非限定性收入，相关资产提供者对资产的使用设置限制的除外。

民间非营利组织会计设置“投资收益”科目，核算民间非营利组织因对外投资取得的投资净损益。民间非营利组织应当在满足规定的收入确认条件时确认投资收益，并区分短期投资、长期股权投资和长期债权投资三种情况进行核算。

1. 短期投资收益的核算

短期投资是民间非营利组织持有的能够随时变现并且持有时间不准备超过 1 年（含 1 年）的投资，包括股票投资、债券投资等。短期投资收益在实际取得时确认，民间非营利组织在出售短期投资或到期收回债券本息时，按照实际收到的金额，借记“银行存款”科目，按照已计提的减值准备，借记“短期投资跌价准备”科目，按照所出售或收回的短期投资的账面余额，贷记“短期投资”科目，按照未领取的现金股利或利息，贷记“其他应收款”科目，按照其差额，借记或贷记“投资收益”科目。

【例 11-9】 某民间非营利组织出售其持有的债券，债券的账面余额为 100 000 元，已计提减值准备 10 000 元，出售价格为 120 000 元。

借：银行存款 120 000

短期投资跌价准备 10 000

贷：短期投资 100 000

投资收益 30 000

2. 长期股权投资收益的核算

长期股权投资是民间非营利组织准备持有超过 1 年的各种股权性质的投资，包括长期股票投资和其他长期股权投资。长期股权投资收益的确认方法包括成本法和权益法两种。(1) 采用成本法核算的，被投资单位宣告发放现金股利或利润时，将宣告发放的现金股利或利润中属于民间非营利组织应享有的部分，确认为当期的投资收益，借记"其他应收款"科目，贷记"投资收益"科目。(2) 采用权益法核算的，在会计期末按照应当享有或应当分担的被投资单位当年实现的净利润或发生的净亏损的份额，调整长期股权投资账面价值。如果被投资单位实现净利润，借记"长期股权投资"科目，贷记"投资收益"科目；如果被投资单位发生净亏损，借记"投资收益"科目，贷记"长期股权投资"科目，但以长期股权投资账面价值减记至 0 为限。

处置长期股权投资时，按照实际取得的价款，借记"银行存款"等科目，按照已计提的减值准备，借记"长期投资减值准备"科目，按照所处置的长期股权投资的账面余额，贷记"长期股权投资"科目，按照未领取的现金股利，贷记"其他应收款"科目，按照其差额，借记或贷记"投资收益"科目。

【例 11-10】 某民间非营利组织对某企业投资，采用成本法核算。被投资企业宣告股利分配方案，民间非营利组织分得的股利为 100 000 元，款项尚未收到。

借：其他应收款	100 000	
贷：投资收益		100 000

【例 11-11】 某民间非营利组织对某企业投资，占其股份的 40%，采用权益法核算投资收益。该企业报表显示本年实现净利润 1 000 000 元，民间非营利组织应享有的收益份额为 400 000 元。

借：长期股权投资	400 000	
贷：投资收益		400 000

【例 11-12】 某民间非营利组织对某企业投资，"长期股权投资"科目账面余额为 100 000 元，未提跌价准备。现转让投资，取得转让款 120 000 元。

借：银行存款	120 000	
贷：投资收益		20 000
长期股权投资		100 000

3. 长期债权投资收益的核算

长期债权投资是民间非营利组织购入的 1 年内不能变现或不准备随时变现的债券和其他债权投资。长期债权投资的收益应当在其持有期间和处置时确认。(1) 在长期债权投资的持有期间，应当按照票面价值与票面利率按期计算确认利息收入，如为到期一次还本付息的长期债权投资，应借记"长期债权投资——债券投资——应收利息"科目，贷记"投资收益"科目；如为分期付息、到期还本的长期债权投资，借记"其他应收款"科目，贷记"投资收益"科目。长期债权投资的初始投资成本与债券面值之间的差额，应当在债券存续期间，按照直线法于确认相关债券利息收入时摊销。如果初始投资成本高于债券面值，按照应当分摊的金额，借记"投资收益"科目，贷记"长期债权投资"科目；如果初始投资成本低于债券面值，按照应当分摊的金额，借记"长期债权投资"科目，贷记"投资收益"科目。(2) 处置长期债权投资时，按照实际取得的价款，借记"银行存款"等科目，按照已计提的减值准备，借记"长期投资减值准备"科目，按照所处置的长期债权投资的账面余额，贷记“长期债权投资”科目，按照未领取的利息，贷记“其他应收款”科目或“长期债权投资——债券投资——应收利息”科目，按照其差额，借记或贷记“投资收益”科目。

【例 11－13】 某民间非营利组织持有期限为 3 年，年利率为 5%，票面价值为 200 000 元的债券，该债券到期一次还本付息。经过计算，本年应计利息为 10 000 元。

借：长期债权投资——债券投资——应收利息　10 000

　贷：投资收益　10 000

【例 11－14】 一年后，某民间非营利组织转让上述债券。转让时债券的账面价值为 200 000 元，应收利息为 10 000 元。收到转让价款 215 000 元。

借：银行存款　215 000

　贷：投资收益　5 000

　　长期债权投资——债券投资——面值　200 000

　　　　　　　　　　　　　　——应收利息　10 000

三、非交换交易收入

（一）非交换交易收入的确认

非交换交易是民间非营利组织通过非交换交易取得的收入。在非交换交易中，某一主体取得资产、获得服务或解除债务时，不必向交易对方支付等值或大致等值的现金，或者提供等值或大致等值的货物、服务等，或者某一主体在对外提供货物、服务等时，没有收到等值或大致等值的现金、货物等。民间非营利组织会计的许多收入是通过非交换交易形式取得的，并不需要以交换作为前提条件。非交换交易收入主要包括捐赠收入、政府补助收入、会费收入和总部拨款收入。会费收入属于非交换交易收入，因为会员交纳的会费并不要求与会员服务完全相对应。

非交换交易收入的确认首先需要符合收入的定义，同时满足非交换交易收入的确认条件。非交换交易收入应当在同时满足下列条件时予以确认：(1) 与交易相关的含有经济利益或者服务潜力的资源能够流入民间非营利组织并为其所控制，或者相关的债务能够得到解除；(2) 交易能够引起净资产的增加；(3) 收入的金额能够可靠地计量。

（二）捐赠收入的核算

捐赠收入是民间非营利组织接受其他单位或者个人捐赠所取得的收入。社会上许多组织或个人以向非营利组织捐赠现款、财物等形式，支持社会公益事业的发展，实现其从事公益事业的愿望。捐赠收入是民间非营利组织的一项重要收入，占总收入的较大比重。慈善机构、基金会等机构以捐赠收入为主要收入来源。

民间非营利组织会计设置“捐赠收入”科目，核算民间非营利组织接受其他单位或者个人捐赠所取得的收入。捐赠收入需要区分为限定性捐赠收入和非限定性捐赠收入。如果资产捐赠者对所捐赠资产设置了用途限制和（或）时间限制，则应将其确认为限定性捐赠收入；否则，应确认为非限定性捐赠收入。限定性捐赠收入要求设立专户进行专项核算，按捐赠的限制条件使用。

民间非营利组织接受捐赠，应当在满足规定的收入确认条件时确认捐赠收入。一般情况下，应当在收到捐赠资产或取得资产的控制权时确认收入。捐赠收入的确认应当注意以下三个问题。第一，受托代理业务收到的资产不确认为捐赠收入。民间非营利组织因接受委托代为管理的资产，并不能导致净资产的增加，不能满足收入的确认条件。第二，捐赠承诺不确认为捐赠收入。民间非营利组织收到捐赠承诺时，并不确信经济资源能够流入组织，数额也不能可靠地计量，不能满足收入的确认条件。第三，劳务捐赠不确认为捐赠收入。志愿者向民间非营利组织提供的无偿劳务，可以减少费用支出，但其数额无法可靠计量，也不符合收入的确认条件。劳务捐赠应当在会计报表附注中披露。捐赠收入的主要账务处理如下。

1. **接受现金资产捐赠**

民间非营利组织因接受捐赠所得的现金资产，应当按照实际收到的金额，借记“现金”“银行存款”，贷记“捐赠收入”科目及其明细科目。

【例 11-15】 某民间非营利组织为基金会，收到慈善捐赠款 100 000 元，限定用于开展所有精准扶贫项目，捐赠款项已经到账。

借：银行存款	100 000	
贷：捐赠收入——限定性收入		100 000

【例 11-16】 某民间非营利组织为民办学校，收到校友捐赠款 60 000 元，用于学校的教育事业发展，捐赠款项已经到账。

借：银行存款	60 000	
贷：捐赠收入——非限定性收入		60 000

【例 11-17】 某民间非营利组织为民办教育机构，与某企业达成协议，该企业承诺出资 600 000 元，用于资助一项教育发展项目，款项分两次支付。

（1）收到的第一笔款项 300 000 元确认为捐赠收入，另外 300 000 元为捐赠承诺，暂不确认收入。

借：银行存款	300 000	
贷：捐赠收入——限定性收入		300 000

（2）收到第二笔款项 200 000 元，另外 100 000 元该企业声明不再支付。

借：银行存款	200 000	
贷：捐赠收入——限定性收入		200 000

【例 11-18】 某民间非营利组织为志愿者协会，招募志愿者 5 人，协助公益事业宣传工作。由于志愿者工作无须支付劳动报酬，每月可节省的人工费用估计为 8 000 元。

此为劳务捐赠，不确认为捐赠收入，应当在会计报表附注中进行相关披露。

2. **接受非现金资产捐赠**

民间非营利组织因接受捐赠所得的非现金资产，如接受捐赠的短期投资、存货、长期投资、固定资产和无形资产等，应当按照以下方法确定其入账价值。

（1）如果捐赠方提供了有关凭据（如发票、报关单、有关协议等），应当按照凭据上标明的金额作为入账价值。如果凭据上标明的金额与受赠资产公允价值相差较大，受赠资产应当以其公允价值作为入账价值。《民间非营利组织会计制度》并未就凭据上标明金额与公允价值之间差额的阈值做出明确规定，民间非营利组织可以制定相应的会计政策，根据实际情况进行判断。例如，有确凿证据表明凭据上注明的金额高于受赠资产同类或类似资产的市场价格30%或达不到其70%的，应当以同类或类似资产的市场价格确定成本。

（2）如果捐赠方没有提供有关凭据，受赠资产应当以其公允价值作为入账价值。公允价值是指在公平交易中，熟悉情况的交易双方自愿进行资产交换或者债务清偿的金额，其确定顺序是：第一，如果同类或者类似资产存在活跃市场，应当按照同类或者类似资产的市场价格确定公允价值。市场价格是指取得资产当日捐赠方自产物资的出厂价、捐赠方所销售物资的销售价、政府指导价、知名大型电商平台同类或者类似商品价格等。第二，如果同类或类似资产不存在活跃市场，或者无法找到同类或者类似资产，应当采用合理的计价方法确定资产的公允价值，由第三方机构进行估价等。

（3）在按规定应当采用公允价值的情况下，如果有确凿的证据表明资产的公允价值确实无法可靠计量，则民间非营利组织应当设置辅助账，单独登记所取得资产的名称、数量、来源、用途等情况，并在会计报表附注中进行相关披露。

接受非现金资产捐赠，按照应确认的金额，借记“短期投资”“存货”“长期股权投资”“长期债权投资”“固定资产”“无形资产”等科目，贷记“捐赠收入”科目及其明细科目。接受非现金资产捐赠时发生的应归属其自身的相关税费、运输费等，应当计入当期费用，借记“筹资费用”科目，贷记“银行存款”等科目。接受捐赠资产的有关凭据或公允价值以外币计量的，应当按照取得资产当日的市场汇率将外币金额折算为人民币金额记账。当汇率波动较小时，也可以采用当期期初的汇率进行折算。

【例11-19】 某民间非营利组织为民办学校，收到捐赠的一批计算机设备，发票标明其价值为80 000元，用于改善学校的办公条件。

借：固定资产	80 000	
贷：捐赠收入——非限定性收入		80 000

【例11-20】 某民间非营利组织为民办医院，收到捐赠的一台医疗设备，限定用于疫情防控。捐赠方没有提供证明其价值的相关凭证。经查询，捐赠方在公开市场销售该医疗设备的价格为100 000元。

借：固定资产	100 000	
贷：捐赠收入——限定性收入		100 000

【例11-21】 某民间非营利组织为教育基金会，因接受捐赠收到一批教学用品，限定用于所开展的教育发展项目。捐赠方提供的发票标明其价值为200 000元。通过查询知名大型电商平台，其价值为150 000元。因发票的金额与受赠资产公允价值相差较大，以其公允价值作为入账价值。

借：存货	150 000	
贷：捐赠收入——限定性收入		150 000

3. 限定性解除

如果限定性捐赠收入的限制在确认收入的当期得以解除，应当将其转为非限定性捐赠收入，借记“捐赠收入”科目的“限定性收入”明细科目，贷记“捐赠收入”科目的“非限定性收入”明细科目。

【例 11－22】 3 月 1 日，某民间非营利组织因接受捐赠收到一批计算机设备，发票标明其价值为 50 000 元，限制在 6 个月内用于指定的公益性用途，期满后可自行处理。

(1) 3 月 1 日，收到捐赠设备。

借：固定资产　　50 000

　　贷：捐赠收入——限定性收入　　50 000

(2) 9 月 1 日，约定的限定时间 6 个月已经期满，将其账面价值 45 000 元转为非限定性收入。

借：捐赠收入——限定性收入　　45 000

　　贷：捐赠收入——非限定性收入　　45 000

对于接受的附条件捐赠，如果存在需要偿还全部或部分捐赠资产或者相应金额的现时义务，比如因无法满足捐赠所附条件而必须将部分捐赠款退还给捐赠人时，不冲减已经确认的捐赠收入，应当按照需要偿还的金额，借记“管理费用”科目，贷记“其他应付款”等科目。

小链接 11－2

民间非营利组织接受捐赠，应当遵循《中华人民共和国公益事业捐赠法》。《中华人民共和国公益事业捐赠法》包括总则、捐赠和受赠、捐赠财产的使用和管理、优惠措施、法律责任和附则共六章内容。

中华人民共和国公益事业捐赠法

（三）政府补助收入的核算

政府补助收入是民间非营利组织因政府资助而取得的收入。政府为支持社会公益事业的发展，通过财政拨款补助的方式，向民间非营利组织提供资助。例如，有些地方政府对非政府举办的养老院按床位数量提供定额补助，有些地方政府对民营研究机构提供专项科研资助。

民间非营利组织会计应当设置“政府补助收入”科目，核算民间非营利组织因政府拨款或者政府机构给予补助而取得的收入。民间非营利组织的政府补助收入，需要区分为限定性补助收入和非限定性补助收入。如果政府对其所提供的补助设置了用途限制和（或）时间限制，应将其确认为限定性补助收入；否则，应确认为非限定性补助收入。限定性补助收入要求设立专户进行专项核算，按政府的限制条件使用。

民间非营利组织接受政府补助，应当在满足规定的收入确认条件时确认政府补助收入。政府补助收入的形式一般为现款补助，会计确认与计量的方法较为简单，在满足规定的收入确认条件时确认，按实际收到的金额计量。如果政府用现款以外的其他实物资产进行补助，需要采用与捐赠资产相同的计量方法计量。需要注意的是，政府向民间非营利组织提供款项，同时从民间非营利组织取得商品或劳务，属于交换交易，不确认为政府补助收入，而确认为商品销售收入或提供服务收入。

接受政府补助时，按照应确认的金额借记“现金”“银行存款”等科目，贷记“捐赠收入”科目及其明细科目。

【例 11－23】 某民间非营利组织为养老院，收到政府提供的补助款 150 000 元，用于资助其开展公益事业。款项已经到账。

借：银行存款　　150 000

　贷：政府补助收入——非限定性收入　　150 000

【例 11－24】 某民间非营利组织为研究机构，收到政府提供的补助款 100 000 元，用于资助某专项课题研究。款项已经到账。

借：银行存款　　100 000

　贷：政府补助收入——限定性收入　　100 000

（四）会费收入的核算

会费收入是民间非营利组织根据章程的规定向会员收取的费用。一些社会团体，如各种协会、学会、联合会、研究会、联谊会、促进会、商会等，以会员的形式发展成员，以收取会费的形式取得收入，为会员提供相应的服务。

民间非营利组织会计应当设置“会费收入”科目，核算民间非营利组织根据章程等规定向会员收取的会费收入。一般情况下，民间非营利组织的会费收入为非限定性收入，相关资产提供者对资产的使用设置限制的除外。

民间非营利组织收取的会费与提供的会员服务不直接对应，所以会费收入属于非交换交易收入。会费收入应当满足非交换交易收入的确认条件，在按章程规定应当收取时确认。会费一般以现款的形式按年度收取，在规定的收费时间内应当收到而尚未收到的会费，可以按权责发生制的要求确认为会费收入。预收的下年度会费不得确认为本期会费收入，应通过预收账款核算。民间非营利组织在业务活动中以提供服务为代价收取的会费属于交换交易收入，不确认为会费收入，应当通过“提供服务收入”科目核算。

【例 11－25】 某民间非营利组织为协会组织，根据章程规定，每年 3 月会员应交纳会费。

（1）到截止日，已经收到会费 80 000 元，存入银行。经查明，会员欠交会费 20 000 元。

借：银行存款　　80 000

　　应收账款　　20 000

　贷：会费收入——非限定性收入　　100 000

（2）收到会员所欠会费 20 000 元。

借：银行存款　　20 000

　贷：应收账款　　20 000

【例 11－26】 某民间非营利组织收到会员一次性交纳的今明两年会费共计 2 000 元，已经存入银行。

（1）收到会费时：

借：银行存款　　2 000

　贷：会费收入——非限定性收入　　1 000

　　　预收账款　　1 000

（2）次年，将会员预交的会费转为收入：

借：预收账款　　1 000

　贷：会费收入——非限定性收入　　1 000

（五）总部拨款收入的核算

总部拨款收入是根据财政部2020年6月印发的《〈民间非营利组织会计制度〉若干问题的解释》（财会〔2020〕9号）增设的会计科目，主要针对境外非政府组织在中国境内依法登记设立的代表机构。境外非政府组织是指在境外合法成立的基金会、社会团体、智库机构等非营利、非政府的社会组织。境外非政府组织可以在经济、教育、科技、文化、卫生、体育、环保等领域和济困、救灾等方面依法开展有利于公益事业发展的活动。根据《中华人民共和国境外非政府组织境内活动管理法》，境外非政府组织在中国境内开展活动，应当依法登记设立代表机构，在登记的业务范围和活动地域内开展活动。总部拨款是境外非政府组织代表机构的重要资金来源。境外非政府组织代表机构应当执行中国统一的会计制度，财务会计报告应当经中国境内会计师事务所审计。

执行《民间非营利组织会计制度》的境外非政府组织代表机构应当增设“总部拨款收入”科目，核算从其总部取得的拨款收入。一般情况下，总部拨款收入为非限定性收入，除非境外非政府组织总部对拨款设置了限制。

境外非政府组织代表机构取得总部拨款收入时，按照取得的金额，借记“现金”“银行存款”等科目，贷记“总部拨款收入”科目。以外币获得的总部拨款收入，应当按照收入确认当日（或当期期初）的市场汇率将收取的外币折算为人民币金额。

【例11-27】 某境外非政府组织代表机构收到其总部拨来的款项100 000美元，当日美元市场汇率（USD/CNY）为6.459 8。

借：银行存款　　645 980

　贷：总部拨款收入——非限定性收入　　645 980

四、其他收入

（一）其他收入的内容

其他收入是民间非营利组织在主要业务活动以外从其他方面取得的收入。民间非营利组织的主要业务活动收入包括捐赠收入、会费收入、提供服务收入、商品销售收入、政府补助收入、投资收益、总部拨款收入等，除主要业务活动收入以外的收入确认为其他收入。民间非营利组织会计的其他收入主要包括确实无法支付的应付款项、存货盘盈收入、固定资产盘盈收入、固定资产处置净收入、无形资产处置净收入等。

（二）其他收入的核算

民间非营利组织会计应当设置“其他收入”科目，核算民间非营利组织除主要业务活动收入以外的收入。一般情况下，民间非营利组织的其他收入为非限定性收入，相关资产的提供者对资产的使用设置限制的除外。其他收入是否属于交换交易收入，应当根据其经济业务是否具有交易性来判断。

其他收入在确信经济利益能够流入民间非营利组织，且收入的金额能够可靠地计量的条件下确认。对于现金、存货、固定资产等盘盈，在按管理权限报经批准后，借记“现金”“存货”“固定资产”“文物文化资产”等科目，贷记“其他收入”科目。对于固定资产处置净收入，借记“固定资产清理”科目，贷记“其他收入”科目。对于无形资产处置净收入，按照实际取得的价款，借记“银行存款”等科目，按照该项无形资产的账面余额，贷记“无形资产”科目，按照其差额，贷记“其他收入”科目。对于确认无法支付的应付款项，借记“应付账款”等科目，贷记“其他收入”科目。

【例 11-28】 某民间非营利组织进行财产清查，盘盈存货一批，其重置成本为 6 500 元。

借：存货	6 500	
贷：其他收入——非限定性收入		6 500

【例 11-29】 某民间非营利组织报废一台设备，转入固定资产清理。清理结束后，固定资产清理账户存在贷方余额 3 000 元，转为其他收入。

借：固定资产清理	3 000	
贷：其他收入——非限定性收入		3 000

【例 11-30】 某民间非营利组织确认一项无法支付的应付款项 50 000 元，将其转为其他收入。

借：应付账款	50 000	
贷：其他收入——非限定性收入		50 000

第三节　费用的核算

民间非营利组织要求加强成本管理，准确核算业务活动成本与各项期间费用，以便提供反映受托责任履行情况的会计信息。本节介绍费用的内容与分类，讲解各项费用的账务处理方法。

一、费用的确认与内容

（一）费用的确认

费用是指民间非营利组织为开展业务活动所发生的、能够导致本期净资产减少的经济利益或者服务潜力的流出。民间非营利组织会计应当严格按照费用的定义确认各项费用，费用具有以下两项主要特征：第一，费用是民间非营利组织经济利益或者服务潜力的流出。费用是由流出事项引发的，民间非营利组织是从事公益性活动的社会组织，费用的发生不但包括经济利益的流出，还应当包括服务潜力的流出。没有形成经济利益或者服务潜力流出的事项，不能确认为费用。第二，费用会导致民间非营利组织本期净资产的减少。费用的最终结果是导致净资产的减少，费用在表现为经济利益或者服务潜力流出的同时，会引起资产的减少，或负债的增加，并最终导致本期净资产的减少。不能减少本期净资产的各项流出，不能确认为费用。

民间非营利组织会计应当严格按照费用的定义确认各项费用，对于不符合费用定义要求的事项，不得确认为费用。民间非营利组织以权责发生制为基础确认各项费用。

（二）费用的内容

民间非营利组织的费用包括业务活动成本、管理费用、筹资费用和其他费用。

（1）业务活动成本是指民间非营利组织为了实现其业务活动目标，开展其项目活动或者提供服务所发生的费用。

（2）管理费用是指民间非营利组织为组织和管理其业务活动所发生的各项费用。

（3）筹资费用是指民间非营利组织为筹集业务活动所需要的资金而发生的费用。

（4）其他费用是指民间非营利组织发生的，无法归属于上述业务活动成本、管理费用或者筹资费用的费用。

民间非营利组织的某些费用如果属于多项业务活动或者属于业务活动、管理活动和筹资活动等共同发生的，而且不能直接归属于某一类活动，应当将这些费用按照合理的方法在各项活动中进行分配。

（三）费用的分类

按照归属的对象不同，民间非营利组织的费用分为成本费用和期间费用。

1. 成本费用

成本费用是民间非营利组织开展项目活动所发生的费用，主要包括业务活动成本。成本费用应当按照所开展的业务活动项目进行归集，以便进行成本核算与管理。民间非营利组织的某些费用如果属于多项业务活动或者属于业务活动、管理活动和筹资活动等共同发生的，而且不能直接归属于某一类活动，应当按照合理的方法在各项活动中进行分配。

2. 期间费用

期间费用是民间非营利组织本期发生的、不能直接或间接归入业务活动成本的各项费用，包括管理费用、筹资费用和其他费用。期间费用应当按照会计期间进行归集，不计入所开展的项目活动成本。

民间非营利组织的费用一般不需要区分限定性费用和非限定性费用。民间非营利组织如果存在限定性收入，需要在“捐赠收入”“政府补助收入”等科目中设置明细科目进行核算，但发生的各项费用并不需要按限定性设置明细科目与其对应。期末，民间非营利组织应当将本期发生的各项费用结转至净资产项下的非限定性净资产，作为非限定性净资产的减项，再将限定条件已经解除的净资产从限定性净资产转入非限定性净资产，作为非限定性净资产的增项。

二、业务活动成本

（一）业务活动成本的内容

业务活动成本是指民间非营利组织为了实现其业务活动目标，开展其项目活动或者提供服务所发生的费用。业务活动成本可以分为提供服务成本和商品销售成本。教学成本、医疗成本等为提供服务成本，刊物发行成本、药品成本为商品销售成本。业务活动成本的构成内容主要包括业务活动中发生的人工费用、材料费用和其他费用。

业务活动成本是民间非营利组织的一个成本核算类科目，民间非营利组织主要业务活动发生的各项耗费均需要计入业务活动成本，以便考核各活动项目的耗费情况。民间非营利组织可以根据业务的开展情况和管理的要求设置成本项目。如果民间非营利组织从事的项目、提供的服务或者开展的业务比较单一，可以将相关费用全部归集在业务活动成本项目下进行核算和列报。如果民间非营利组织从事的项目、提供的服务或者开展的业务种类较多，应当在业务活动成本项目下分别按项目、服务或者业务大类进行核算和列报。如果民间非营利组织既从事提供服务活动，又从事商品销售活动，需要分提供服务成本和商品销售成本两个成本项目类别核算。如果各种活动项目下又设置了许多具体项目，则需要按具体项目进行成本核算。

（二）业务活动成本的核算

民间非营利组织会计应当设置“业务活动成本”科目，核算民间非营利组织为了实现其业务活动目标，开展其项目活动或者提供服务所发生的费用。民间非营利组织应当根据单位的业务实际情况和管理的要求，设置业务活动成本项目。

对于本期发生的业务活动成本，按照实际支付或应当支付的金额，借记“业务活动成本”科目，贷记“现金”“银行存款”“存货”“应付账款”等科目。

【例 11-31】 某民间非营利组织为培训学校，为举办注册会计师全国统一考试的考前辅导班，发生业务费用 5 000 元，以存款支付。

借：业务活动成本——注册会计师培训项目	5 000	
贷：银行存款		5 000

【例 11-32】 某民间非营利组织为民营医院，月末结转已销药品进价成本 30 000 元。

借：业务活动成本——药品进价成本	30 000	
贷：存货		30 000

【例 11-33】 某民间非营利组织为行业协会，为会员提供服务发生费用 4 000 元，款项尚未支付。

借：业务活动成本——提供服务成本	4 000	
贷：应付账款		4 000

三、管理费用

（一）管理费用的内容

管理费用是指民间非营利组织为组织和管理其业务活动所发生的各项费用。管理费用是除主要业务活动以外的耗费，主要发生在民间非营利组织的管理活动中，在发生时作为期间费用计入当期费用，不要求进行成本核算。

管理费用的内容包括民间非营利组织的董事会（理事会或者类似权力机构）经费和行政管理人员的工资、奖金、福利费、住房公积金、住房补贴、社会保障费、离退休人员工资及补助，以及办公费、水电费、邮电费、物业管理费、差旅费、折旧费、修理费、租赁费、无形资产摊销费、资产盘亏损失、资产减值损失、因预计负债而产生的损失、聘请中介机构费和应偿还的受赠资产等。工资、奖金、办公费、水电费等费用应当按实际支出的数额列支，折旧费、无形资产摊销费、资产减值损失等在按规定的标准提取时列支，福利费应当按照董事会、理事会或类似权力机构规定的标准列支。

（二）管理费用的核算

民间非营利组织会计应当设置“管理费用”科目，核算民间非营利组织为组织和管理其业务活动所发生的各项费用。“管理费用”科目应当按照管理费用的种类设置明细账，进行明细核算。民间非营利组织可以根据具体情况编制管理费用明细表，以满足内部管理等有关方面的信息需要。

对于本期发生的应计入管理费用的各项费用，按照实际支付或应当支付的金额，借记“管理费用”科目，贷记“现金”“银行存款”“待摊费用”“应付工资”“应交税金”等科目。对于因提取资产减值准备而确认的资产减值损失，借记“管理费用”科目，贷记相关资产减值准备科目。

【例 11-34】 某民间非营利组织为民办学校，经计算本月应付工资为 100 000 元，其中管理人员工资为 30 000 元，注册会计师项目培训教师工资为 70 000 元。

借：管理费用——工资	30 000	
业务活动成本——注册会计师项目	70 000	
贷：应付工资		100 000

【例 11-35】 某民间非营利组织为民办医院，医院管理部门发生办公费用 2 000 元，以银行存款转账支付。

借：管理费用——办公费用	2 000	
贷：银行存款		2 000

【例 11-36】 某民间非营利组织月末根据应收账款的余额，按规定比率计提坏账准备 6 000 元。

借：管理费用——坏账准备	6 000	
贷：坏账准备		6 000

四、筹资费用

（一）筹资费用的内容

筹资费用是指民间非营利组织为筹集业务活动所需资金而发生的费用。民间非营利组织从事公益服务活动，需要通过一定方式筹集资金，在筹集资金的过程中会发生一定的费用支出。筹资费用是民间非营利组织的一项重要费用，特别是慈善机构、基金会、扶贫组织等社会公益组织，其筹资费用所占的比例较大。筹资费用是民间非营利组织的一项期间费用，在发生时计入当期费用。

民间非营利组织的筹资费用包括在筹资过程中发生的各种耗费，主要内容包括：

（1）为了获得捐赠资产而发生的费用，包括举办募款活动费，准备、印刷和发放募款宣传资料费，以及其他与募款或者争取捐赠资产有关的费用。民间非营利组织取得代理资产所发生的费用不计入筹资费用。根据《〈民间非营利组织会计制度〉若干问题的解释》（财会〔2020〕9 号）的规定，民间非营利组织接受非现金资产捐赠时发生的应归属于其自身的相关税费、运输费等，应当计入筹资费用。

（2）应当计入当期费用的借款费用。借款费用是民间非营利组织因借款而发生的利息费用、手续费等。筹资费用仅包括计入当期费用的借款费用。与购建固定资产有关的借款费用，在办理竣工决算之前发生的应当计入资产价值，不计入筹资费用。银行存款产生的利息收入，冲减筹资费用。

（3）汇兑损失。如果民间非营利组织有外币业务，购入或出售外汇时，因汇率不同而产生的价差，以及期末按规定汇率折算外币账户余额所产生的价差，为汇兑损失或汇兑收益。若为汇兑收益，冲减筹资费用。

（二）筹资费用的核算

民间非营利组织会计应当设置“筹资费用”科目，核算民间非营利组织为筹集业务活动所需资金而发生的费用。筹资费用应当在发生时按其发生额计入当期费用。“筹资费用”科目应当按照筹资费用的种类设置明细账，进行明细核算。

对于本期发生的筹资费用，按照实际支付或应当支付的金额，借记“筹资费用”科目，贷记“预提费用”“银行存款”“长期借款”等科目。发生的应冲减筹资费用的利息收入、汇兑收益，借记“银行存款”“长期借款”等科目，贷记“筹资费用”科目。

【例 11-37】 某民间非营利组织为慈善基金会，该基金会为募集善款进行宣传活动，发生费用 4 000 元，以银行存款转账支付。

借：筹资费用——宣传费用	4 000	
贷：银行存款		4 000

【例 11-38】 某民间非营利组织长期借款本期应计利息为 6 000 元，对其进行预提。

借：筹资费用——利息费用	6 000	
贷：预提费用		6 000

【例 11-39】 某民间非营利组织月末按银行公布的外币汇率调整外币存款账户余额，产生汇兑收益 5 000 元。

借：银行存款——外币　　5 000

　贷：筹资费用——汇兑收益　　5 000

五、其他费用

（一）其他费用的内容

其他费用是指民间非营利组织发生的、无法归属于上述费用的其他各项费用。民间非营利组织发生的有些费用无法归属于上述业务活动成本、管理费用或者筹资费用，需要通过“其他费用”科目核算。其他费用是民间非营利组织的一项期间费用，在发生时计入当期费用。民间非营利组织其他费用的内容主要包括固定资产处置净损失、无形资产处置净损失等。

根据《〈民间非营利组织会计制度〉若干问题的解释》（财会〔2020〕9 号）的规定，民间非营利组织从事受托代理业务时发生的应归属于其自身的相关税费、运输费等，应当计入其他费用；民间非营利组织按规定出资设立与实现本组织业务活动目标不相关的民间非营利组织的，相关出资金额计入其他费用。

（二）其他费用的核算

民间非营利组织会计应当设置“其他费用”科目，核算民间非营利组织发生的各项其他费用。其他费用应当在发生时按其发生额计入当期费用。

发生的固定资产处置净损失按固定资产清理账户的借方余额，借记“其他费用”科目，贷记“固定资产清理”科目。发生的无形资产处置净损失，按照实际取得的价款，借记“银行存款”等科目，按照该项无形资产的账面余额，贷记“无形资产”科目，按照其差额，借记“其他费用”科目。

【例 11-40】 某民间非营利组织进行某项固定资产清理，清理结束后，“固定资产清理”科目借方余额为 4 000 元。

借：其他费用——固定资产清理损失　　4 000

　贷：固定资产清理　　4 000

【例 11-41】 某民间非营利组织为民办行业协会，经批准出资 100 000 元设立文化服务中心，款项已经通过银行账户转出。

借：其他费用——出资设立文化服务中心　　100 000

　贷：银行存款　　100 000

第四节　资产的核算

资产是民间非营利组织开展业务活动的基础，可以为民间非营利组织带来经济利益或服务潜力，提高其公益活动水平。本节介绍资产的内容与分类，简要讲解各项资产的账务处理方法。

一、资产的确认与内容

（一）资产的确认

资产是指过去的交易或者事项形成的并由民间非营利组织拥有或者控制的资源，该资源预期会给民间非营利组织带来经济利益或者服务潜力。民间非营利组织会计的资产应当具有以下特征：第一，资产是由过去的交易或事项形成的。资产必须是现时的资产，而不能是预期的资产，是由过去已经发生的交易或事项产生的结果。尚未发生的未来交易或事项可能产生的结果，不属于现在的资产，不得作为资产确认。第二，资产是民间非营利组织拥有或控制的。一项资源如果确认为民间非营利组织的资产，要求民间非营利组织拥有其所有权或控制权，能够按自己的意愿使用、支配或处置，这样才能从中获得经济利益或者服务潜力。如果民间非营利组织不能拥有或控制该项资源，实质上并没有取得该项资产，不得将其作为资产确认。第三，资产预期能够给民间非营利组织带来经济利益和服务潜力。资产是一项经济资源，要求能够在未来为民间非营利组织增加经济利益或服务潜力。经济利益可能导致民间非营利组织净现金流的增加，服务潜力可能导致民间非营利组织服务能力的提高。同时，资产要求能够以货币的形式可靠地计量。

（二）资产的内容

民间非营利组织的资产按其流动性分为流动资产、非流动资产和受托代理资产。

（1）流动资产是指预期可在 1 年内（含 1 年）变现或者耗用的资产，包括现金、银行存款、其他货币资金、短期投资、短期投资跌价准备、应收票据、应收账款、其他应收款、坏账准备、预付账款、存货、存货跌价准备、待摊费用等。

（2）非流动资产是指变现或者耗用周期在 1 年以上（不含 1 年）的资产，包括长期投资、固定资产、文物文化资产、在建工程、无形资产等。

（3）受托代理资产是指民间非营利组织接受委托方委托从事受托代理业务而收到的资产。

二、流动资产

（一）货币资产的核算

民间非营利组织的货币资产包括现金、银行存款和其他货币资金。

1. 现金

民间非营利组织会计设置“现金”科目，核算民间非营利组织的库存现金。民间非营利组织应当严格按照国家有关现金管理的规定收支现金，并严格按照会计制度规定核算现金的各项收支业务。

2. 银行存款

民间非营利组织会计设置“银行存款”科目，核算民间非营利组织存入银行或其他金融机构的存款。民间非营利组织应当严格按照国家有关支付结算办法，正确地进行银行存款收支业务的结算，并按照会计制度规定核算银行存款的各项收支业务。

3. 其他货币资金

民间非营利组织会计设置“其他货币资金”科目，核算民间非营利组织的外埠存款、银行汇票存款、银行本票存款、信用卡存款、信用证保证金存款、存出投资款（或者存入其他金融机构的款项）等各种其他货币资金。

【例 11-42】 某民间非营利组织接受捐赠收到一张支票，金额为 6 000 元。现将收到的支票连同填制的进账单送交开户银行，取得银行盖章的收款凭证。

借：银行存款	6 000	
贷：捐赠收入		6 000

（二）短期投资的核算

民间非营利组织会计设置“短期投资”科目，核算民间非营利组织持有的能够随时变现并且持有时间不准备超过 1 年（含 1 年）的投资，包括股票、债券投资等。短期投资在取得时应当按照投资成本计量。短期投资的利息或现金股利应当于实际收到时冲减投资的账面价值。期末应当对短期投资是否发生减值进行检查，如果短期投资的市价低于其账面价值，应当计提短期投资跌价准备。

【例 11-43】 某民间非营利组织购买 6 个月期的债券，通过银行转账支付款项 120 000 元。

借：短期投资	120 000	
贷：银行存款		120 000

（三）应收及预付款项的核算

民间非营利组织的应收及预付款项包括应收票据、应收账款、其他应收款和预付账款。

1. 应收票据

民间非营利组织会计设置“应收票据”科目，核算民间非营利组织因销售商品、提供服务等而收到的商业汇票，包括银行承兑汇票和商业承兑汇票。到期不能收回的应收票据，应将其账面余额转入“应收账款”科目。

2. 应收账款

民间非营利组织会计设置“应收账款”科目，核算民间非营利组织因销售商品、提供服务等主要业务活动，应当向会员、购买单位或接受服务单位等收取但尚未实际收到的款项。民间非营利组织应当定期或者至少于每年年度终了，对应收账款进行全面检查，计提应收账款的坏账准备。

3. 其他应收款

民间非营利组织会计设置“其他应收款”科目，核算民间非营利组织除应收票据、应收账款以外的其他各项应收、暂付款项，包括应收股利、应收利息、应向职工收取的各种垫付款项、职工借款、应收保险公司赔款等。民间非营利组织应当定期或者至少于每年年度终了，对其他应收款进行全面检查，计提其他应收款的坏账准备。

4. 预付账款

民间非营利组织会计设置“预付账款”科目，核算民间非营利组织预付给商品供应单位或者服务提供单位的款项。预付账款一般不计提坏账准备，如果由于供货单位破产、撤销等原因已无望收到所购货物，应当先将其转入其他应收款，然后按规定计提坏账准备。

【例 11－44】 某民间非营利组织月初向某单位提供一项咨询服务，价款为 2 500 元。咨询服务已经于当月完成，但款项尚未收到。

借：应收账款——某单位	2 500	
贷：提供服务收入——咨询服务		2 500

（四）存货的核算

民间非营利组织会计设置“存货”科目，核算民间非营利组织在日常业务活动中持有以备出售或捐赠的，或者为了出售或捐赠仍处在生产过程中的，或者将在生产、提供服务或日常管理过程中耗用的材料、物资、商品等，包括材料、库存商品、委托加工材料，以及达不到固定资产标准的工具、器具等。

存货在取得时，应当以其实际成本入账。存货成本包括采购成本、加工成本和其他成本。存货在发出时，应当根据实际情况采用个别计价法、先进先出法或者加权平均法，确定发出存货的实际成本。期末，应当对存货是否发生减值进行检查。如果存货的可变现净值低于其账面价值，应当按照可变现净值与账面价值的差额计提存货跌价准备，确认存货跌价损失并计入当期费用。

【例 11－45】 某民间非营利组织购买材料一批，价值 52 000 元，款项尚未支付。

借：存货	52 000	
贷：应付账款		52 000

三、非流动资产

（一）固定资产的核算

民间非营利组织会计设置“固定资产”科目，核算民间非营利组织固定资产的原价。固定资产是指同时具有以下特征的有形资产：（1）因行政管理、提供服务、生产商品或者出租目的而持有；（2）预计使用年限超过 1 年；（3）单位价值较高。

固定资产在取得时，应当按取得时的实际成本入账。取得时的实际成本包括买价、包装费、运输费、缴纳的有关税金等相关费用，以及为使固定资产达到预定可使用状态必要的支出。固定资产在使用期间，应当按期计提固定资产折旧，折旧方法包括年限平均法、工作量法、双倍余额递减法和年数总和法。与固定资产有关的后续支出，如果延长了固定资产的使用寿命，或者使服务质量实质性提高，或者使商品成本实质性降低，则应当计入固定资产账面价值。固定资产出售、报废或者毁损，或以其他方式处置时，应当转入“固定资产清理”科目。固定资产应当定期或者至少每年实地盘点一次，盘盈的固定资产应当按照其公允价值入账，并计入当期收入；盘亏的固定资产在减去过失人或者保险公司等赔款和残料价值之后计入当期费用。期末，如果固定资产发生重大的减值，应当增设“固定资产减值准备”科目，计提固定资产减值准备。

【例 11-46】 某民间非营利组织购入一台计算机设备，价款为 12 750 元，款项通过银行转账支付。该设备不需要安装，已经交付，货款已付。

借：固定资产——计算机	12 750	
贷：银行存款		12 750

（二）在建工程的核算

民间非营利组织会计设置“在建工程”科目，核算民间非营利组织已经发生必要支出，但尚未完工交付使用的各种建筑工程、安装工程、技术改造工程的实际成本。

在建工程应当按照实际发生的支出确定其工程成本。对于自营工程，按照直接材料、直接人工、直接机械使用费等确定其成本。对于出包工程，按照应支付的工程价款等确定其成本。为购建固定资产而发生的专门借款的借款费用在规定的允许资本化的期间内，应当按照专门借款的借款费用的实际发生额予以资本化，计入在建工程成本。所购建的固定资产已达到预定可使用状态时，应将在建工程成本转入固定资产核算。

【例 11-47】 某民间非营利组织购入一台网络服务器，价款为 65 200 元，款项通过银行转账支付。该设备需要安装，预计工期为 20 天。

借：在建工程——服务器安装工程	65 200	
贷：银行存款		65 200

（三）文物文化资产的核算

民间非营利组织设置“文物文化资产”科目，核算民间非营利组织文物文化资产的原价。文物文化资产是指用于展览、教育或研究等目的的历史文物、艺术品以及其他具有文化或者历史价值并将长期或者永久保存的典藏等。

文物文化资产是一项特殊资产，这类资产价值较高、寿命很长，不但不会像固定资产那样发生损耗，还可能会产生增值。民间非营利组织将文物文化资产与固定资产进行了区分，分别设置会计科目进行核算。文物文化资产的核算方法与固定资产基本相同，只是不必计提折旧。在资产负债表中，应当单列文物文化资产项目予以反映。文物文化资产在取得时，应当按照取得时的实际成本入账。处置文物文化资产时，应当将所处置文物文化资产的账面余额转入“固定资产清理”科目。

【例 11-48】 某民间非营利组织为博物馆，接受捐赠一件历史文物，参照市场价值为 520 000 元。

借：文物文化资产	520 000	
贷：捐赠收入——非限定性收入		520 000

（四）无形资产的核算

民间非营利组织设置“无形资产”科目，核算民间非营利组织无形资产的原价。无形资产是指民间非营利组织为开展业务活动、出租给他人或因管理目的而持有的没有实物形态的非货币性长期资产，包括专利权、非专利技术、商标权、著作权、土地使用权等。

无形资产在取得时，应当按照取得时的实际成本入账。无形资产的成本应在预计使用年限、合同规定的受益年限或法律规定的有效年限内分期平均摊销。如果合同没有规定受益年限，法律也没有规定有效年限，则摊销期不应超过 10 年。处置无形资产时，应当将实际取得的价款与该项无形资产的账面价值之间的差额，计入当期收入或者费用。期末，如果无形资产发生重大的减值，应当增设“无形资产减值准备”科目，计提无形资产减值准备。

【例 11－49】 某民间非营利组织购入一项文艺作品的著作权，支付著作权所有人款项 68 000 元，以及相关税费 3 400 元。款项通过银行转账支付。

借：无形资产——著作权	71 400	
贷：银行存款		71 400

（五）长期投资的核算

民间非营利组织的长期投资包括长期股权投资和长期债权投资。

1. 长期股权投资

民间非营利组织会计设置“长期股权投资”科目，核算民间非营利组织持有时间准备超过 1 年（不含 1 年）的各种股权性质的投资，包括长期股票投资和其他长期股权投资。长期股权投资在取得时，应当将取得时的实际成本作为初始投资成本。长期股权投资应当区分不同情况，分别采用成本法或者权益法核算。

如果民间非营利组织对被投资单位没有控制、共同控制和重大影响，长期股权投资应当采用成本法进行核算。采用成本法核算时，被投资单位经股东大会或者类似权力机构批准宣告发放的利润或现金股利，作为当期投资收益。

如果民间非营利组织对被投资单位具有控制、共同控制或重大影响，长期股权投资应当采用权益法进行核算。对于接受股权捐赠形成的表决权、分红权与股权比例不一致的长期股权投资，民间非营利组织应当根据会计制度的规定，并结合经济业务实质，判断是否对被投资单位具有控制、共同控制或重大影响关系。采用权益法核算时，按应当享有或应当分担的被投资单位当年实现的净利润或发生的净亏损的份额调整投资账面价值，并作为当期投资损益。按根据被投资单位宣告分派的利润或现金股利计算分得的部分，减少投资账面价值。

期末，民间非营利组织应当对长期股权投资是否发生减值进行检查。如果长期股权投资的可收回金额低于其账面价值，应当按照可收回金额与账面价值的差额计提长期投资减值准备。

根据《〈民间非营利组织会计制度〉若干问题的解释》（财会〔2020〕9 号）的规定，民间非营利组织按规定出资设立其他民间非营利组织，不属于长期股权投资。设立与实现本组织业务活动目标相关的民间非营利组织的，相关出资金额记入“业务活动成本”

科目；设立与实现本组织业务活动目标不相关的民间非营利组织的，相关出资金额记入“其他费用”科目。

【例 11－50】 某民间非营利组织与某公司签订投资协议，以银行存款 500 000 元对该公司进行股权投资，取得该公司 15％的股权。

借：长期股权投资——某公司——投资成本	500 000	
贷：银行存款		500 000

2. 长期债权投资

民间非营利组织会计设置“长期债权投资”科目，核算民间非营利组织购入的在 1 年内（不含 1 年）不能变现或不准备随时变现的债券和其他债权投资。长期债权投资在取得时，应当将取得时的实际成本作为初始投资成本。

长期债权投资应当按照票面价值与票面利率按期计算确认利息收入。长期债权投资的初始投资成本与债券面值之间的差额，应当在债券存续期间，按照直线法于确认相关债券利息收入时予以摊销。期末，民间非营利组织应当对长期债权投资是否发生减值进行检查。如果长期债权投资的可收回金额低于其账面价值，应当按照可收回金额与账面价值的差额计提长期投资减值准备。

【例 11－51】 某民间非营利组织以 224 000 元的价格购入国债，该国债为 5 年期，于 2 年前发行，面值为 200 000 元，票面利率为 6％，到期一次还本付息。

借：长期债权投资——债券投资——债券面值	200 000	
——应收利息	24 000	
贷：银行存款		224 000

四、受托代理资产

（一）受托代理资产的内容

受托代理资产是民间非营利组织接受委托方委托从事受托代理业务而收到的资产。在受托代理过程中，民间非营利组织通常只是从委托方收到受托资产，并按照委托人的意愿将资产转赠给指定的其他组织或者个人。民间非营利组织本身只是在委托代理过程中起中介作用，无权改变受托代理资产的用途或者变更受益人。需要注意的是，民间非营利组织的受托代理业务不同于捐赠业务，受托代理资产的受益人并非民间非营利组织，而是委托人指定的第三方。

受托代理业务是民间非营利组织的一项经常性业务，特别是一些基金会、慈善机构会接受其他社会机构或个人的委托，将相关资产按委托人的意愿转赠给指定的受益人。按惯例，民间非营利组织可以按一定比例从受托代理资产中提取一定数额的费用，用于受托代理业务的开支。民间非营利组织收到的受托代理资产，可以是现金、银行存款，也可以是物资、设备等。

根据《〈民间非营利组织会计制度〉若干问题的解释》（财会〔2020〕9 号）的规定，受托代理业务是指有明确的转赠或者转交协议，或者虽然无协议但同时满足以下条件的业务：一是民间非营利组织在取得资产的同时即产生了向具体受益人转赠或转交资产的现时义务，不会导致自身净资产的增加。二是民间非营利组织仅起到中介而非主导发起作用，帮助委托人将资产转赠或转交给指定的受益人，并且没有权利改变受益人和资产的用途。三是委托人已明确指出具体受益人个人的姓名或受益单位的名称，包括从民间非营利组织提供的名单中指定一个或若干个受益人。

（二）受托代理资产的核算

民间非营利组织会计设置“受托代理资产”科目，核算民间非营利组织接受委托而收到的资产。民间非营利组织受托代理资产的确认和计量比照接受捐赠资产的确认和计量原则处理。在确认一项受托代理资产时，应当同时确认一项受托代理负债。如果收到的受托代理资产为货币资金，可以不通过本科目核算，而在“现金”“银行存款”“其他货币资金”科目下，设置“受托代理资产”明细科目进行核算。从事受托代理业务时发生的应归属于其自身的相关税费、运输费等，不计入受托代理资产的价值。

【例 11－52】 某民间非营利组织接受某企业委托，将一批价值 50 000 元的教学设备和现款 30 000 元转赠西部地区某学校，用于帮助其改善教学条件。

（1）收到受托资产时：

借：受托代理资产——教学设备	50 000	
银行存款——受托代理资产	30 000	
贷：受托代理负债——某学校		80 000

（2）转赠受托代理资产时：

借：受托代理负债——某学校	80 000	
贷：受托代理资产——教学设备		50 000
银行存款——受托代理资产		30 000

第五节　负债的核算

民间非营利组织在开展业务活动中会承担一定数额的债务。本节介绍负债的内容与分类，简要讲解各项负债的账务处理方法。

一、负债的确认与内容

（一）负债的确认

负债是指过去的交易或者事项形成的现时义务，履行该义务预期会导致含有经济利益或者服务潜力的资源流出民间非营利组织。负债应当具有以下特征：第一，负债是民间非营利组织承担的现时义务。负债作为民间非营利组织承担的一种义务，是过去已经发生的交易或事项产生的结果，是由过去的交易或事项形成的、现已承担的义务。民间非营利组织未来可能会承担的义务，不作为负债进行确认。第二，负债义务的履行会导致民间非营利组织的经济利益或服务潜力的流出。负债是民间非营利组织必须履行的一项义务，需要按期清偿。无论以哪种方式履行该义务，最终都会导致经济利益或者服务潜力的流出。如以资产偿还债务，会导致资产减少，经济利益流出民间非营利组织。民间非营利组织应当加强负债的会计核算与管理，控制财务风险，保持良好的财务状况。

（二）负债的内容

民间非营利组织的负债按其流动性分为流动负债、非流动负债和受托代理负债等。

（1）流动负债是指将在1年内（含1年）偿还的负债，包括短期借款、应付及预收款项和其他流动负债。

（2）非流动负债是指偿还期限在1年以上（不含1年）的负债，包括长期借款、长期应付款和其他长期负债。

（3）受托代理负债是指民间非营利组织因从事受托代理交易、接受受托代理资产而产生的负债。

民间非营利组织可能会因或有事项而产生负债。或有事项是指过去的交易或者事项形成的一种状况，其结果须通过未来不确定事项的发生或者不发生予以证实。如果与或有事项相关的义务符合负债的特征，并且金额能够可靠地计量，即可将其确认为一项负债，并在资产负债表中单列该项目予以反映。

二、流动负债

（一）短期借款的核算

民间非营利组织会计设置“短期借款”科目，核算民间非营利组织向银行或其他金融机构等借入的期限在1年以下（含1年）的各种借款。

短期借款在借入时，按照实际借得的金额入账。短期借款在归还时，按照还款的金额冲销。短期借款应当按照借款本金和确定的利率按期计提利息，计入当期筹资费用。

【例11-53】 某民间非营利组织从工商银行××分行取得借款150 000元，期限为6个月，年利率为6%。

借：银行存款	150 000	
贷：短期借款——工商银行××分行		150 000

（二）应付及预收款项的核算

民间非营利组织的应付及预收款项包括应付票据、应付账款、预收账款、应付工资、应交税金、其他应付款等。

1. 应付票据

民间非营利组织会计设置“应付票据”科目，核算民间非营利组织因购买材料、商品和接受服务供应等而开出、承兑的商业汇票，包括银行承兑汇票和商业承兑汇票。

2. **应付账款**

民间非营利组织会计设置"应付账款"科目，核算民间非营利组织因购买材料、商品和接受服务供应等而应付给供应单位的款项。

3. **预收账款**

民间非营利组织会计设置"预收账款"科目，核算民间非营利组织向服务和商品购买单位预收的各种款项。

4. **应付工资**

民间非营利组织会计设置"应付工资"科目，核算民间非营利组织应付给职工的工资总额，包括各种工资、奖金、津贴等。

5. **应交税金**

民间非营利组织会计设置"应交税金"科目，核算民间非营利组织按照有关国家税法规定应当缴纳的各种税费，包括增值税、所得税、房产税、个人所得税等。

6. **其他应付款**

民间非营利组织会计设置"其他应付款"科目，核算民间非营利组织应付、暂收其他单位或个人的款项，如应付经营租入固定资产的租金等。

【例 11-54】 某民间非营利组织开展一项咨询服务，预先向某单位收取款项 8 500 元，咨询服务尚未完成。

借：银行存款	8 500	
贷：预收账款——某单位		8 500

（三）其他流动负债的核算

民间非营利组织的其他流动负债包括预提费用、预计负债等。

1. **预提费用**

民间非营利组织会计设置"预提费用"科目，核算民间非营利组织按照规定预先提取的已经发生但尚未支付的费用，如预提的租金、保险费、借款利息等。

2. **预计负债**

民间非营利组织会计设置"预计负债"科目，核算民间非营利组织对因或有事项产生的现时义务而确认的负债，包括因对外提供担保、商业承兑票据贴现、未决诉讼等确认的负债。

【例 11-55】 某民间非营利组织因捐赠款项使用问题与捐赠方发生纠纷，捐赠方向法院提起诉讼，要求的赔偿金额为 72 000 元。经法律咨询，该民间非营利组织败诉的可能性较大。

借：管理费用	72 000	
贷：预计负债——未决诉讼		72 000

三、非流动负债

（一）长期借款的核算

民间非营利组织会计设置"长期借款"科目，核算民间非营利组织向银行或其他金融机构借入的期限在1年以上（不含1年）的各项借款。

长期借款在借入时，按照实际借得的金额入账。长期借款在归还时，按照还款的金额冲销。长期借款的借款费用应当在发生时计入当期费用，但为购建固定资产而发生的专门借款的借款费用在规定的允许资本化的期间内，应当按照专门借款的借款费用的实际发生额予以资本化，计入在建工程成本。

【例11-56】 某民间非营利组织因业务发展的需要，从中国银行××分行借款500 000元，期限为3年，年利率为8%。

借：银行存款	500 000	
贷：长期借款——中国银行××分行		500 000

（二）长期应付款的核算

民间非营利组织会计设置“长期应付款”科目，核算民间非营利组织的各项长期应付款项，如融资租入固定资产的租赁费，以及以跨年度分期付款购入固定资产的价款等。

【例11-57】 某民间非营利组织购入一台设备。该设备的价款为48 000元，取得设备时支付价款24 000元，其余款项于次年支付。该设备不需要安装，已经通过验收。

借：固定资产	48 000	
贷：银行存款		24 000
长期应付款——设备款		24 000

四、受托代理负债

民间非营利组织会计设置“受托代理负债”科目，核算民间非营利组织因从事受托代理业务、接受受托代理资产而产生的负债。受托代理负债与受托代理资产相对应，在收到受托代理资产的同时确认受托代理负债，在转出受托代理资产的同时冲销受托代理负债。

【例11-58】 某民间非营利组织根据委托代理协议，将一批价值50 000元的教学设备转赠西部地区某学校，用于帮助其改善教学条件。

借：受托代理负债——某学校	50 000	
贷：受托代理资产——教学设备		50 000

第六节 净资产的核算

净资产是民间非营利组织某一时点的资产净额，体现业务活动的结果。本节介绍净资产的内容与分类，简要讲解各项净资产的账务处理方法。

一、净资产的确认与内容

（一）净资产的确认

民间非营利组织的净资产是指资产减去负债后的余额，是民间非营利组织拥有的资产净值。由于民间非营利组织的资源提供者不享有该组织的所有权，其净资产归属社会，净资产不能称为所有者权益。净资产的确认依赖资产、负债的确认，净资产的数额取决于资产和负债的计量结果。

净资产＝资产－负债

本期净资产变动额＝本期收入－本期费用

期末净资产＝期初净资产＋本期净资产变动额

根据《〈民间非营利组织会计制度〉若干问题的解释》（财会〔2020〕9 号）的规定，社会团体、基金会、社会服务机构等非营利组织设立时取得的注册资金，应当直接计入净资产。

（二）净资产的内容

由于民间非营利组织的收入分为限定性收入和非限定性收入，净资产应当按照其是否受到限制，分为限定性净资产和非限定性净资产。所谓限制，是指由民间非营利组织之外的资产提供者或者国家有关法律、行政法规设置的关于资产使用的限制性条款。

1. 限定性净资产

如果资产或者资产所产生的经济利益的使用受到资产提供者或者国家有关法律、行政法规所设置的时间限制或（和）用途限制，则由此形成的净资产即为限定性净资产。

（1）限定主体。限定性净资产的限定主体包括资产提供者和国家的法律、行政法规两个方面。第一，资产提供者的限定。资产提供者在向民间非营利组织提供资产时，可能会提出一定的限制条件，规定资产的用途或使用时间。第二，国家法律、行政法规的限定。国家可以通过制定一些法律、行政法规对净资产进行限制，如规定在净资产中按一定比例提取发展基金等。限定主体不包括民间非营利组织自身，民间非营利组织的董事会、理事会或类似权力机构对净资产的使用所做的限定性决策、决议或拨款限额等，属于民间非营利组织内部管理上对资产使用所做的限制，不确认为限定性净资产。

（2）限定条件。限定性净资产的限定条件包括时间限定、用途限定和时间与用途双重限定三种情况。第一，时间限定是指资产提供者或者国家有关法律、行政法规要求民间非营利组织在收到资产后的特定时期之内或特定日期之后使用该项资产，或者对该项资产的使用设置了永久限制。第二，用途限定是指资产提供者或者国家有关法律、行政法规要求民间非营利组织将收到的资产用于某一特定的用途。该用途限制应当比民间非营利组织的宗旨、目的或章程等关于资产使用的要求更为具体和明确。第三，时间与用途双重限定是指一项净资产同时存在时间和用途两项限制条件，要求该项资产在规定的时间内用于特定的用途。

2. **非限定性净资产**

如果资产或者资产所产生的经济利益的使用没有受到资产提供者或者国家有关法律、行政法规所设置的时间限制或（和）用途限制，则由此形成的净资产即为非限定性净资产。民间非营利组织的净资产中，除限定性净资产之外的净资产即为非限定性净资产。

二、净资产的重新分类

（一）限定性净资产转为非限定性净资产

民间非营利组织取得资产时，如果资产提供者或者国家有关法律、行政法规设置了时间限制或用途限制，则该项资产所形成的净资产已经确认为限定性净资产。如果限定性净资产的限制已经解除，应当对净资产进行重新分类，将限定性净资产转为非限定性净资产。

当存在下列情况之一时，可以认为限定性净资产的限制已经解除，需要将限定性净资产转为非限定性净资产。第一，被限定的净资产的限制时间已经到期。如果资产的限制条件为时间限制，当限制时间已经达到规定的期限，资产的限定条件解除。第二，被限定的净资产的规定用途已经实现或者目的已经达到。如果资产的限制条件为用途限制，则在已经按资产提供者的意愿运用资产，或者已经实现限定资产所要达到的目的时，资产的限定条件解除。第三，资产提供者或者国家有关法律、行政法规撤销了所设置的限制。如果资产的限制条件为国家法律、法规限制，限制所依据的规定已经撤销，则资产的限定条件解除。如果限定性净资产受到两项或两项以上的限制，则只有在最后一项限制解除时，才能认为该项限定性净资产的限制已经解除。

根据《〈民间非营利组织会计制度〉若干问题的解释》（财会〔2020〕9号）的规定，民间非营利组织应当区分以下限制解除的不同情况，在规定的时间内确定将限定性净资产转为非限定性净资产的金额。

（1）资产提供者或者国家有关法律、行政法规仅设置时间限制的净资产。对于要求在收到资产后的特定时期之内使用该项资产而形成的限定性净资产，应当在相应期间之内按照实际使用的相关资产金额转为非限定性净资产。对于要求在收到资产后的特定日期之后使用该项资产而形成的限定性净资产，应当在该特定日期全额转为非限定性净资产。

（2）资产提供者或者国家有关法律、行政法规仅设置用途限制的净资产。对于设置用途限制而形成的限定性净资产，应当在使用时按照实际用于规定用途的相关资产金额转为非限定性净资产。与限定性净资产相关的固定资产、无形资产，应当按照会计制度的规定计提折旧或计提摊销。其中，对固定资产、无形资产仅设置用途限制的，应当自取得该资产开始，按照计提折旧或计提摊销的金额，分期将相关限定性净资产转为非限定性净资产。在处置固定资产、无形资产时，应当将尚未重分类的相关限定性净资产全额转为非限定性净资产。

（3）资产提供者或者国家有关法律、行政法规设置时间和用途双重限制的净资产。

如果要求在特定时期之内或特定日期之后将限定性净资产用于特定用途，应当在相应期间之内或相应日期之后按照实际用于规定用途的相关资产金额转为非限定性净资产。其中，要求在收到固定资产、无形资产后的某个特定时期之内将该项资产用于特定用途的，应当在该规定时期内，对相关限定性净资产金额按期平均分摊，转为非限定性净资产。要求在收到固定资产、无形资产后的某个特定日期之后将该项资产用于特定用途的，应当在特定日期之后，自资产用于规定用途开始，在资产预计剩余使用年限内，对相关限定性净资产金额按期平均分摊，转为非限定性净资产。

对于资产提供者或者国家有关法律、行政法规撤销对限定性净资产所设置限制的，应当在撤销时全额转为非限定性净资产。

（二）非限定性净资产转为限定性净资产

资产提供者或者国家有关法律、行政法规对以前期间未设置限制的资产增加限制时，应当将相关非限定性净资产转为限定性净资产。

民间非营利组织取得资产时，如果资产提供者或者国家有关法律、行政法规没有设置时间限制或用途限制，则该项资产所形成的净资产已经确认为非限定性净资产。在后续的期间，若民间非营利组织与资产提供者签订补充协议，追加了限制条款，则应当在协议条款生效时将该项资产所形成的非限定净资产转为限定性净资产。或者国家颁布新的法律、行政法规，对民间非营利组织的非限定净资产增加了限制，也应当在新的法律、行政法规实施时将其转为限定性净资产。

三、限定性净资产

（一）限定性净资产的内容

限定性净资产是存在一定限制条件的净资产。限定性净资产主要来源于以下三个方面。第一，民间非营利组织设立时取得的注册资金。如果其使用受到时间限制或用途限制，在取得时直接计入限定性净资产。第二，资产提供者提供的限定性净资产。如果资产提供者对提供的资产进行了时间限制或用途限制，或者提供的资产受国家法律、行政法规限制，所形成的净资产为限定性净资产。第三，对净资产的使用进行的设置。民间非营利组织根据国家的规定，从净资产中按一定比例提取发展基金，也会形成限定性净资产。

（二）限定性净资产的核算

民间非营利组织会计设置“限定性净资产”科目，核算民间非营利组织限定性净资产的增减变化情况。民间非营利组织会计应当在期末进行限定性净资产结转，反映最终形成的限定性净资产数额。

限定性净资产的主要账务处理如下：

（1）收到有时间限制或用途限制的注册资金时，按照实际收到的金额，借记“银行存款”等科目，贷记“限定性净资产”科目。

(2) 期末，将各收入类科目所属“限定性收入”明细科目的余额转入“限定性净资产”科目，借记“捐赠收入——限定性收入”“政府补助收入——限定性收入”等科目，贷记“限定性净资产”科目。

(3) 如果限定性净资产的限制已经解除，应当对净资产进行重新分类，将限定性净资产转为非限定性净资产，按照实际使用的相关资产金额或者实际发生的相关费用金额，借记“限定性净资产”科目，贷记“非限定性净资产”科目。对以前期间未设置限制的资产增加限制时，将非限定性净资产转为限定性净资产，按照增加限制的金额，借记“非限定性净资产”科目，贷记“限定性净资产”科目。

(4) 如果因调整以前会计期间收入、费用项目而涉及调整限定性净资产，应当就需要调整的金额，借记或贷记有关科目，贷记或借记“限定性净资产”科目。

【例 11-59】 某行业协会按照《社会团体登记管理条例》的规定设立，收到举办单位提供的注册资金 100 000 元，限定用于行业协会筹建支出。

借：银行存款	100 000	
贷：限定性净资产		100 000

【例 11-60】 期末，某民间非营利组织“捐赠收入——限定性收入”科目余额为 650 000 元，将其转入“限定性净资产”科目。

借：捐赠收入——限定性收入	650 000	
贷：限定性净资产		650 000

【例 11-61】 某民间非营利组织因会计差错，误将上一年度应计入捐赠收入的款项 50 000 元计入了受托代理负债，应予以调整所涉及的限定性净资产。

借：受托代理负债	50 000	
贷：限定性净资产		50 000

四、非限定性净资产

（一）非限定性净资产的内容

非限定性净资产是不存在任何限制条件的净资产。非限定性净资产主要来源于以下三个方面。第一，民间非营利组织设立时取得的注册资金。如果其使用没有受到时间限制和用途限制，在取得时直接计入非限定性净资产。第二，资产提供者提供的非限定性净资产。如果资产提供者没有对提供的资产设定限制条件，所形成的净资产为非限定性净资产。第三，交换交易产生的结余形成的非限定性净资产。民间非营利组织在交换交易中取得的各项收入一般为非限定性收入，主要包括提供服务收入、商品销售收入、投资收益等，在业务活动中会有资金耗费，主要包括业务活动成本、管理费用、筹资费用等。一定时期内非交换交易收入与费用之间的差额所形成的结余，增加非限定性净资产。

（二）非限定性净资产的核算

民间非营利组织会计设置“非限定性净资产”科目，核算民间非营利组织非限定性净资产的增减变化情况。民间非营利组织应当在期末将当期非限定性收入的实际发生额、当期费用的实际发生额和当期由限定性净资产转为非限定性净资产的金额转入“非限定性净资产”科目。

非限定性净资产的主要账务处理如下：

(1) 收到没有限制条件的注册资金时，按照实际收到的金额，借记“银行存款”等科目，贷记“非限定性净资产”科目。

(2) 期末，将各收入类科目所属“非限定性收入”明细科目的余额转入“非限定性净资产”科目，借记“捐赠收入——非限定性收入”“政府补助收入——非限定性收入”“会费收入”“提供服务收入”“商品销售收入”“投资收益”“总部拨款收入”“其他收入”等科目，贷记“非限定性净资产”科目。同时，将各费用类科目的余额转入“非限定性净资产”科目，借记“非限定性净资产”科目，贷记“业务活动成本”“管理费用”“筹资费用”“其他费用”等科目。

(3) 如果限定性净资产的限制已经解除，应当对净资产进行重新分类，将限定性净资产转为非限定性净资产，借记“限定性净资产”科目，贷记“非限定性净资产”科目。对以前期间未设置限制的资产增加限制时，将非限定性净资产转为限定性净资产，借记“非限定性净资产”科目，贷记“限定性净资产”科目。

(4) 如果因调整以前会计期间的收入、费用类项目而涉及调整非限定性净资产，应当就需要调整的金额，借记或贷记有关科目，贷记或借记“非限定性净资产”科目。

【例 11-62】 某民间非营利组织为新设立的基金会，收到举办单位提供的注册资金 500 000 元，没有设置使用限制。

借：银行存款　　500 000

　贷：非限定性净资产　　500 000

【例 11-63】 期末，某民间非营利组织“提供服务收入”科目余额为 580 000 元，全部为非限定性收入，将其转入“非限定性净资产”科目。

借：提供服务收入——非限定性收入　　580 000

　贷：非限定性净资产　　580 000

【例 11-64】 某民间非营利组织经过审计，发现上一年度少提固定资产折旧 20 000 元，应调整所涉及的非限定性净资产。

借：非限定性净资产　　20 000

　贷：累计折旧　　20 000

五、净资产的期末结转

民间非营利组织会计应当在期末进行净资产结转的账务处理。为编制月度会计报表，净资产结转的账务处理通常在月末进行，至少应当在年末完成净资产的结转工作。结转的程序如下。

(一) 限定性收入的结转

期末，将本期限定性收入结转至净资产项下的“限定性净资产”科目。将捐赠收入和政府补助收入中属于限定性收入的余额转入限定性净资产账户的贷方，如果其他各收入类账户也存在限定性收入的余额，也需要一并转入。

（二）非限定性收入的结转

期末，将本期非限定性收入结转至净资产项下的“非限定性净资产”科目。将“会费收入”“商品销售收入”“提供服务收入”“投资收益”“总部拨款收入”“其他收入”等科目的余额转入非限定性净资产账户的贷方。如果上述各科目中存在限定性收入，则需要剔除。

（三）费用的结转

期末，将本期发生的各项费用结转至净资产项下的“非限定性净资产”科目。将“业务活动成本”“管理费用”“筹资费用”“其他费用”的科目余额转入“非限定性净资产”科目的借方。需要注意的是，民间非营利组织会计的费用不需要区分为限定性费用和非限定性费用，全部费用均转入“非限定性净资产”科目。

（四）净资产的重新分类

期末，对本期的净资产进行重新分类。首先，确定限定性净资产中已经解除限定的数额，包括限制时间已经到期、用途或目的已经实现、法规已经撤销等几种情况，把本期已经解除限定的限定性净资产数额转到非限定性净资产账户中。其次，确定非限定性净资产中增加限定的数额，如果资产提供者或者国家有关法律、行政法规对以前期间未设置限制的资产增加了限制，则把本期增加限定的非限定性净资产数额转到限定性净资产账户中。经过上述处理，限定性净资产和非限定性净资产账户的余额即为最终的余额，反映净资产账户的变动过程和结果。

【例 11－65】 某民间非营利组织 20×1 年 12 月结账前，“限定性净资产”科目期初贷方余额为 80 000 元，“非限定性净资产”科目期初贷方余额为 120 000 元。各收入、费用类账户余额如表 11－2 所示。表中没有区分限定性和非限定性的各项收入，均为非限定性收入。

表 11－2　收入、费用类账户余额表　　单位：元

费用	金额	收入	金额
1. 业务活动成本	8 000 000	1. 捐赠收入	1 000 000
2. 管理费用	1 000 000	其中：限定性收入	300 000
3. 筹资费用	300 000	非限定性收入	700 000
4. 其他费用	500 000	2. 会费收入	
		3. 政府补助收入	200 000
		其中：限定性收入	150 000
		非限定性收入	50 000
		4. 提供服务收入	6 000 000
		5. 商品销售收入	3 000 000
		6. 投资收益	500 000
		7. 总部拨款收入	
		8. 其他收入	100 000
费用合计	9 800 000	收入合计	10 800 000

（1）期末，将本期限定性收入结转至净资产项下的“限定性净资产”科目。

借：捐赠收入——限定性收入　300 000
　　政府补助收入——限定性收入　150 000
　贷：限定性净资产　450 000

经过上述处理，“限定性净资产”科目的本期贷方发生额为450 000元，是本期限定性收入的金额，并非最终限定性净资产的账户余额。

（2）期末，将本期非限定性收入结转至净资产项下的“非限定性净资产”科目。

借：捐赠收入——非限定性收入　700 000
　　政府补助收入——非限定性收入　50 000
　　提供服务收入　6 000 000
　　商品销售收入　3 000 000
　　投资收益　500 000
　　其他收入　100 000
　贷：非限定性净资产　10 350 000

经过上述处理，“非限定性净资产”科目的本期贷方发生额为10 350 000元，是本期非限定性收入的金额，并非最终非限定性净资产的账户余额。

（3）期末，将本期发生的各项费用结转至净资产项下的“非限定性净资产”科目。

借：非限定性净资产　9 800 000
　贷：业务活动成本　8 000 000
　　　管理费用　1 000 000
　　　筹资费用　300 000
　　　其他费用　500 000

经过上述处理，“非限定性净资产”科目的借方发生额为9 800 000元，为本期全部费用的金额，需要后续进行重新分类。

（4）对本期的净资产进行重新分类。期末，对限定性净资产的限定情况进行分析，限制时间已经到期的限定性项目实际使用的相关资产金额及实际发生的相关费用金额为200 000元，用途已经实现的限定性项目实际使用的相关资产金额及实际发生的相关费用金额为100 000元，将本期已经解除限制的限定性净资产300 000元转为非限定性净资产。

借：限定性净资产　300 000
　贷：非限定性净资产　300 000

经过上述处理，“限定性净资产”科目的本期贷方发生额为450 000元，本期借方发生额为300 000元，本期限定性净资产增加额为150 000元，再加上“限定性净资产”科目的期初余额80 000元，“限定性净资产”科目的年末余额为230 000元。“非限定性净资产”科目的本期贷方发生额为10 650 000元（10 350 000元和300 000元的合计数），本期借方发生额为9 800 000元，本期非限定性净资产增加额为850 000元，再加上“非限定性净资产”科目的期初余额120 000元，“非限定性净资产”科目的年末余额为970 000元。

第七节　民间非营利组织的财务报告

民间非营利组织需要定期编制财务报告，向民间非营利组织的会计信息使用者提供有用的会计信息。本节介绍财务报告的内容，讲解财务报告的编制方法。

一、财务报告的含义与内容

（一）财务报告的含义

财务会计报告简称财务报告，是反映民间非营利组织财务状况、业务活动情况和现金流量的书面文件。民间非营利组织会计需要以日常的会计资料为依据编制财务报告，以书面形式反映民间非营利组织的总体情况。

民间非营利组织编制财务报告的目的是为财务报告使用者提供有用的会计信息。民间非营利组织财务报告的使用者包括内部使用者和外部使用者。外部使用者是民间非营利组织财务报告的主要使用者，主要包括资源提供者、服务对象、债权人、政府和社会监管部门。他们关心民间非营利组织财务资源的运用情况，要求披露反映受托责任履行情况的会计信息。所以，民间非营利组织财务报告是对外披露的报告，是为外部信息使用者提供的总结性书面文件。《民间非营利组织会计制度》规定，民间非营利组织的年度财务会计报告至少应当于年度终了后 4 个月内对外提供。如果民间非营利组织被要求对外提供中期财务报告，应当在规定的时间内对外提供。

根据财政部、民政部 2011 年 12 月发布的《关于加强和完善基金会注册会计师审计制度的通知》的要求，基金会应当于每年 3 月 31 日前向登记管理机关报送上一年度经注册会计师审计的年度财务会计报告和会计师事务所出具的审计报告，接受年度检查；同时将年度财务会计报告在登记管理机关指定的统一信息公开平台上公布，接受社会公众的查询和监督。

（二）财务报告的内容

民间非营利组织的财务报告由会计报表、会计报表附注和财务情况说明书三部分组成。

（1）会计报表是以表格形式概括反映民间非营利组织财务状况、业务活动情况和现金流量的书面文件，主要包括资产负债表、业务活动表和现金流量表及附表。

（2）会计报表附注是对会计报表内容所做的补充说明与详细解释，目的是便于会计报表使用者理解会计报表的内容。会计报表及附注构成财务报表。

（3）财务情况说明书是对一定会计期间民间非营利组织的财务状况和业务情况进行总结的书面报告。

民间非营利组织的财务报告按编制时间划分，分为年度财务报告和中期财务报告。

年度财务报告是以整个会计年度为基础编制的财务报告。以短于一个完整的会计年度的期间（如半年度、季度和月度）编制的财务报告称为中期财务报告。民间非营利组织在编制中期财务报告时，应当采用与编制年度财务报告相一致的确认与计量原则。中期财务报告的内容相对于年度财务报告而言可以适当简化，但仍应保证包括与理解中期期末财务状况和中期业务活动情况及现金流量相关的重要财务信息。

二、会计报表的编制

（一）资产负债表

资产负债表是反映民间非营利组织会计期末财务状况的报表。通过资产负债表，可以了解民间非营利组织的资产总额及构成情况，分析资产的变化趋势；可以了解民间非营利组织的负债总额及构成情况，分析其偿债能力；可以了解民间非营利组织的净资产总额及构成情况，分析净资产的来源渠道。资产负债表由表首标题、编报项目、栏目及金额组成。

1. 表首标题

资产负债表的表首标题包括报表名称、编号（会民非 01 表）、编制单位、编表时间和金额单位等内容。资产负债表反映民间非营利组织在某一时点的财务状况，属于静态报表，需要注明是××××年××月××日的报表。按编报时间的不同，资产负债表分为月度资产负债表和年度资产负债表。

2. 编报项目

资产负债表的编报项目包括资产、负债和净资产三个会计要素，按资产（左侧）和负债与净资产（右侧）排列，按资产等于负债加净资产平衡。资产项目按其流动性分别以流动资产、长期投资、固定资产、无形资产和受托代理资产的顺序排列；负债项目按其流动性分别以流动负债、长期负债和受托代理负债的顺序排列；净资产项目分别以非限定性净资产、限定性净资产的顺序排列。

3. 栏目及金额

资产负债表包括“期末数”和“年初数”两栏数字。“期末数”栏的数额根据本期各账户的期末余额直接填列，或分析、计算后填列；“年初数”栏的数额根据上年年末资产负债表“期末数”栏内的数字填列。

民间非营利组织的资产负债表的格式如表 11－3 所示。

表 11－3 资产负债表

会民非 01 表

编制单位： ______年______月______日 单位：元

资产	行次	年初数	期末数	负债和净资产	行次	年初数	期末数
流动资产：				流动负债：			
货币资金	1			短期借款	61		
短期投资	2			应付款项	62		
应收款项	3			应付工资	63		

续表

资产	行次	年初数	期末数	负债和净资产	行次	年初数	期末数
预付账款	4			应交税金	65		
存货	8			预收账款	66		
待摊费用	9			预提费用	71		
一年内到期的长期债权投资	15			预计负债	72		
其他流动资产	18			一年内到期的长期负债	74		
流动资产合计	20			其他流动负债	78		
				流动负债合计	80		
长期投资：							
长期股权投资	21			长期负债：			
长期债权投资	24			长期借款	81		
长期投资合计	30			长期应付款	84		
				其他长期负债	88		
固定资产：				长期负债合计	90		
固定资产原值	31						
减：累计折旧	32			受托代理负债：			
固定资产净值	33			受托代理负债	91		
在建工程	34						
文物文化资产	35			负债合计	100		
固定资产清理	38						
固定资产合计	40						
无形资产：							
无形资产	41			净资产：			
				非限定性净资产	101		
受托代理资产：				限定性净资产	105		
受托代理资产	51			净资产合计	110		
资产总计	60			负债和净资产总计	120		

（二）业务活动表

业务活动表是反映民间非营利组织某一时期业务活动情况的报表。业务活动表可以全面反映业务活动收入、费用的总额及构成，以及限定性净资产和非限定性净资产的增减变化数额，是评价民间非营利组织运营业绩的重要依据。业务活动表由表首标题、编报项目、栏目及金额组成。

1. 表首标题

业务活动表的表首标题包括报表名称、编号（会民非 02 表）、编制单位、编表时间和金额单位等内容。由于业务活动表反映事业单位在某一时期的业务活动情况，属于动态报表，因此需要注明报表所属的期间，如××××年××月、××××年度。按编报时间的不同，业务活动表分为月度业务活动表和年度业务活动表。

2. 编报项目

业务活动表采用上下分步列示结构，按照“收入”“费用”“限定性净资产转为非限定性净资产”“净资产变动额”的顺序上下排列，分为“非限定性”“限定性”“合计”三列。基本关系式为：

净资产变动额合计＝收入总额－费用总额

＝限定性净资产变动额＋非限定性净资产变动额

限定性净资产变动额＝限定性收入总额－限定性净资产转为非限定性净资产数额

非限定性净资产变动额＝非限定性收入总额－费用总额＋限定性净资产转为非限定性净资产数额

3. 栏目及金额

业务活动表包括“本年累计数”和“本月数”两列数字。“本年累计数”反映各项目自年初开始到报告期的累计数额，根据“本月数”和上期“本年累计数”计算填列。“本月数”反映各项目本月实际发生的数额，根据各收入和费用项目的本月发生额填列。在编制季度、半年度等中期财务报告时，应当将“本月数”改为“本季度数”“本半年度数”。

民间非营利组织的业务活动表的格式如表 11－4 所示。

表 11－4　业务活动表

会民非 02 表

编制单位：　　　　　　＿＿＿年＿＿＿月　　　　　　单位：元

项目	行次	本月数			本年累计数		
		非限定性	限定性	合计	非限定性	限定性	合计
一、收入							
（一）捐赠收入	1						
（二）会费收入	2						
（三）提供服务收入	3						
（四）商品销售收入	4						
（五）政府补助收入	5						
（六）总部拨款收入	6						
（七）投资收益	7						
（八）其他收入	9						
收入合计	11						
二、费用							
（一）业务活动成本	12						
其中：	13						
	14						
	15						
	16						
（二）管理费用	21						
（三）筹资费用	24						
（四）其他费用	28						
费用合计	35						
三、限定性净资产转为非限定性净资产	40						
四、净资产变动额（若为净资产减少额，以“－”号填列）	45						

（三）现金流量表

现金流量表是反映民间非营利组织某一时期现金和现金等价物的流入、流出情况的报表。民间非营利组织会计以权责发生制为确认基础，需要编制现金流量表以反映一定时期的现金流量情况。现金流量表由表首标题、编报项目、栏目及金额组成。

1. 表首标题

现金流量表的表首标题包括报表名称、编号（会民非 03 表）、编制单位、编表时间和金额单位等内容。现金流量表按年编制，月末不需要编报，报表中需要注明报表所属的年份，如××××年度。

2. 编报项目

现金流量表包括“业务活动产生的现金流量”“投资活动产生的现金流量”“筹资活动产生的现金流量”“汇率变动对现金的影响额”“现金及现金等价物净增加额”等项目，每项内容按现金流入量、现金流出量和现金流量净额填列。

现金流量净额＝现金流入量－现金流出量

现金及现金等价物净增加额＝业务活动产生的现金流量净额＋投资活动产生的现金流量净额＋筹资活动产生的现金流量净额＋汇率变动对现金的影响额

3. 栏目及金额

现金流量表设置“金额”一栏数据。民间非营利组织会计应当采用直接法获得业务活动产生的现金流量。直接法通过现金收入和现金支出的主要类别，直接反映业务活动产生的现金流量。民间非营利组织采用直接法获得业务活动产生的现金流量时，有关现金流量的信息可以从会计记录中直接获得，也可以在业务活动表中收入和费用数据的基础上，通过调整存货和与业务活动有关的应收应付款项的变动、投资以及固定资产折旧、无形资产摊销等项目获得。

民间非营利组织现金流量表的格式如表 11－5 所示。

表 11－5　现金流量表

会民非 03 表

编制单位：　　　　　　　　　　______年度　　　　　　　　　　单位：元

项目	行次	金额
一、业务活动产生的现金流量：		
接受捐赠收到的现金	1	
收取会费收到的现金	2	
提供服务收到的现金	3	
销售商品收到的现金	4	
政府补助收到的现金	5	
收到的其他与业务活动有关的现金	8	
现金流入小计	13	
提供捐赠或者资助支付的现金	14	
支付给员工以及为员工支付的现金	15	
购买商品、接受服务支付的现金	16	

续表

项目	行次	金额
支付的其他与业务活动有关的现金	19	
现金流出小计	23	
业务活动产生的现金流量净额	24	
二、投资活动产生的现金流量：		
收回投资所收到的现金	25	
取得投资收益所收到的现金	26	
处置固定资产和无形资产所收回的现金	27	
收到的其他与投资活动有关的现金	30	
现金流入小计	34	
购建固定资产和无形资产所支付的现金	35	
对外投资所支付的现金	36	
支付的其他与投资活动有关的现金	39	
现金流出小计	43	
投资活动产生的现金流量净额	44	
三、筹资活动产生的现金流量：		
借款所收到的现金	45	
收到的其他与筹资活动有关的现金	48	
现金流入小计	50	
偿还借款所支付的现金	51	
偿付利息所支付的现金	52	
支付的其他与筹资活动有关的现金	55	
现金流出小计	58	
筹资活动产生的现金流量净额	59	
四、汇率变动对现金的影响额	60	
五、现金及现金等价物净增加额	61	

三、会计报表附注及财务情况说明书

（一）会计报表附注

会计报表附注是为了便于会计报表使用者理解会计报表的内容而对会计报表的编制基础、编制依据、编制原则和方法及主要项目所做的解释。会计报表附注是财务报表的重要组成部分，有助于会计报表使用者充分理解会计报表的内容。

根据《民间非营利组织会计制度》的规定，民间非营利组织会计报表附注至少应当包括下列内容：

（1）重要会计政策及其变更情况的说明；

（2）董事会（或者理事会或者类似权力机构）成员和员工的数量、变动情况以及获得的薪金等报酬情况的说明；

（3）会计报表重要项目及其增减变动情况的说明；

（4）资产提供者设置了时间或用途限制的相关资产情况的说明；

(5) 受托代理业务情况的说明，包括受托代理资产的构成、计价基础和依据、用途等；

(6) 重大资产减值情况的说明；

(7) 公允价值无法可靠取得的受赠资产和其他资产的名称、数量、来源和用途等情况的说明；

(8) 对外承诺和或有事项情况的说明；

(9) 接受劳务捐赠情况的说明；

(10) 资产负债表日后非调整事项的说明；

(11) 有助于理解和分析会计报表需要说明的其他事项。

《〈民间非营利组织会计制度〉若干问题的解释》(财会〔2020〕9号) 规定，民间非营利组织与关联方发生关联方交易的，应当在会计报表附注中披露该关联方关系的性质、交易类型及交易要素。关联方是指一方控制、共同控制另一方或对另一方施加重大影响，以及两方或两方以上同受一方控制、共同控制或重大影响的相关各方。关联方交易是指关联方之间转移资源、劳务或义务的行为，而不论是否收取价款。关联方交易的类型通常包括购买或销售商品及其他资产、提供或接受劳务、提供或接受捐赠、提供资金、租赁、代理、许可协议、代表民间非营利组织或由民间非营利组织代表另一方进行债务结算、关键管理人员薪酬。披露交易要素至少应当包括交易的金额，未结算项目的金额、条款和条件，未结算应收项目的坏账准备金额，定价政策。

(二) 财务情况说明书

财务情况说明书是财务报告的重要组成部分，是对一定会计期间内民间非营利组织财务状况和业务情况进行分析总结的书面文字报告。根据《民间非营利组织会计制度》的规定，民间非营利组织财务情况说明书至少应当对下列情况做出说明：

(1) 民间非营利组织的宗旨、组织结构以及人员配备等情况；

(2) 民间非营利组织业务活动基本情况、年度计划和预算完成情况、产生差异的原因分析、下一会计期间的业务活动计划和预算等；

(3) 对民间非营利组织业务活动有重大影响的其他事项。

民间非营利组织对外提供的财务会计报告应当依次编定页数，加具封面，装订成册，加盖公章。封面上应当注明：组织名称、组织登记证号、组织形式、地址、报表所属年度或者中期、报出日期，并由单位负责人和主管会计工作的负责人、会计机构负责人（会计主管人员）签名并盖章；设置总会计师的单位，还应当由总会计师签名并盖章。

小链接 11-3

《民间非营利组织会计制度》规定，民间非营利组织的年度财务报告至少应当于年度终了后4个月内对外提供。社会公众可以通过公益组织的官方网站查阅财务报告，了解其财务状况和业务活动的开展情况，对公益组织进行社会监督。中国扶贫基金会年度财务报告可点击如下网址查看：http://www.cfpa.org.cn/information/institution.aspx?typeid=4。

四、合并会计报表、会计政策变更和资产负债表日后事项

（一）合并会计报表

民间非营利组织如果因对外投资而具有被投资单位实质上的控制权，应当将被投资单位视为民间非营利组织的分支机构，通过编制合并会计报表反映民间非营利组织整体的财务状况、业务活动情况和现金流量。

根据《民间非营利组织会计制度》的规定，民间非营利组织对外投资，而且占被投资单位资本总额50%以上（不含50%），或者虽然占该单位资本总额的比例不足50%但具有实质上的控制权的，或者对被投资单位具有控制权的，应当编制合并会计报表。

（二）会计政策变更

会计政策是民间非营利组织在进行会计核算和编制会计报表时所采用的具体原则、方法和程序。民间非营利组织采用的会计政策前后各期应当保持一致，不得随意变更，除非符合下列条件之一：（1）法律或会计制度等行政法规、规章的要求；（2）这种变更能够提供有关民间非营利组织财务状况、业务活动情况和现金流量等更可靠、更相关的会计信息。

根据《民间非营利组织会计制度》的规定，民间非营利组织应当采用追溯调整法核算会计政策的变更，如果追溯调整法不可行，则应当采用未来适用法核算；如果相关法律或会计制度等另有规定，则应当按照相关规定进行核算。追溯调整法是指对某项交易或者事项变更会计政策时，如同该交易或者事项初次发生时就开始采用新的会计政策，并以此对相关项目进行调整的方法。未来适用法是指对某项交易或者事项变更会计政策时，新的会计政策适用于变更当期及未来期间发生的交易或者事项的方法。

（三）资产负债表日后事项

资产负债表日至财务会计报告批准报出日之间发生的需要调整或说明的有利或不利事项，属于资产负债表日后事项。对于资产负债表日后事项，应当区分调整事项和非调整事项进行处理。

调整事项是指资产负债表日后至财务会计报告批准报出日之间发生的，为资产负债表日已经存在的情况提供新的或进一步证据，有助于对资产负债表日存在情况有关的金额做出重新估计的事项。民间非营利组织应当就调整事项，对资产负债表日所确认的相关资产、负债和净资产，以及资产负债表日所属期间的相关收入、费用等进行调整。

非调整事项是指资产负债表日后至财务会计报告批准报出日之间发生的，不影响资产负债表日的存在情况，但不加以说明将会影响财务会计报告使用者做出正确估计和决策的事项。民间非营利组织应当在会计报表附注中披露非调整事项的性质、内容，以及对财务状况和业务活动情况的影响。如无法估计其影响，应当说明理由。

思考题

1. 如何界定民间非营利组织？民间非营利组织的特征有哪些？
2. 民间非营利组织会计的目标是什么？
3. 民间非营利组织会计的确认与计量方法是什么？
4. 收入包括哪些内容和哪些种类？
5. 什么是交换交易收入？其包括哪些内容？
6. 提供服务收入应当如何确认？
7. 什么是非交换交易收入？其确认条件是什么？
8. 什么是捐赠收入？捐赠收入的确认应当注意哪些问题？
9. 接受捐赠的非现金资产应当如何计量？
10. 费用的特征是什么？费用包括哪些内容？
11. 什么是业务活动成本？其核算内容是什么？
12. 什么是筹资费用？其包括哪些内容？
13. 什么是资产？如何对资产进行分类？
14. 什么是受托代理资产？其确认条件是什么？
15. 什么是负债？如何对负债进行分类？
16. 净资产包括哪些种类？
17. 限定性净资产转为非限定性净资产的条件是什么？
18. 限定性净资产主要来源于哪些方面？
19. 净资产的期末结转程序是怎样的？
20. 什么是财务报告？其内容是什么？
21. 民间非营利组织需要编制哪些会计报表？
22. 什么是会计报表附注和财务情况说明书？

第十二章

工会组织会计

学习目标和学习重点

本章主要讲授工会组织的会计核算。学习目标是了解工会会计的含义、会计要素和基本方法，熟悉工会组织主要业务或事项的账务处理，明确财务报表的内容与编制要求。本章的学习重点包括：

1. 了解工会会计的含义、会计要素和确认基础；

2. 熟悉工会会计的收入、费用、资产、负债和净资产的会计核算方法；

3. 了解财务报表的内容与编制要求。

第一节　工会会计概述

工会组织属于社会团体，其会计核算纳入非营利组织会计范畴。本节介绍工会会计的含义、会计要素、会计科目，为学习工会会计核算实务奠定基础。

一、工会会计的含义与范围

（一）工会会计的含义

工会会计是核算、反映、监督工会预算执行和经济活动的专业会计。工会应当依法建立独立的会计核算管理体系，以实际发生的经济业务或者事项为依据进行会计处理，如实反映工会财务状况和收支情况等信息，保证会计信息真实可靠、内容完整。工会提供的会计信息应当符合工会宏观管理的要求，不仅满足会计信息使用者的需要，而且满足本级工会加强财务管理的需要。

为规范工会的会计核算，2009 年 5 月，财政部印发了《工会会计制度》（财会〔2009〕7 号），自 2010 年 1 月 1 日起实施。工会会计制度在加强工会预算管理、规范工会核算工作、提高工会会计信息质量等方面发挥了重要作用。随着我国工会事业的发展，近年来工会财务管理体制发生较大变化，现行工会会计制度已不能满足工会会计核算的新要求。为了适应工会组织财务改革的需要，进一步规范工会组织的会计核算，提高工会组织的会计信息质量，2021 年 4 月，财政部印发修订后的《工会会计制度》（财会〔2021〕7 号）。

小链接 12-1

工会会计制度

修订后的《工会会计制度》与工会现有财务管理规章制度相协调，解决了工会会计核算中存在的问题，继承了原制度中合理的内容，适当借鉴了政府会计准则制度的相关改革理念，对基层工会会计处理和报表进行了简化。

（二）工会会计的范围

工会是职工自愿结合的工人阶级的群众组织。《中华人民共和国工会法》（以下简称《工会法》）规定，中华全国总工会及其各工会组织代表职工的利益，依法维护职工的合法权益。在中国境内的企业、事业单位、机关中以工资收入为主要生活来源的体力劳动者和脑力劳动者，不分民族、种族、性别、职业、宗教信仰、教育程度，都有依法参加和组织工会的权利。维护职工合法权益是工会的基本职责。工会在维护全国人民总体利益的同时，代表和维护职工的合法权益。工会组织属于社会团体，应当按照《工会法》和《基层工会法人资格登记办法》的规定依法设立，具备法人资格的工会组织依法独立享有民事权利，承担民事义务。

各级工会组织，包括县级以上工会和基层工会的会计核算应当执行《工会会计制度》。县级以上工会应当设置会计机构，配备专职会计人员。基层工会应当根据会计业务的需要设置会计机构或者在有关机构中设置会计人员并指定会计主管人员；不具备设置条件的，应当委托经批准设立从事代理记账业务的中介机构代理记账。工会所属事业单位、工会所属企业及挂靠工会管理的社会团体，不适用《工会会计制度》，应当执行政府会计准则制度或企业会计准则。

（三）工会预算管理级次

工会应当依法建立独立的会计核算管理体系，与工会预算管理体制相适应。根据《工会预算管理办法》的规定，工会系统实行一级工会一级预算，预算管理实行下管一级的原则。工会预算一般分为五级，即全国总工会、省级工会、市级工会、县级工会和基层工会。工会组织分为县级以上工会和基层工会。

1. **县级以上工会**

县级以上工会是县级以上（包括县级）地方建立的地方各级总工会，包括省（直辖市、自治区）总工会、市（地级）总工会和县（区、县级市）总工会，以及同一行业或者性质相近的几个行业建立的产业工会。全国建立统一的中华全国总工会。省级工会可根据乡镇（街道）工会、开发区（工业园区）工会发展的实际，确定省级以下工会的预算管理级次，并报中华全国总工会备案。经中华全国总工会批准，中华全国铁路总工会、中国民航工会全国委员会、中国金融工会全国委员会依法独立管理经费，根据各自的管理体制，确定所属下级工会的预算管理级次，并报中华全国总工会备案。

2. **基层工会**

基层工会是企业、事业单位、机关和其他社会组织等基层单位依法建立的工会组织。基层工会是工会组织密切联系群众，开展各项工作的基础。《工会法》规定，企业、事业单位、机关有会员 25 人以上的，应当建立基层工会委员会。县级以上工会业务较为复杂，基层工会业务相对简单，二者的预算管理要求有所不同。

二、工会会计要素与会计科目

（一）工会会计要素

工会会计设置资产、负债、净资产、收入和支出五个会计要素。根据新修订的《工会会计制度》，各会计要素的定义和内容如下。

1. **资产**

资产是工会过去的经济业务或者事项形成的，由工会控制的，预期能够产生服务潜力或者带来经济利益流入的经济资源。工会将一项经济资源确认为资产，应当符合资产的定义，确信服务潜力很可能实现或者经济利益很可能流入，成本或者价值能够可靠地计量。

2. **负债**

负债是指工会过去的经济业务或者事项形成的，预期会导致经济资源流出的现时义务。工会将一项现时义务确认为负债，应当符合负债的定义，确信履行该义务很可能导致含有服务潜力或者经济利益的经济资源流出工会，该义务的金额能够可靠地计量。

3. **净资产**

净资产是指工会的资产减去负债后的余额。净资产的确认取决于资产和负债的确认结果。

4. **收入**

收入是指工会根据《工会法》以及有关政策规定开展业务活动所取得的非偿还性资金。

5. **支出**

支出是指工会为开展各项工作和活动所发生的各项资金耗费和损失。

（二）工会会计科目

根据新修订的《工会会计制度》，工会会计共设置会计科目 48 个。其中，资产类 16 个，负债类 5 个，净资产类 7 个，收入类 9 个，费用类 11 个。为简化会计核算，会计科目区分基层工会会计科目和县级以上工会会计科目。基层工会主要会计科目 24 个，县级以上工会会计科目 45 个，基层工会如有会计科目表中无法核算的经济业务或者事项，按照县级以上工会进行会计处理。工会会计科目中，基层工会会计科目和县级以上工会会计科目共同使用的会计科目 21 个，基层工会单独使用的会计科目 3 个，县级以上工会单独使用的会计科目 24 个。工会会计科目如表 12－1 所示。

表 12－1　工会会计科目表

序号	编号	科目名称	适用工会
一、资产类			
1	101	库存现金	县级以上/基层工会
2	102	银行存款	县级以上/基层工会
3	111	零余额账户用款额度	县级以上工会
4	121	财政应返还额度	县级以上工会
5	131	应收上级经费	县级以上/基层工会
6	132	应收下级经费	县级以上工会
7	135	其他应收款	县级以上/基层工会
8	141	库存物品	县级以上/基层工会
9	151	投资	县级以上工会
10	161	在建工程	县级以上工会
11	162	固定资产	县级以上/基层工会
12	163	累计折旧	县级以上/基层工会
13	171	无形资产	县级以上工会
14	172	累计摊销	县级以上工会
15	181	长期待摊费用	县级以上工会
16	182	待处理财产损溢	县级以上/基层工会
二、负债类			
17	201	应付职工薪酬	县级以上工会
18	211	应付上级经费	县级以上/基层工会
19	212	应付下级经费	县级以上工会
20	215	其他应付款	县级以上/基层工会
21	221	代管经费	县级以上工会
三、净资产类			
22	301	资产基金	县级以上/基层工会
23	311	专用基金	县级以上工会
24	321	工会资金结转	县级以上/基层工会
25	322	工会资金结余	县级以上/基层工会

续表

序号	编号	科目名称	适用工会
26	331	财政拨款结转	县级以上工会
27	332	财政拨款结余	县级以上工会
28	341	预算稳定调节基金	县级以上工会
四、收入类			
29	401	会费收入	基层工会
30	402	拨缴经费收入	县级以上/基层工会
31	403	上级补助收入	县级以上/基层工会
32	404	政府补助收入	县级以上工会
33	405	行政补助收入	基层工会
34	406	附属单位上缴收入	县级以上工会
35	407	投资收益	县级以上工会
36	408	其他收入	县级以上/基层工会
37	411	动用预算稳定调节基金	县级以上工会
五、支出类			
38	501	职工活动支出	基层工会
39	502	职工活动组织支出	县级以上工会
40	503	职工服务支出	县级以上/基层工会
41	504	维权支出	县级以上/基层工会
42	505	业务支出	县级以上/基层工会
43	506	行政支出	县级以上工会
44	507	资本性支出	县级以上/基层工会
45	508	补助下级支出	县级以上工会
46	509	对附属单位的支出	县级以上工会
47	510	其他支出	县级以上/基层工会
48	521	安排预算稳定调节基金	县级以上工会

各级工会应当按照《工会会计制度》的规定设置一级科目和明细科目，不得减并、自行增设，不得擅自更改科目名称，不需要的科目可以不用。各省级工会可以根据需要自行增设未规定的明细科目，或将相应权限授权给所属下级工会。工会在填制会计凭证、登记会计账簿时，应当填列会计科目的名称，或者同时填列会计科目的名称和编号，不得只填列科目编号，不填列科目名称。

三、工会会计的确认与记账方法

（一）工会会计确认方法

工会会计处理一般采用收付实现制，部分经济业务或者事项应当按照会计制度的规定采用权责发生制。工会对于发生的经济业务或事项，主要采用收付实现制基础确认，以权责发生制为补充。例如，拨缴经费收入日常按照收付实现制进行会计处理，在年末存在应收未收经费时应当采用权责发生制基础确认；补助下级支出日常按照收付实现制进行会计处理，年末存在应付未付补助时应当采用权责发生制基础确认。

工会组织主要是基层工会，其资金来源主要为拨缴经费收入、会费收入、上级补助收入等非财政性资金，资金规模较小，业务活动基本为简单的收支业务，采用收付实现制记账简单易行、方便操作。年末，部分经济业务或事项采用权责发生制基础，能够更加准确地反映工会的收支。

（二）工会会计记账方法

工会会计处理应当采用借贷记账法记账。为兼顾工会预算管理与财务管理的需要，工会会计对库存物品、固定资产、在建工程、投资等非货币性资产采用“双分录”的核算方法，对与预算收支相关的资产项目的业务或事项同时进行两项记录，在反映预算收支的同时，也反映了资产变动情况。

第二节　工会主要业务的会计核算

本节分别就收入、支出、资产、负债和净资产，讲解工会主要业务的会计核算方法。

一、工会收入的核算

（一）收入的内容

收入按照来源分为会费收入、拨缴经费收入、上级补助收入、政府补助收入、行政补助收入、附属单位上缴收入、投资收益和其他收入。

（1）会费收入是工会会员依照规定，按本人工资收入的5‰向基层工会组织缴纳的会费。

（2）拨缴经费收入是基层单位行政拨缴、下级工会按规定上缴及上级工会按规定转拨的工会经费中归属于本级工会的经费。建立工会组织的单位应当按全部职工工资总额的2%向工会拨缴经费，拨缴方式包括单位自主拨缴、委托税务机关代收和财政部门划拨。单位提取工会经费的40%部分上缴上级工会组织，60%部分留归单位工会组织。

（3）上级补助收入是本级工会收到的上级工会补助的款项，包括一般性转移支付补助和专项转移支付补助。

（4）政府补助收入是各级人民政府按照《工会法》和国家的有关规定给予县级以上工会的补助款项。

（5）行政补助收入是基层工会取得的所在单位行政方面按照《工会法》和国家有关规定给予工会的补助款项。

（6）附属单位上缴收入是工会所属的企事业单位按规定上缴的收入。

（7）投资收益是工会对外投资发生的损益。

(8) 其他收入是工会除会费收入、拨缴经费收入、上级补助收入、政府补助收入、行政补助收入、附属单位上缴收入和投资收益之外的各项收入。

（二）会费收入的核算

工会会计设置"会费收入"科目，核算基层工会会员依照规定向基层工会组织缴纳的会费。基层工会取得会费时，按实际收到的金额，借记"库存现金""银行存款"等科目，贷记"会费收入"科目。

【例 12－1】 某基层工会按季度收取工会会费，收到会员会费 6 000 元，存入银行账户。

借：银行存款	6 000	
贷：会费收入		6 000

（三）拨缴经费收入的核算

工会会计设置"拨缴经费收入"科目，核算基层单位行政拨缴、下级工会按规定上缴及上级工会按规定转拨的工会经费中归属于本级工会的经费。工会可以根据需要在本科目下设置明细科目，进行明细核算。本科目为县级以上工会和基层工会共用科目，其账务处理分为两种方式：(1) 采用自主拨缴方式收缴工会经费的，收到工会经费时，按实际收到的总金额，借记"银行存款"科目，按规定属于本级工会的部分，贷记"拨缴经费收入"科目，按规定应上缴上级工会的部分，贷记"应付上级经费"科目。(2) 采用税务代收、财政划拨方式收取工会经费的，本级工会通过税务部门代收、财政部门划拨收取工会经费时，按实际收到的总金额，借记"银行存款"科目，按规定属于本级工会的部分，贷记"拨缴经费收入"科目，按规定应上缴上级工会的部分，贷记"应付上级经费"科目，按规定应转拨下级工会的部分，贷记"应付下级经费——应付下级转拨经费"科目。本级工会收到上级工会转拨的通过财政部门划拨、税务部门代收的工会经费，按实际收到的总金额，借记"银行存款"科目，按规定属于本级工会的部分，贷记"拨缴经费收入"科目，按规定属于下级工会的部分，贷记"应付下级经费——应付下级转拨经费"科目。

【例 12－2】 某基层工会通过财政划拨方式收取工会经费，收到财政部门划拨的工会经费 60 000 元，按规定属于本级工会的部分为 36 000 元，应上缴上级工会的部分为 24 000 元，无应转拨下级工会的部分。

借：银行存款	60 000	
贷：拨缴经费收入		36 000
应付上级经费		24 000

（四）政府补助收入的核算

工会会计设置"政府补助收入"科目，核算县级以上工会收到的各级人民政府按照《工会法》和国家有关规定给予县级以上工会的补助款项，包括工会收到财政拨付的离退休人员离退休费和生活补贴、帮扶资金、送温暖经费、疗养事业补助、劳模补助、基建、维修及大型活动补助等。本科目应当分别按财政拨款收入、非同级财政拨款收入进行明细核算。县级以上工会取得政府补助收入时，按照实际收到或直接支付的金额，借记有关支出科目（财政直接支付方式）、“零余额账户用款额度”科目（财政授权支付方式）、“银行存款”等科目（其他方式），贷记“政府补助收入”科目。

【例 12-3】 某市总工会收到授权支付到账通知书，同级财政部门拨来的帮扶资金585 000元已经到账。

借：零余额账户用款额度	585 000
贷：政府补助收入——财政拨款收入	585 000

二、工会支出的核算

（一）支出的内容

支出按照功能分为职工活动支出、职工活动组织支出、职工服务支出、维权支出、业务支出、行政支出、资本性支出、补助下级支出、对附属单位的支出和其他支出。

（1）职工活动支出是基层工会为会员及其他职工开展职工教育活动、文体活动、宣传活动、劳模疗休养活动和会员活动等发生的支出。

（2）职工活动组织支出是县级以上工会组织开展职工教育活动、文体活动、宣传活动和劳模疗休养活动等发生的支出。

（3）职工服务支出是工会开展职工劳动和技能竞赛活动、职工创新活动、建家活动、职工书屋、职工互助保障、心理咨询等工作发生的支出。

（4）维权支出是工会用于维护职工权益的支出，包括法律援助、劳动关系协调、劳动保护、困难职工帮扶、送温暖和其他维权支出。

（5）业务支出是工会培训工会干部、加强自身建设及开展业务工作发生的各项支出。

（6）行政支出是县级以上工会为行政管理、后勤保障等发生的各项日常支出。

（7）资本性支出是工会从事建设工程、设备工具购置、大型修缮和信息网络购建等而发生的实际支出。

（8）补助下级支出是县级以上工会为解决下级工会经费不足或根据有关规定给予下级工会的各类补助款项。

（9）对附属单位的支出是工会按规定对所属企事业单位的补助。

（10）其他支出是工会除职工活动支出、职工活动组织支出、职工服务支出、维权支出、业务支出、行政支出、资本性支出、补助下级支出和对附属单位的支出以外的各项支出。

（二）职工活动支出的核算

工会会计设置“职工活动支出”科目，核算基层工会为会员及其他职工开展教育活动、文体活动、宣传活动、劳模疗休养活动、会员活动等发生的支出。本科目应当按照活动类型设置明细科目。基层工会发生职工活动支出时，借记“职工活动支出”科目，贷记“库存现金”“银行存款”等科目。

【例 12－4】 某基层工会组织单位职工开展文体活动，购置器材、服装、用品等发生支出 6 200 元，通过银行转账支付。

借：职工活动支出——文体活动支出　　6 200
　贷：银行存款　　6 200

（三）职工活动组织支出的核算

工会会计设置“职工活动组织支出”科目，核算县级以上工会组织开展职工教育活动、文体活动、宣传活动、劳模疗休养活动等发生的支出。本科目应当按照活动类型设置明细科目。县级以上工会发生职工活动组织支出时，借记“职工活动组织支出”科目，贷记“库存现金”“银行存款”“零余额账户用款额度”等科目。

【例 12－5】 某省总工会组织开展职工教育活动，发生教材、场地租金、课酬等培训费用 16 500 元，款项通过零余额账户支付。

借：职工活动组织支出——职工教育支出——财政拨款　　16 500
　贷：零余额账户用款额度　　16 500

（四）职工服务支出的核算

工会会计设置“职工服务支出”科目，核算工会开展职工劳动和技能竞赛活动、职工创新活动、建家活动、职工书屋、职工互助保障、心理咨询等工作发生的支出。本科目应当按照活动类型设置明细科目。本科目为县级以上工会和基层工会共用科目，发生职工服务支出时，借记“职工服务支出”科目，贷记“库存现金”“银行存款”“零余额账户用款额度”等科目。

【例 12－6】 某基层工会组织单位技能竞赛活动，购买奖品发生支出 3 500 元，通过银行转账支付。

借：职工服务支出——职工劳动和技能竞赛活动支出　　3 500
　贷：银行存款　　3 500

三、工会资产的核算

（一）资产的内容

资产是工会组织开展业务活动的基础，对于维护职工合法权益有着重要的意义。按不同的标准，工会资产分为不同的种类。

（1）按照资产的流动性，工会资产分为流动资产和非流动资产。流动资产是指预计在 1 年内（含 1 年）变现或者耗用的资产，主要包括货币资金、应收款项和库存物品等。非流动资产是除流动资产以外的资产，主要包括在建工程、固定资产、无形资产、投资和长期待摊费用等。

（2）按照资产的资金来源，工会资产分为国有资产和工会资产。凡由同级政府财政拨款形成的资产及国家拨给各级总工会使用的资产，均应作为国有资产登记入账；其他资产均应作为工会资产登记入账。

（二）应收下级经费的核算

工会会计设置“应收下级经费”科目，核算县级以上工会年末应收未收的下级工会应上缴的工会拨缴经费。（1）年末，县级以上工会根据下级工会经费收缴报告表中的相关金额，应当按照权责发生制的要求，借记“应收下级经费”科目，按规定属于本级工会的部分，贷记“拨缴经费收入”科目，按规定应上缴上级工会的部分，贷记“应付上级经费”科目。（2）收到下级工会的上缴经费时，借记“银行存款”科目，贷记“应收下级经费”科目。

【例 12-7】 某市总工会组织根据下级工会经费收缴报告表，确认下级工会应上缴的工会经费。

（1）年末，某下级工会应上缴市总工会本级工会经费 150 000 元。

借：应收下级经费——某下级工会　　150 000

　贷：拨缴经费收入　　150 000

（2）次年，收到下级工会上缴的工会经费。

借：银行存款　　150 000

　贷：应收下级经费——某下级工会　　150 000

（三）库存物品的核算

工会会计设置“库存物品”科目，核算工会取得的将在日常活动中耗用的材料、物品及达不到固定资产标准的工具、器具等。工会随买随用的物品，可以在购入时直接计入支出，不通过本科目核算。本科目应按库存物品的类别、品名设置明细账，并根据出入库单逐笔核算。本科目为县级以上工会和基层工会共用科目，采用“双分录”核算方法。（1）购入物品验收入库时，按照确定的成本，借记“库存物品”科目，贷记“资产基金——库存物品”科目；同时，按照实际支付的金额，借记“职工活动支出”“维权支出”“行政支出”等科目，贷记“银行存款”“零余额账户用款额度”“政府补助收入”等科目。（2）开展业务活动等领用、发出库存物品时，按照领用、发出库存物品的实际成本，借记“资产基金——库存物品”科目，贷记“库存物品”科目。

【例 12-8】 某市总工会行政管理部门购买用品一批，纳入仓库管理。

（1）购买的物品已经验收入库，通过银行转账支付款项 850 元。

借：库存物品　　850

　贷：资产基金——库存物品　　850

同时：

借：行政支出　　850

　贷：银行存款　　850

（2）总工会办公室领用物品一批，采用个别计价法确定其成本为 300 元。

借：资产基金——库存物品　　300

贷：库存物品　　300

（四）固定资产的核算

工会会计设置“固定资产”科目，核算工会各项固定资产的原值。固定资产是指工会使用年限超过1年（不含1年），单位价值在规定标准以上，并在使用过程中基本保持原有物质形态的资产。通用设备单位价值在1 000元以上，专用设备单位价值在1 500元以上。工会应设置固定资产明细账，按类别和项目进行明细核算。本科目为县级以上工会和基层工会共用科目，采用“双分录”核算方法。（1）购入固定资产时，按照确定的成本，借记“固定资产”科目，贷记“资产基金——固定资产”科目；同时，按照实际支付的金额，借记“资本性支出”科目，贷记“银行存款”“零余额账户用款额度”“政府补助收入”等科目。（2）按月计提固定资产折旧时，按照实际计提的金额，借记“资产基金——固定资产”科目，贷记“累计折旧”科目。

【例12-9】 某基层工会组织发生如下固定资产业务。

（1）购入通用设备一台，通过银行转账支付款项36 000元。

借：固定资产　　36 000

　贷：资产基金——固定资产　　36 000

同时：

借：资本性支出　　36 000

　贷：银行存款　　36 000

（2）根据固定资产折旧计算表，本月计提固定资产折旧1 800元。

借：资产基金——固定资产　　1 800

　贷：累计折旧　　1 800

四、工会负债的核算

（一）负债的内容

负债是指工会承担的现时义务。现时义务是指工会在现行条件下已承担的义务。未来发生的经济业务或者事项形成的义务不属于现时义务，不应当确认为负债。工会的负债包括应付职工薪酬、应付上级经费、应付下级经费、其他应付款和代管经费。

（1）应付职工薪酬是县级以上工会按照国家有关规定应付给本单位职工及为职工支付的各种薪酬。

（2）应付上级经费是本级工会按规定应上缴上级工会的工会拨缴经费。

（3）应付下级经费是县级以上工会应付下级工会的各项补助以及应转拨下级工会的工会拨缴经费。

（4）其他应付款是除应付上下级经费之外的其他应付及暂存款项，包括工会按规定收取的下级工会筹建单位交来的建会筹备金、应支付的税金等。

（5）代管经费是其他组织委托工会代管的有指定用途的、不属于工会收入的经费，如代管的社团活动费、职工互助保险等。

（二）应付上级经费的核算

工会会计设置“应付上级经费”科目，核算本级工会按规定应上缴上级工会的工会拨缴经费。本科目为县级以上工会和基层工会共用科目。本级工会确认工会经费时，按下级工会经费收缴报告表中的相关金额或实际收到的总金额，借记“银行存款”等科目，按规定属于本级工会的部分，贷记“拨缴经费收入”科目，按规定应上缴上级工会的部分，贷记“应付上级经费”科目，按规定应转拨下级工会的部分，贷记“应付下级经费——应付下级转拨经费”科目。

【例 12－10】 某基层工会采用自主拨缴方式收缴工会经费，收到工会经费 100 000 元，存入银行账户。其中，按规定属于本级工会的部分为 60 000 元，按规定应上缴上级工会的部分为 40 000 元。

借：银行存款　100 000
　贷：拨缴经费收入　60 000
　　应付上级经费　40 000

（三）应付下级经费的核算

工会会计设置“应付下级经费”科目，核算县级以上工会应付下级工会的各项补助以及应转拨下级工会的工会拨缴经费。工会可以根据需要设置“应付下级补助”“应付下级转拨经费”等明细科目。(1) 本级工会年末清算对下级工会的补助时，根据补助通知中的相关金额，按照权责发生制要求，借记“补助下级支出”科目，贷记“应付下级经费”科目。次年，实际拨付补助时，借记“应付下级经费”科目，贷记“银行存款”科目。(2) 采用税务代收、财政划拨方式收缴工会经费的，按规定应转拨下级工会的部分的金额确认应付下级经费。

【例 12－11】 某市总工会应拨付下级区总工会一般性转移支付补助款 100 000 元。

(1) 年末，应拨付下级区总工会一般性转移支付补助款 100 000 元。

借：补助下级支出　100 000
　贷：应付下级经费——应付下级补助　100 000

(2) 次年，通过银行转账实际拨付下级区总工会补助款 100 000 元。

借：应付下级经费——应付下级补助　100 000
　贷：银行存款　100 000

（四）其他应付款的核算

工会会计设置“其他应付款”科目，核算工会除应付上下级经费之外的其他应付及暂存款项。本科目应按对方单位或个人设置明细账，进行明细核算。本科目为县级以上工会和基层工会共用科目。(1) 本级工会收到筹建单位交来的建会筹备金时，按实际收到的总金额，借记“银行存款”科目，贷记“其他应付款”科目。在筹建单位建立工会后，本级工会按照规定对建会筹备金进行处理，借记“其他应付款”科目，贷记“拨缴经费收入”“应付上级经费”“应付下级经费”等科目。（2）发生房产税等纳税义务，以及按照税法规定应代扣代缴个人所得税的，按照应缴税费金额，借记“行政支出”“应付职工薪酬”等科目，贷记“其他应付款”科目。工会实际缴纳上述各种税费时，借记“其他应付款”科目，贷记“银行存款”科目。（3）发生其他应付及暂存款项时，借记“库存现金”“银行存款”等科目，贷记“其他应付款”科目。支付款项时，借记“其他应付款”科目，贷记“银行存款”等科目。

【例 12-12】 某市总工会收到某企业单位交来的建会筹备金 80 000 元，存入银行账户。

借：银行存款	80 000	
贷：其他应付款——建会筹备金		80 000

五、净资产的核算

（一）净资产的内容

净资产是指工会的资产减去负债后的余额，包括资产基金、专用基金、工会资金结转、工会资金结余、财政拨款结转、财政拨款结余和预算稳定调节基金。

（1）资产基金是工会库存物品、固定资产、无形资产、在建工程、投资和长期待摊费用等非货币性资产在净资产中占用的金额。

（2）专用基金是县级以上工会按规定依法提取和使用的有专门用途的基金，如权益保障金等。

（3）工会资金结转是工会预算安排项目的支出年终尚未执行完毕或者因故未执行，且下年需要按原用途继续使用的专项工会资金。

（4）工会资金结余是年度预算执行终了，预算收入实际完成数扣除预算支出和工会结转资金后剩余的工会资金，包括取得时非限定用途的非专项资金，项目实施周期已结束、项目目标完成或项目提前终止而尚未列支的专项资金，以及因项目实施计划调整而不需要继续支出的专项资金。

（5）财政拨款结转是县级以上工会预算安排项目的支出年终尚未执行完毕或者因故未执行，且下年需要按原用途继续使用的财政拨款资金。

（6）财政拨款结余是县级以上工会年度预算执行终了，预算收入实际完成数扣除预算支出和财政拨款结转资金后剩余的财政拨款资金。

（7）预算稳定调节基金是县级以上工会为平衡年度预算按规定设置的储备性资金。

（二）资产基金的核算

工会会计设置“资产基金”科目，核算工会非货币性资产在净资产中占用的金额。本科目为县级以上工会和基层工会共用科目。（1）确认资产基金时，按照确定的成本或金额，借记“库存物品”“固定资产”“在建工程”“无形资产”“投资”“长期待摊费用”科目，贷记“资产基金”科目；同时，按照实际发生的支出，借记“职工活动支出”“行政支出”“资本性支出”“工会资金结余”等科目，贷记“银行存款”“零余额账户用款额度”等科目。(2) 非货币性资产因领用、折旧、完工、投资、捐赠、无偿调出等减少或转换形态时，借记“资产基金”科目，贷记相关科目。

【例 12-13】 某基层工会组织接受捐赠一批设备，有关凭据注明的金额为 60 000 元，没有发生相关税费支出。

借：固定资产	60 000	
贷：资产基金——固定资产		60 000

（三）工会资金结转的核算

工会会计设置“工会资金结转”科目，核算工会资金结转的调整、结转和滚存情况。本科目应设置“年初余额调整”“单位内部调剂”“本年收支结转”“累计结转”等明细科目。本科目为县级以上工会和基层工会共用科目。(1) 期末，将除各类财政拨款以外的工会经费专项资金的收入、支出本期发生额转入本科目，借记各收入类科目下各专项资金收入明细科目，贷记“工会资金结转——本年收支结转”科目；借记“工会资金结转——本年收支结转”科目，贷记各支出类科目下各专项资金支出明细科目。(2) 期末，对工会结转资金各项目执行情况进行分析，按照有关规定将符合结余资金性质的剩余资金转入“工会资金结余”科目，借记“工会资金结转——累计结转”科目，贷记“工会资金结余——结转转入”科目。

【例 12-14】 年末，某基层工会组织进行工会资金结转的会计处理。

(1)“上级补助收入——专项转移支付补助——送温暖活动专项补助”科目本年发生额为 120 000 元，将其转入“工会资金结转”科目。

借：上级补助收入——专项转移支付补助——送温暖活动专项补助	120 000	
贷：工会资金结转——本年收支结转——送温暖活动项目		120 000

(2)“维权支出——送温暖专项支出”科目本年发生额为 115 000 元，将其转入“工会资金结转”科目。

借：工会资金结转——本年收支结转——送温暖活动项目	115 000	
贷：维权支出——送温暖专项支出		115 000

（四）工会资金结余的核算

工会会计设置“工会资金结余”科目，核算工会结余资金的调整、结余和滚存情况。本科目应设置“年初余额调整”“单位内部调剂”“本年收支结转”“结转转入”“累计结余”等明细科目。本科目为县级以上工会和基层工会共用科目。(1) 期末，将除财政拨款以外的各工会经费非专项资金的收入、支出本期发生额转入本科目，借记各收入类科目下各非专项资金收入明细科目等，贷记“工会资金结余——本年收支结转”科目；借记“工会资金结余——本年收支结转”科目，贷记各支出类科目下各非专项资金支出明细科目等。(2) 期末，对工会结转资金各明细项目执行情况进行分析，按照有关规定将符合结余资金性质的项目余额转入本科目，借记“工会资金结转——累计结转”科目，贷记“工会资金结余——结转转入”科目。

【例 12-15】 年末，某基层工会组织进行工会资金结余的会计处理，已经将除财政拨款以外的各工会经费非专项资金的收入、支出本期发生额转入"工会资金结余——本年收支结转"科目。经过项目执行情况分析，送温暖活动项目结余资金为5 000元。

借：工会资金结转——累计结转——送温暖活动项目　　5 000

　贷：工会资金结余——结转转入——送温暖活动项目　　5 000

小链接 12-2

送温暖资金是各级工会认真履行维护职工合法权益、竭诚服务职工群众的基本职责，筹集社会各方面资源，对职工开展帮扶困难、走访慰问活动的资金。《工会送温暖资金使用管理办法（试行）》（总工发〔2018〕39号）对工会送温暖资金的使用管理做了进一步规范。

工会送温暖资金使用管理办法（试行）

第三节　工会财务报表

工会组织应当定期编制财务报表，反映其财务状况和业务活动情况。本节介绍工会财务报表的内容，简单讲解工会财务报表的编制要求。

一、工会财务报表的含义与内容

（一）工会财务报表的含义

工会财务报表是反映各级工会财务状况、业务活动和预算执行结果的书面文件。工会财务报表是各级工会领导、上级工会及其他财务报表使用者了解情况、掌握政策、指导工作的重要资料。工会要负责对所属单位财务报表和下级工会报送的年报进行审核、核批和汇总工作，定期向本级工会领导和上级工会报告本级工会预算执行情况。

财务报表要根据登记完整、核对无误的账簿记录和其他有关资料编制，做到数字准确、内容完整、报送及时。财务报表应当由各级工会的法定代表人和主管会计工作的负责人、会计机构负责人（会计主管人员）签名并盖章。

（二）工会财务报表的内容

根据《工会会计制度》，工会财务报表包括会计报表和附注，会计报表分为主表和附表。

1. 工会会计报表主表

主表包括资产负债表和收入支出表，分别反映工会某一会计期末的财务状况和某一会计期间的运行情况。

2. 工会会计报表附表

附表包括财政拨款收入支出表、国有资产情况表和成本费用表。其中，财政拨款收入支出表是反映县级以上工会某一会计期间从同级政府财政部门取得的财政拨款收入、发生的支出及结转结余情况的报表，国有资产情况表是反映县级以上工会某一会计期间持有的国有资产情况的报表，成本费用表是反映县级以上工会某一会计期间成本费用情况的报表。

3. **工会会计报表附注**

报表附注是对工会会计报表中列示项目所做的进一步说明，以及未能在这些报表中列示的项目的说明，便于会计报表使用者理解会计报表的内容。

工会财务报表分为年度财务报表和中期财务报表。以短于一个完整的会计年度的期间（如半年度、季度和月度）为基础编制的财务报表称为中期财务报表。年度财务报表是以整个会计年度为基础编制的财务报表。

二、工会财务报表的编制

（一）资产负债表

资产负债表是反映工会某一会计期末全部资产、负债和净资产情况的报表。通过资产负债表，可以了解工会组织期末的财务状况，掌握资产、负债和净资产的总额及构成情况。工会至少应当编制月度、年度资产负债表，可以根据需要编制季度、半年度资产负债表。

资产负债表（工会 01 表）的格式如表 12 - 2 所示。

表 12 - 2 资产负债表

工会 01 表

编制单位： ______年______月______日 单位：元

资产	年初余额	期末余额	负债与净资产	年初余额	期末余额
一、资产			二、负债		
流动资产：			应付职工薪酬		
货币资金			应付上级经费		
零余额账户用款额度*			应付下级经费		
财政应返还额度			其他应付款		
应收上级经费			代管经费		
应收下级经费			负债合计		
其他应收款					
库存物品			三、净资产		
流动资产合计			资产基金		
投资			专用基金		
在建工程			工会资金结转		
固定资产原值			工会资金结余		
减：累计折旧			财政拨款结转		
固定资产净值			财政拨款结余		
无形资产原值			预算稳定调节基金		
减：累计摊销			净资产合计		

续表

资产	年初余额	期末余额	负债与净资产	年初余额	期末余额
无形资产净值					
长期待摊费用					
待处理财产损溢					
资产总计			负债与净资产总计		

* 为中期报表项目，年报中不需列示。

资产负债表的编报项目包括资产、负债和净资产三个会计要素，按资产（左侧）和负债与净资产（右侧）排列，按资产等于负债加净资产平衡。月度资产负债表包括“年初余额”和“期末余额”两栏数字，编制年度资产负债表时，将“期末余额”栏改为“年末余额”栏。填列方法如下：

（1）“年初余额”栏内各项目，根据上年末资产负债表“年末余额”栏内各对应项目数字填列。

（2）“期末余额”栏内各项目，根据本期末总账各科目余额填列。年度资产负债表“年末余额”栏内各项目，根据本年末总账各科目余额填列。

（二）收入支出表

收入支出表是反映工会某一会计期间全部收入、支出及结转结余情况的报表。通过收入支出表，可以了解工会组织一定时期的运行情况，掌握收入、支出和结转结余的总额及变动情况。工会至少应当编制月度、年度收入支出表，可以根据需要编制季度、半年度收入支出表。

收入支出表（工会 02 表）的格式如表 12－3 所示。

表 12－3 收入支出表

工会 02 表

编制单位：____年____月 单位：元

项目	本月数	本年累计数
一、年初资金结转结余		
（一）年初资金结转		
（二）年初资金结余		
二、资金结转结余调整及变动		
三、收入合计		
（一）会费收入		
（二）拨缴经费收入		
（三）上级补助收入		
（四）政府补助收入		
（五）行政补助收入		
（六）附属单位上缴收入		
（七）投资收益		
（八）其他收入		
（九）动用预算稳定调节基金		

续表

项目	本月数	本年累计数
四、支出合计		
（一）职工活动支出		
（二）职工活动组织支出		
（三）职工服务支出		
（四）维权支出		
（五）业务支出		
（六）行政支出		
（七）资本性支出		
（八）补助下级支出		
（九）对附属单位的支出		
（十）其他支出		
（十一）安排预算稳定调节基金		
五、本期收支差额		
六、年末资金结转结余		
（一）年末资金结转		
（二）年末资金结余		

收入支出表采用上下分步列示结构，按照“年初资金结转结余”“资金结转结余调整及变动”“收入合计”“支出合计”“本期收支差额”“年末资金结转结余”的顺序上下排列。基本关系式为：

收入合计－支出合计＝本期收支差额

年初资金结转结余＋资金结转结余调整及变动＋本期收支差额＝年末资金结转结余

月度收入支出表包括“本月数”和“本年累计数”两栏数字，编制年度收入支出表时，将“本月数”栏改为“本年数”栏，将“本年累计数”栏改为“上年数”栏。填列方法如下：

（1）月度收入支出表的“本月数”栏内各项目，根据本月各项目的实际发生额填列。

（2）月度收入支出表的“本年累计数”栏内各项目，根据自年初至本期期末各项目的累计实际发生额填列，也可以根据上月收入支出表“本年累计数”加上本月收入支出表“本月数”后的金额填列。

（3）年度收入支出表“上年数”栏内各项目，根据上年度收入支出表“本年数”栏内各对应项目数字填列。

（4）年度收入支出表“本年数”栏内各项目，根据本年度各项目的实际发生额填列。

三、工会报表附注的编制

附注是对在资产负债表、收入支出表等报表中列示项目所做的进一步说明，以及未能在这些报表中列示项目的说明。根据《工会会计制度》，工会的报表附注应当至少披露下列内容：

（1）遵循《工会会计制度》的声明；

（2）整体财务状况、预算执行情况的说明；

（3）重要会计政策、会计估计及其变更情况的说明；

（4）会计报表重要项目的进一步说明，包括其主要构成、增减变动情况等；

（5）重要资产处置、资产重大损失情况的说明；

（6）以名义金额计量的资产名称、数量等情况，以及以名义金额计量理由的说明；

（7）以前年度结转结余调整情况的说明；

（8）有助于理解和分析会计报表需要说明的其他事项。

各级政府财政部门每年都安排财政资金预算用于支持和保障同级工会的重点工作，工会需就财政拨款的使用向政府部门提供决算信息。除工会体系内部的决算编制外，从同级政府财政部门取得财政拨款的县级以上工会还需提供纳入政府部门决算的财政拨款决算报告。

思考题

1. 什么是工会会计？工会会计的范围是什么？
2. 工会预算管理包括哪些级次？
3. 工会会计设置的会计要素有哪些？
4. 工会会计确认方法是什么？
5. 工会的收入包括哪些内容？
6. 什么是拨缴经费收入？如何进行会计核算？
7. 工会的支出包括哪些内容？
8. 什么是职工活动支出？如何进行核算？
9. 工会资产应当如何分类？
10. 什么是工会的固定资产？如何进行核算？
11. 工会的负债包括哪些内容？
12. 什么是应付上级经费？如何进行核算？
13. 工会的净资产包括哪些内容？
14. 什么是工会资金结转和工会资金结余？
15. 工会财务报表的内容是什么？

教师教学服务说明

中国人民大学出版社财会出版分社以出版经典、高品质的会计、财务管理、审计等领域各层次教材为宗旨。

为了更好地为一线教师服务，近年来财会出版分社着力建设了一批数字化、立体化的网络教学资源。教师可以通过以下方式获得免费下载教学资源的权限：

在中国人民大学出版社网站 www. crup. com. cn 进行注册，注册后进入“会员中心”，在左侧点击“我的教师认证”，填写相关信息，提交后等待审核。我们将在一个工作日内为您开通相关资源的下载权限。

如您急需教学资源或需要其他帮助，请在工作时间与我们联络：

中国人民大学出版社　财会出版分社

联系电话：010-62515987，62511076

电子邮箱：ckcbfs@ crup. com. cn

通讯地址：北京市海淀区中关村大街甲 59 号文化大厦 1501 室（100872）

人大社财会